Aus Freude am Lesen

btb

Buch

Ende der Zwanzigerjahre avancierte eine vom Leben hart geprüfte Konzertharfenistin aus Wien zum ersten Medienstar des deutschen Literaturbetriebs. Vicki Baum wird mit 40 Jahren eine »deutsche Marke«, eine unübersehbare Berühmtheit des Berliner Boulevards. Ihr Welterfolg »Menschen im Hotel« ebnet ihr den Weg zum Broadway und nach Hollywood, wo der Roman unter dem Titel »Grand Hotel« mit Greta Garbo in der Hauptrolle verfilmt wurde. In den USA beginnt sie mit ihrem zweiten Ehemann, dem Dirigenten Richard Lert, und ihren beiden Söhnen ein neues Leben. Gleichzeitig bricht sie allein auf, den Rest der Welt für sich zu entdecken. Sie bereist ferne Länder und schreibt in den nächsten zwei Jahrzehnten weitere Bestseller. Dabei führt sie das facettenreiche Gesellschaftsleben einer Frau von Welt.

Nicole Nottelmann ist Vicki Baums erste Biographin. Einfühlsam und faktenreich zeichnet sie das Bild einer Frau von ungewöhnlicher Willenskraft und tragisch-komischer Widersprüchlichkeit. Eine Lebensgeschichte, so spannend wie ein Roman.

Autorin

Nicole Nottelmann, geboren 1967, hat Journalistik und Germanistik studiert und mit einer Arbeit über das literarische Werk Vicki Baums promoviert (»Strategien des Erfolgs«, 2002). Sie lebt in Köln und Berlin.

Nicole Nottelmann

Die Karrieren der Vicki Baum

Eine Biographie

btb

Die Arbeit an diesem Buch wurde gefördert von der
KUNSTSTIFTUNG ● NRW

FSC
Mix
Produktgruppe aus vorbildlich
bewirtschafteten Wäldern und
anderen kontrollierten Herkünften
Zert.-Nr. GFA-COC-1223
www.fsc.org
© 1996 Forest Stewardship Council

Verlagsgruppe Random House FSC-DEU-0100
Das FSC-zertifizierte Papier *Munken Print* für dieses Buch
liefert Arctic Paper Munkedals AB, Schweden.

1. Auflage
Genehmigte Taschenbuchausgabe September 2009,
btb Verlag in der Verlagsgruppe Random House GmbH, München
Copyright © 2007 by Kiepenheuer & Witsch, Köln
Alle Rechte vorbehalten
Umschlaggestaltung: semper smile, München,
unter Verwendung eines Entwurfs von Rudolf Linn, Köln
Umschlagfoto: © ullstein bild
Druck und Einband: CPI – Clausen & Bosse, Leck
KR · Herstellung: SK
Printed in Germany
ISBN 978-3-442-73901-1

www.btb-verlag.de

Trust thyself: every heart vibrates to that iron sting.

Ralph Waldo Emerson: »Self-Reliance«[1]

INHALT

VORBEMERKUNG

Ihren Namen kannte ich nur aus dem Kino. Als Greta-Garbo-Verehrerin wusste ich lediglich, dass Vicki Baum die Romanvorlage für den Filmklassiker *Grand Hotel* geschrieben hatte, in dem die Garbo als lebensmüde Primaballerina Grusinskaja den berühmten Satz »But I want to be alone« sagt. Erst viel später lernte ich den Originalroman kennen. 1991 erhielt ich als junge Journalistin und Verlagsmitarbeiterin den Auftrag, einige Romane Vicki Baums auf ihre Lesbarkeit hin zu überprüfen – unter ihnen auch ihr berühmtester, *Menschen im Hotel.*

Ich war begeistert von diesen Büchern, die für den Unterhaltungsmarkt der 20er bis späten 50er Jahre verfasst worden waren. Und ich war irritiert, denn aus meiner Sicht war diese vermeintlich altmodische Gigantin der Unterhaltungsliteratur eine meisterhafte Schriftstellerin. Vicki Baums Sujets und Betrachtungsweisen waren zwar nicht mehr brandaktuell, aber ihre Technik, den Leser in ihren Bann zu ziehen, tat noch immer ihre Wirkung. Und welche Bandbreite hat ihr angeblich so triviales Oeuvre! Es reicht von frühen, an Thomas Mann orientierten Erzählungen zu stilbildenden Frauenromanen und neusachlichen Gesellschaftsstücken bis zu exzellent recherchierten historisch-exotischen Abenteuerromanen. Die Frage, weshalb diese den Leseerwartungen meiner Großmütter angepassten Bücher auch mich noch fesselten, ließ mich lange nicht mehr los. Zunächst versuchte ich, Baums literarischen »Trick« zu entschlüsseln, und so promovierte ich über die »Strategien des Erfolgs« bei Vicki Baum. Das Ergebnis war eine Studie, die das »Rätsel« in erzähltechnischer Hinsicht zumindest ausleuchtete und hoffentlich geholfen hat, die Autorin vom Ruch der dichterischen Banalität zu befreien.

Ich forschte auch über ihr Leben – und das erschien mir mindestens ebenso fesselnd wie die besten ihrer Romane. Wie sich herausstellte, ist es auch die Quelle für viele ihrer spannenden Fabeln. Vicki Baum schrieb knapp dreißig Romane, zahlreiche Erzählungen und einige Theaterstücke. Nebenbei war sie eine produktive Journalistin. Wie alle Vielschreiber beherrschte sie die Kunst der verschleierten Variation und geschickten Mehrfachverwertung. Aber im Kern ist ihr Schreiben autobiographisch (was sie selbst vehement abstritt).

In ihren Romanen fängt Baum meisterhaft die Doppelgesichtigkeit des Lebens ein. In ihrer Literatur sind Realität und Illusion, Komik und Tragik stets untrennbar verwoben. Das gilt auch für ihr eigenes Leben. Mit über siebzig sagte sie von sich: »Ich bin nichts weiter als ein Zeitstück. Weder hinlänglich alt noch edel genug, um als echte Antiquität durchzugehen, noch jung genug, um in die raue, mechanisierte, schnelllebige Gegenwart zu passen.«[1] In dieser klugen selbstironischen Einschätzung schwang nicht nur die Resignation darüber mit, sich nicht mehr im Einklang mit ihrer Zeit zu befinden, sondern auch die stolze Überzeugung, dass sie dieser Zeit innerlich voraus war.

Das möchte man ihr heute bestätigen. Für mich weist sich Vicki Baum in ihrer Widersprüchlichkeit, ihrer Sehnsucht, alle Möglichkeiten eines Frauenlebens auszuleben, und in ihrem unbedingten Willen zur Selbstbestimmung als unsere Zeitgenossin aus. Sie führte ein faszinierend selbstständiges und kreatives Leben. In einer von historischen Umbrüchen und zivilisatorischen Katastrophen geprägten Zeit machte Vicki Baum eine wirklich individuelle Karriere, und es war für mich ein Privileg, ihre Werke und ihren Werdegang über Jahre hinweg erforschen zu können.

Dieses Leben zu beschreiben bedeutete, Kärrnerarbeit zu leisten. Baum selbst war eine Freundin des Faktischen, aber eine Verächterin der Biographik, besonders ihrer persönlichen. So hilfreich ihre postum veröffentlichte, Fragment gebliebene Selbstbiographie *Es war alles ganz anders* ist, so zahlreich sind deren blinde

Flecken, Auslassungen und freiwillige Ungenauigkeiten. Ich unternahm Reisen zu den Schauplätzen ihres Lebens und sichtete einen so reichhaltigen wie verstreut archivierten Nachlass, der vornehmlich aus Briefen und Geschäftsunterlagen besteht, denn Vicki Baum hat nie ein Journal oder Tagebuch geführt. Viele Details mussten geprüft und wiedergelesen werden, es galt, widersprüchliche Überlieferungen einzuordnen, ohne diese außergewöhnliche Biographie künstlich zu vereinheitlichen. Wahrscheinlich ist mir dabei der eine oder andere Fehler unterlaufen. Vicki Baum würde mir das vermutlich nicht nachsehen, ihre großartig kooperativen Söhne und Enkelkinder werden es hoffentlich.

Köln, im März 2006

PROLOG

Am Abend der Premiere war das Theater am Nollendorfplatz bis auf den letzten Platz gefüllt. Draußen löste sich langsam die Traube der Schaulustigen auf, die einen Blick auf die Abendroben der eintreffenden Damen hatten erheischen wollen. Und während sich drinnen im Foyer die Gesellschaftsreporterinnen Notizen machten, zückten im Saal bereits die wichtigsten Theaterkritiker der Republik ihre Blöcke. Ganz Berlin schien gekommen zu sein. Marlene Dietrich, deren *Blauer Engel* im April im nur zwei Kilometer entfernten Gloria Palast Premiere haben würde, thronte in der Proszeniumsloge. Im Parkett saß der Leiter des Deutschen Theaters, Max Reinhardt, der als ausführender Produzent dieser Uraufführung fungierte. Gegeben wurde *Menschen im Hotel*. Das Stück versprach einen mondänen Unterhaltungsabend. Dafür standen ein erstklassiges Ensemble – das Deutsche Theater –, ein aufstrebender Regisseur – Gustav Gründgens –, und der Name der Autorin – Vicki Baum. Sie hatte gerade neben dem jungen Gründgens Platz genommen.

Baum war keine klassische Schönheit, eine zierliche, etwas gedrungen wirkende Frau von kaum 1,55 Größe, und mit ihren zweiundvierzig Jahren war sie auch nicht mehr ganz jung. Doch sie besaß eine einnehmende Persönlichkeit, und sie umgab die Aura des Erfolgs. Als sie 1926, als Redakteurin des Magazins *Die Dame*, nach Berlin gekommen war, hatte sie in der Hauptstadt kaum jemand gekannt. Mittlerweile war Vicki Baum die berühmteste Autorin Deutschlands. In Berlin sah man sie Beobachtern zufolge überall: in Restaurants, auf dem Tennisplatz, auf Botschaftsempfängen und bei Theaterpremieren, wie heute auf ihrer eigenen.

Baum hatte ihren Erfolgsroman *Menschen im Hotel* selbst zu einer

Revue aus fünfzehn Szenen umgearbeitet. Ihr Stück führt einen todkranken Buchhalter, eine alternde Ballerina, einen charmanten Hasardeur, einen bankrotten Fabrikdirektor und ein Tippfräulein in einem Berliner Luxushotel zusammen: Sie alle sind entwurzelt oder brechen im Hotel mit ihrer Vergangenheit, »um nur noch in einer veränderten Gegenwart zu leben, die jeder für sich, und sei es auf Kosten des anderen, nutzen will«.[1] In kurzen, schnell aufeinander folgenden Szenen wechseln die Hintergründe wie im Film — von der Hotelhalle zu den Gästezimmern, hinüber zum Korridor, in den Speisesaal, zum Konferenzzimmer und wieder zurück in die Hotelhalle.

Gründgens stellte eine Drehbühne ins Zentrum der Aufführung und ließ sie — als Symbol des Lebens — ununterbrochen rotieren. Der Effekt verblüffte das Publikum. Als beim Prolog eine Telefonzentrale und mehrere Telefonzellen hereingefahren wurden, gab es spontan Applaus, denn die Vernetzung war ein neues, hochaktuelles Phänomen. Nach dem zweiten Akt tobte der Saal, die Autorin wurde auf die Bühne gerufen. Sie trat vor den Vorhang und bedankte sich so höflich wie selbstsicher. »Das Publikum liebt Vicki Baum«, berichteten die Zeitungen am nächsten Tag. Zur »schönsten Frau des Abends« wurde jedoch eine andere gekürt — Marlene Dietrich, die bald auch in Amerika für Furore sorgen sollte.

Für Vicki Baum markierte der Abend des 16. Januar 1930 den »Zenith ihrer Karriere in der deutschsprachigen Welt«.[2] Ähnlich wie der Dietrich sollte ihr Deutschland jedoch bald zu eng werden. In den folgenden Monaten erschienen Übersetzungen von *Menschen im Hotel* in ganz Europa, es folgten Bühnenfassungen in London, Paris, Madrid, Prag, Budapest und Rom. Im November avancierte *Grand Hotel* zum Hit der Saison am Broadway, der gleichnamige Roman eroberte die amerikanischen Bestsellerlisten. Hollywood rief, und Vicki Baums Weltkarriere nahm ihren Anfang.

WIENER KIND (1888–1913)

Wurzeln und Legenden – Das Elternhaus – Einzelkind mit Harfe –
Verlust der Mutter (Frühe Schatten) – Das Vaterhaus –
Der Fliegende Holländer – Tod der Mutter – Aufstand per Trauschein –
Leidenschaft und Bankrott – Eine neue Familie

Wenn sich Vicki Baum an ihre ersten Lebensjahre erinnerte, so stehen immer drei Dinge im Vordergrund: der Tod ihres geliebten Großvaters, der zu frühe Verlust ihrer Mutter und die egozentrische, brutale Persönlichkeit ihres Vaters. Ihre erste bewusste Erinnerung war der Anblick der braunschwarzen Tapete im Esszimmer: »Ich kann nur zahllose kleine schwarze Kreaturen sehen, die über die Wand kriechen und, zu dichten Klumpen zusammengeballt, aufeinander zustürzen.«[1] Das gruselige Tapetenmuster, das sie später in ähnlicher Weise auch in ihren Romanen *Frühe Schatten* und *Marion* beschrieb, erscheint wie ein Menetekel für jenen Alptraum, zu dem sich ihre Kindheit ausformte. Doch bis zu ihrem vierten Lebensjahr, so versicherte Baum immer wieder, habe sie ein freies, unbeschwertes Kinderleben geführt.

Zu ihren glücklichsten frühen Erinnerungen gehörten die Spaziergänge mit ihrem böhmischen Kindermädchen Katl oder mit ihrem Großvater Jacob Baum durch Wien. Für ein phantasiebegabtes, wissensdurstiges Mädchen wie Vicki müssen die belebten Straßen der Hauptstadt ein wirkliches Märchenland gewesen sein.

Dort bewegte sich ein buntes Gemisch aus dem guten Dutzend Völker der österreichisch-ungarischen Krone: galizische Juden mit langen, struppigen Bärten und staubiger schwarzer Kluft, rumänische und kroatische Bäuerinnen in bunten Volkstrachten, fezbewehrte Bosniaken und polnische Ulanen in blitzenden Uniformen, sonnengegerbte ladinische Reibfrauen, Bandlkramerinnen und slowakische Schwammhändler. Mindestens verwirrend, manchmal bestimmt auch beängstigend war diese babylonische

Stadt. Aber immer waren da auch die sicheren Hände Katls oder Jacobs, die Vicki begleiteten, lenkten, beschützten. Jacob Baum, ihr »ärmlicher«, spitzbärtiger Großvater, den sie später zärtlich den »gütigen, grauhaarigen, armseligen, kleinen Juden« nannte, war für sie die wichtigste familiäre Bezugsperson ihrer frühen Kindheit. Ihre Eltern Mathilde und Hermann Baum sah Vicki in den ersten vier Lebensjahren außer zu den Mahlzeiten nur selten.

Jacob Baums Eltern gehörten zu jenen deutschen Kolonisten, die seit 1780 dem Ruf des österreichischen Kaisers Joseph II. gefolgt waren und sich in der ungarischen Reichshälfte, im damals noch dünn besiedelten Bastscherland rund um Neusatz, das heute serbische Novi Sad, angesiedelt hatten. Der Kaiser hatte ihnen dort seine Ländereien überlassen und sie zu Erbpächtern gemacht. Epidemien, Hungersnöten und Naturkatastrophen trotzend, hatten diese Siedler fast aus dem Nichts heraus »schwäbische« Dörfer mit stabiler Infrastruktur erschaffen, das brachliegende Land urbar gemacht und es in die Kornkammer Ungarns verwandelt. Vicki Baum fühlte sich diesen zähen, pragmatischen Menschen stets verbunden und verspürte hier deutlich ihre Wurzeln. Auf ihren vielen Reisen durch verschiedene Kontinente sollte sie später immer eine Daguerrotypie der Urgroßeltern Baum begleiten, die sie sich zu Schutzpatronen erwählt hatte. Circa 1860 in einem ungarischen Atelier aufgenommen, zeigt die Abbildung ein älteres Paar im bäuerlichen Sonntagsstaat: eine hagere Frau im dunklen Seidentaftkleid und einen gesetzt wirkenden Mann in langem dunklen Jackett und passender Weste. Die beiden Bauersleute blicken streng, fast grimmig in die Kamera. Sie scheinen weltoffen und selbstbewusst genug gewesen zu sein, sich als Individuen für die Nachwelt verewigen zu lassen.

Vickis Großvater Jacob, ein Sohn dieses stolzen Paares, hatte sich in Nemeth Palanka eine Existenz als Landwirt aufgebaut, bis ein Feuer seinen gesamten Besitz zerstörte.[2] Nach der Katastrophe verließ er mit seiner Frau Franziska (Fanny), den Söhnen Hermann und Alexander (Sandor) und den Töchtern Cora und Jenny die Heimat und ging nach Wien, so wie zigtausende andere Juden aus den ärmeren Reichsgebieten, nachdem Kaiser Franz Joseph 1867 die Beschränkungen für jüdische Zuwanderung aufgehoben hatte.

In der Donaumetropole verwandelte sich Jacob vom einfachen Agenten zum Südfrüchtehändler. Bald besaß er ein eigenes Geschäft in der Nähe des Stephansdoms. Nach allem, was wir wissen, waren die Baums fromme Juden. Fanny trug nach orthodoxer Tradition eine schwarzhaarige Perücke, einen sogenannten Scheitel, über ihrem abrasierten Haar, den sie nach Jacobs Tod gegen ein grauhaariges Exemplar eintauschte.[3]

Doch Jacob Baum verstand sich offenbar in erster Linie als Geschäftsmann und trachtete vor allem danach, sich schnell in die Wiener Gesellschaft zu integrieren. Er lebte in einer Wohnung über seinem Geschäft. Erst als er sich zur Ruhe setzte, zog er in eine winzige Dreizimmerwohnung in die Leopoldstadt, damals das Zentrum jüdischen Lebens in Wien. Seinen Südfrüchtehandel übergab er an seinen jüngsten Sohn Sandor, der noch bei ihm und Fanny wohnte. Vicki Baum erinnerte sich noch viele Jahre später gut daran, wie sie an der Hand ihres Großvaters im Zoo von Schönbrunn die Namen der exotischen Tiere lernte: Flamingo, Antilope, Orang-Utan, Känguru. Im Wurstelprater führte er sie zum Riesenrad, zu den seiltanzenden Gauklern und zu ihrem Lieblingskarussell »Calafati«. Jacob besuchte mit ihr auch den Markt am Donaukanal, wo er früher seine Ware eingekauft hatte. Er zeigte ihr die Kähne, die aus seiner Heimat Ungarn kamen und mit Melonen, Äpfeln, Mais und Paprikaschoten beladen waren.[4]

Der 3. April 1892 veränderte Vickis Kindheit nachhaltig. An diesem lauen Vorfrühlingstag durfte die Vierjährige, wie oft an den Wochenenden, bei ihren Großeltern übernachten. Zuvor war sie mit ihrem Großvater noch durch die engen Gassen der Leopoldstadt gebummelt, dann hatten sie gemeinsam das Abendessen eingenommen. Später hatte Jacob über Atemnot geklagt und sich hingelegt, Vicki hatte sich an ihn gekuschelt und war eingeschlafen. Gegen Mitternacht erwachte sie vom Stimmengewirr. Onkel, Tante und Großmutter standen um das Bett herum, Fanny und Jenny weinten laut. Neben Vicki lag der leblose Körper ihres Großvaters.

Vicki Baums Darstellung in ihren Erinnerungen wird durch die Matriken der Israelitischen Kultusgemeinde gestützt. Jacob Baum, Antonsgasse 5, starb in jener Nacht um halb zwölf an einem »Herzfehler«. »Ich wusste noch nicht, wie bitter ich ihn viele Jahre lang vermissen sollte. Bis auf den heutigen Tag wandert er durch meine Träume, unverändert, heiter, trostbereit und freundlich«, schrieb die 70-Jährige und ließ in ihrer über viele Jahrzehnte konservierten Sehnsucht erkennen, wie sehr sie noch Jacobs Trost und Freundlichkeit bedurft hätte.[5]

Vickis Mutter Mathilde, geborene Donath, ist hingegen nicht mehr als ein Schatten in den Kindheitserinnerungen ihrer Tochter. Sie scheint eine jener jungen, überforderten Mütter gewesen zu sein, die zwischen Vernachlässigung und übertriebener Zuwendung hin- und herpendeln und ihrem Kind zu keiner Zeit ein Gefühl von elementarer Sicherheit vermitteln können. In ihren Romanen *Marion* und *Frühe Schatten* zeichnete Baum später getreue Porträts ihrer Mutter, jeweils unglückliche und oft nervenkranke Frauen.

Die Donaths waren wie die Baums während der großen Einwanderungswelle in den siebziger Jahren des 19. Jahrhunderts nach Wien gekommen. Mathilde war damals zehn, die drittgeborene der sechs Töchter Maria und Leopold Donaths aus dem mährischen Bisenz, nahe der ungarischen Grenze. Die Donaths besaßen im damals österreichisch verwalteten Bosnien und Herzegowina weitläufige Waldareale und handelten im großen Stil mit Holz, das in ganz Österreich-Ungarn zum Bau von Häusern, Schiffen, Eisenbahnen und Möbeln verwendet wurde. In Wien führte die Familie einen großbürgerlichen Haushalt mit allem »Reichtum und Luxus«.[6] Das Haus, in dem Leopold und Maria Donath wohnten, lag im vornehmen vierten Bezirk und war mit marmornem Treppenhaus und einem Aufzug versehen, damals ein untrügliches Zeichen von Eleganz und Modernität. Die Familie beschäftigte eine Köchin und ein Hausmädchen, die täglich fünf Mahlzeiten zubereiteten und servierten. Hinzu kamen diverse Zugehfrauen, Wäscherinnen und Näherinnen. Mitten im Salon stand ein großer Flügel – Leopold Donath war ein begabter Klavierspieler und hatte in seiner Jugend sogar damit geliebäugelt, Konzertpianist zu werden. Doch er wurde »Tabakgroßverleger«, später Inhaber einer Tabaktrafik (Kiosk).

Mit einundzwanzig Jahren heiratete seine Tochter Mathilde Jacob Baums ältesten Sohn Hermann. Es war sicher keine Liebesheirat, vielmehr eine arrangierte Ehe, die wahrscheinlich sogar durch eine Heiratsvermittlerin zustande gekommen war, wie damals in konservativen jüdischen Familien üblich.

Offensichtlich prallten in dieser Ehe zwei unverträgliche Persönlichkeiten aufeinander. Mathilde Baum führte auch nach der Heirat das innerlich leere, unausgefüllte Leben einer Frau der oberen Mittelschicht. Sie hatte die typische Erziehung einer höheren Tochter erhalten, war in Stickarbeiten, Klavierspielen, Haushaltsführung und Französisch ausgebildet worden. Über Männer wusste sie anscheinend nur wenig. Man dürfte ihr lediglich vermittelt haben, dass die Ehe das oberste Ziel eines Frauenlebens, die Sexualität gottgewollt und eine gegenseitige Pflicht der Eheleute war.[7] Mathilde war eine Schönheit mit heller Haut, dunklem, lockigem Haar und ausdrucksstarken Augen, wie eine überlieferte Fotografie zeigt. Ihr vom Betrachter abgewendeter Blick wirkt jedoch alarmierend abwesend, melancholisch, beinahe traurig.

Hermann Baum war aus ganz anderem Holz geschnitzt. Er stammte von den Bauern aus Parabutsch ab. Seine Familie verkörperte einen dickhäutigeren, beweglicheren Typus, der gewillt war, sich hochzuarbeiten und anzupassen. Er war Kaufmann wie sein Vater Jacob und sein Bruder Sandor, jedoch nicht selbstständig, sondern im Getreidehandel angestellt. Während der ersten Ehejahre stieg er vom »Cassier« zum »Comptoristen«, dann zum Buchhalter, schließlich zum »Prokuristen« auf. Später nannte er sich etwas hochtrabend »Privatbeamter«. Auf dem einzig überlieferten Porträtfoto blickt Hermann direkt in die Kamera. Er trägt einen etwas zerzausten Backenbart à la Franz Joseph. Sein Gesicht ist leicht aufgedunsen, die Haut schwammig. Sein Blick wirkt hart, und sein leichtes Schielen verleiht ihm etwas Verschlagenes.

Durch seine Heirat stieg er in die »gute Gesellschaft« auf. Wohl vor allem dank der Donath'schen Mitgift konnte er mit seiner jungen Frau in ein 1861 erbautes Eckhaus im feinen ersten Wiener Bezirk ziehen. Die Wohnung war geräumig und hatte eine »riesige Eingangshalle«, »hohe Decken, enorme Doppeltüren und weitflächige Parkettböden«.[8]

Am 24. Januar 1888, fast auf den Tag genau zehn Monate nach der Hochzeit, wurde Vicki Baum geboren. Ihren eigenen Worten zufolge verlief die Hausgeburt nicht ohne Komplikationen. Zwar kann man davon ausgehen, dass Mathilde – anders als die Wiener Arbeiterfrauen, die in entsetzlichen Gebäranstalten unter miserablen hygienischen Bedingungen entbinden mussten – sehr gut betreut wurde. Dennoch ging diese Niederkunft, wie damals noch jede, mit einem hohen, unkalkulierbaren Risiko einher. Bei Mathilde setzte eine Nachblutung ein, sodass die Hebamme einen Arzt rufen musste. Die entkräftete Wöchnerin überlebte den nasskalten, stürmischen Geburtstag ihrer Tochter zwar, doch wollte oder konnte sie danach keine weiteren Kinder empfangen. Vicki war also etwas Zeituntypisches, ein Einzelkind.

Als sie heranwuchs, erspürte sie mit kindlichem Instinkt die

Spannungen zwischen ihren Eltern, die feindselige Ablehnung ihrer damals noch vergötterten Mutter gegenüber ihrem Vater, einem Haustyrannen, wie er in den bürgerlichen Familien der Jahrhundertwende freilich keine Ausnahme, sondern eher die Regel war. In ihren autobiographischen Anmerkungen, den wenigen brieflichen Äußerungen und ihren literarischen Versuchen zum Thema zeichnete Vicki Baum das Bild eines zwanghaften, eigenbrötlerischen, zuweilen exzentrischen, dabei extrem »preußischen« Mannes. In Hermann Baum schien ein unterschwelliger Zorn zu gären, der sich beim kleinsten Anlass ein Ventil suchte. Äußerlich ging sein alltägliches Bestreben darauf, nicht aufzufallen und sich anzupassen. Dessen ungeachtet – oder gerade deshalb – eckte er überall an. In Hermanns Welt drehte sich schon von Berufs wegen alles um das Materielle, Greif- und Zählbare. Mathilde musste ihm jeden Samstag ihre Rechnungsbücher vorlegen, was, ihrer Tochter zufolge, zu »endlosen Streitereien« zwischen den Eheleuten führte.

Vicki fühlte sich von ihm nie angenommen. Wie so viele Väter in seiner Zeit konnte Hermann mit einem Kind nichts anfangen, schon gar nichts mit einer erstgeborenen Tochter. Und tatsächlich hatte er sich so sehr einen Sohn gewünscht, den er »Viktor« nennen wollte, dass er nach der Geburt seiner Tochter ganze zehn Tage brauchte, bis er den Namen »Hedwig« für sie ins Geburtsbuch der Israelitischen Kultusgemeinde eintragen ließ. »Hedwig« selbst hasste ihren Namen und ließ sich später im privaten Kreis lieber mit dem androgynen »Vicki« oder »Vickerl« rufen.

Mathilde glitt während der Ehe immer mehr in eine Depression hinein. Vermutlich war Vickis Geburt das entscheidende traumatische Moment, das ihr die Endgültigkeit ihrer unerträglichen Situation verdeutlichte. Was Mathilde Baum für ihre Tochter empfand, wissen wir nicht, doch Vickis Gefühle in der Lebensphase zwischen fünf und sieben Jahren kennen wir aus *Frühe Schatten* und *Meine Mutter*. Ihr erschien die abgemagerte Mathilde ätherisch und beinahe unwirklich schön. Manchmal überschüttete ihre Mutter sie mit Zärtlichkeiten, steckte sie in farbenfrohe gerüschte Seidenkleidchen und staffierte sie mit passenden kleinen Sonnenschirmen aus. Sie kämmte morgens Vickis widerspenstiges, dickes Haar, flocht es ihr zu schweren Zöpfen um den Kopf und verzierte es mit lustigen bunten Bändern. Dann wieder war Mathilde unzugänglich, körperlich zwar anwesend, aber im Geiste weit entfernt, und flüchtete sich in Tagträume, reagierte unwirsch, wenn Vicki ihre Wange streicheln wollte.[9] Mathilde häkelte jetzt »endlose Meterrollen einer feinen Hemdspitze«, saß stundenlang auf dem blauen Sofa im Salon, ließ ihre lange Perlenkette durch ihre Hände gleiten und starrte vor sich hin. Vicki, neben ihr, mochte sich kaum rühren oder sprechen, aus Furcht, ihre zarte »Muttel« »nervös« zu machen.

Obwohl Vicki Baum ihn erst mit vierzig Jahren zu Papier brachte, lässt der autobiographische Bericht *Meine Mutter* erahnen, wie verzweifelt sie als Kind mit Geschenken um die Zuneigung ihrer Mutter warb und wie sehr sie sich nach der Erwiderung ihrer Gefühle gesehnt haben muss. Wenn es galt, sich drollige Präsente für Mathildes Geburtstag oder zu Weihnachten auszudenken, kannte Vickis Phantasie keine Grenzen: Sie pflückte Blumen, die sie überall in der Wohnung verteilte, oder klebte als Perlenersatz angelutschte Drops auf Mathildes Kopfkissen. Aber sie konnte es ihrer Mutter nicht recht machen. Vicki verdoppelte daraufhin ihre Anstrengungen und verehrte ihr als Nächstes einen selbstgestrickten Topflappen, aus dem noch die Fäden heraushingen. Wieder war die Mutter nur »schwach gerührt«: »Mit ergebenem Lächeln ließ sie die ›Missgeburt‹ auf dem Tisch liegen und sagte erklärend zu unseren Gästen: ›Es ist die erste Handarbeit – das Kind hat es gestrickt‹«, schrieb Vicki Baum. Daraufhin habe sie »dunkel die Notwendigkeit« gespürt, »geglücktere Dinge« zu schenken. Also nahm sie sich als Nächstes das Porträt von Mathildes Lieblingstante vor. Sie bemalte den schlichten Kirschholzrahmen mit Goldlack und beklebte ihn mit Grießkörnern und Muscheln, wie sie es im Hausfrauenblatt *Herzblättchens Zeitvertreib* gesehen hatte. Wieder keine Reaktion von Mathilde. Als sich Vicki zu Mutters Geburtstag vier Zähne ausriss, um an die ausgelobte Prämie von fünfzig Kreuzern pro Zahn zu gelangen und ihr dafür zwei goldbestrichene Teller vom Neunzigkreuzerbasar zu kaufen, »rührte« das Mathilde immerhin zu Tränen. Doch als Vicki auf die Idee kam, den ganzen Salon, die Tischbeine, Vasen, den Palmenständer, den Kohleneimer, den Ofen, die Empireuhr und Mathildes Lieblingsstück, eine patinabesetzte griechische Statue, mit einer Mischung aus Goldbronze, Terpentin und Deckgrün zu verschönern, verlor Mathilde die Fassung. Ohne jede weitere Erklärung verbannte sie weinend alle Geschenke aus der Wohnung. Jahre später, so berichtete Vicki Baum, fand sie beim Aufräumen in Mathildes Schränken die »Gräuel« ihrer Kindheit wieder: »alle sauber gehalten, mit Seidenpapier verpackt, mit Bändchen gebunden, mit Zettelchen versehen, auf denen das Datum stand, treu und vergilbt, erst da begriff ich, dass meine erste große Liebe erwidert worden war …«.

Meine Mutter erzählt nicht nur von einem nicht wiedergutzumachenden, tragischen Missverständnis. Diese Geschichte illustriert auch die Art, mit der Vicki Baum als Erwachsene über ihre Kindheit reflektierte. Es ist die Art, wie sie auch als Schriftstellerin mit ihren Figuren umging: distanziert, aber nicht ohne Pathos, ironisch, also immer mit leisem Mitgefühl für sich selbst und andere.

Mathilde Baums körperlicher, zunächst aber vor allem seelischer Niedergang erreichte im Winter 1895/96 einen traurigen Höhepunkt. Die »Weinkrämpfe, Wutanfälle, konvulsivischen Zuckungen und Schreie«[10], die ihre Tochter später beschreiben sollte, deuten darauf hin, dass Mathilde an einer pathologischen Hysterie litt, einer Zeitkrankheit, die sich in Gereiztheit,

Apathie sowie auch in Depressionen äußern konnte. Für viele Frauen aus dem Bürgertum war eine solche Flucht in die Krankheit die einzig mögliche Reaktionsform gegen den »goldenen Käfig«, in den sie von einer patriarchalen Gesellschaft gesperrt wurden.[11] Der 4. März 1896 war ein weiteres Datum, das sich in Vicki Baums Gedächtnis einbrannte. An diesem Tag holte sie ihre Mutter in Begleitung ihres Vaters aus der Privatheilanstalt Inzersdorf ab. Wochen zuvor, als sie mit einer Scharlacherkrankung im Bett gelegen hatte, war Mathilde einfach aus ihrem Leben verschwunden und durch eine furchteinflößende Pflegerin in Hemdblusen ersetzt worden. Niemand hatte Vicki über den Verbleib ihrer Mutter informiert. Erst durch eine Zugehfrau hatte sie die schockierende Wahrheit erfahren: Mathilde war in ein »Narrenhaus« eingeliefert worden.

Als sie diesen schrecklichen Ort kennenlernte, entsprach er jedoch so gar nicht den düsteren Vorstellungen, die sie sich von ihm gemacht hatte. Inzersdorf war damals noch ein sehr ländlicher, idyllischer Vorort am Fuße des Wienerberges, anderthalb Stunden von Wien entfernt. Die Anstalt war in einer Villa auf einem parkähnlichen Gelände untergebracht und wurde von einem grünen Zierrasen, einem Blumengarten und gleichmäßig gestutzten Hecken umgeben.

Tatsächlich war die »Privat-Heilanstalt für Nerven- und Gemütskranke« eine kleine, exklusive Einrichtung für die Angehörigen der Oberschicht. Anders als in staatlichen Heilanstalten praktizierte man in Inzersdorf eine progressive »freie Behandlung« und verzichtete auf menschenunwürdige Zwangs- und Strafmittel wie Kaltbäder, ständige Fixierung oder Zwangsjacken. Stattdessen ermunterte man die Patienten zu künstlerischer Betätigung und zur Teilnahme an Gesprächskreisen. Leichteren »Pfleglingen« war es sogar erlaubt, sich unbeaufsichtigt auf dem Gelände zu bewegen oder Gäste zu empfangen.

Vickis kindliche Vorfreude auf das Wiedersehen mit ihrer Mutter wurde jäh zerstört, als ihr eine untersetzte, aufgeschwemmte Frau im einfachen braunen Kleid entgegentrat – Mathilde. Mit dem exakten Gespür der Schriftstellerin für dramatische Höhepunkte schrieb Vicki Baum später in ihren Erinnerungen, in diesem Moment sei ihre Kindheit mit einem Mal beendet gewesen: »Es ist ein Erlebnis, das einem durch Mark und Bein geht, einen Menschen wiederzusehen, den man früher geliebt hat und nun auf einmal nicht mehr liebt, und ich habe diese Erfahrung sehr früh machen müssen … Es ist auch eine Erfahrung, die Freiheit schenkt, die einen erlöst aus den drückenden Banden altgewohnter Gefangenschaft, die Ironie lehrt, Humor und Lachen.«[12]

So stellte es sich aus der großen intellektuellen Distanz der Über-70-Jährigen dar. Wie es jedoch um die schockierte Kinderseele stand, darüber gibt der Roman *Frühe Schatten. Das Ende einer Kindheit* viel beredter Auskunft. Kaum verfremdet, beschrieb die zwanzigjährige Vicki Baum hier das Wiedersehen mit ihrer Mutter im Sanatorium. Beim Anblick der fremden, unförmigen Frau, die ihre Mutter ist, erstarrt Vicki Baums literarisches Alter Ego Martha Drost innerlich. Martha möchte weinen, doch sie spürt, wie hilflos ihr Gegenüber ist, und schlüpft deshalb fürsorglich in die Rolle der Trösterin. Martha/Vicki steht von nun an allein auf der Lebensbühne, um sie herum fremde Menschen, die dem pittoresken Schauspiel zwischen Mutter und Tochter amüsiert zuschauen.

Gnadenlos, unbarmherzig – so zeichnet die zwanzigjährige Vicki Baum die Welt, so muss die achtjährige Vicki sie seit ihrem Besuch in Inzersdorf empfunden haben. Eine solche Welt ist in der Tat nur erträglich, wenn man ihr mit viel »Ironie, Humor und Lachen« entgegentritt. Als wolle sie sich unbewusst immer wieder die Kälte ihrer Kindheit vergegenwärtigen und weiter verarbeiten, wird die Schriftstellerin Vicki Baum in jedem ihrer Romane aufs Neue kalte, gottlose Welten erschaffen, in denen die Figuren auf Erlösung hoffen, wie Martha und ihre Mutter. Aber niemand wird erlöst, außer durch sich selbst. Vicki Baums einsame Figuren sehnen sich nach Geborgenheit und »mütterlicher« Wärme, obwohl diese längst für immer verloren sind.

Die Mathilde, die wenig später in Begleitung einer Pflegerin aus Inzersdorf heimkehrte, war in der Wahrnehmung ihrer Tochter eine andere. Aus dem zarten kranken Vögelchen war ein kleiner Raubvogel mit scharfen Krallen und spitzem Schnabel geworden. Mathilde stritt sich nun immer öfter lautstark mit Hermann und dem Personal. Als dann auch noch das Hausmädchen Katl, Vickis mütterliche Vertraute, zermürbt den Haushalt verließ, verlor das Mädchen den letzten Haltepunkt ihrer Kindheit. Von nun an war Vicki Betreuerin, später auch Pflegerin ihrer Mutter und sollte es für die nächsten zwölf Jahre bleiben.

Womöglich war Inzersdorf nicht Mathildes letzter Sanatoriumsaufenthalt. »Meine Mutter war psychisch krank und verbrachte Jahre in psychiatrischen Anstalten«, schrieb Vicki Baum 1958 an eine Vertraute.[13] In ihren Erinnerungen beschrieb sie später, wie Mathilde eines Tages aus dem Fenster des vierten Stocks springen wollte und nur von ihrer Pflegerin davon abgehalten werden konnte: »Ich kann wohl behaupten, dass man als zukünftige Schriftstellerin durch eine harte Schule geht, wenn man die eigene Mutter ständig davon abhalten muss, sich umzubringen.«[14]

Nach Inzersdorf blieb Vicki jedenfalls mit ihren Ängsten und ihrer Scham über ihre kranke Mutter allein, und der Patriarch Hermann verstärkte seine Anstrengungen, aus dem kränklichen, dünnen Mädchen einen »Jungen« zu machen, »vielleicht, damit ich nicht auch überschnappte«, meinte Baum später gegenüber einer Freundin.[15] Selbst ein Hypochonder von hohen Graden, verordnete Hermann seiner Tochter ein rigoroses Gesundheitsprogramm mit Kneippbädern und verbot ihr bestimmte Speisen und Getränke wie Süßigkeiten, Obst und Limonade. Wenn sie seine Anweisungen missachtete, kürzte er ihr das Taschengeld oder strich ihren heißgeliebten Nachtisch. Für wohlgefälliges Verhalten belohnte er sie jedoch mit »ein bis zwei Zehnern«.[16]

So brachte Hermann Vicki eine wichtige Lektion bei: Nur Anpassung und Leistung zahlten sich in barer Münze aus. Nur wenn sie sich verstellte und sein »Spiel« mitmachte, konnte sie sich kleine Inseln der Freiheit schaffen. Denn von dem Geld, das Hermann ihr gab, kaufte sie sich heimlich Obst und Limonade. In ihren späteren Karrieren als Harfenistin und Schriftstellerin sollte das Geldverdienen für Vicki Baum zu einer der stärksten Triebfedern überhaupt werden.

Sie erinnerte sich noch viele Jahre später schmerzlich daran, dass Hermann ihr verbot, mit Mitschülerinnen zur Schule zu gehen. Zudem hielt er sie an, sich die Hälfte ihres spartanischen Frühstücks, eine trockene Semmel, für die Schule aufzusparen. Sie schämte sich dafür vor den anderen Kindern und verfütterte ihr Frühstück lieber an einen alten Klepper.[17] Hermanns Isolierungsversuche und das einsame Wissen um ihre sonderbare Mutter verstärkten bei ihr das Gefühl, anders zu sein als andere Kinder. Und so schuf sie sich in ihrer Phantasie eine eigene Welt. Eine französische Gouvernante hatte ihr schon vor der Schulzeit das Lesen und Schreiben beigebracht. Seitdem verschlang sie jedes Buch, dessen sie habhaft werden konnte. Vickis übersteigerte Phantasie fand ein neues Ventil in der Musik. Als höhere Tochter hatte sie selbstverständlich Klavierunterricht, und als sie wirkliches musikalisches Talent zeigte, bekam sie, auf Mathildes Wunsch hin, Harfenunterricht. Mit sieben oder acht Jahren entdeckte Vicki zudem das Schreiben als ein Mittel, mit dem sie ihr Mitteilungsbedürfnis, ihre Sehnsucht nach Wertschätzung und Anerkennung befriedigen und das bedrückende Gefühl der Isolation durchbrechen konnte. Es ist bezeichnend, dass sie sich bereits in diesen frühen Versuchen nicht an gleichaltrige Kinder, sondern an Erwachsene wandte. Später erklärte Baum einer Freundin, sie habe als Achtjährige jeden Erwachsenen, den sie kannte, gefragt, ob er nicht einen Brief von ihr bekommen wolle. Und wenn dann einer mit »Ja« geantwortet habe, dann habe sie ihm eben einen Brief geschrieben.[18]

Vicki Baum war später »dankbar« für ihre Erziehung. »Ich glaube, dass Widerstände, Herausforderungen und Missachtungen gesünder für den Charakter sind als das gottverdammte Bemuttern und Verhätscheln, das so viele Kinder verkorkst.«[19] Auf schmerzliche Erfahrungen mit trotzigem Stolz zu reagieren und daraus Selbstbewusstsein zu entwickeln – dieses Schema behielt sie ein Leben lang bei.

Die traumatischen Kindheitserlebnisse stellten eine wichtige Quelle ihrer Kreativität dar. Das gilt nicht nur für ihre frühen Romane, sondern auch für ihr letztes Buch. Als Baum mit siebzig nichts anderes mehr einfallen wollte, schrieb sie einfach den Roman ihres Lebens – ihre Autobiographie.

～～～

Um die Jahrhundertwende entwickelte sich Wien zu einem europäischen Zentrum der Moderne. Hier wandelten Bruckner, Mahler und Hugo Wolf auf Richard Wagners Spuren, erforschten Alban Berg und Arnold Schönberg die freie Tonalität. Die Künstler der Wiener Werkstätte und der Art nouveau erschufen eine neue, lebensnahe Bildsprache, Otto Wagner und Adolf Loos bereiteten einer entrümpelten Architektur den Weg, Sigmund Freud entwickelte mit der Psychoanalyse ein neuartiges Menschenbild.

Mittendrin im lärmenden Getöse, im »schwindelerregenden Kreisen«: die heranwachsende Vicki. Als Backfisch war sie nun alt genug, um sich von der Euphorie anstecken zu lassen, die die jungen Künstler in allen Bereichen zu außergewöhnlichen Leistungen anspornte. Bei dieser höchst produktiven Wiener »Krankheit« handelte es sich vor allem um einen Kampf der Generationen. Der Umbruch, der die Zweimillionenstadt Wien erfasste, zeigte sich für Vicki zunächst in ganz alltäglichen Dingen. Die Vertreter der älteren, vor 1850 geborenen Generation gingen dahin. Im September 1901 starb Vickis

Großmutter Maria Donath, weniger als drei Jahre nach ihrem Mann Leopold. Hermann, Mathilde und Vicki zogen in eine repräsentativere Wohnung auf die andere Seite des Schillerparks, direkt gegenüber der Kunstakademie. Bald wurde im 1870 erbauten Nibelungenhof – die Baums wohnten im rechten Teil – »überall geklopft und gehämmert«. Die Handwerker installierten Zentralheizungen und Leitungen, die warmes Wasser direkt in die Wohnungen transportierten. Die gefährlichen Petroleumlampen, die im Hause Baum bereits so manches Tischtuch in Brand gesetzt hatten, wurden durch Glühlampen ersetzt. Gleiches galt für die Straßenbeleuchtung, die im Inneren Bezirk komplett elektrifiziert wurde. Wenn Vicki in der vierten Etage das zur Straße gehende Fenster des Salons öffnete, musste ihr auffallen, dass immer weniger Fiaker über das unebene Granitpflaster fuhren: In das alltägliche Getrappel der Pferde mischten sich nun schrilles Fahrradklingeln und aufheulende Motoren von Krafträdern und Automobilen.

Einige Protagonisten des Wandels lebten praktisch vor Vickis Haustüre. In der Nähe der Oberen Donaugasse, dort, wo nun Großmutter Fanny, Onkel Sandor und Tochter Jenny wohnten, hatte Sigmund Freud das Realgymnasium besucht, jener Arzt, der die bei den Wienern so verbreiteten realitätsverzerrenden Abwehrhaltungen erforschte und nicht zuletzt aufgrund dieser Beobachtungen die revolutionäre Theorie der Psychoanalyse entwickelte. In der Akademie der Bildenden Künste, die sich gegenüber der neuen Wohnung der Baums befand, formierten sich die Vertreter einer neuen Kunstrichtung zu einer Interessensgruppe, an deren Spitze der Architekt Otto Wagner stand. Die Sezessionisten sagten sich von der überbordenden Bildästhetik der Ringstraßenära los, wollten Kunst und tägliches Leben verbinden. Der Sezessionspavillon, das Manifest dieser neuen Kunst, entstand nur ein paar Schritte entfernt am Karlsplatz. Auf dem Giebel des kubusartigen Baus prangte die skandalträchtige Losung der neuen Generation, zu der sich nun auch Vicki zählte: »Der Zeit ihre Kunst, der

Als Backfisch

Kunst ihre Freiheit.« Dieser erste Bau der Moderne in der Stadt, wegen seiner Kuppel aus vergoldeten Lorbeeren von den Wienern spöttisch »goldene Krauthappel« (Krautkopf) genannt, löste heftige Kontroversen aus. Den meisten, auch dem Kaiser, galt der Pavillon schlichtweg als Ärgernis. Vicki Baum hielt den Pavillon zwar ebenfalls für »hässlich«, »eine Stilverirrung, wenn es je eine gegeben hat«, verteidigte ihn jedoch gegen alle Angriffe: »Er war anders, neu, er gehörte *uns*, den Jungen.«[20]

Bis zur achten Klasse ging sie in die ebenfalls nahegelegene Mädchenübungsschule der Lehrerinnenbildungsanstalt in der Hegelgasse. Danach hätte es ihr offengestanden, eine höhere Schule zu absolvieren und sich im Pädagogium (das sich im selben Schulgebäude befand) zur Volksschullehrerin oder Erzieherin ausbilden zu lassen. Doch dazu kam es nicht. Mathilde bestand darauf, dass Vicki Konzertharfenistin wurde und später einmal ihr eigenes Geld verdiente. Es war sicherlich kein Zufall, dass

30

Vicki diesen Werdegang unmittelbar nach dem Tod ihres musikbegeisterten Großvaters Leopold einschlagen durfte. Leopold
war seiner Familie zuliebe Kaufmann und nicht Pianist geworden. Aber seine Tochter Mathilde, die sich am Klavier in einem
Chopin'schen Notturno verlieren konnte, »bis die Abenddämme-
rung die Tasten verwischte«[21], sorgte nun dafür, dass ihre Tochter Leopolds »Vermächtnis« erfüllte und Berufsmusikerin wurde.
In »endlosen Disputen« setzte sie sich Vicki Baum zufolge Hermann gegenüber durch.

Seit 1898 besuchte Vicki also die Vorbereitungskurse des Kon-
servatoriums im Fach Harfe. Das offizielle Eintrittsalter für die
Harfenklasse war nach dem Schulstatut das vollendete zwölfte
Lebensjahr. Vicki war jedoch gerade einmal zehn.

Das 1812 von der Gesellschaft für Musikfreunde gegründete
Konservatorium, ein Vorläufer der heutigen Universität für Musik und darstellende Kunst, war seit 1870 im Musikvereinsgebäude an der Bösendorferstraße untergebracht. Es lag also nur
ein paar Straßen von der Wohnung der Baums entfernt. In dem
altehrwürdigen Institut hatten schon Gustav Mahler und Hugo
Wolf die Schulbank gedrückt, Anton Bruckner hatte hier Har-
monielehre und Orgelspiel gelehrt. Bis sie mit dreizehn die
Schule verließ, führte Vicki ein anstrengendes »Doppelleben«,
»immer in Eile, immer in Angst, zu spät zu kommen, immer in
Zeitmangel«.[22] Nach dem regulären Unterricht hastete sie mittags über den Opernring zur Vorbildungsschule ins Konservatorium, danach standen noch »drei bis sechs Stunden« Übung
auf der Harfe an. In der Ausbildungsklasse nahm der Zeitauf-
wand noch zu: »Sechs Stunden Harfe üben und zwei Stunden
Klavier, dazu noch die Zeit, welche man um dieser beiden Instrumente willen in der Klasse verbringen musste, Hausarbeiten
in Theorie, Instrumentation, Musikgeschichte; und noch mehr
Stunden für Chorproben, Orchesterproben sowie zunehmende
Verpflichtungen als Konzertsolistin.«[23] Das Konservatorium,
in dem Orchestermusiker, Sänger und Schauspieler ausgebildet

wurden, stellte hohe Ansprüche an seine 950 Schülerinnen und Schüler. Alle mussten sich beständig strengen Leistungsprüfungen unterziehen. Für »kindlichen Unfug oder Langeweile«, für Vicki ohnehin Fremdwörter, aber auch für Freundschaften, blieb da kaum Zeit.

Das Konservatorium war das erste von vielen Milieus, die Vicki Baum zeitlebens faszinierten, »ein hermetisch abgeschlossener Mikrokosmos, in dem man die Stimmen der Außenwelt nur als verschwommenes, bedeutungsloses fernes Gemurmel hört«.[24] Hier erhielt sie erstmals Einblick in eine kleine Welt, die nach ganz eigenen Gesetzmäßigkeiten funktionierte. Auf den langen Fluren des zweigeschossigen Gebäudes herrschte eine Atmosphäre aus hektischer Betriebsamkeit und unterdrückter Erotik: Ein Hauch von Bohnerwachs lag in der Luft, bauchige Gaslampen spendeten trübes Licht. Aus grüngepolsterten Türen drangen Stimmen, Flöten-, Oboen- und Klaviertöne, vom Parterre schallten Orgelklänge herauf. Am Ende eines jeden Korridors thronte eine Aufsichtsdame auf einem Podest. So beschrieb es Baum später in *Eingang zur Bühne*. Alle Mädchen waren in die männlichen Lehrkräfte verliebt. Auch Vicki. Sie schwärmte für den »jungen Professor« Alfred Zamara, der 1901 ihre Harfenausbildung übernommen hatte.

Seit dieser Zeit war sie auch noch in jemand anderen verliebt, eine bekannte Persönlichkeit des öffentlichen Lebens, die sie später stets nur »S.« nannte. Hinter diesem Kürzel verbirgt sich kein anderer als der Tenor Leo Slezak, den Gustav Mahler 1901 an die Hofoper engagiert hatte. Da Slezak schräg gegenüber in der Elisabethstraße wohnte, konnte Vicki ihm täglich auf der Straße begegnen. Doch sie traute sich nicht einmal, ihr Idol um ein Autogramm zu bitten. Dafür verewigte sie Slezak später in *Eingang zur Bühne* als »Hannes Rassiem« — als blonden, untersetzten Opernsänger »mittleren Alters«.

Als Mädchen genügte es ihr vollauf, ihren jugendlichen Helden aus der Ferne von ihrem Stammplatz in der Wiener Hofoper zu bewundern. Sie gehörte zu jenen paar Dutzend Musikenthusi-

Alfred Zamara,
Vickis Professor für Harfe am
Wiener Konservatorium

asten der Mahler-Zeit die manchmal schon nachmittags um drei vor dem Opernhaus um Karten für den Abend anstanden, um einen der begehrten billigen Stehplätze hoch oben in der vierten Galerie zu ergattern und von dort aus abends Stimmung für ihre Lieblinge, einen Theodor Reichmann, einen Hermann Winkelmann, eine Anna von Mildenberg oder eben einen Leo Slezak, zu machen.

Hermann Baum erlaubte dies, solange seine Tochter abends vor der berüchtigten Zehn-Uhr-Sperre zu Hause war. Und so wartete bei jeder Aufführung das Hausmädchen der Baums vor dem Opernvestibül, um Vicki noch vor Ende der Aufführung nach Hause zu begleiten. Durch ihre gefühlsseligen Gedankenspielereien machte sich Vicki immun gegen die Annährungsversuche gleichaltriger Verehrer – falls es überhaupt welche gab, denn sie war keine Schönheit, nur eine Schülerin mit Zopf, kniekurzem plissierten Kleid und knöchelhohen Schnürstiefeln. Auf dem Konzertpodium aber entwickelte das sonst eher unscheinbare Mädchen eine nachhaltige Präsenz und schien geradezu zu erblühen. Ein Foto der 15-Jährigen macht dies überaus deutlich: Neben ihrer Harfe stehend, strahlt Vicki Baum eine seltsame Mischung aus Unschuld und Verruchtheit, Schüchternheit und Selbstbewusstsein aus. Hausbacken ihr etwas zu weit geratenes, leicht dekolletiertes helles Spitzenmiederkleid. Lasziv hingegen ihr Blick aus halbgeöffneten Augen, ihre aufgeworfenen Lippen. Jahre später wird die *Neue Freie Presse* über einen Auftritt der Harfenvirtuosin Hedwig »Viki« Baum schreiben: »Ihre Anmut und Jugend stehen in einem merkwürdigen Verhältnis zur künstlerischen Reife ihrer Leistungen, ein Umstand, der ihrem Auftreten einen bedeutenden Reiz verleiht.«[25]

Lange bevor dies geschrieben wurde und das bemerkenswerte Foto entstand, sah der Schriftsteller Hans Müller-Einigen die junge Vicki Baum bei einem ihrer ersten Konzerte, einer »Zwischenaktsmusik« im Deutschen Volkstheater. Auch ihn irritierte und faszinierte der eindringliche Kontrast aus unbefangener Kindlichkeit und reifer Musikalität:

> »Die den Harfenschwan zog oder vielmehr von ihm gezogen wurde, war ein Kind. Zehn-, höchstens elfjährig. Von eigentümlich runder, pausbäckiger Rubensschönheit. Um das pfirsichgerötete, strahlend saubere Kindergesicht trug Mignon die kurzen Locken in der Mitte gescheitelt, mit einer Masche bedeckt und rundum von einem schmalen Seidenbändlein zusammengehalten. Wenn sie das Instrument gleichzeitig treten und greifen wollte, entstanden gewisse geographische Schwierigkeiten. Doch sie schlug tapfer drein, mächtig schwoll der Harfenstrom unter ihren putzig kämmenden Händen, aus ihren Augen brach Feuer, das Gelock umwehte sie wie eine Glut, trotz des schmalen, weißseidenen Reifleins. Sie entfesselte den ersten donnernden Beifall der paar Besucher, mit ihrem schwärmerisch geharften Cherubini-Solo.«[26]

Nachdem Hermann Baum seine Tochter bei einem Auftritt erlebt hatte, tat er das, was wahrscheinlich jeder besorgte Vater getan hätte: Er verbot ihr tiefdekolletierte Kleider, seidene Haarschleifchen und anderes »Chichi«. Sonst werde sie noch »in der Gosse landen«, drohte er. Es liegt nahe, dass sich Hermann Baum bei ihrem Auftritt an die Prostituierten erinnerte, die zu Tausenden die Straßen Wiens bevölkerten und dort, nicht selten auch in Lolita-Verkleidung, ihre Dienste anboten. Aber Vickis Porträtfotografie mit Harfe aus dem Jahr 1903 lässt tatsächlich bereits erahnen, was ihr Vater vielleicht noch nicht wahrhaben wollte: Lange würde er seine Tochter nicht mehr von den Männern fernhalten können.

Ein Jahr später traf Vicki ihre erste große Liebe, Carl Lafite. Nach einem Konzert des Wiener Damenchors mit Harfensolo machte der nach der Mode der Zeit ganz in Schwarz gekleidete Chorleiter der damals Sechzehnjährigen Avancen. Vicki Baum beschrieb das Zusammentreffen später in verschiedenen Variationen in mehreren Romanen. Das Schema ist immer gleich: Ein sechzehnjähriges Mädchen verliebt sich einen älteren, bereits gebundenen Künstler. Die Romanze beginnt mit einem Kuss, bleibt fast platonisch und gelangt über weitere Küsse, Händchenhalten und romantische nächtliche Fiakerfahrten nicht hinaus. Der momentan uninspirierte Künstler benutzt seine Verliebtheit, um sich in einen Schaffensrausch hineinzusteigern, das Mädchen wiederum kann seine Vorstellung von einer romantischen Liebe ausleben. Nachdem der Mann sein großes Kunstwerk erschaffen hat, zerbricht die Gemeinschaft. Er kehrt zu seiner Verlobten zurück (Charles Dupont in *Marion*) oder bekommt ein Kind von seiner Ehefrau (Thomas Brand in *Die Tänze der Ina Raffay*). Das Mädchen geht als Künstlerin seinen eigenen Weg.

Lafite war damals einunddreißig und ein berüchtigter Herzensbrecher. Mit seinen offenen, aristokratisch anmutenden Gesichtszü-

Carl Lafite, Vickis »erste große Liebe«, in den 40er Jahren

gen und dem schwarzen Kinnbärtchen im »Van Dyck«-Stil sah er exotisch und verführerisch aus. Er war verlobt, lebte jedoch noch mit seiner älteren Schwester zusammen. Lafite gehörte zu jenen Universalkünstlern, wie sie wohl nur Wien um die Jahrhundertwende hervorbrachte. Er stammte aus einer alteingessenen Wiener Künstlerfamilie hugenottischen Ursprungs, war umfassend gebildet und sprach fließend Italienisch und Französisch. Noch unter Bruckner hatte er am Konservatorium Klavier, Orgel, Musiktheorie und Kompositionslehre studiert und sich dann als Klavierbegleiter des Violinenvirtuosen Franz Ondriček international einen Namen gemacht. Als Vicki sich unsterblich in ihn verliebte, war er Organist an der Piaristenkirche, Musiklehrer am kaiserlichen Blindeninstitut, Dirigent verschiedener Chöre und gerade dabei, seine erste Oper zu komponieren, das Märchenstück *Das kalte Herz* nach Wilhelm Hauff.[27]

Äußerlich die Verkörperung ihrer wildesten Träume, war der

»Fliegende Holländer« für Vicki der perfekte »Liebhaber«. Mit Lafite konnte sie ihre Idealvorstellung von einer romantischen, unerfüllbaren Liebe ausleben. Er wiederum schirmte ihre Beziehung behutsam vor der Öffentlichkeit ab und sorgte so dafür, dass Vickis Ehre nicht »befleckt« wurde. Erst später sollte sie herausfinden, dass dieses Verhalten auch Lafites eigenem Schutz diente, denn sie war offenbar nicht die Einzige, mit der er eine Beziehung pflegte.

Vicki traf diesen Mann zu einer Zeit, in der sie dankbar jede Anregung aufnahm. Lafite wurde zu einem Mentor. Mit seinem gut entwickelten Blick für Talente vermochte er auch Vickis verschiedene Begabungen behutsam zu lenken und sie sich ihrer selbst bewusst werden zu lassen. Er führte Vicki in die »reine Welt der Kammermusik« ein, zeigte ihr den »Reichtum der Lied-Literatur«, musikalische Gebiete, die ihr bis dahin fremd gewesen waren.[28] Da sie vor Einfällen und Geschichten übersprudelte, riet Lafite ihr, ihre Gedanken in ein (heute leider nicht mehr vorhandenes) Tagebuch zu schreiben, das er sich regelmäßig vorlegen ließ. Er diskutierte mit ihr über Literatur und festigte ihren literarischen Geschmack, wo er ihn nicht prägte. Er machte sie mit den Werken Fjodor Dostojewskijs, Charles Dickens', Knut Hamsuns, Hermann Bangs, August Strindbergs und Henrik Ibsens bekannt. All diese Autoren sollten nicht ohne Wirkung auf ihr eigenes späteres Werk bleiben. Vicki Baum bewunderte den Realismus eines Dickens[29] und fand in seinen und den Werken Hermann Bangs ihre Einstellung zu ihren Romancharakteren gespiegelt: »Humor und Mitleid«. An Hamsun schätzte sie seine Technik, das »mikrokosmische Gefüge« zur ganzen »Welt« auszugestalten, die sie selbst im Bereich des Unterhaltungsromans zu neuartigen Szenerien inspirieren sollte.

»Was immer (…) aus mir geworden ist, hat dieser erste Mann meines Lebens in mir gestaltet, geformt und entwickelt«, schrieb Baum später über ihren Mentor, dessen Identität sie wohl aus

Pietät bis zuletzt schützte.[30] Über seinen Einfluss im künstlerischen Bereich hinaus war ihr Lafite aber auch in ganz praktischer Weise nützlich. Nachdem sie im Mai 1904 die Reifeprüfung mit Auszeichnung abgelegt hatte, vermittelte er Vicki ihre ersten Engagements als Harfenistin.[31]

Vermutlich im Laufe des Jahres 1907 ging die Romanze, für Vicki nicht ohne Schmerzen, zu Ende: »Eine erste Liebe zu amputieren ist eine schmerzhafte Operation.«[32] Dabei hatte Lafite sie früh gewarnt: »Was wollen Sie, ich bin eben eine erotische Natur!« Das enthüllte Baum zwanzig Jahre später in einem Zeitungsartikel – ohne allerdings den »sehr wissenden und seiner Wirkungen gewissen Homme à femmes«, über den sie hier philosophierte, beim Namen zu nennen.[33] 1908 wurde Carl Lafite unter skandalträchtigen Umständen Vater eines unehelichen Sohnes, Peter, der nicht von seiner damaligen Verlobten stammte.

———⌒⌒———

Im November 1907 gab Vicki ihr Debüt im Concertverein (dem Vorgängerorchester der heutigen Wiener Symphoniker), damals das erste hoch qualifizierte Berufsorchester der Stadt. Mit Zähigkeit, Biss und Talent war sie im Alter von 19 Jahren in ihrem erlernten Beruf weit oben angekommen und zählte sich als zweite Harfenistin zur »geistigen Elite« eines Orchesters.[34] Sie verdiente nicht viel – 160 Kronen im Monat – und musste während der Saison, von November bis April, bis zu fünfzig Auftritte im Monat absolvieren. Aber sie war fest angestellt – und die einzige Frau unter achtzig Männern.

Etwa zur gleichen Zeit begann Mathilde Baums zweites Martyrium. Der Arzt diagnostizierte »Wirbelsäulenentartung« – Krebs. Es hatten sich bereits erste Metastasen an der Wirbelsäule ausgebreitet, und Mathilde war vom Rumpf abwärts gelähmt. Die Krankheit war nicht frühzeitig erkannt und operiert worden, was einem unabänderlichen Todesurteil gleichkam.

Vicki war es seit jeher gewohnt, im Umgang mit ihrer Mutter die Rolle der Verantwortlichen einzunehmen. Mit knapp zwanzig war sie noch nicht mündig, lebte noch immer bei ihren Eltern. Daher war es nur konsequent, dass sie nun Mathildes Pflege übernahm. Das Krankenhaus war um 1900 weder der normale Geburts- noch der übliche Sterbeort, die Probleme des Siechtums waren jedoch dieselben wie heute. Immerhin gab es schon Morphium. Tagsüber wachte Vicki zwischen ihren Proben und abends nach ihren Konzerten auf einer Liege an Mutters Bett, tupfte ihr die schweißnasse Stirn und spritzte ihr alle vier Stunden hohe Dosen Morphium, wie es später in *Eingang zur Bühne* beschrieben wird. Ihr Vater war derweil zu seiner Mutter Fanny und Schwester Jenny in die Leopoldstadt geflüchtet.

Im Winter 1907/08 erlebte Vicki, wie sich ihre Mutter, »ein ohnmächtiges Bündel (…), das der Zerstörung preisgegeben war«, vor ihren Augen aufgab. So schilderte Baum es in ihren Erinnerungen. Weil sich Mathilde nicht gegen ihr Schicksal stemmte – und sicher auch, weil sie Vicki mit ihren Schmerzen quälte –, hatte sie ihrer Tochter zufolge ein für allemal »versagt«. In dieser barschen, doktrinären Haltung wird noch etwas anderes sichtbar: Vicki Baums eigene existenzielle Angst, die sie seit diesem Winter verfolgte und die sie nun aggressiv gegen Mathilde wendete. Wenn sie ihre Mutter in der Rückschau kritisierte, dann wohl nur deshalb, weil sie selbst in den Abgrund geschaut hatte. Nur ganz beiläufig sprach Baum in ihren Erinnerungen von den »Kämpfe[n], die ich gegen die Versuchung ausfocht, mir selbst auf solche Weise einmal Ruhe zu verschaffen«[35], was nichts anderes heißt, als dass sie sich damals selbst eine Morphiuminjektion hatte setzen wollen. Doch ihr Selbsterhaltungstrieb hatte gegen ihre »dunkle« schwache Seite gesiegt. Baum phantasierte diesen Anteil ihrer selbst später nur noch in der Literatur aus, zum Beispiel in der Figur der sensiblen Elis, die in *Eingang zur Bühne* ihre schwerkranke Mutter bis zu deren Tod pflegt, bis sie sich mit einer Morphiuminjektion selbst das Leben nimmt. Nach außen hin lebte Baum fortan Stärke, Lebenswillen und Tüchtigkeit, kurzum das »Trotz alledem«, ihre ganz private »Religion«, der sie zeit ihres Lebens anhing.

Mathilde Baum starb in den Abendstunden des 31. März 1908. Ihre Tochter betrachtete den Tod seither als eine Prüfung, als eine Krankheit oder »Krisis«. Dafür fürchtete sie sich umso mehr vor dem, was sie das »Versagen im schwersten Augenblick« nannte, dem ultimativen Kontrollverlust.

Doch bei allem Bemühen, sich von ihr abzusetzen, verdankte Vicki ihrer Mutter auch sehr viel. Sie erbte Mathildes Sensibilität, nicht aber deren Labilität. Ob nun auf einer bewussten oder auf einer eher unbewussten Ebene, Mathilde vermittelte ihr mit ihrer ganzen unglücklichen Existenz: »Werde nicht so wie ich!« Und so führte das Schicksal ihrer Mutter Vicki vor Augen, wie wichtig es ist, unabhängig von einem Mann zu sein. Später war sie immer sehr stolz auf ihre Fähigkeit, sich selbst zu erhalten. Der Kampf um ihre Unabhängigkeit und Selbstständigkeit, ihr Bestreben, sich von einengenden Fesseln zu lösen, gehörten fortan zu ihren zentralen Lebensthemen und sollten auch in ihren Romanen eine große Rolle spielen. Vicki Baums Leben und ihre Literatur erzählen aber auch vom Preis solcher Freiheit – der Einsamkeit. Nirgendwo wird dies deutlicher als in dem trotzigen »Ich brauche niemanden«, das ihr Lebensmotto wurde. Unter der Oberfläche dieses doch eigentlich schwachen Satzes liegt das ganze Leiden und die Traurigkeit ihrer Kindheit verborgen.

»Ich habe von ihm mehr Güte empfangen als von irgendeinem anderen Menschen auf der Welt, und das vergisst sich nicht«, schrieb Vicki Baum im Sommer 1926 an die Witwe des kurz zuvor verstorbenen Schriftstellers Max Prels. »Dass ich sehr traurig war und bin, ist selbstverständlich, trotzdem – ich stehe mit dem Sterben auf gutem und vertrautem Fuß, und da glaube ich, dass der Tod gut zum armen Max war, besser als es ein Leben der Krankheit und des Leidens hätte sein können.«[36] Baums unverkrampfte Offenheit gegenüber einer Adressatin, die ihr nicht sehr nahestand, wird durch ihr verwandtschaftliches Verhältnis zu dem Verstorbenen erklärbar. Max Prels war Vicki Baums erster Ehemann.

Sie traf ihn zum ersten Mal im Herbst 1907 im rauchgeschwängerten Café Kremser, das auf halber Strecke zwischen dem Musikvereinsgebäude und ihrer Wohnung in der Nibelungengasse lag. Sie sehnte sich inzwischen nach einem Menschen, der nur für sie da war, und Max' »schüchterne, demütige Art«[37] flößte ihr Vertrauen ein. Hinter seiner clownesken Art, seiner ausgelassenen Heiterkeit erspürte Vicki die Traurigkeit und Melancholie. Max wurde der ältere Bruder, den sie nie gehabt hatte. Er, der selbst früh seinen Vater beerdigt hatte, stand ihr bei, als sie ihre Mutter verlor. Drei Jahre zuvor hatte der studierte Jurist seinen sicheren Posten als Beamter bei der Eisenbahn gegen die unsichere Existenz eines Journalisten und Autors eingetauscht und 1905 einen Band mit Erzählungen und Novellen veröffentlicht. Klein gewachsen, schmächtig, mit einem riesigen Kopf und einer übergroßen Nase war er ein Freigeist, sicherlich kein Genie des Intellekts, aber ein Existenzialist und Poet.

Nach ihrer ersten Begegnung wich Max nicht mehr von Vickis Seite. Für ihn war es offenbar von Anfang an Liebe, für sie jedoch zunächst nicht mehr als Sympathie und Neugierde, dann Freundschaft, schließlich Mitleid. Als sie Max kennenlernte, hatte Vicki von der schwärmerischen Kleinmädchenliebe genug. Für eine leidenschaftliche Liebesbeziehung aber war sie ebenfalls noch nicht bereit.

In der schlimmsten Phase von Mathildes Krankheit schlief sie mit ihm – es war eine kleine Rebellion gegen die bourgeoisen Traditionen der Eltern. Diese »nicht unangenehme, jedoch ziemlich unbedeutende Erfahrung«[38] war für sie wohl eher ein Ausdruck der Dankbarkeit denn des Begehrens und auch *Marion* zufolge ein überaus nüchterner Akt ohne initiale Wirkung: »Als alles vorüber war, lag ich im Bett, schaute zur Decke hinauf und dachte wie Millionen Mädchen vor mir: Das ist alles? Und davon wird so viel hergemacht?«[39]

Als Vicki im Frühjahr nach Mathildes Tod an einer schweren Streptokokkeninfektion mit hohem Fieber erkrankte, wurde Max ihr brüderlicher Pfleger. Nachdem sie sich erholt hatte, schrieb sie die Erlebnisse nieder, die ihre Fieberphantasien wiedererweckt hatten. Es entstand der Roman *Frühe Schatten*, in dem sie Mathildes Krankheit verarbeitete. Vicki schrieb ihn aus dem Impuls heraus, ihre Vergangenheit endgültig ad acta zu legen. An eine Veröffentlichung verschwendete sie ihren späteren Aussagen zufolge keinen Gedanken. Im Alter bezeichnete sie den Roman als ein »totgeborenes Kind«, weil er im Zustand der »Selbstbeschau« entstanden war, die sie inzwischen verurteilte.

Frühe Schatten war lediglich Zeugnis für einen Neubeginn in ihrem Leben. Vicki fühlte sich nach Mathildes Tod wie befreit – von ihrer Vergangenheit, von ihren Verpflichtungen gegenüber ihrer Familie und ihrem Vater Hermann, mit dem sie nun nicht mehr länger unter einem Dach leben wollte. Was lag da 1908 näher, als zu heiraten? Für eine Frau war es damals die einzige Möglichkeit, ihre Familie ohne Gesichtsverlust zu verlassen und ein eigenständiges Leben zu führen. Da Vicki mit ihren zwanzig Jahren noch minderjährig war, musste Hermann sein Einverständnis geben. Er erteilte der Eheschließung seinen Segen – und zeigte damit, dass er sehr wohl imstande war, mit der Zeit zu gehen. Vicki durfte einen nichtjüdischen, sogar konfessionslosen Mann ehelichen, den sie selbst gewählt hatte, was in Hermanns Generation noch völlig undenkbar gewesen wäre. Dass Vater Baum einen freien Journalisten als Schwiegersohn akzeptierte, legt zwei Schlüsse nahe: Entweder betrachtete er seine Tochter inzwischen tatsächlich als seltsamen »Sohn«, oder er wollte sich auf moderne Weise der letzten Frau in seiner Umgebung entledigen, die nicht seine Mutter war.

⟶

An einem verregneten Dienstagmorgen im März 1909 gaben sich die Harfenvirtuosin Hedwig Baum und der freie Redakteur und Schriftsteller Max Prels im Rathaus des ersten Wiener Bezirks vor einem Magistratsbeamten und einem Rabbiner das Jawort. Hochzeitsfotografien sind nicht erhalten, die Umstände der Eheschließung deuten aber auf eine eher nüchterne, wenig feierliche Standesamtsheirat hin, was vielleicht mit dem kaum abgelaufenen Trauerjahr für Mathilde Baum zusammenhing.

Nach der Hochzeit zog das Paar in Prels' Junggesellenwohnung in ein Gründerzeithaus in der Johann-Strauß-Gasse »auf der Wieden«. Mit dieser Ehe bewies Vicki Baum zum ersten Mal in ihrem Leben den Mut zu einem radikalen Neuanfang. Sie arbeitete daran, die Fesseln ihrer gutbürgerlichen Herkunft und Erziehung abzustreifen. Eine Revolutionärin war sie deshalb noch lange nicht, machte sie doch mit dem Ehevertrag eine entscheidende Konzession an die gesellschaftliche Moral.

Zu dem wenigen, was Vicki aus ihrem früheren mit in ihr neues Leben nahm, gehörten ihre zutiefst bürgerliche Auffassung von einem gut organisierten Haushalt mit festen Mahlzeiten und einer stets blitzblank geputzten Wohnung sowie das unvermeidliche Dienstmädchen, ohne das selbst ein so bescheidener Künstlerhaushalt wie der Prels'sche wohl nicht auszukommen schien.

Vicki ließ sich eine Zeitlang auf Max' Bohèmeleben ein. Während er für das *Neue 8 Uhr Blatt* und an seinem zweiten Buch arbeitete, führte sie ihr diszipliniertes Musikerinnenleben weiter und trug mit ihren Ersparnissen und Gagen wohl den Löwenanteil zum Familieneinkommen bei. Die künstlerische Entwicklung Wiens nahm sie inzwischen nicht mehr nur als wissbegieriger Zaungast wahr. Sie war nun selbst ein Teil der kulturellen

Elite, zählte »in musikalischer und technischer Hinsicht zu den bedeutendsten ihres Faches«, wie das *Wiener Fremdenblatt* schrieb.[40] Vicki spielte jede Woche mindestens ein Solokonzert, »wo sie nicht selten rauschenden Beifall erntete«, und arbeitete mit den ersten Dirigenten ihrer Zeit zusammen. Bruno Walter lud sie im November 1911 zur Uraufführung von Mahlers *Lied von der Erde* zu seinen Philharmonikern nach München ein. Ein paar Monate später gab sie unter Walter mit dem Wiener Concertverein Mahlers achte Symphonie. Diese Wiener Erstaufführung war damals das herausragende musikalische Ereignis der aktuellen Konzertsaison.

Im Kaffeehaus diskutierte Vicki mit den Protagonisten der Wiener Moderne und integrierte sich offenbar problemlos in den sonst ausschließlich aus Männern bestehenden Kreis von Schriftstellern, Musikern und Feuilletonisten um Josef Reiter, Max Graf, Theodor Csokor, Robert Konta und Otto Soyka. Dem Chronisten Milan Dubrovic zufolge fiel Vicki Baum in diesem Kreis durch ihre ausgesprochene »Munterkeit« auf.[41] Auch Carl Lafite gehörte dazu. Seit dem Skandal um seinen unehelichen Sohn hatte er als Musikkritiker beruflich umgesattelt. Jedes Mitglied dieser Runde hatte irgendwo irgendetwas veröffentlicht. Doch keiner der Herren sollte jemals auch nur annähernd so berühmt werden wie die zierliche Harfenistin in ihrer Mitte. Wie ein Schwamm saugte Vicki alles auf, was sie im Kaffeehaus sah, und verwendete diese Eindrücke später als Material für ihre Romane.

Max Prels entwickelte derweil eine große Kreativität, wenn es um seine chronische Geldnot ging. Erst pumpte er Vicki an, dann seine Freunde, bald trug er das Erbe seines Vaters, eine goldene Uhr, zu »Tante Dorothea«, der Pfandleihe in der Dorotheenstraße. Es folgte der Donath'sche Familienschmuck – ohne Vickis Einverständnis. Besonders das trug sie Prels später nach, denn sie hing an der kostbaren Perlenkette, die sie an die schöne, anmutige Mathilde vor Inzersdorf erinnerte, »das einzige Schmuckstück, das ich je in meinem Leben geliebt habe«.[42] Gleichwohl inspirierte sie diese ärgerliche Erfahrung literarisch, denn sie floss sowohl in die Erzählung *Die Perlen* als auch in den Roman *Die Tänze der Ina Raffay* ein.

Max litt zunehmend unter Fahrigkeit und entwickelte eine »Schreibhemmung«, wie Baum es später nannte. Tatsächlich suchte er unter dem Druck von Abgabeterminen wohl häufig Zuflucht im Alkohol. Öffentlich verlor Vicki Baum über sein Suchtproblem nie ein Wort. Stattdessen umschrieb sie Max' Laster 1931 in einer US-Zeitschrift mit einem charmanten Euphemismus: »Er war ein Bohemien durch und durch, ohne Zweifel talentiert, aber unfähig zur Konzentration.«[43] Noch kurz vor ihrem Tod ließ sie in einem Zeitungsartikel alle Anspielungen auf Max' übermäßigen Alkoholkonsum tilgen – aus Rücksichtnahme auf seine Familie: »Es stimmt zwar, aber es würde jemandem wehtun.«[44]

Also sprang Vicki für ihren »unzuverlässigen« Ehemann ein und entdeckte, dass sie unter Zeitdruck besonders schnell schreiben konnte. Während das Harfespielen für sie von Anfang an ein »Zwingen«, ein diszipliniertes Arbeiten bis zur totalen Erschöpfung, gewesen war, fiel ihr das Schreiben erstaunlich leicht, und an Ideen hatte es ihr nie gemangelt. Jetzt profitierte sie außerdem von dem, was ihr Carl Lafite einst an journalistischem Handwerk beigebracht hatte. Im Unterschied zu Max kam sie mit den Anforderungen des kommerzialisierten Literaturbetriebs gut zurecht. »Wenn das Geld für die simpelsten Notwendigkeiten, für das Wohlergehen der eigenen Familie fehlte – dann produzieren die Drüsen tollste Säfte und Gedanken, und die kleinen Rädchen im Gehirn beginnen sich wie wild zu drehen und schaffen Neues«[45], sagte sie später über ihr Schreiben, und das gilt mindestens bis Mitte der vierziger Jahre.

Später behauptete Baum, dass sie während ihrer Ehe als »Ghostwriterin« alle Magazinbeiträge für ihren Mann verfasst habe.[46] Um welche und um wie viele Artikel es sich dabei handelte, ist heute nicht mehr nachprüfbar. In *Velhagen & Klasings Monatsheften*, für die sie angeblich eine ganze Reihe von Geschichten unter dem Namen »Max Prels« schrieb, taucht der Name in der fraglichen Zeit jedenfalls nur ein einziges Mal auf – unter einem Gedicht im Juni 1910. Womöglich lag es daran, dass sich Baum zu dieser Zeit noch nicht als Autorin sah, und deshalb ihre bereits eigenständigen Veröffentlichungen als Arbeiten unter dem Namen ihres Mannes erinnerte. Denn eines ist sicher: Als Autorin war Vicki Baum während dieser Phase produktiver denn je. Sie schrieb die ersten Kapitel ihres Konservatoriumsromans *Eingang zur Bühne* und veröffentlichte auch unter ihrem eigenen Namen (als »Viki Prels« oder »Viki Baum-Prels«) zahlreiche Gedichte und Erzählungen in verschiedenen literarischen Magazinen. Im Alter von zweiundzwanzig Jahren trat sie erstmals überregional in Erscheinung. Für eine Parodie auf eine romantische Geschichte mit dem Titel *Alter Schlosspark* erhielt sie im September 1910 in einem Preisausschreiben der Münchner Satirezeitschrift *Licht und Schatten* den Preis für die »beste heitere Novelette«. Zu den Jurymitgliedern zählten zwei der größten Ironiker der Epoche, Ludwig Thoma und Thomas Mann. Vickis Preisgeld betrug stolze 1500 Mark (nach heutigem Geldwert entspricht dies etwa 4500 Euro).

1912 erschien der Name »Viki Baum-Prels« erstmals namentlich in *Kürschners Literaturkalender*.

Im November 1910 gründete Max Prels eine ambitionierte kulturelle Monatsschrift namens *Ton und Wort*. Er selbst firmierte als »Eigentümer« und Chefredakteur, als Herausgeber zeichnete Carl Lafite verantwortlich. Nach einigen Monaten waren offenbar nicht nur Prels' literarische Möglichkeiten erschöpft, denn schon bald tauchte sein Name nur noch im Impressum auf, fast alle Artikel – Gedichte, Erzählungen, Konzertkritiken, Reportagen aus dem Musikleben – stammten von Vicki Baum, einige auch von Carl Lafite. 1911 erschien ein neuer Name im Impressum: Godfried Altmann, als »Miteigentümer«.

Inzwischen war auch die Ehe Baum/Prels am Ende. Laut Vicki Baum machte ihr Carl Lafite wieder den Hof. Doch sie hatte nur noch Augen für einen: Godfried, den ehemaligen Kommilitonen ihres Mannes. Er wurde der dritte Mann bei *Ton und Wort*, mit dem sie ein Verhältnis hatte.

Über ihn wissen wir nicht sehr viel mehr als das, was Vicki Baum in ihren Erinnerungen und Romanen über ihn berichtete. Als er bei *Ton und Wort* einstieg, war Godfried Altmann siebenundzwanzig Jahre alt, er stammte aus einer alteingesessenen Wiener Familie, und er hatte gerade etwas Geld geerbt. Vicki fand ihn anziehend, weil er ihr so ganz anders erschien als die anderen Männer in ihrem Leben. Er war das Gegenteil von Carl Lafite, dem schöngeistigen Intellektuellen, auch von Max Prels, dem melancholischen Clown. Verglichen mit ihren »bleichgesichtigen« Kaffeehausfreunden wirkte er mit seinem frischen Teint auf Vicki wie ein Adonis, sportlich, viril, unbeschwert. »In Tonius von Maatens Arme[n] … erwachte Ina Raffay zur Frau«[47] heißt es in dem Roman *Die Tänze der Ina Raffay,* in dem Vicki Baum 1921 ihre damaligen Erlebnisse verarbeitete.

Ein paar Monate später zog sie einen Schlussstrich unter das »kurze, unüberlegte, infantile Unternehmen« ihrer Geschwister-Ehe und reichte die Scheidung ein. Vicki blieb Max Prels jedoch freundschaftlich verbunden. Sie war ihm dankbar, dass er sie in einer schwierigen Phase ihres Lebens aufgefangen hatte, und lebte sogar noch ein paar Monate mit ihm in der gemeinsamen Wohnung, bis sie in der Wiener Vorstadt ein eigenes Zimmer fand.

Im Juni 1912 ging *Ton und Wort* nach anderthalb Jahren beinahe so sang- und klanglos ein wie Vickis Ehe. Für sie war es eine harte Lehrzeit, die sich aber noch auszahlen sollte. Zurück blieben zunächst ganz banale Schulden. Denn nicht nur Max und Godfried waren pleite, auch Vicki hatte sich für die Zeitschrift bei ihren reichen Großonkeln Donath verschuldet.

Zu jener Zeit nahm sie jeden Job an, der sich ihr bot: Sie trat mit dem Wiener Symphonieorchester auf, spielte in Kirchen und Synagogen, auf Hochzeiten und Bar-Mizwahs. Nebenbei gab sie Solokonzerte und Nachmittagsvorstellungen für Schüler, erteilte Privatstunden und lehrte als »Professorin« am Neuen Wiener Konservatorium, Carl Lafites 1910 gegründeter Privatlehranstalt.

Infolge einer Missernte hatten sich im Herbst 1911 die Lebensmittelpreise so verteuert, dass hunderttausend Arbeiter vor das Wiener Rathaus zogen, um auf ihre verzweifelte Lage aufmerksam zu machen. Die »Hungerdemonstration« wurde von der Obrigkeit gewaltsam niedergeschlagen. Folgt man *Marion,* ernährte sich Vicki in dieser Zeit hauptsächlich von Tee, trockenem Brot, Blumenkohl und Eiern. Zwischenzeitlich hungerte sie. Ihren Vater um Hilfe zu bitten, lehnte sie ab, womöglich, um ihm keine Genugtuung zu verschaffen. Hermanns Erziehungsmodell hatte also gefruchtet. »Ich musste mich mit eigener Kraft durchsetzen, sonst hätte ich alles Selbstvertrauen verloren«[48], sagt Marion Sommer in *Marion,* und das war auch Vicki Baums Credo. Später hat sie das Zeitphänomen des Hungerns immer wieder literarisch beschrieben. So auch in ihrer vielleicht besten, an Knut Hamsuns gleichnamigen Roman angelehnten Erzählung *Hunger.* In dieser mit meisterhafter Ökonomie verfassten Geschichte ist die einst bürgerliche Klavierlehrerin Gabriele Gabrilowsky völlig verarmt, aber zu stolz, dies vor ihren proletarischen Vermietern zuzugeben. Ihre Nahrung besteht seit langem nur aus rohem Gemüse, das sie sich mit ihrem kranken Haustier, einem stinkenden, struppigen Iltis, teilt. Als das Tier stirbt, verliert Fräulein Gabrilowsky allen Halt. Sie flieht in »Regionen, wo sie nichts von sich zu wissen brauchte«[49], erleidet einen Nervenzusammenbruch und endet in einer Heilanstalt. Bei der frühen Vicki Baum ist die Entgrenzung eine Erlösung vom Zustand irdischen Leidens. Es gibt zwar rare Momente des Trosts und des Mitgefühls in einer ansonsten mitleidlosen Welt, doch letztendlich ist der Einzelne immer für sich selbst verantwortlich. Wer sich nicht selbst hilft, dem kann im Grunde auch kein anderer helfen.

Als Frau und als Künstlerin ohnehin eine Außenseiterin, geriet Vicki Baum als »Geschiedene« im erzkatholischen Österreich vollends ins Abseits. Selbst die freigeistigen Kaffeehausfreunde schauten auf sie herab. »Scham gab es nicht«, beschrieb Baum in *Die Tänze der Ina Raffay* die Kaffeehausatmosphäre. »Jedes Erlebnis wurde zum Gemeingut aller, neidlos freundschaftlicher Benagung zur Verfügung gestellt. (…) In den Schein der Kaffeehauslampe waren Menschen hingewischt, alle krampfhaft und unecht, alle lächerlich und traurig wie Larven, alle jagend nach Persönlichkeit und doch nur verzerrte Leere.«[50]

Während viel banalere Ausweglosigkeiten andere Mädchen in den Selbstmord trieben (damals nicht nur unter jungen Frauen eine weitverbreitete Todesursache), wurde Vicki Baum in dieser Situation von einer fremden Familie gerettet, die ihr ganzes weiteres Leben mitgestalten sollte. In der schwierigen Zeit nach ihrer Scheidung wurde sie von der Mutter zweier ihrer Harfenschülerinnen mit reichlich warmem Essen und viel Zuneigung versorgt. Libussa Löw hatte ein großes Herz. Auf Fotos, die bei einer Geburtstagsfeier im Garten der Löws aufgenommen wurden, umfängt die Familie die magere, in der Mitte sitzende Vicki so schützend wie eine Entenschar ein Küken. Um Vicki herum stehen und sitzen die fröhliche Matriarchin Libussa Löw, deren Söhne Otto und Richard (»Hans«) sowie die Töchter Grete und Finschi, Vickis Harfenschülerinnen. Libussa Löw half Vicki offenbar auch, ein eigenes Zimmer zu finden. Im November 1912 zog sie aus der gemeinsamen Wohnung mit Max Prels aus und bezog ein Zimmer in der Salierigasse im 18. Bezirk, nur ein paar Schritte von der Löw'schen Erdgeschosswohnung entfernt.

Die Löws waren eine ausgesprochen musikalische Familie. Jedes Familienmitglied spielte mindestens ein Instrument. Libussas

Cousin Ignaz Brüll war ein berühmter Komponist, sie selbst vor ihrer Ehe Opernsängerin gewesen. Ihren Mann, den Bankbeamten Adolf Löw, hatte Libussa bei einer Wiener Chorvereinigung kennengelernt. Ihre beiden ehrgeizigen älteren Söhne waren gerade dabei, die deutschen Bühnen zu erobern. Ernst Maria, der älteste, war Oberregisseur in Leipzig, der mittlere Sohn Richard zweiter Kapellmeister in Darmstadt. Nur der jüngste, Otto, das »schwarze Schaf der Familie«, schlug ein wenig aus der Art. Später wurde er unter dem Namen Otto Lehnert einer der ersten Jazzmusiker Europas. Wie damals bei vielen jüdischen Musikern die Karriere machen wollten, üblich, hatten Ernst Maria und Richard Löw sich nach römisch-katholischem Ritus taufen lassen und schließlich in »Lert« umbenannt. 1913 nahm der Rest der Familie ebenfalls den neuen Namen an. Aus Adolf Löw wurde Wolf Lert, aus Libussa Löw Libussa Lert.

Vicki kannte den zwei Jahre älteren Richard Johannes, genannt »Hans«, damals knapp siebenundzwanzig Jahre alt, bereits aus ihrer Jugend, »wie sich eben die junge Musikergeneration um Gustav Mahler kennenlernte, von der 4. Galerie der Oper ..., aus Konzerten usw.«, schrieb sie 1931 an einen Freund[51]. Womöglich an jenem Nachmittag, als das oben beschriebene Foto aufgenommen wurde, erzählte Richard ihr von einem freigewordenen Harfenistenposten in seinem Orchester und lud sie für die Wintersaison 1912/13 zu einem Gastspiel ans Darmstädter Hoftheater ein. Vicki bewältigte dieses Gastspiel bravourös. Zurück in Wien, unterschrieb sie im Januar 1913 kurz nach ihrem fünfundzwanzigsten Geburtstag einen dreijährigen Vertrag in Darmstadt, der im Herbst beginnen sollte. Sie war zu diesem Zeitpunkt noch mit Godfried Altmann liiert, plante offensichtlich noch ihre Zukunft mit ihm. Die Beziehung kann demnach kein solches »Strohfeuer« gewesen sein, wie Baum es später behauptete. Nach der offiziellen Scheidung von Max Prels im März 1913 zog sie in Godfrieds Junggesellenwohnung im 19. Bezirk. Den Unterlagen zufolge meldeten sich beide im September

1913 gemeinsam nach Darmstadt ab. Godfried freilich kam dort nie an. Stattdessen mietete er sich bei Hermann Baum in der Nibelungengasse ein.

Was ist damals in Wien passiert? Warum nahm Hermann den verarmten Ex-Geliebten und vermeintlichen Scheidungsgrund von Max Prels zur Untermiete auf? Waren Godfried und Vicki im September 1913 noch ein Liebespaar? Wohl kaum. Die Meldeunterlagen zeigen, dass Godfried Altmann Vicki weder in Darmstadt besucht hat noch sie ihn je in Wien. In *Die Tänze der Ina Raffay* trennt sich Ina von ihrem Liebhaber Tonius von Maaten, weil er sich zu seinem Nachteil verändert hat, weil seine rohe Seite zum Vorschein kommt. Tonius wird laut, kränkend, brutal und prügelt Ina sogar. Ina verlässt ihn, bevor er sie mit in den Abgrund reißt.

Godfried Altmann wurde 1914 einberufen, kehrte nach dem Krieg nach Wien zurück und heiratete später ein junges Mädchen aus Wien. 1945 starb er in einer psychiatrischen Heilanstalt in Salzburg.

Noch bevor Österreich-Ungarn in den Krieg zog, verließ Vicki Baum die Stadt, die sich für sie »selbst überlebt« hatte, »nichts mehr zu hoffen und kaum noch eine Zukunft. Die Wiener waren überempfindsam, melancholisch ... und hatten immer großes Mitleid«.[52] Noch dreißig Jahre später kritisierte sie die im Wiener Bürgertum verbreitete »Spießigkeit«, die »fette, saturierte Selbstzufriedenheit«, den »Mangel an Phantasie und Großherzigkeit«[53].

In Wien herrschte eine Untergangsstimmung, die Vicki womöglich um so stärker wahrnahm, weil es ihr selbst nicht gut ging. Die bei vielen Wienern stark ausgeprägte Neigung zum Defätismus, die sie so verabscheute, wurde von historischen Ereignissen forciert, die manche an das drohende Ende der europäischen Zivilisation glauben ließen: Im Herbst 1908 hatte Österreich-Ungarn einen Krieg auf dem Balkan gerade noch abwenden können. Der greise Monarch war nun schon über 80 Jahre alt. Karl Kraus hatte in diesem Jahr in der »Fackel« erstmals von einer »Apokalypse« gesprochen, Sigmund Freud »eine in unserer gegenwärtigen Gesellschaft sich rasch ausbreitende Nervosität« diagnostiziert.[54] Die künstlerische Avantgarde wurde zwar gefeiert, doch stemmte sich die Mehrheit der Wiener weiterhin gegen Veränderungen. Während Johann Strauß d. J. bejubelt wurde, ernteten Schönbergs Kompositionen Unwillen und Buhrufe. Vickis Idol Gustav Mahler hatte bereits 1907 wegen antisemitischer Übergriffe resigniert und war an die New Yorker Metropolitan Opera gegangen.

Vicki löste sich nach der Scheidung endgültig von ihrer vielfach fremdbestimmten Herkunft. Gleichwohl verleugnete sie ihre Wurzeln nie. Eine »Heimat« könne man nur in sich selbst finden, befand sie im Alter. Mit gerade einmal fünfundzwanzig Jahren setzte sie diese Erkenntnis nun zum ersten Mal in ihrem Leben konsequent um. Von Wien und Österreich löste sie sich, wie sie sich zuvor schon aus den Fesseln ihrer bisherigen Geschichte, von ihrer ersten Ehe und von ihrem Liebhaber befreit hatte – mit hartem Schnitt und »ohne eine Träne zu vergießen«.

IN DEUTSCHEN PROVINZEN (1914–1925)

Darmstadt, die liebliche Provinz – Das fröhliche Ende einer Karriere –
Kiel, die proletarische Provinz – Krieg und Mutterglück –
Hannover – Rückwärts von nah – »Hausfrauenkarriere« – Inflation und
Antisemitismus – Händel und der neue Tanz – Von Buben und
Zwergen – Mannheim, Provinz erster Klasse – Frau Generalmusikdirektor
sucht Abenteuer – Die umworbene Bewerberin –
Der Masterplan zum Ruhm – Ein verregneter Sommer

Am 1. August 1914, dem Tag, an dem der deutsche Kaiser Russland den Krieg erklärte, gastierte Vicki Baum gerade in Berlin. Am Abend spielte sie eine Harfenpartie in Richard Wagners Nibelungenzyklus, als Mitglied eines eigens für diesen Zweck zusammengestellten internationalen *Ring*-Ensembles. Die Leitung hatten Richard Lert und Emil von Reznicek, Ort der Vorstellung war das Theater des Westens, eine der wenigen Bühnen, die nach der Mobilmachung noch bespielt wurden. Bis zum Ende des Gastspiels am 5. August waren alle Vorstellungen ausverkauft. »Schließlich stirbt in einer Millionenstadt das Zerstreuungsbedürfnis nicht aus«, kommentierte der *Börsen-Courier.*

Da Österreich sich bereits seit dem 28. Juli im Krieg mit Serbien befand, waren einige der Österreicher aus dem Ensemble bereits zu den Waffen gerufen worden. Auch Richard Lert, der ein Jahr lang im Armeeorchester in Innsbruck gedient hatte, rechnete mit seiner Einberufung und meldete sich pflichtbewusst beim österreichischen Konsulat. Er wurde aber nicht eingezogen. Vicki betrachtete das als großes Glück, denn Richard und sie waren seit kurzem ein Paar. Erst war ihr Chef für sie nur ein weiterer »großer Bruder« gewesen, so erklärte sie später. Dann hatte Richard jedoch begonnen, ernsthaft um sie zu werben. Der Familienlegende zufolge hatte er sogar eines Tages in angetrunkenem Zustand im Regen unter ihrem Zimmerfenster in der Darmstädter Landwehrstraße eine bayrische Volksweise zum Besten gegeben: »Schaugt's außi, wie's regnet, schaugt's außi, wie's giaßt, schaugt's außi, wie's Wassa vom Dache abischiaßt.«[1]

Irgendwann hatte Vicki Richards »romantischem« Werben nachgegeben. Sie empfand für ihn nicht dieselbe sexuelle Leidenschaft wie für Godfried, es war eher »ein Zusammengehörigkeitsgefühl, ein Teilen und Tauschen von Bereichen des Ichs«[2], wie sie später sagte. Neben ihrem Wiener Hintergrund hatten sie und Richard vor allem eines gemeinsam: ihre Leidenschaft für Musik. Dieses feste Band zwischen ihnen sollte nie zerreißen. Vicki bewunderte Richards natürliche Autorität, seine sympathische »Besessenheit« als Dirigent, wie sie es einmal nannte. Am Pult war der sportliche Mann ein sensibler, zuweilen autoritärer Perfektionist. Er gab seinen Musikern und Sängern stets präzise Anweisungen, erfasste ein Musikstück gleichermaßen intuitiv wie verstandesmäßig, und dank seines phänomenalen Gedächtnisses dirigierte er auch längste Passagen und ganze Stücke ohne Vorlage und mit hohem physischen Einsatz. Er konnte sich auf den Punkt genau konzentrieren und alles andere ausblenden. Abseits des Dirigentenpults jedoch wirkte er oft wie ein zerstreuter Professor, introvertiert, leicht geistesabwesend.

Im Gegensatz zu Vicki hatte sich Richard seinen beruflichen Weg hart erkämpfen müssen. Wie sie war er ein »musikalisches Wunderkind« gewesen, hatte schon im Alter von vier Jahren als Geigenspieler auf sich aufmerksam gemacht. Doch nach dem Willen seiner Eltern sollte er erst einmal einen »ordentlichen« Beruf erlernen, bevor er sich dann vielleicht doch der Musik widmen würde. Hannes Löw, wie Richard damals noch hieß, wurde also Schneider, ging sogar eine Zeitlang als fahrender Geselle auf Wanderschaft. Nebenbei verdiente er sein Geld als Geiger im Biergarten in Mödling. Mit siebzehn ließ sich Richard dann in nur anderthalb Jahren an zwei privaten Musikschulen in Wien zum Musiklehrer ausbilden. Dabei kristallisierte sich bereits seine große Begabung heraus: »Die Instrumente und das Fach Kompositionslehre waren das Größte für mich«, so Lert in den 60er Jahren. »In einer Prüfung fragte man mich: ›Wie viele Flötensonaten komponierte Johann Joachim Quantz, der Flötenlehrer Friedrichs des Großen?‹ Ich sagte: ›Sechzehn.‹ – ›Und in welchem Schlüssel ist die vierzehnte verfasst?‹ Auf solche Fragen konnte ich wie aus der Pistole geschossen antworten«, erklärte er und fügte schalkhaft hinzu: »Heute bin ich wahrlich nicht mehr stolz auf so etwas«[3]. 1908 wurde aus Hannes Löw Richard Johannes Lert (drei Jahre zuvor hatte er sich in der Wiener Karlskirche nach römisch-katholischem Ritus taufen lassen). Der Übertritt wie der damit häufig einhergehende Namenswechsel waren damals für einen jungen Mann aus einer assimilierten jüdischen Familie nichts Ungewöhnliches. Laut Statistischem Jahrbuch der Stadt Wien konvertierte die Mehrzahl der meist zwischen zwanzig- und dreißigjährigen Männer, die aus der Israelitischen Kultusgemeinde in Wien austraten, zum Katholizismus. Hinzu kam, dass ein jüdischer Dirigent oder Musiker wegen des grassierenden Antisemitismus nur schwerlich an einer der führenden europäischen Musikbühnen avancieren konnte, wenn er sich nicht taufen ließ. »Mein Judentum verwehrt mir, wie die Sachen jetzt stehen, den Eintritt in jedes Hoftheater. – Nicht Wien, nicht Berlin, nicht Dresden, nicht München steht mir offen. Überall bläst jetzt derselbe Wind«, hatte schon Gustav Mahler an einen Jugendfreund geschrieben und war noch während seiner Verhandlungen mit der Wiener Hofoper 1897 zum Katholizismus konvertiert.[4] Offenbar half auch Richard Lert der eher unkomplizierte Akt der Umtaufung weiter. Für eine schrecklich kurze Weile konnte dieser »Trick« tatsächlich einen relativ repressionsfreien Werdegang ermöglichen. Was allerdings auf diese allzu kurze »Blüte« folgte, war der rassistische Absturz in dunkelste Irrationalität.

Zum Dirigieren war Richard nur durch Zufall gekommen.

Er war ein Autodidakt, hatte nie eine formale Ausbildung erhalten. Als eines Tages ein Kapellmeister in einem der Wiener Orchester erkrankte, in dem er als Violinist spielte, hatte Richard diese wohl einmalige Chance ergriffen und sich als Ersatz angeboten. Er löste seine Aufgabe so gut, dass ihm 1910 eine Stelle als Korrepetitor am Stadttheater Düsseldorf angetragen wurde. Es folgten Stationen als Chorleiter und Operettenkapellmeister in Mühlhausen und Aachen, danach Darmstadt, wo Richard als zweiter Kapellmeister für den Bereich Oper zuständig war.

Nach der Berliner Episode kehrten Vicki und Richard Mitte August 1914 nach Darmstadt zurück. Aus Berlin fuhr nur noch ein einziger ziviler Zug Richtung Westen, deshalb hatte die Fahrt ganze vier Tage gedauert. In Darmstadt war alles unverändert, außer dass die schwarz-weiß-rote Kriegsflagge gehisst worden war. Noch immer zogen die berühmten schwarzen Schwäne auf dem Schlossgartenteich ihre Bahnen. Vicki konnte vom Fenster ihrer Zwei-Zimmer-Wohnung aus sehen. »Wenn ich die glücklichsten Zeiten meines Lebens aufzähle, denke ich zuerst immer an Darmstadt«[5], erklärte sie im Rückblick, und es scheint, als habe sie sich, außer später in Berlin, auf deutschem Boden nirgendwo so wohl gefühlt wie in dieser weltoffenen Residenzstadt am Fuße des Odenwaldes. Darmstadt verkörperte für sie die angenehmen Seiten Wiens – ohne dessen bourgeoise Selbstgefälligkeit. Sie liebte das milde Klima und mochte den süddeutschen Einschlag der Darmstädter, ihre »heitere«, »glückliche« Natur[6]. Der »launige, gemütliche Dialekt, der sich vortrefflich zur Selbstironisierung und zu Liebeserklärungen eignete«[7], hatte es Richard und ihr so angetan, dass sich beide gern in Zitaten »aus'm Datterich« unterhielten. Das bekannte Vicki Baum jedenfalls im Jahr 1960 in einem Brief an eine Darmstädter Zeitung. Auch in ihren vielen Briefen an Richard erinnerte sie sich später gern an »die grünste Zeit unserer

Vicki Baum und Richard Lert,
1914

Jugend«, in der sie sich im Morgengrauen heimlich aus seiner Kammer in der Möllerstraße stahl, um durch den Schlosspark zurück in ihre eigene kleine Wohnung in der Landwehrstraße zu gelangen. Als Harfenistin verdiente sie gut, ebenso viel wie Richard, 2400 Mark im Jahr plus Zulagen – sie konnte sich inzwischen also eine gemütliche kleine Wohnung leisten.

Vor dem Krieg hatte der kleine Berliner Verlag Erich Reiß Vickis Debütroman *Frühe Schatten* herausgebracht. In den Wirren der ersten Kriegsmonate war das Buch untergegangen. Vicki hing zwar mit einer gewissen Sentimentalität an *Frühe Schatten* und hütete ihr Erstexemplar wie einen Schatz, knüpfte aber keine großen Erwartungen an das Buch.

Inzwischen arbeitete sie bereits an ihrem zweiten Roman, *Eingang zur Bühne*. In Berlin hatte sie Max Prels wiedergetroffen, der vor kurzem an die Spree gezogen war und als fester Mitarbeiter für den Ullstein-Buchverlag und die *Vossische Zeitung* arbeitete.

Für die Ullstein-Billigreihe suchte er praktisch ständig nach neuen Romanstoffen. Also hatte er bei Vicki angefragt, ob sie nicht ihren Konservatoriumsroman zu Ende schreiben wolle. Sie wollte und trat mit *Eingang zur Bühne* in eine meist glückliche, jedenfalls höchst erfolgreiche Geschäftspartnerschaft mit dem Verlag Ullstein ein.

Das Darmstädter Hoftheater zählte zwar nicht zu den führenden Bühnen Deutschlands, hatte aber anderes zu bieten: mit Großherzog Ernst Ludwig von Hessen einen engagierten, allem Neuen aufgeschlossenen Kunstmäzen und mit Paul Eger einen Intendanten, der vorzugsweise Künstler unter dreißig förderte. Der Großherzog holte neben Vicki und Richard auch den jungen Erich Kleiber aus Wien und ernannte ihn zum dritten Kapellmeister. Richard Lert durfte sich am Hoftheater erstmals als Bühnenregisseur bewähren und mit einem modernen Darstellungsstil, avantgardistischen Stilelementen, Lichteffekten und Bildprojektionen experimentieren. Sein Ideal war das Theater als Gesamtkunstwerk, eine aus dem Nietzsche'schen Geist geborene Verschmelzung von Szene und Musik. Das Orchester bildete bei ihm nur den Untergrund für das, was sich auf der Bühne entwickelte. Vicki teilte diese progressive Kunstauffassung und unterstützte Richards Wunsch, ein zeitgemäßes Musiktheater in Darmstadt zu etablieren.

Je länger der Krieg dauerte, je höher die Zahl der Verletzten und derjenigen wurde, die einen »Heldentod für das Vaterland« gestorben waren, desto mehr Repressalien hatte auch die Zivilbevölkerung hinzunehmen. Im dritten Jahr des Krieges ächzten die Deutschen unter der britischen Seeblockade, Grundnahrungsmittel wie Getreide- und Milchprodukte und Schweinefleisch wurden rationiert oder waren nur noch auf dem Schwarzmarkt erhältlich, Zucker und Südfrüchte gab es gar nicht mehr. Bei der allgemeinen Rohstoffknappheit schossen auch die Preise für Textilien in die Höhe, bald wurde die Oberbekleidung rationiert. Jeder Frau standen zum Beispiel nur noch ein Winter- sowie ein Sommermantel zu.

Vicki Baum ertrug den Mangel offenbar mit einer Grandezza, die auf manche Menschen geradezu aufreizend wirkte. Norbert Jacques, der damals noch unbekannte spätere Erfolgsautor der *Dr. Mabuse*-Schauerromane, steuerte in seinen Erinnerungen eine boshafte Episode aus dieser Zeit bei. Bei einem Besuch in Darmstadt im Herbst 1916 will der Schriftsteller seine Wiener Kaffeehausfreundin und spätere Ullstein-Kollegin Vicki Baum zufällig auf der Straße getroffen haben – in einem reichlich derangierten, übergroßen Pelzmantel: »Sie ging nicht mit ihm, der Mantel ging mit ihr, so bedeutend war er, aber er war zugleich nicht überall mehr dicht.« Jacques hatte Mitleid mit dem »Harfenvögelchen«: »Denn anspruchsvolle Kleidungsstücke, die nicht in Ordnung sind, sind indiskret.«[8]

Noch im ersten Kriegsjahr folgte Vicki dem Aufruf der Gattin Ernst Ludwigs, Großherzogin Eleonore, und engagierte sich in ihrer Freizeit und in den Theaterferien in der Armenfürsorge. Angesichts des großen Mangels an professionellen Krankenschwestern und Ärzten in Kriegszeiten ließ sie sich im Schnellkurs zur Hilfskrankenschwester ausbilden und konnte so ihre ausgeprägte karitative Seite ausleben. In einem improvisierten Kinderkrankenhaus betreute sie unehelich geborene Säuglinge, wusch, kleidete und registrierte sie. Dieses und viele andere Details aus der Darmstädter Zeit flossen später, kaum verfremdet, in *Marion* ein.

Am 16. Juli 1916, es war gerade Theaterpause, gaben sich Vicki Baum und Richard Lert auf dem Standesamt in Darmstadt das Jawort. Richard war zuvor aus der katholischen Kirche ausgetreten – aus Protest, weil es seine Kirche nicht erlaubte, dass er eine geschiedene Jüdin heiratete.[9] Bereits im Februar hatte Vicki ihren auslaufenden Dreijahresvertrag fristgemäß gekündigt, ein Zeichen dafür, dass die Eheschließung nicht aus einer spontanen Laune heraus erfolgt war. Zu diesem Zeitpunkt dürfte für sie bereits festgestanden haben, ihrem Ehemann nach Kiel zu folgen, wo er sich am Stadttheater um seine erste leitende Stelle als Operndirektor beworben hatte. Für Richard war es ein notwendiger Karriereschritt, da für ihn in Darmstadt kein weiteres Vorwärtskommen möglich war.

Mit ihrer Heirat gab Vicki Baum ihren Beruf als Harfenistin auf. Das Angebot Bruno Walters, für die Saison 1916/17 an die Münchner Staatsoper zu kommen, lehnte sie ab. Das geschah sicherlich nicht nur auf Richards Drängen hin. Ihr Mann habe ihr bei der Heirat das Versprechen abgenommen, weder unter ihm noch unter einem fremden Dirigenten zu spielen, erzählte Baum später oft. Dass Frauen bei der Eheschließung ihren Beruf aufgaben, war damals gang und gäbe. Aber es entsprach auch Vickis eigenem Wunsch. Als »Frau Operndirektor Lert« wollte sie sich nun auf neue Herausforderungen konzentrieren. Sie wurde Richards wichtigste künstlerische Beraterin (und blieb es bis zuletzt). Und da sie die Theaterwelt sehr gut kannte, wollte sie vor allem versuchen, ihren Mann gegen Theaterintrigen zu beschirmen. »Verhindern, dass man ›Gulasch‹ aus ihm macht«, nannte sie es prosaisch.[10]

Der Harfe war sie ohnehin längst überdrüssig geworden. Seit ihrem ersten Konzertauftritt waren fast fünfzehn Jahre vergangen, und seither hatte sie alles erreicht: Sie hatte an den ersten Bühnen Wiens und nun in Darmstadt unter so namhaften Dirigenten wie Arthur Nikisch, Leo Blech, Bruno Walter gespielt. Nikisch hatte sie 1914 sogar für Richard Wagners *Tannhäuser* nach Frankfurt geholt. Seit ihrer Lehrtätigkeit an Carl Lafites Privatinstitut durfte sie sich außerdem mit dem Titel »Professorin« schmücken. Sie führte ein finanziell unabhängiges Leben. Dennoch fehlte ihr in dieser Lebenssituation etwas Entscheidendes. Mit achtundzwanzig Jahren verspürte sie, wie viele ihrer späteren Romanheldinnen in diesem Alter, »den wachsenden biologischen Zwang, Kinder zu bekommen«, wie sie in der Rückschau erklärte.[11] Vielleicht hatte die Pflege der unterernährten Kriegsbabys ihr vor Augen geführt, wie sehr sie sich ein Kind wünschte, vielleicht hatte sie auch erst Richard Lert kennenlernen müssen, denn nur er kam für sie als Vater in spe in Frage. Und so war ihr Rückzug aus dem Berufsleben wohl weniger ein Zugeständnis an einen traditionellen Ehemann als vielmehr ein weiterer persönlicher Befreiungsschlag. Richard sah die Eheschließung nach Vickis Aussage ebenso nüchtern wie sie. Als zukünftiger Kieler Operndirektor benötigte er »ein Heim, ein Weib, einen Halt in diesen haltlosen Zeiten«. So wie bei Vickis erster Ehe, sicherten beide Partner einander vor der Heirat zu, »dass keiner dem anderen im Weg stehen sollte, insbesondere nicht in beruflichen Dingen«.[12]

Als das frischvermählte Paar im Sommer 1916 in die »Flitterwochen« ins rheinische Boppard reiste, war die Braut bereits schwanger.

An einem Sonntag im März 1917 im dritten Kriegswinter, einem der kältesten Winter seit vielen Jahren, brachte Vicki Baum ihren ersten Sohn Ernst Wolfgang zur Welt. In Kiel war es in diesen Tagen zu politischen Unruhen gekommen. 17.000 Werftarbeiter hatten ihre Arbeit niedergelegt, um gegen den Schwarzhandel und die unzureichende Lebensmittelversorgung zu protestieren. Denn während die Rüstungsarbeiter auf den Werften im Kieler Hafen üppige Sonderzulagen erhielten, gingen die übrigen Werftarbeiter leer aus. Der Streik wurde nach wenigen Tagen durch eine Abstimmung beendet, doch in der Arbeiterschaft gärte es weiter, bis schließlich im November 1918 40.000 Matrosen in Kiel in den Ausstand traten und dafür sorgten, dass im Land eine Revolution ausbrach, die den schon lange verlorenen Krieg beendete. Damals mangelte es praktisch an allem, an Brennstoff, an Medikamenten, Bekleidung, Verbandsmaterial und an Ärzten.

Vicki gebar Wolfgang in den feuchten und düsteren Räumen ihrer Mietswohnung im Kieler Süden. Mit Hilfe einer Hebamme, bei vollem Bewusstsein und auf Zeitungspapier. Weil das Zeitungspapier durch die Druckerschwärze steril war – und um die kostbaren Laken zu schonen, wie sie später berichtete. Trotz dieser misslichen Umstände erfüllte sie dieses Ereignis mit unerwartetem Glück. Nichts in ihrem Leben sei mit der Magie des Augenblicks der Geburt vergleichbar gewesen, versicherte sie später oft.

Die Mutterrolle füllte sie offensichtlich mehr aus als bisher irgendetwas anderes. Bereits die Schwangerschaft hatte sie in ein anhaltendes Hochgefühl versetzt. Vicki akzeptierte ihre Mutterschaft nicht nur begeistert, sie schien sich auch mit ihrem Frausein ausgesöhnt zu haben. Folglich erfahren sich die weiblichen Figuren in ihren späteren Romanen vor allem im Gebären – und nicht etwa in der Sexualität: »Die Schmerzen waren, wenn auch stark, doch so natürlich und gesund, als hätte mein Körper darauf gewartet und sei nun zufrieden, hinabzutauchen zu den Wurzeln des Frauentums«, heißt es in *Marion* über die Geburt.[13]

Wie die kleine Martha in *Frühe Schatten*, hatte sich Vicki Baum als Mädchen gewünscht, ein Junge zu sein, und das nicht nur, weil sie die Jungen um ihre größeren Freiheiten und Möglichkeiten beneidete. Ebenso wenig wie Martha konnte sie sich mit ihrem mageren, als »plump« empfundenen Körper, ihrem kurzen Rumpf und ihren dünnen Beinen anfreunden. Zu Vickis gespaltenem Verhältnis zum Frausein hatte sicherlich auch Mathilde beigetragen, denn als positives Rollenvorbild war sie in Vickis Pubertät ausgefallen, eine bloße Antiidentifikationsfigur gewesen.

Vicki Baums tagebuchähnliche Aufzeichnungen aus dem Jahr 1917 lassen kaum Zweifel daran, mit welchem Stolz und welcher seelischen – auch körperlichen – Befriedigung sie die Mutterrolle erfüllte. Minutiös notierte sie jeden noch so kleinen Fortschritt ihres Erstgeborenen in ihr unregelmäßiges Journal, von dem leider nur wenige Passagen erhalten sind: »Wenn der kleine Kerl im wildesten Brüllen ist und man Klavier spielt, hört er sofort auf, horcht mit aufgerissenen Augen, unendlich gespannt. Er ist so lebhaft und klug, dass es mir gar nicht recht ist. Letzte Woche ist er sehr gewachsen, jetzt fängt er an, ein bisschen dicker zu werden. Vorhin hat er das erstemal auf mich gelacht, ich hab geheult vor Freude«, schrieb sie am I. April. Und drei Wochen später, als Wolfgang von einer Krankheit genesen war: »Seit heute scheint der Bub gesund zu werden. Er wird jetzt täglich lieber mit seinen großen, strahlenden Blauaugen. Jetzt fängt er an … zu reden, schimpft mit der Brust, wenn sie leer ist, und sagt: ja, wenn man ihn in die Sonne legt.«[14] Heute mag ein solch bewusstes Beobachten selbstverständlich erscheinen, 1917 waren derartige schriftliche Selbstauskünfte einer jungen Mutter sicher etwas Besonderes.

Von nun an war Vicki in ständiger Sorge um ihr Kriegsbaby Wolfgang. Der Junge litt häufig unter Infektionen, wurde immer wieder krank. In Kiel fing er sich gar eine Filzlausinfektion ein. Baums »Perle« Lisbeth hatte die Krankheit offenbar auf den Säugling übertragen. Also mussten alle Möbel- und Kleidungsstücke verbrannt werden: Matratzen, Kissen und auch Vickis geliebter alter Pelzmantel. Die »ansteckende« Lisbeth, Haushaltshilfe und Pflegerin in einem, steht auch im Zentrum einer kuriosen Begebenheit, die sich kurz vor Wolfgangs Taufe in Kiel zutrug. Der konfessionslose Ex-Katholik Richard und die »jüdische« Vicki hatten sich ganz praktisch darauf geeinigt, dass dieser Sohn und zukünftige Kinder evangelisch getauft werden sollten. Vor der Taufe schenkten Freunde Vicki die Zutaten für eine Portion ihrer Lieblingsspeise Milchreis – damals ein unglaublicher Luxus: »Es gab weder Milch noch Reis, noch Zucker, noch Butter – eigentlich überhaupt keine Lebensmittel. Aber ich war bei der Geburt so tapfer gewesen, dass mir meine Freunde ein Festessen geben wollten. Sie besorgten von irgendwoher Milch, Reis, Zucker und Butter und gaben eine Milchreisparty für mich. Ich war schon drei Tage vorher aufgeregt, und als dann endlich der große Moment kam, saß ich am Tisch, neben meinen erwartungsfrohen Freunden, die sehen wollten, wie mir der Milchreis schmeckte. Meine ›Perle‹ Lisbeth bereitete ihn zu – und servierte ihn anschließend. Er sah zwar gut aus, aber er roch nicht gut, und er schmeckte scheußlich ... Nun, liebe Leser, kommt endlich die Pointe: ›Lisbeth‹, sagte ich, den Tränen nah, ›aber der Milchreis ist verbrannt.‹ ›Ja, und?!‹, antwortete mir Lisbeth, in stiller Verwunderung – ›Ist Milchreis denn nicht immer angebrannt?‹ Da habe sie erkannt, resümiert Vicki Baum, wie recht ihre Perle gehabt habe. »Seither weiß ich mehr über das Leben. Die Reise, die verregnet ist, der berühmte Mann, der in Wirklichkeit enttäuschend langweilig ist, das Kleid, das einem nicht wirklich steht, der Erfolg, der einen so schalen Geschmack hinterlässt, die alte Freundschaft, die eigentlich keine ist, die große Liebe, die so schäbig endet, die Kopfschmerzen nach einem tollen Abend, die Erkältung nach einer schönen Wochenendreise, die Scheidung, die der Heirat folgt – diese einzige Kette von komisch-tragischen Widersprüchen und Ereignissen, die unseren Erwartungen zuwiderlaufen: ›Ja, und? Ist Milchreis nicht immer verbrannt?‹«[15]

In dieser Anekdote steckt bereits die entscheidende Ingredienz von Vicki Baums späterem literarischen Erfolgsrezept. Um sie möglichst wirklichkeitsnah erscheinen zu lassen, würzte sie alle ihre Romane mit einer mehr oder weniger starken Prise Ironie, verband so elegant alle Widersprüche. Lisbeths trockene Reaktion gibt überdies einen Eindruck von der nüchternen Mentalität der Kieler, mit der Vicki nur sehr schwer zurechtkam. Die Darmstädter waren ihr noch offen, sogar herzlich begegnet. Im »rauen« Norden fühlte sie sich hingegen als »Fremde unter Fremden«: »Die Menschen, ihre Stimmen, ihr Benehmen, ihre Lebensführung – alles war ganz anders. Der Boden war anders, der Himmel, das Licht, ja die Luft. Von all den fremden Ländern, durch die ich in meinem Leben gekommen bin, ist mir kein einziges so fremd gewesen wie dieses deutsche Land …«[16]

Und während andernorts die Theater ausverkauft waren, weil sich die Menschen auch und gerade in Kriegszeiten ablenken wollten, blieben im erst kürzlich renovierten Kieler Stadttheater viele der tausend Zuschauerplätze leer. Trotz Universität und Marine hatte sich in der Arbeiterstadt nie ein bürgerliches Kulturpublikum etablieren können. Richard Lert bewarb sich deshalb schon nach weniger als einem Jahr an das Königlich Preußische Hoftheater nach Hannover. Sein Freund und Mentor Arthur Nikisch, den er noch aus seiner Zeit in Darmstadt und Frankfurt kannte, hatte ihn an diese traditionsreiche Bühne empfohlen. Nach einer einmonatigen Probezeit winkte Richard 1919 in Hannover ein Dreijahresvertrag.

Im Dezember 1919 machte Vicki Baum das Schreiben ganz offiziell zu ihrem Beruf. Für den Roman *Der Eingang zur Bühne*, den Max Prels vermittelt hatte, unterschrieb sie einen Vertrag mit Ullstein, gewährte dem Berliner Verlag zugleich eine Option auf drei weitere Romane und tat damit eindeutig ihre Absicht kund, in Zukunft als Schriftstellerin zu arbeiten.[17] Ein weiterer Kreis in ihrem Leben hatte sich geschlossen. Sie war dabei, die Rolle der Ernährerin ihrer Familie zu übernehmen.

Nach dem Krieg befand sich die Reichsmark im freien Fall. Wie viel Richard Lert als Erster Kapellmeister an der hannoverschen Bühne verdiente, ist nicht bekannt. Es war aber offensichtlich so wenig, dass sich der populäre Komponist und Pianist Eugen d'Albert im März 1920 für ihn einsetzte. D'Albert forderte von der Theaterleitung eine Aufstockung von Richard Lerts Salär, denn »unter solchen Bedingungen kann man heute nicht mehr leben.«[18]

Durch die 12.000 Mark plus Tantiemen aus dem Ullstein-

Vertrag (dreimal so viel, wie ein einfacher Arbeiter im ganzen Jahr verdiente) konnte Vicki Baum nun entscheidend zum Lebensunterhalt ihrer Familie beitragen. Damit eroberte sie sich eine ihrer einst liebgewonnenen Freiheiten zurück: ihre wirtschaftliche Unabhängigkeit. Innerlich widerstrebte es ihr nämlich zutiefst, von einem Mann unterhalten zu werden: »Sich selbst zu erhalten wird einem zu einer Gewohnheit, die einem kostbar ist und auf die man nur sehr schwer verzichten kann.«[19] Diese Worte legte Vicki Baum ihrer Romangestalt Marion in den Mund, sie hätten aber auch direkt von ihr selbst stammen können. Mathilde Baum hatte sich ihr Schicksal noch aus der Hand nehmen lassen – und war daran zerbrochen. Sie war eine rettungslose Figur aus dem 19. Jahrhundert, ihr quasi suizidaler Widerstand gegen die überlieferte Frauenrolle hieß ausgelebte Neurose, Aufstand der Zellen, schließlich Krebs, Siechtum, früher Tod. Für die nachfolgende Frauengeneration eröffneten sich durch den eigentlich verheerenden Krieg ganz andere Perspektiven. Während die Männer an der Front kämpften, standen die Frauen zu Hause ihren »Mann« und ließen sich auch, nachdem die Männer aus dem Krieg zurückgekehrt waren, nicht mehr in die klassischen Frauenbereiche »Kinder, Küche, Kirche« zurückdrängen.

Vicki war in den letzten zweieinhalb Jahren vor allem Hausfrau, Mutter und Ehefrau gewesen. Durch ihren neuen Beruf fand sie nun endlich die Balance, die sie sich für ihr Leben gewünscht hatte. Auf Fotos aus der Zeit um 1920 ist sie sichtlich aufgeblüht, wirkt attraktiver und zufriedener, strahlte auch auf ihre Umgebung eine anziehende innere Ruhe und Gelassenheit aus. Der Theaterkritiker Frank Thiess, ein Freund aus dieser Zeit, fand Vicki »hübsch« und »blitzgescheit« und erinnerte sich an ihre »Herzenshöflichkeit, die um sie eine entspannte und heitere Atmosphäre legte«.[20]

Tagsüber lebte Vicki mit allen Sinnen, versorgte ihren Sohn

und den Haushalt, kam ihren Verpflichtungen als Ehefrau eines Dirigenten nach. Erst spätabends, wenn Wolfgang schlief und Richard in der Oper war, verarbeitete sie schreibend das, was sie erlebt hatte. Das Schreiben war schon immer ein Ausdruck ihres unerschütterlichen Überlebenswillens gewesen, nicht nur auf materielle, sondern auch auf ganz existenzielle Art. Auf diese Weise hatte sie die Erfahrungen ihres lieblosen Elternhauses verarbeitet, so ihr Selbst vor der Außenwelt geschützt und sich ihre innere Unabhängigkeit vor dem Zugriff des Vaters bewahrt. Wenn sie sich nun in den Nächten in Hannover an ihren Schreibtisch zurückzog, erfüllte das eine ganz ähnliche Funktion. Vicki lebte dann eine Art Geheimleben, tauchte in eine Phantasiewelt ein, zu der niemand außer ihr Zugang hatte. Selbst Richard nicht, der ebenfalls dazu neigte, sich abzukapseln, wenn er sich gedanklich in eine Oper oder Symphonie vertiefte und dann kaum mehr ansprechbar war. Menschen, die ihn kannten, berichten, dass er tagelang über drei Takten brüten konnte, die ihm partout nicht »eingehen« wollten, die ihn verschlossen machten für den Rest der Welt – auch seiner Familie gegenüber.[21]

Auf ähnliche Weise verteidigte Vicki einen Teil ihrer selbst, den sie mit niemandem teilen konnte oder wollte und den sie nur im Schreiben ausdrücken konnte. Sie nahm sich diesen Freiraum, so wie sie ihn selbstverständlich auch Richard (und später ihren Kindern) gewährte. Dass ihr Mann bis in die dreißiger Jahre hinein keinerlei Notiz von ihrem neuen Beruf nahm, hielt sie für völlig normal. Sie fand es stets höchst »männlich«, wenn ein Mann in seiner Arbeit aufging und für »von Frauen geschriebene Romane« keinerlei Interesse zeigte.

Baum schätzte ihre eigenen Möglichkeiten am Anfang ziemlich nüchtern ein. Obwohl ihr das Schreiben so viel leichter fiel als das Harfespielen, arbeitete sie hart an sich. Ihr Leben lang begriff sie sich als Schreibhandwerkerin und erst in zweiter Linie als Künstlerin. Sie las viel, auch solche Bücher, die ihr nicht gefielen, um sich an ihnen zu schulen. Dem zwei Jahre jüngeren Frank Thiess, der damals selbst am Anfang einer glänzenden Schriftstellerkarriere stand, erklärte sie, dass sie noch viel lernen müsse. »Von ihren ersten Büchern hielt sie sehr wenig … Sie behauptete, eigentlich kein großes Talent zu haben, nur einen klaren Blick für Konfliktsituationen … Zu klug, um mehr zu erstreben, als ihre Begabung hervorbrachte, konzentrierte sie sich nur auf das ihr Erreichbare«, erinnerte sich Thiess, später einer der meistgelesenen Autoren der Republik.[22]

Es gehört zu den Eigenarten ihres widerspruchsvollen Charakters, dass Vicki Baum eine ausgesprochene Abneigung dagegen hatte, etwas von sich preiszugeben, öffentlich wie im Privaten. Sie hielt das für »Selbstbeschau«, und die hatte ihrer Meinung nach in einem Roman nichts zu suchen. Dennoch tat sie oft nichts anderes, als auf das Eigene, von ihr selbst Erlebte zurückzukommen. Und so hielt sie wohl auch deshalb wenig von ihren frühen Romanen, weil sie so offensichtlich autobiographisch waren. Das galt auch für *Eingang zur Bühne*, jenen Roman, mit dem sie 1919 bei Ullstein angekommen war. Aus heutiger Sicht macht ihn gerade das interessant. Der Roman erzählt die Geschichte einer Mädchenfreundschaft. Elis und Dima besuchen das Wiener Konservatorium. Beide träumen davon, eine berühmte Sängerin zu werden. Während die sensible Elis zu Hause ihre sterbende Mutter pflegt, setzt die ehrgeizige Dima alles daran, um in ihrem Beruf ganz nach oben zu kommen. Beide Mädchen sind in einen Lehrer am Konservatorium verliebt. Dima beginnt heimlich ein Verhältnis mit dem verheirateten Hannes Rassiem. Der verlässt sie jedoch bald wieder. Als Elis von der Liäson erfährt, zerbricht sie daran und nimmt sich mit einer Überdosis Morphium das Leben. Dima aber überwindet ihre Enttäuschung und erlebt ihren ersten Triumph als Opernsängerin.

An diesem zweiten größeren Prosawerk Vicki Baums erscheint heute vieles verstaubt, holzschnittartig und unfertig, vor allem die Dialoge. In der Beschreibung des Konservatoriumsmilieus entwickelt der Roman jedoch einen nachhaltigen Charme, und die beiden Mädchenfiguren berühren noch immer. Baum gelingt eine sensible Darstellung zweier heranwachsender Frauenfiguren um die Jahrhundertwende, ihres unbestimmten Sehnens, ihrer ersten Annäherungen an das andere Geschlecht und ihrer erwachenden Sexualität.

Die ihr selbst nur allzu gut bekannten Impulse – einen Mann nur anzuhimmeln oder sich ihm körperlich hinzugeben – verteilt Baum dramaturgisch geschickt auf die beiden Freundinnen. In der labilen, lebensmüden Elis und der vitalen, kämpferischen Dima stecken zwei Facetten ihrer eigenen Persönlichkeit. Vicki Baum, die die Dichotomie des Lebens schon sehr früh erspürt hatte, war als Schriftstellerin geradezu besessen davon, immer die beiden Seiten einer Medaille zu präsentieren: die glänzende Vorderseite und die abgegriffene Rückseite. Und in der Figur des Tenors und Lehrers Hannes Rassiem verbargen sich zudem zwei Männer ihrer Wiener Jugend: der unerreichbare Leo Slezak und der schöne Carl Lafite, der nicht treu sein konnte.

Trotz aller Schwächen lässt *Der Eingang zur Bühne* bereits Ansätze von dem erkennen, was die späteren Welterfolge Vicki Baums auszeichnen sollte: die genaue Kenntnis eines Milieus, in diesem Fall der Wiener Musikwelt, einfühlsame Figurenzeichnungen, die geschickte Konstruktion sowie das sichere Gespür für Melodramatik. Diese schon damals hoch entwickelten Fähigkeiten erkannte auch die professionelle Kritik. Der erste Ullstein-Roman der Newcomerin wurde allgemein sehr wohlwollend aufgenommen. Die Rezensenten lobten das »große Talent« der Autorin, »die bereits das Handwerkliche ihrer Kunst bemerkenswert« beherrsche, die »frische Lebendigkeit ihrer Menschenschilderung, vor allem weiblicher Menschen«[23], sowie ihre »mit feinen Strichen« gezeichneten Charactere[24].

Der Roman wurde im April 1920 zunächst in Fortsetzungen

in der angesehenen *Vossischen Zeitung* (Auflage: 80.000 Exemplare) abgedruckt, bevor er in der Reihe der *Gelben Ullsteinbücher für eine Mark* veröffentlicht wurde. Diese Massenartikel zielten auf einen neuen Konsumententypus, der vor allem eines wollte: sich unterhalten, ob im Kino, im Kabarett, in der Operette oder eben mit einem Buch. Da die Inflation inzwischen aberwitzig galoppierte und der Verbraucher kaum Geld übrig hatte, durfte die Unterhaltung nicht viel kosten. Doch dank der rasanten Entwicklung der Waffentechnik, die der Technik allgemein einen enormen Schub versetzt hatte, konnte man Bücher inzwischen massenhaft und billig produzieren.

Anfang der zwanziger Jahre war Ullstein die erste Adresse für Unterhaltungsliteratur in Deutschland. 1920 beschäftigte der Berliner Konzern mit Sitz in der Kochstraße 6400 Angestellte. Ullstein verlegte fünf Tageszeitungen, drei Wochenzeitungen und zahlreiche Zeitschriften in Hunderttausenderauflage, unter anderem die größte deutsche Tageszeitung, die *Morgenpost*, und das mit circa einer Million Heften pro Woche auflagenstärkste Magazin Deutschlands, die *Berliner Illustrirte Zeitung*. Zum Konzern gehörten außerdem der Arcadia-Bühnenverlag und seit kurzem auch der literarische Propyläen Verlag, der sich zunächst auf Klassikerausgaben spezialisierte und in den zwanziger Jahren Autoren wie Ödön von Horváth, Carl Zuckmayer und Heinrich Mann verlegte. Ullstein hatte als einer der Ersten mit ausgeklügelten Verkaufs- und Werbestrategien nach amerikanischem Vorbild experimentiert. Dazu zählten neue Vertriebsmethoden, der Verkauf über die hochfrequentierten Bahnhofskioske und vor allem auch das, was man heute Cross-Marketing nennt: Bevor sie als Buch auf den Markt kamen, wurden viele der Ullsteinromane in konzerneigenen Zeitungen oder Zeitschriften vorabgedruckt, was für den einzelnen Titel eine enorme Werbung bedeutete. Wenn umgekehrt die Buchausgabe auf den Markt kam, wurde sie in den verschiedenen Ullstein-

Organen besprochen und, je nach Zielgruppe, in verschiedenen Ullstein-Medien beworben.

So geschah es auch mit Vicki Baums Roman *Der Eingang zur Bühne*, von dem sich innerhalb der nächsten acht Jahre 146.000 Exemplare verkaufen sollten. Als sich der Erfolg des Stoffes abzeichnete, fragte Ullstein bei der Autorin nach etwas »Ähnlichem« nach. Daraufhin schrieb sie *Die Tänze der Ina Raffay*, ein Buch, bei dem sie sich Frank Thiess zufolge von seinem Roman *Der Tod von Falern* inspirieren ließ. Thiess hatte seine Geschichte über den Untergang einer Stadt, eine Parabel über die gescheiterte Revolution von 1918/19, damals gerade abgeschlossen – Baum kannte das Manuskript und hatte mit ihrem Freund oft darüber diskutiert. Ihr eigenes Werk war allerdings weder politisch noch satirisch, ja nicht einmal ironisch zu lesen, sondern ein eher simples, aber konfliktreiches Melodrama. Trotzdem ist der Roman im biographischen Zusammenhang sehr aufschlussreich.

In *Die Tänze der Ina Raffay* beschreibt Baum die Höhen und Tiefen einer Künstlerexistenz. Sie erzählt die Geschichte einer unerfüllbaren romantischen Sehnsucht nach einem zwanglosen, rauschhaften Leben. Ina Raffay ist eine Künstlerin aus Leidenschaft. Von Wien aus erobert sie als Tänzerin die deutschen Provinzen. Als sich die gefeierte Avantgardistin in einen ebenso ehrgeizigen wie komplizierten Journalisten verliebt, gibt sie das Tanzen auf, heiratet und wird Mutter eines Sohnes. Doch für Ina scheint es kein Glück außerhalb ihrer Kunst zu geben. Ihr kleiner Sohn stirbt an Diphtherie, in ihrer Ehe kriselt es, und schließlich erkrankt sie an Krebs, ohne dass ihr vielbeschäftigter Ehemann etwas ahnt. Ina beschließt, sich einsam der Grenzerfahrung des Todes zu stellen. Auf Amrun, der Insel ihrer Kindheitssommer, tanzt sie ein letztes Mal und stirbt dann in den Armen ihres seelenverwandten Cousins Fernand Delares. Ihren Mann hatte Ina bis zuletzt nicht über ihren wahren Zustand aufgeklärt.

Auf einer zweiten Ebene stellt der Roman die Frage nach dem Standort des Künstlers, und wieder finden sich zahlreiche Bezüge zu Baums eigener Biographie: Sie beschreibt das Wien der Jahrhundertwende, die Schauplätze ihrer Kindheit und Jugend. Sogar Peigarten, das Dorf im Niederösterreichischen, in dem sie so viele unbeschwerte Kindheitssommer verbracht hatte, taucht als magischer Ort »Amrun« wieder auf. In dem von Wäldern umgebenen Ort nahe der böhmischen Grenze hatte Vickis Onkel Alexander (»Sandor«) eine Weberei gepachtet, und nach Großvater Jacobs Tod hatte sie dort mit Großmutter Fanny viele herrlich freie Sommerferien verlebt – eine Zeit, von der sie ihr Leben lang schwärmte. Noch im Alter sah sie »alle Gesichter, Blumen, Bäume, Tiere und Wolken, die ich in diesen glücklichen Sommern gekannt habe«, vor sich[25] und erklärte: »Alles, was später aus mir wurde, kommt von dort.«[26]

Die Tänze der Ina Raffay kann aber vor allem als ein aufschlussreiches Dokument zu Vicki Baums eigener Ehe gelesen werden. Nicht zufällig eignete sie das Buch »Hans Richard Lert, dem Freund, dem Künstler, dem Menschen« zu. Ina Raffay heiratet einen Mann, den sie liebt, muss aber bald feststellen, dass dieser Mensch nur für seine Arbeit lebt und ihr eigentlich zutiefst fremd ist. Auch Vicki Baum schien ihren Mann in den zwanziger Jahren nicht mehr so zu verklären wie noch zu Beginn ihrer Ehe. 1931 schrieb sie einem Freund: »In Darmstadt war er mein Vorgesetzter, aber in der Ehe hat sich, fürchte ich, dieses Verhältnis ein bisschen umgedreht.«[27]

Die Tänze der Ina Raffay sagt viel darüber aus, was Richard ihr bedeutete, was sie an ihm liebte und was sie an ihm schlicht akzeptieren musste. Entsprechend der dreigliedrigen Widmung scheint er in gleich drei Figuren des Romans auf: Als Ina Raffays Seelenverwandter Freund Fernand, als ihr ehrgeiziger, unzugänglicher Ehemann Martin, aber auch in der Figur der Ina Raffay selbst, in der kompromisslosen, von einem »enthusiastischen Idealismus besessenen« Künstlerin.

Entsprechend beschrieb Vicki Baum 1927 die »Mauer«, die »unübersteigbar« zwischen Ehegatten gebaut ist,[28] und in einem Artikel aus dem Jahr 1932 erklärte sie: »Die Bereitschaft, Opfer zu bringen, ist die Basis jeder funktionierenden Ehe, keine Ehe kann halten, wenn nicht beide etwas opfern, und ich meine nicht die ganz kleinen, täglichen Opfer, sondern die großen, herzzerreißenden.«[29]

Abgesehen von den intimen Reflexionen der Autorin erscheint an dem Roman heute vor allem interessant, wie geschickt er verschiedene Zeitströmungen aufnimmt, ja vorausahnt. Als der Expressionismus noch immer eine Avantgardekunst war, machte Vicki Baum ihn bereits zum Stil eines Unterhaltungsromans. Als der moderne Ausdruckstanz in Deutschland noch in den Anfängen steckte, wurde er bei ihr schon zum Thema, ja zum Leitmotiv. Und als das Zeitalter des Individualismus in Europa gerade erst begonnen und die Frauenbewegung das Frauenwahlrecht erkämpft hatte, da stellte Vicki Baum eine moderne Frauenfigur ins Zentrum ihres Romans, einen eher sperrigen Charakter, der vom Leben selbstbewusst etwas einfordert und es sich zu erkämpfen versucht.

Als Unterhaltungsroman funktioniert *Ina Raffay* perfekt, gerade weil seine Botschaft so schwer fassbar ist. Der Roman erscheint weder als Pamphlet für die selbstbewusste Frau, noch propagiert er ein überkommenes Frauenbild. Obwohl die Tragik der Künstlerexistenz etwas Zwangsläufiges hat, wird sie nicht als Strafgericht beschrieben. Auf ideologische Fragen gibt das Buch keine eindeutigen Antworten. Dieses Schweben war aber offensichtlich alles andere als unerwünscht, denn gerade solche widersprüchlichen Botschaften konnten den Erfolg eines Romans ausmachen, weil sich so möglichst viele Leser in ihm wiederfinden konnten. Diese öffnende Mechanik, die einmal Vicki Baums internationale Hitqualität ausmachen sollte, erkannte die »Schreibhandwerkerin« Baum bereits in einem sehr frühen Stadium ihrer Karriere.

Ihr eigener Standort als Künstlerin war indes noch nicht geklärt – auch davon zeugt *Ina Raffay*. Wie ihre Heldin schwankte Vicki Baum zwischen Weltflucht und Weltbindung. Sie hatte einen Beruf, sie war Mutter, doch da gab es noch unerfüllte künstlerische Ambitionen. In den letzten Jahren hatte sie auch einige literarische Erzählungen verfasst. Doch sie ahnte, dass sie damit bei Ullstein nicht ankommen würde.

Am 14. Januar 1921, kurz nachdem sie *Die Tänze der Ina Raffay* beendet hatte, wurde Vicki zum zweiten Mal Mutter. Wie Wolfgang kam auch der kleine Johannes Peter Lert im ehelichen Schlafzimmer zur Welt. »Das Kind war für mein schmales Becken zu dick, es wurde eine schwere Geburt«, erinnerte sie sich Jahre später[30]. Im Wochenbett erkrankte Vicki an einer fiebrigen Infektion. In dieser Situation reiste der Leiter der Buchabteilung, Emil Herz, einer der mächtigsten Männer des Ullstein-Konzerns, zu ihr nach Hannover. Er bot der Wöchnerin einen neuen Vertrag an. Seit *Ina Raffay* war sie für Ullstein offenbar eine sehr interessante, viel versprechende Autorin. Ohne Zweifel hatte man in Berlin aber auch erfahren, dass Vicki inzwischen Kontakt zu einem literarischen Verlag aufgenommen hatte, um über eine Veröffentlichung ihrer literarisch ambitionierten Erzählungen zu verhandeln. Ullstein aber wollte sie als Autorin exklusiv an sich binden – zumindest eine Erstoption auf alle ihre Romane haben. Baum räumte Ullstein nun dieses Recht ein, sie band sich »bis Ablauf des Jahres 1924« exklusiv an den Verlag.[31] Doch sie verkaufte sich nicht billig. Für jeden Roman stand ihr ein Garantiehonorar von »mindestens 10.000 Mark« plus Tantiemen zu, bei einem Abdruck in einem Ullstein-Journal noch einmal die gleiche Summe. Machte Ullstein keinen Gebrauch von seinem Erstzugriffsrecht, durfte sie ihre Bücher anderweitig anbieten.[32] Damit hielt sich Vicki ein »Hintertürchen« für anspruchsvollere Werke offen, die nicht in den Ullstein-Bücherkarren passten. In einer Zusatzklausel ließ sie sich zwei Tage später zudem ausdrücklich zusichern, dass »zwei Novellen-Bände« bei einem literarischen Verlag erscheinen durften und dass Ullstein »wenn irgend möglich« *Die Tänze der Ina Raffay* in der *Vossischen Zeitung* vorabdrucken sollte.[33]

Während woanders ein kühler, frischer Wind durch die noch junge Republik wehte, war die mittlere Provinzstadt Hannover für den Aufbruch in die Moderne anscheinend noch nicht bereit. Frank Thiess monierte die »vorrepublikanische Denkart« der »sogenannten Gesellschaft der Landeshauptstadt«, der Begriffe wie »Republik« und »Demokratie« fremd seien. Der aus Hannover stammende Kurt Schwitters parodierte die antimoderne, antirepublikanische Grundhaltung seiner Heimatstadt, in dem er das Wort »Hannover« einfach dekonstruierte. Man solle Hannover am besten nur von vorn lesen, meinte Schwitters. Denn von hinten heiße es »Re von nah«, was ja nichts anderes als »Rückwärts von nah« bedeute.[34]

Richard Lert ignorierte die zahlreichen Widerstände und reformierte innerhalb von fünf Jahren die verschlafene Provinzbühne zu einem modernen Musiktheater. Seine Pionierarbeit brachte ihm bald auch überregional den Ruf eines Erneuerers ein. Aber er stieß auch auf massive Widerstände – und auf offenen und offensiven Antisemitismus. Hannover war eines der größten und wichtigsten Zentren jüdischen Lebens in Norddeutschland, etwa 5.500 der 400.000 Einwohner waren jüdischer Abstammung. Zwar war der Nationalsozialismus damals noch weit davon entfernt, eine Massenbewegung zu sein, und auch die zweite antisemitische Partei, die Deutschvölkischen, war parlamentarisch ohne Bedeutung. Dennoch verstanden es diese demokratiefeindlichen Gruppen, eine offenbar latent vorhandene Stimmung in der Bevölkerung aggressiv aufzuheizen. Es kam zu ersten massiven öffentlichen Übergriffen gegen Juden,

1920 wurden zwei Anschläge auf die Synagoge in Hannover verübt. Und als Richard Lert, jüdischer Abstammung, Konvertit, inzwischen konfessionslos, am 14. Mai 1921 eine expressionistische Oper des Schönberg-Schülers Egon Wellesz aufführen ließ, gab es einen Eklat. »Demonstranten« skandierten vor der Oper Parolen gegen ihn. Das sich anschließende Galaprogramm ließ die Wogen erst recht hochschlagen. *Die Prinzessin Girnara* war zwar die erste Opernuraufführung in Hannover seit vielen Jahren und erregte auch überregional beträchtliches Aufsehen, war aber zu sperrig, als dass sie beim lokalen Publikum Anklang finden konnte. Es sei ein »Monstrum von Scheußlichkeit und Langeweile« höhnte ein sichtlich überforderter Kritiker: »Himmelkreuzdonnerwetter, Schockschwerenot! Wie lange soll die Geduld des hannoverschen Opernpublikums noch missbraucht werden?«[35]

Die Schreihälse vor der Oper gehörten nachweislich dem diffusen rechten Lager an, wie Vicki Baum es in ihren Erinnerungen vermutete. Auf den antisemitischen Hintergrund dieser gefährlichen Pöbeleien gegen ihren »gänzlich unpolitischen Mann« ging sie an dieser Stelle jedoch mit keinem Wort ein. In der Fiktion, in ihrem Roman *Die Karriere der Doris Hart* aus dem Jahr 1935, wurde Vicki Baum deutlicher. Hier spricht sie von »einem Schrei von Antisemitismus und gekränktem Deutschtum«[36], als der Kapellmeister Linden, der zeitweilige Lebensgefährte der Titelfigur Doris Hart, von einer »Phalanx von Feinden« an einem Theater in einer namenlosen »heftig und unbiegsam national gesinnte[n] Stadt« als Jude »Levy« entlarvt wird: In den zwanziger Jahren »konnte man in Deutschland noch Levy heißen, man durfte Jude sein … Aber man durfte nicht Jude sein und sich als Volldeutscher ausgeben«.[37]

Bald nach dem Opernskandal verbreitete ein antisemitisches Blatt infame Beleidigungen über Lert und Jacob Wassermann, den Verfasser des Opernlibrettos. Als daraufhin eine Besucherin mitten in eine laufende Vorstellung hinein »Raus mit Lert!« rief, wurde *Die Prinzessin Girnara* kurzerhand vom Spielplan abgesetzt – nach nur vier Aufführungen.

Anfang 1921 war das »Königliche Hoftheater« Hannover in städtischen Besitz übergegangen, es wurde ein neuer Intendant für das Schauspiel und die Oper gesucht. Richard hatte sich auf den Posten beworben, wurde sogar von einflussreichen Förderern wie Eugen d'Albert und Arthur Nikisch protegiert. Doch sein konsequenter Einsatz für die zeitgenössische Musik wurde nicht von allen begrüßt. Man bot Richard zwar an, die Oper für eine Interimszeit zu leiten, für den Posten des mächtigen Intendanten aber holte man sich einen relativ unerfahrenen Mann, der über keinerlei dramaturgische Erfahrung verfügte. Richard Lert blieb in der zweiten Reihe.

Bereits wenige Wochen nach dem Amtseintritt des neuen Intendanten Willy Grunwald kam es zum offenen Eklat. Im Herbst 1921 verlor Richard Lert während eines lautstarken Streits die Beherrschung. Er ohrfeigte Grunwald und wurde daraufhin vom Dienst suspendiert. Der Zwischenfall, der als »Kapellmeisterkrisis« in die Annalen der Bühne einging, war über Wochen und Monate Stadtgespräch, und die Presse machte in großen Lettern Aufmacher daraus. Was tatsächlich hinter dem Skandal steckte, bleibt bis heute unklar. Manche vermuteten schlicht Kompetenzrangeleien, andere sahen Richard Lert als Opfer eines schleichenden Antisemitismus. Vermutlich handelte es sich um eine trübe Mischung aus beidem.

Vicki Baum erinnerte sich mit großer Bitterkeit an diese Zeit. Ihr arbeitsloser Mann rannte »im Zimmer umher, Tag und Nacht, redete nicht und ließ nicht mit sich reden.« Auf der Straße wurde sie geschnitten: »Ein komisches Gefühl, plötzlich unsichtbar zu sein, keiner sieht einen, keiner grüßt einen.«[38] Zu allem Überfluss waren die Lerts nach Peters Geburt vom Zentrum an den Stadtrand gezogen. Die neue Wohnung war zwar geräumiger, lag aber an einer vielbefahrenen Hauptstraße. Direkt unter dem Wohnzimmerfenster fuhr bei jeder Tages- und Nachtzeit laut quietschend eine Straßenbahn um die Kurve. Die junge Familie war mehr denn je auf Vickis Honorare angewiesen.

In dieser Situation sah sie sich zum Handeln gezwungen. Wenn Richard keine Kompromisse eingehen wollte – sie würde es, allein schon um ihrer beiden Söhne willen. Anfang März 1922 handelte sie mit Ullstein eine Vorschuss-Akonto-Zahlung von insgesamt 60.000 Mark aus. Daran mochte sie sich später freilich nicht mehr erinnern und beharrte stets darauf, damals noch durch keine Verträge an Ullstein gebunden gewesen zu sein. Ende März – das Ullstein-Honorar war Vicki gerade bewilligt worden – wendete sich Richards Situation plötzlich zum Guten. Er durfte in seinen alten Vertrag zurückkehren, der Konflikt mit dem Intendanten schwelte indes untergründig weiter. Dennoch wurde 1922, das Jahr der Hyperinflation, für Vicki noch zu einem auch positiv bemerkenswerten Jahr. Sie veröffentlichte ihren ersten Novellenband, in dem sie mit großer sprachlicher Musikalität die kleinen und großen Tragödien des Alltags beschreibt. Erstmals nahmen die Kritiker sie als literarische Schriftstellerin wahr. Die einflussreiche österreichische Rezensentin Helene Tuschak – pikanterweise inzwischen die Ehefrau von Vickis Jugendliebe Carl Lafite – nannte sie im *Neuen Wiener Abendblatt* »eine große Begabung« und eine »Wissende des Lebens und der Seele«.[39]

Das wiederum rief Ullstein auf den Plan. Baum hatte im Spätsommer 1922 *Bubenreise. Eine heitere Erzählung für junge Menschen* abgeschlossen. Die leichtfüßige Adoleszenzgeschichte, die vor der romantischen Kulisse Venedigs spielte, war nach *Ina Raffay* das zweite Buch unter dem aktuellen Ullstein-Kontrakt. Vicki erhielt weitere 30.000 Mark Vorschuss für die Erzählung, in der sie Anleihen bei Thomas Manns *Tod in Venedig* (1912) machte.[40] Sie kannte die Lagunenstadt aus eigener Anschauung, seit sie als Jugendliche mit einer Gruppe von Wien über den Brenner, die

Dolomiten und Verona nach Venedig gewandert war. Auf eben dieser Route reisen auch ihre drei männlichen Hauptfiguren, um letztendlich erwachsen zu werden.

Bubenreise lässt bereits erkennen, wie gut es Baum verstand, Motive aus der sogenannten Hochliteratur in zeitgemäße Unterhaltungsliteratur umzusetzen, denn sie bietet hier so etwas wie »Existentialismus light«. Auch andere Elemente wie das Zusammenführen verschiedener Figuren an einem Ort, das effektvolle Spiel mit unterschiedlichen Figurenperspektiven, die exotische Kulisse sowie die dichte Atmosphäre – alles Topoi, die sie später zum Welterfolg führten – lassen erkennen, welches Potenzial in dieser Autorin steckte. Bei Ullstein hielt man ihre Prosa für zumindest vielversprechend, und daher wollte man unter allen Umständen verhindern, dass sie zu einem so angesehenen Verlag wie der Deutschen Verlagsanstalt abwanderte, wo in diesem Jahr ihre Novellensammlung *Die andern Tage* herauskam. Zweifellos vor allem deshalb hatte der Konzern Vicki Baum im Frühjahr 1922 aus ihrem finanziellen Engpass geholfen, wohl auch deshalb lud man sie im Herbst 1922 nach Berlin ein, um sie mit einer speziellen »VIP-Behandlung« zu beeindrucken. Ein Chauffeur fuhr Vicki in einer schwarzen Limousine zu den Sehenswürdigkeiten Berlins. Man chauffierte sie zu Theateraufführungen und zeigte ihr die riesige Ullstein-Druckerei in Tempelhof, die Ufa-Studios in Neubabelsberg, alles um ihr zu demonstrieren, über welche Möglichkeiten der größte europäische Medienkonzern verfügte. Denn Ullstein übernahm seit kurzem auch die Vermarktung der Filmrechte seiner Autoren, hatte dafür extra eine Kooperation mit der größten deutschen Filmproduktion Ufa eingefädelt – und so das schärfste Konkurrenzmedium erfolgreich in die Vermarktungskette eingebunden.

Bei all ihren Terminen wurde Vicki vom Cheflektor und Leiter der Romanabteilung, Paul Wiegler, begleitet. Der feingeistige Mann, selbst Autor eines literarhistorischen Standardwerks,

Geschichte der Weltliteratur (1913), und Theaterkritiker, machte Eindruck auf Vicki und wurde später ein guter Freund. Er beherrschte die hohe Kunst der Zurückhaltung, hielt sich selbst im Hintergrund, während er seine Autoren glänzen ließ. Wiegler galt innerhalb der Branche als Mann mit exzellenten Beziehungen. Emil Herz hatte ihn 1913 zu Ullstein geholt, um die Romanabteilung literarisch aufzuwerten. In der Folgezeit war es Wiegler gelungen, Autoren wie Leonhard Frank, Heinrich Mann und Lion Feuchtwanger zum Propyläen Verlag zu holen oder für die *Berliner Illustrirte Zeitung* zu engagieren. In dieser Phalanx sah er auch Vicki Baum.

Also stellte er sie im Ullstein-Haus an der Kochstraße Hermann Ullstein vor. Der jüngste Sohn des Verlagsgründers Leopold Ullstein war der Stratege und Methodiker unter den fünf »allmächtigen« Ullstein-Brüdern und im Haus für die Reklame, die damals noch in aller Unschuld »Propaganda« genannt wurde, sowie für alle Zeitschriften zuständig – also auch für die *Berliner Illustrirte.*

Der kleingewachsene, kahlköpfige Ullstein galt als verschlossen und schwierig im Umgang. Vicki aber kam offenbar gut mit dem Firmenboss zurecht, auch wenn sie sich später kleine Seitenhiebe auf seine »wenig großzügige und verständnisvolle« Natur nicht verkneifen konnte. Neben ihrem späteren Chef, Kurt Korff, wurde er ihr wichtigster Mentor im Verlag.

Ullstein und Wiegler waren ständig auf der Suche nach tagesaktuellen Stoffen für ihr Flaggschiff *Berliner Illustrirte Zeitung,* die auflagenstärkste Wochenzeitung Europas. Die *BIZ* war eine Vorläuferin der Illustrierten heutigen Zuschnitts, das erste deutsche Wochenmagazin, das konsequent auf die Wirkung von Bildern setzte. Heute gilt die Zeitschrift als stilprägend. Korff engagierte einige der besten und erfindungsreichsten Fotografen seiner Zeit, unter anderem Erich Salomon, Friedrich Seidenstücker, Martin Munkàcsi, Else Neuländer-Simon alias Yva sowie Felix H. Man. Jeweils donnerstags griff seine bunte Wochenchronik Themen aus allen gesellschaftlichen Bereichen, aus Politik, Justiz, Unterhaltung, Technik und Wissenschaft auf. Die politische Linie der *BIZ* war liberal-demokratisch. Die Stoffe mussten so spannend und unterhaltsam sein, dass sie problemlos und schnell von einem überwiegend großstädtischen Publikum in den Cafés, in den Bussen und Zügen oder zu Hause auf dem Sofa konsumiert werden konnten. Die wenigen Autoren, die konsequent den Publikumsgeschmack trafen, wurden über die *BIZ*-Fortsetzungsromane fürstlich honoriert – mit 20.000 bis 100.000 Reichsmark pro Abdruck.

Die *BIZ* war deshalb nicht nur für bereits etablierte Schriftsteller wie Gerhard Hauptmann, Ricarda Huch und Arthur Schnitzler attraktiv, sondern vor allem auch für noch relativ unbekannte Autoren. In der *BIZ* gedruckt zu werden hieß, oben oder ganz oben angekommen zu sein. Zuletzt hatte Norbert Jacques, Vickis Kollege aus Wien, der sie 1916 in Darmstadt auf der Straße getroffen hatte, hier von sich reden gemacht. Mit *Doktor Mabuse, der Spieler* hatte er sich einen Platz im Rampenlicht erkämpft.

Vicki Baum nahm das alles zur Kenntnis und erörterte mit den beiden Männern Themen für einen möglichen *BIZ*-Roman. Hermann Ullstein schlug vor, ob sie nicht etwas über eine im Arbeitsleben stehende, selbstständige »neue« Frau schreiben wollte, wie sie in der Nachkriegszeit und vor allem in den Städten immer häufiger anzutreffen war. Vicki selbst reizte es eher, den Mord an Außenminister Walther Rathenau, über den damals noch ganz Deutschland sprach, als Aufhänger zu nehmen, um die (fiktive) Lebensgeschichte eines jungen »Täters« zu erzählen. Vor wenigen Wochen waren die beiden flüchtigen Mordschützen gemeinsam gefasst worden, ein vierundzwanzigjähriger Jurastudent war bei seiner Festnahme von der Polizei erschossen worden, ein junger Ingenieur hatte sich wenig später das Leben genommen. Der »Fall« war also abgeschlossen und daher zur Literarisierung freigegeben. 1924 schrieb Vicki Baum diesen Roman, wieder ein Jahr später griff sie auch Hermann Ullsteins Vorschlag auf.

Berlin lag ihr bereits 1922 zu Füßen, Ullstein glaubte fest an ihr Potenzial als kommerzielle Autorin. Doch Vicki kehrte nach fünf Tagen in ihr altes Leben als »Frau Kapellmeister Lert« zurück. Zu Hause warteten ihre fünf- bzw. anderthalbjährigen Söhne sowie Richard, der gerade wieder ins Gleis eines selbstverständlichen Karrieresystems zurückgekehrt war. Vicki hatte Ullstein zwar vertraglich noch mindestens ein weiteres Buch zugesichert, wollte sich zu diesem Zeitpunkt aber nicht exklusiv binden. Es war noch nicht entschieden, ob sie auf die einigermaßen sichere Ullstein-Karte setzen oder ob die ruhelose »Zigeunerin« in ihr obsiegen würde.

Nach ihrer Rückkehr aus Berlin lernte Vicki Mary Wigman, eine der glamourösesten Protagonistinnen des neuen Tanzes, kennen. Sie machte sie mit einer Erfahrungswelt bekannt, die die andere Seite von Vickis Ich verkörperte – die Nomadin, die nicht stillsitzen konnte, weil sie immer das Gefühl hatte, etwas zu verpassen. Wigman war im Herbst 1922 für die Choreographie von Hans Pfitzners Märchenoper *Die Rose vom Liebesgarten* an die hannoverschen Bühnen engagiert worden. Die Begegnung mit der exzentrischen, gleichwohl bemerkenswert bodenständigen Diva hinterließ bei Vicki Baum einen unauslöschlichen Eindruck: »Sie war eine kraftvolle, kaum zu überwältigende Persönlichkeit«, schrieb sie in den 50er Jahren, als sie plante, Wigman zur Figur eines Romans zu machen.[41]

Ohne dass Vicki der Wigman damals schon begegnet war, schien die Tänzerin Patin für ihre Ina Raffay gestanden zu haben. Die große Künstlerin lebte das, was sie in *Ina Raffay* aus ihrer Phantasie heraus erschaffen hatte: »tragisches und besessenes Künstlertum«[42]. Sie war eine Radikale, eine frühe Feministin, inszenierte ihre androgyne Schönheit, ihr apartes Gesicht mit der hohen Stirn durch dramatisches Make-up, auffällige, flatternde Roben und majestätisches Gehabe. Mary Wigman erfand Tänze von nie zuvor gesehener Art, die sie auf der Bühne spontan zu entwickeln schien. Sie bewegte sich frei, begleitet nur von Gong- oder Trommelrhythmen, meistens aber in aller Stille. Und obwohl sie ihrem Publikum nicht wenig abverlangte, wenn sie zwei Stunden ohne Pause tanzte, schlug die Wigman ihre Zuschauer – auch Vicki – in ihren Bann. »Mary Wigman fand den ersten großen Wurf der geschlechtsstarken Frau«, hatte 1920 eine Tanzkritikerin bemerkt.[43] Derart kraftvoll und aggressiv zu tanzen, war bisher nur Männern zugestanden worden. Nun wagte es auch eine Frau, in expressiven Gesten und in symbolischer Form ihr Seelenleben zur Schau zu stellen, Ekstase und Schmerz, Seligkeit und Tod körpersprachlich auszuloten.

Es gab viele Berührungspunkte zwischen Vicki Baum und Mary Wigman – beide stammten aus bürgerlichen Verhältnissen und hatten ihre Kunst erst relativ spät zu ihrem Beruf gemacht. Beide besaßen einen herben, gewinnenden Charme, eine tiefe, warme Stimme und einen vitalen Sinn für Humor. Und dennoch schwang bei Vicki das Pendel weniger radikal aus – während die Wigman eine Einzelkämpferin war und auf Tourneen von einer Phalanx ständig wechselnder Tänzerinnen, Bewunderern und Gönnern begleitet wurde – ihrer »Familie« –, war Vicki stets darauf bedacht, die verschiedenen Bereiche ihres Lebens auszutarieren und alles harmonisch zu vereinen. Wigman war und blieb, trotz verschiedener Liebesaffären, allein mit dem Tanz vermählt. Vicki hatte Richard. Und während die Tänzerin für solch profane Dinge wie Geld weder Zeit noch Sinn hatte und finanziell ohne Netz oder doppelten Boden lebte, arbeitete Vicki vor allem für den Lebensunterhalt ihrer Familie. Trotzdem verehrte Baum Künstlerinnen, imponierte ihr das Leben, das solch *Radikale* führten.

Ebenso sehr bewunderte sie auch Richard und sein Engagement für Georg Friedrich Händels Musik, das sie teilte und aktiv unterstützte. Händels Opern mit ihrer »schlichten Erhabenheit« erlebten gerade eine Renaissance.[44] Im Gefolge der ersten Göttinger Händel-Festspiele, die im Jahr 1920 stattgefunden hatten, entstand eine sogenannte »Händel-Bewegung«, die den als Opernkomponisten bis dahin völlig vergessenen Meister mit einer geradezu kulthaften Verehrung wiederentdeckte und als »Zeitgenossen« interpretierte. Richard Lert wurde einer der Köpfe dieser Bewegung – und auch Vicki nahm begeistert Anteil an der Renaissance des spätbarocken Tonsetzers. Im Sommer hatte sie Richard zu den Festspielen nach Göttingen begleitet und als »Sonderkorrespondentin« der *Vossischen Zeitung* sehr positiv über die Inszenierung der Händeloper *Otto und Theophano* berichtet. Die musikalische Leitung hatte der Göttinger Festspiel-Begründer Oskar Hagen inne, der junge Regisseur Hanns Niedecken-Gebhard zeichnete für die phantasievolle Inszenierung verantwortlich.

Im Frühjahr 1922 holte Richard Lert jenen Hanns Niedecken als neuen Oberspielleiter nach Hannover. Gemeinsam machten sich die beiden Männer nun daran, das Musiktheater in Hannover intellektuell zu erneuern. Kurz nach Vickis Berlin-Besuch setzte das Tandem Niedecken/Lert im Oktober 1922 gleich mit seiner ersten gemeinsamen Inszenierung, Händels *Julius Cäsar*, neue Maßstäbe. Richard Lert versuchte Händels Gedanken in zeitgemäßer Form musikalisch zu interpretieren, Hanns Niedecken ließ dazu abstrakte, antiillusionistische Bühnenbilder anfertigen und in seinen Inszenierungen Ausdruckstänzer und Bewegungschöre auftreten, um so eine weitere künstlerische Dimension hinzuzufügen.

Vicki freundete sich mit Niedecken-Gebhard an, der sogar eine Wohnung direkt über den Lerts bezog. Offenbar erinnerte sie der Regisseur, »ein großer Wurstesser und Zigarrenraucher, eine fluchende, schwitzende mannmännliche Kämpfernatur von starker Persönlichkeitsausstrahlung«[45], mit seinen barocken Körperformen und seiner vitalen physischen Präsenz an ihren Jugendschwarm Leo Slezak. Aber Niedecken-Gebhard war auch der erste einer Reihe von homosexuellen Männern, zu denen Vicki eine große Affinität entwickelte – und die sich im Gegenzug auch zu ihr hingezogen fühlten. Das Thema Homosexualität beschäftigte sie, seitdem sie in Wien die wechselvolle Beziehung ihres Vaters zu Josef Hassreiter miterlebt hatte. Obwohl Hermann Musik und Literatur eigentlich verachtete, hatte er ein großes Faible für den Tanz und das Ballett – und besonders für den Tänzer Hassreiter, den späteren Hofballettmeister.

Vicki konnte den blonden Ballettmimen mit dem »hübschen Tiroler Bergsteigergesicht«, den blauen Augen, dem eindringlichen Blick und dem kecken Oberlippenbärtchen nicht ausstehen. Doch die Freundschaft der beiden ungleichen Männer, von Hermann Baums Seite eine Art Hassliebe, faszinierte sie so sehr, dass sie noch in den 50er Jahren plante, einen Roman darüber zu schreiben. Sie war davon überzeugt, dass die Männerfreundschaft von Hermanns Seite einen stark homoerotischen Unterton hatte – ohne dass er sich das selbst eingestanden hätte. Denn abweichende sexuelle Neigungen wie die Homosexualität, das »Laster, das keinen Namen hat«, spielten sich im Wien des 19. Jahrhunderts natürlich ausschließlich im Verborgenen beziehungsweise Unterbewussten ab. Daran änderten auch die in den 1890er Jahren veröffentlichten Schriften Krafft-Ebings und Freuds nichts, die sich erstmals offen mit dem Thema Homosexualität auseinandersetzten.

Nicht alle ihre Beziehungen zu »Bewohnern dieses geschlechtlichen Niemandslandes« waren aber so einfach zu erklären wie die zu dem ohnedies bewunderten Niedecken-Gebhard. Vicki Baums Gefühle für Homosexuelle waren vielfach komplexer. 1950 gestand sie ihrem Freund und Lektor Don Elder[46], sie habe sich im Laufe ihres Lebens »öfter« in homosexuelle Männer »verliebt«. Anlass für ihre bemerkenswerte Offenheit war Elders Vorschlag, eine Romanfigur namens »Larry« aus *Danger from Deer* (1949) zu streichen, weil

Elder sie für überflüssig hielt. Baum wehrte dieses Ansinnen erfolgreich ab. Mit Larry habe sie sich etwas »von der Seele« schreiben müssen, was sie selbst oft erlebt habe, erklärte sie. »Larry« stand für Männer, meist Intellektuelle oder Künstler, die viel jünger waren als sie, die vom Alter her beinahe ihre Söhne hätten sein können. Für diese jungen Freunde war Vicki Baum eine mütterliche Vertraute. Sie wiederum ließ sich von ihnen bewundern, hielt sie aber auf Distanz – so, wie sie selbst von ihnen auf Distanz gehalten wurde. Weil sich alles im platonischen Bereich abspielte, gab sie Richard auch keinen Grund zur Eifersucht – obwohl sie ihn beinahe »betrog«. In den Beziehungen zu Männern, die ihre Zuneigung nur auf freundschaftliche Art erwidern konnten, scheint ohne Zweifel auch etwas von ihrer Erfahrung mit ihrer ersten großen Liebe durch. Carl Lafite hatte sie zwar geküsst, aber nie mit ihr geschlafen. Für Vicki Baum war dies letztlich eine narzisstische Kränkung, die sie lebenslang und variantenreich kompensierte.

Einer dieser engen Freunde war der junge Harald Kreutzberg, später die wohl berühmteste Ikone des neuen Tanzes und Star vieler Welttourneen. Er kam Anfang 1923 im Schlepptau von Mary Wigman nach Hannover. Vicki mochte die kindliche, erfrischende Art des Tänzers, der damals ein schüchterner, ziemlich unauffälliger Jüngling war und noch sein blondes, üppig lockiges Haar trug. Der kahlrasierte Schädel sollte erst später in Berlin Kreutzbergs Markenzeichen werden. Vicki nahm den damals Zwanzigjährigen, der sich in der Fremde etwas verloren fühlte, unter ihre Fittiche. Kreutzberg zog zeitweise sogar in das Mietshaus in der Podbielskistraße, in dem die Lerts und Hanns Niedecken-Gebhard wohnten. Der Tänzer verehrte »das liebe Vickerl« oder »Mama Vickerl«, wie man in seinen unveröffentlichten Erinnerungen nachlesen kann.[47]

Obwohl sie das Spitzenschuh- und Tüllröckchen-Ballett à la Josef Hassreiter verabscheute, liebte Vicki den Tanz und das Tanzen ebenso sehr wie ihr Vater, der dafür gesorgt hatte, dass sie als Mädchen sonntags keine Ballettmatinee verpasste, wenn sein Schwarm Hassreiter inszenierte.

Fort von den Äußerlichkeiten, hin zur Äußerung: Das war nun in Hannover ihre Devise. Im Herbst lernte sie Max Terpis kennen, der, wie Kreutzberg, im Gefolge der Wigman nach Hannover gekommen war. Terpis blieb, während die Meisterin im Winter 1922 nach Dresden zurückkehrte. Vicki knüpfte eine enge Beziehung zu dem fast gleichaltrigen Schweizer, der sich rührend um ihre beiden Söhne kümmerte. Wie zuvor bei Mary Wigman empfand sie eine geistige Verwandtschaft zu dem Tänzer, der seine widersprüchlichen Anlagen im Extremen auslebte, Tendenzen, die Vicki selbst nur allzu gut kannte. Wie sie fühlte sich Terpis als Außenseiter, wollte zugleich aber gesellschaftlich anerkannt werden.

Terpis' Biographie war von spektakulären Umschwüngen geprägt. Bevor der als Max Pfister geborene Zürcher mit über dreißig Jahren Tänzer wurde, hatte er Theologie und Architektur studiert, im Krieg dann eine vielversprechende Offizierslaufbahn eingeschlagen. Vermutlich wegen seiner Homosexualität war er schließlich unehrenhaft aus der Armee entlassen worden, hatte später eine deutsche Fabrikantentochter geheiratet und sich in Zürich als Architekt selbstständig gemacht. Doch die Zeit war noch nicht reif für fortschrittliche architektonische Ideen, wie die damals in Europa noch völlig unbekannte Bungalowbauweise, welche Pfister als Architekt favorisierte. Schließlich war er mit dem Ausdruckstanz in Berührung gekommen, hatte bald darauf seinen Namen in »Terpis« umgeändert und war Mary Wigman nach Dresden gefolgt, wo er als einer der ersten männlichen Tänzer von ihr ausgebildet wurde. Vicki Baum porträtierte ihren Freund als Axel Azur in *Die Karriere der Doris Hart:* »Er kam auf die Probe in einem schwarzen hochgeschlossenen Hemd und einer schwarzen Leinenhose, die um die Hüften unglaublich eng saß, und um seine nackten Füße weit und schwingend flatterte wie ein Rock. Spannen – Entspannen – Spannen – Entspannen, beschwor er die erstaunte Truppe. Er veranlasste sie, Strümpfe und Schuhe auszuziehen.«[48] Genau das tat nun auch Vicki. Vom Beispiel ihrer Tänzer-Freunde beflügelt, gab sie sich mit fünfunddreißig Jahren in Terpis' »Dilettantenkursus« der tänzerischen Selbsterkundung hin, ignorierte hier jene Zurückhaltung, die sie sich beim Schreiben auferlegte. Unter Terpis' Choreographie tanzte sie am 6. Oktober 1923 bei einer aufsehenerregenden Aufführung der Händel-Festspiele in Hannover mit. Vicki war eine von insgesamt 800 Beteiligten, die in Hanns Niedecken-Gebhards monumentaler szenischer Inszenierung des Oratoriums *Saul* auf der Bühne der Stadthalle agierten. 5.000 Zuschauer wohnten dem Spektakel im Kuppelsaal bei. Im Publikum saß auch der sechsjährige Wolfgang Lert, der sich noch heute gut an seine Mutter auf der Bühne erinnert. Als tierähnliches Geschöpf verkleidet, kroch sie mit anderen Damen aus Terpis' Anfängerkurs in der Passage »Verfluchung des Neides« über den Bühnenboden.[49]

In dieser so »befreiten« Phase ihres Lebens entstanden zwei Romane, *Welt ohne Sünde* und *Ulle, der Zwerg*. In *Welt ohne Sünde* durchlebt Baums expressionistischer Antiheld und Führer Askanius sein ganzes Leben in einer einzigen Minute. Dann löst er eine Explosion aus, in der er sich selbst und die durch und durch verkommene Welt um ihn herum vernichtet wird. Der Roman steht wie ein Fremdkörper in Vicki Baums Werk. Er entwirft eine negative Utopie, ist eine wenig überzeugende fragmentarische Seelenerkundung zwischen Traum und Realität im Stil von Knut Hamsuns *Hunger* (1890) und *Mysterien* (1892).

Ulle, der Zwerg ist weniger sperrig. Der Roman erzählt die tragische Künstlergeschichte eines missgebildeten Jahrmarktsclowns, eines Antihelden, der zufällig ins Rampenlicht gerät, um bald erneut verbannt und wieder vergessen zu werden. Dieser Roman bedeutete Vicki Baum persönlich so viel wie kein anderes ihrer über vierzig Bücher. Womöglich hielt sie ihn später aus der sentimentalen Einsicht heraus hoch, weil sie nie mehr die »Künstlerin« sein würde, die *Ulle* geschrieben hatte. Für sie markierte der Roman eine Zäsur in ihrem Leben, war er Ausdruck einer persönlichen Metamorphose. Hier habe sie »die wissende Reife erreicht, die die Einsamkeit als gegeben hinnimmt, nicht über sie klagt, sondern sie mit dem ihr eigenen Stolz trägt«, erklärte sie später etwas hochtrabend.[50] Mit *Ulle* versucht Vicki Baum ein letztes Mal, ihr Wiener Leben zu begreifen und zu ihren ureigenen Wurzeln zurückzukehren, noch einmal dem Trauma ihrer Kindheit und Jugend nachzuspüren, dem unerfüllten Bedürfnis, sich als Einzelwesen die Welt erklären zu können und ungebrochen in ihr existieren zu dürfen.

Am Ende kehrt Ulle in die Innerlichkeit zurück, aus der er einst gekommen war. Wie ihr Antiheld sollte Vicki Baum die meiste Zeit ihres Lebens erfolgreich der Versuchung widerstehen, sich dem Leben rauschhaft hinzugeben, sich gehen zu lassen, ihre Rolle preiszugeben – wenn sie nicht gerade tanzte. Und wie ihr geläuterter Romanheld trug Baum das Bewusstsein ihrer Andersartigkeit sowie die Erkenntnis, »dass niemand dem anderen helfen könne«[51], ihr Leben lang stolz und mit vornehmer Haltung. Sie zog aus ihrer Einsamkeit jene Stärke, die sie ihre »Moral« nannte. Wer wie sie einsam war, hatte nicht nur die Pflicht, sondern auch ein Recht darauf, freie Entscheidungen zu treffen, letztlich alles mit sich allein auszumachen. Das schmerzliche Gefühl der Isolation sollte sie niemals überwinden, nur ihre Haltung veränderte sich im Laufe der Zeit: Im Alter machte sie nur noch Witze darüber und fragte sich dreißig Jahre, nachdem sie *Ulle, der Zwerg* geschrieben hatte: »Mein Gott, wo sind nur die Zeiten hin, als ich noch dachte, dass Einsamkeit etwas Tragisches sei? Gibt es überhaupt etwas anderes als Einsamkeit? Sie ist inzwischen etwas so Selbstverständliches für mich wie die Luft um mich herum.«[52]

Da wusste sie bereits, dass sich das Gefühl des »Andersseins«, »mit dem ich schon geboren wurde«, für sie persönlich nicht lösen würde, indem sie sich anpasste. Also akzeptierte sie es als unabänderliche Tatsache, als *conditio humana*. »Es kann nichts Gutes daraus entspringen, wenn man versucht, wie alle anderen zu sein.«[53] Diese intime Erkenntnis machte sie in *Ulle, der Zwerg* zum ersten und zum letzten Mal in offenherziger Form zum Thema eines ihrer Werke.

Alle Hauptfiguren Baums tragen das Stigma der Einsamkeit und der Isolation. Es macht sie stark, aber sie wünschen sich auch, ihren Zustand zumindest für kurze Zeit zu überwinden. Wie Helene Willfüer sehnen sie sich nach den kostbaren Momenten der Nähe, »dem Gefühl der Beglückung, wenn es gelingt, den Kreis der Einsamkeit zu durchbrechen und hinauszulangen zur anderen Kreatur«.[54] Doch keine Figur sollte mehr mit solchem Pathos gegen das Unabänderliche kämpfen wie der Zwerg Ulle.

Bei *Ulle, der Zwerg* offenbart sich Baums partielle Blindheit für das eigene Werk. Je mehr ihr ein Roman am Herzen lag, desto eher trübte sich ihr sonst doch fast unbestechlicher Blick. Hier vertraute sie nicht mehr auf das, was sie schon so gut beherrschte: eine Geschichte flüssig und spannend zu erzählen. Stattdessen wollte sie unbedingt eine Botschaft vermitteln. Dem Leitmotto des Romans: »Das Innerste der Welt ist Einsamkeit«, ordnete sie künstlerisch alles unter. Sie verstrickte sich dabei im Netz ihres eigenen Anspruchs und scheiterte, ohne es je selbst zu merken.

Heute ist *Ulle* kaum mehr lesbar, so konstruiert, so uneben ist der Roman – und sicher nicht der große literarische Wurf, für den Vicki Baum ihn hielt. *Ulle* wirkt über weite Strecken wie eine verunglückte Paraphrase auf Thomas Manns Novelle *Der kleine Herr Friedemann* (1897). Mittel und Stil dieses eher im ausklingenden Impressionismus als im frühen Expressionismus anzusiedelnden Romans waren auch keineswegs so avantgardistisch, wie Vicki Baum glaubte. Als *Ulle* 1924 erschien, hielten erklärte Avantgardisten den Expressionismus bereits für überholt. Schriftsteller wie Joseph Roth oder Lion Feuchtwanger hatten sich längst einer

»neusachlichen« Literatur zugewandt, die die soziale Realität in der Massengesellschaft möglichst nüchtern und detailgetreu abzubilden versuchte.

Die Geschichte des Varieté-Zwergs sollte für lange Zeit Vicki Baums letztes ambitioniertes Projekt sein. Von nun an nutzte sie ihr Talent nur noch für den Markt. Zu dieser Art von Literatur hatte sie immer eine erfrischende Distanz, die sich in ihren Romanen in Form von Ironie niederschlägt. Ein solcher Abstand hätte auch *Ulle* gutgetan. Aber die Themen, die Baum hier behandelte, Künstlertum, Einsamkeit und Anpassung, waren ihr offenbar zu ernst und gingen ihr zu nahe, als dass sie ihnen mit Ironie hätte begegnen können.

Noch bevor der Roman abgeschlossen war, erlitt Vicki eine Früh- beziehungsweise Fehlgeburt. Richard konnte ihr in dieser Zeit nicht beistehen – vor allem deshalb nicht, weil er von ihrer Schwangerschaft vermutlich nichts wusste. Womöglich hatten sie auch Streit miteinander, und Vickis Stolz verbot es ihr, in diesem Moment »um Hilfe zu betteln«. Zwar war Richards Bewerbung an die Staatsoper Berlin ohne Erfolg geblieben – Erich Kleiber hatte den Posten des Berliner Generalmusikdirektors bekommen –, aber Richard war immerhin an Kleibers alte Wirkungsstätte, das Mannheimer Nationaltheater, berufen worden. Im September 1923 wurde er dort zum Generalmusikdirektor ernannt – ein Posten, den man eigens für ihn geschaffen hatte. Da sich in Mannheim so kurzfristig keine Wohnung fand, blieb Vicki mit den Kindern vorerst in Hannover, Richard wohnte in Mannheim im Hotel.

Die Versorgungslage war nach der Währungsreform im November 1923 allgemein so katastrophal, dass man im befreundeten europäischen Ausland begonnen hatte, Spenden für die notleidende deutsche Bevölkerung zu sammeln. Allein beim ehemaligen Kriegsverbündeten Österreich waren innerhalb weniger Tage 160 Millionen Kronen für hungernde deutsche Schriftsteller und Künstler zusammengekommen, Tausende von Lebensmittelpaketen wurden versendet. Ein Österreicher brachte seine »Spende« höchstpersönlich bei seiner notleidenden Tochter in Hannover vorbei: Hermann Baum. Wolfgang Lert erinnert sich noch gut an den Tag, als sein Großvater plötzlich vor der Tür stand, mit einem großen dunklen Koffer voller Nudeln, Schweineschmalz, Zucker und anderen Köstlichkeiten. Wolfgang war damals sechs und hatte Hermann noch nie zuvor gesehen. Für ihn war diese Begegnung ein »außergewöhnliches« Ereignis.[55] Hermann schenkte seinen Enkeln Süßigkeiten und Spielsachen, seiner Tochter rettete er vermutlich das Leben. Denn nachdem ihm klar geworden war, dass Vicki vor kurzem eine Fehlgeburt erlitten hatte, organisierte Hermann ihr einen Arzt, Brennholz und warme Decken. Doch noch bevor Vicki seine ungebetene Fürsorge gegen die früheren Schrecken aufrechnen konnte, war Hermann wieder verschwunden.

Dieser Überraschungsbesuch zeigt, dass er seiner Tochter wohl näher stand, als diese sich eingestehen mochte, und das betraf nicht nur ihre gemeinsame Tanzleidenschaft. Vicki war für ihren Vater offenbar der Sohn geworden, den er sich gewünscht hatte. Sie genügte allen seinen Ansprüchen an einen solchen, erfüllte wie ein Mann ihre Pflicht, eroberte sich mit einer unglaublichen Potenz die Welt – und sie hatte ihm sogar Enkelsöhne geschenkt.

In ihren Erinnerungen bezeichnete Baum ihre neuerliche Schwangerschaft als einen »eklatanten Fall von Unplanmäßigkeit«[56]. Ein oder zwei Jahre später nahm sie den Befund einer gutartigen Gebärmuttergeschwulst zum Anlass, eine Totaloperation vornehmen zu lassen. Zur Stabilisierung ihres Hormonhaushalts bekam sie danach jahrelang Hormoninjektionen. Sie empfand es, zumindest in der Rückschau, als befreiend, dem biologischen Zwang des Gebärens enthoben zu sein. 1945 machte sie ihrer (kinderlosen) Freundin und Broadway-Produzentin Cheryl Crawford Mut, die vor einem ähnlichen Eingriff stand: »Sie werden ein paar ziemlich unerfreuliche Tage haben – aber danach werden Sie sich wie ein neuer Mensch und einfach nur wundervoll fühlen. Ich weiß, wovon ich rede, denn vor ein Paar Jahren habe ich mir den Großteil meiner Eingeweide herausnehmen lassen. Es war erstaunlich, wie viel neue Energie und joie de vivre mir das gab. Also seien Sie ein gutes Mädel und Kopf hoch!«[57] Vicki Baums Reaktion zeigt, zu welch extremer Härte und welchem Pragmatismus sie sich selbst gegenüber fähig war. Der menschliche Körper war für sie »eine wirklich niederträchtige Maschine, er tritt, er will etwas, er tut einem unwürdige Dinge an, und man kann nichts dagegen tun«.[58] Sie glaubte daran, dass der Geist den Körper beherrschen, im Wechselspiel überragen müsse, stellte den Willen immer über das Körperliche, eine Einstellung, die sicherlich in ihrer Kindheit begründet war. Sie betrachtete Krankheiten generell als etwas Lästiges, aber zum Leben Dazugehörendes. Jede Art von körperlichem Leiden erschien ihr als »etwas Beschämendes … das tief verborgen werden muss vor den anderen, den Starken, den Gesunden«.[59] Wenn sie krank war, was nicht selten vorkam, versuchte sie es zu akzeptieren – und begann dann, die Krankheit mit allen Mitteln zu bekämpfen. Nur so könne sie sie »aus dem Kopf« bekommen, erklärte sie einmal. »Ich würde einen Zahn, die Mandeln oder ein erkranktes Organ lieber schnell loswerden wollen, als dass ich eine vergiftete Miniaturfabrik mit mir herumschleppe, um die ich mir ständig Sorgen machen muss.«[60] Ihre in zahlreichen »Schlachten«[61] errungenen »Siege« gegen ihre vielen Krankheiten, von Streptokokkeninfektionen über Malaria und Diphterie, führte Vicki Baum allein auf ihre Willenskraft zurück. Für sie zählte nur die innere Einstellung, mit der man seinen körperlichen »Schwächen« begegnete. Und zu dieser Einstellung gehörte es auch, die eigenen Krankheiten mit galligem Humor zu betrachten.

Nach über viermonatiger Suche fand Richard im Februar 1924 eine Wohnung in der vornehmen Mannheimer Oststadt, nur ein paar Schritte vom Rosengarten, seiner neuen Wirkungsstätte, entfernt. Von der südlichen Fensterflucht des efeuumwachsenen Eckhauses konnte man direkt auf den neobarocken Friedrichsplatz, eine Jugendstil-Parkanlage mit Laubengang und auf den mächtigen Wasserturm mit der kupfernen Figur der Wassernymphe Amphitrite blicken – allesamt Wahrzeichen Mannheims. Vor der Haustür sprudelte eine Brunnenanlage, trieb Wasserkaskaden gen Himmel.

Die große, repräsentative Wohnung in der stuckverzierten Villa Altwasser entsprach genau Richards Geschmack. Er liebte es barock. Vicki, die einen schlichteren Stil bevorzugte, fühlte sich hingegen in dieser Postkartenidylle in das alte Wien zurückversetzt. Sie mochte weder die »bourgeoise« Umgebung, noch konnte sie der »düsteren« Wohnung mit den unpraktischen winzigen Balkons etwas abgewinnen. Ein Foto aus dieser Zeit macht die Beengtheit, in der die Familie in der Villa Altwasser lebte, plastisch deutlich, vermittelt aber auch etwas von dem Spaß, den die Lerts an skurrilen Arrangements hatten. Auf dem Foto lächeln Vicki, Richard und der siebenjährige Wolfgang Lert von den beiden Balkons ihrer Wohnung zum Fotografen auf dem Kaiserring hinunter. Richard steht auf dem einen Vorbau, Vicki mit Wolfgang auf dem anderen. Sie kann gerade eben über das mächtige schmiedeeiserne Geländer blicken, das sie aus der Froschperspektive des Fotografen fast zu erdrücken scheint. Sie um etwa zwei Haupteslängen überragend, reckt sich der kleine Wolfgang vom Fenstersims aus ins Freie. Damit man ihn vor lauter Geländer sehen kann, hat Vicki ihn auf ein Möbelstück im Inneren der Wohnung gestellt.

Der etwa dreijährige Peter bleibt auf dem Foto unsichtbar, versteckte sich wohl in der Wohnung. Vicki beschäftigte Haushaltshilfen und Haushälterinnen, die sich auch um ihre Söhne kümmerten. Sie war eher selten in ihrer Nähe, aber sie war immer erreichbar für ihre Kinder. Außer für eine kurze Zeit nach Wolfgangs Geburt betrachtete sie die Mutterrolle nie als Vollzeitbeschäftigung. Vicki hatte eine konsequente Vorstellung von Erziehung. Sie glaubte, dass der Charakter eines Kindes schon mit vier Jahren »fertig« sei, und hielt nichts davon, wenn Eltern ihre Kinder nach ihrem Willen »umformen« wollten (so wie Hermann es bei ihr versucht hatte). Sie sah ihre erzieherische Hauptaufgabe darin, die Selbstständigkeit und die vorhandenen Anlagen ihrer Kinder zu fördern. Daher ließ sie ihnen große Freiräume, verstand sich eher als Partnerin und Vertraute ihrer Söhne. Sie ließ sie so oft wie möglich im Freien spielen und sich schmutzig machen (wie sie es nie gedurft hatte). Aber sie achtete streng darauf, ihnen Regeln und Grenzen zu vermitteln. So konnte sie es nicht leiden, wenn Kinder sich als »infantile Tyrannen« oder »kleine Diktatoren« gebärdeten. Und obwohl sie, wie ihre Söhne berichten, niemals laut oder ausfällig wurde, legte sie größten Wert auf Sekundärtugenden wie Pünktlichkeit, Höflichkeit, korrekte Umgangsformen und Tischmanieren.

Das gesellschaftliche Leben in Mannheim begann Vicki recht bald zu langweilen. Als Frau des Generalmusikdirektors hatte sie eine ungeschriebene Anwesenheitspflicht bei gesellschaftlichen Ereignissen wie Kammermusikabenden und privaten Theatervorführungen. Dennoch absolvierte sie charmant ihr Programm. Wenn »Frau Generaldirektor Lert« vor den Vorstellungen im Foyer des Nationaltheaters oder in der Wandelhalle des Rosengartens »Cercle hielt«, war sie so bestrickend wie bekannt: »eine elegante, gutaussehende und kluge Frau mit dem echten Charme der Wienerin«, so erinnerten sich manche später an sie.[62] Vicki selbst jedoch verglich diese Gesellschaft innerlich und vor intimen Freunden mit den »spießigen« Donaths.

Richard wurde in Mannheim vollkommen von seiner Aufgabe als Chef des Opern- und Konzertbetriebs in Anspruch genommen. Bei seinem Amtsantritt habe er einen Opernbetrieb über-

nommen, der »in Spielplan und Personalbestand völlig herunter-
gewirtschaftet war«, schrieb Richard im Sommer 1925 an den
einflussreichen Mannheimer Musikkritiker Wilhelm Bopp.[63] In
der Lokalpresse hatte man sich zuvor gefragt, ob Lert nicht etwas
»übereilt« zum Generalmusikdirektor bestellt worden sei. Denn
Richard traute sich etwas. Vor dem eher konservativen Publikum
in Mannheim ließ er nicht nur die üblichen Mozart oder Wagner aufführen, er präsentierte 1924 auch eine Oper von Egon
Wellesz (*Alkestis*) und Georg Friedrich Händels *Julius Cäsar*. Allein
1924 stemmte er vier musikalische Uraufführungen. Zudem war
Richard ein vielgefragter Gastdirigent, gab Konzerte in Frankfurt
und Berlin. Um die Reisezeit zwischen den einzelnen Städten ab-
zukürzen, benutzte er so oft wie möglich Flugzeuge, von deren
Segen und Nutzen er fest überzeugt war. Auf dem Gebiet der
Luftfahrt war er also ein Pionier – wenn auch nur als Passagier.
All das kostete Richard viel Energie – und letztlich auch seine
Gesundheit. 1924 musste er sich zwei Operationen unterziehen
(wahrscheinlich einer Gallen- oder Nierensteinentfernung). Erst
im Herbst 1925 war er nach eigener Aussage wieder »bei voller
Gesundheit«.[64]

Die Erzählung *Der Weg* entstand nach Richards erster Operation im April 1924. Vicki schrieb sie während einer durchwach-
ten Nacht am Krankenbett. Sie erzählt von den letzten Tagen im
Leben der Hausfrau Elisabeth Zienkann, die auf der Suche nach
einem billigen Kleiderschrank durch die Geschäftsstraßen und
Randbezirke einer ungenannten nasskalten Stadt wandert, bis sie
schließlich in einem Auktionshaus fündig wird. Elisabeth zieht
sich dabei jene lebensgefährliche Lungenentzündung zu, der sie
Tage später just dann erliegen wird, als die Möbelpacker den
Schrank abliefern. Trotz einer tief ironischen Gesamtdarstellung
gibt Vicki Baum ihre Figur nie der Lächerlichkeit preis. Elisabeth
Zienkann ist eine jener Sterbenden bei Vicki Baum, »die schon
außer der Welt stehen, auf der nächsten, unheimlich über uns erhöhten Ebene«.[65]

Sie reichte die Geschichte beim prestigeträchtigen Literatur-wettbewerb der *Kölnischen Zeitung* ein und gewann im Oktober in der Kategorie »Novellen und Erzählungen«. Juryvorsitzender war Thomas Mann, den Baum später halb ironisch, halb bewundernd »meinen großen Schutzheiligen«[66] nannte. Er hatte ihr nach 1911 nun zum zweiten Mal einen Preis zugesprochen. Mit 5000 Mark (heute etwa 10.000 Euro) prämiert, war der Sieg nicht bloß Ehrensache.

Nach den Kriegs-, Revolutions- und Inflationswirren hatte sich die wirtschaftliche Lage in Deutschland inzwischen verbessert. Der Dawes-Plan war in Kraft getreten, die Reichsmark eingeführt worden, und das Ausland hatte Millionenkredite in die deutsche Wirtschaft gepumpt, die sich in relativ kurzer Zeit erholte. In den Geschäften lagen 1924 wieder reichlich Nahrungsmittel zu stabilen Preisen aus. 1927 erreichte die deutsche Industriepro-duktion erstmals das Vorkriegsniveau. Mit einem geschätzten Monatseinkommen von 600 bis 800 Mark (etwa drei- bis vier-mal so viel wie das Gehalt eines Studienrates) verdiente Richard inzwischen mehr als ordentlich. Also hätte Vicki eigentlich gar nicht mehr zum Familienunterhalt beitragen müssen. Doch sie wollte.

Denn nun ergaben sich andere Gründe, weshalb sie mit dem Schreiben unbedingt Geld verdienen musste. Nach neun Jahren steckte die Ehe der Lerts in einer tiefen Krise. Getreu ihrem Motto, niemandem wehtun zu wollen, schon gar nicht ihrem Mann, erging sich Baum später nur in Andeutungen darüber. Sehr viel später gab sie dann zu, Lert sei in Mannheim »ein schwan-kendes Rohr« gewesen, und deutete an, dass sie im Laufe ihrer Ehe habe lernen müssen, mit ihrer Eifersucht fertig zu werden.[67] Offenbar gab ihr Richard Grund dazu. Wenn er nicht krank war, war er so von seiner Arbeit absorbiert, dass sie sich vernachläs-sigt, vielleicht sogar »*sehr* einsam« fühlte, wie Vickis Freund Curt Riess später etwas indiskret berichtete.[68]

Sie war unzufrieden, sehnte sich nach neuen Impulsen. In der Städtischen Kunsthalle, schräg gegenüber ihrer Wohnung, fand im Sommer 1925 eines der aufregendsten Kulturereignisse des Jahrzehnts statt, die Ausstellung »Neue Sachlichkeit«, unter anderem mit Gemälden von George Grosz, Alexander Kanoldt, Otto Dix und Max Beckmann. Der Titel der zukunftsweisenden Schau wurde bald zum Synonym für die auf kompromisslose Gesellschaftskritik zielende realistische Kunst zwischen den Weltkriegen, die sich bewusst vom individualistischen Pathos des Expressionismus abgrenzte. Ob Vicki Baum die legendäre Ausstellung besuchte oder sie auch nur zur Kenntnis nahm, ist nicht überliefert. Tatsache ist, dass sich der Stil ihrer Romane seit *Ulle, der Zwerg* und ihrem Weggang aus Hannover signifikant in Richtung Neue Sachlichkeit veränderte. In ihrem Roman *Feme*, den sie vom Herbst 1924 bis etwa Frühsommer 1925 schrieb, wandte sie sich völlig vom Expressionismus ab, wurde journalistischer und begann die Milieus ihrer Romane akribisch zu recherchieren. Wie sie Hermann Ullstein und Paul Wiegler bei ihrem Gespräch angekündigt hatte, wählte sie die Ermordung Walther Rathenaus als Hintergrund. Doch ging es ihr bei der Umsetzung des zeithistorischen Themas weder um Politik noch um Gesellschaftskritik. In *Feme* steht nicht der ideologisch motivierte Mord im Mittelpunkt, sondern wie in Fjodor Dostojewskijs *Verbrechen und Strafe* die Psyche der Hauptfigur. Der Stil auch dieses Romans war sehr geschmeidig, die Aussage breit interpretierbar. Damit lag *Feme* ganz auf der Linie der liberalen Ullstein-Blätter wie der *Vossischen Zeitung* und *Berliner Illustrirten*, die Friedrich Luft später als »eine praktizierte Vernünftigkeit, ein gemäßigtes Sozialgefühl, eine Art vorsichtigen Humanismus« bezeichnen sollte.[69]

Joachim Burthe, Vicki Baums »Täter« (so sollte der Roman nach ihrem Willen ursprünglich heißen), ist ein labiler Jurastudent, der aus charakterlicher Unreife und persönlicher Frustration in die Fänge einer nationalistischen Gruppe gerät. Anders als die realen Mörder Rathenaus wird Burthe im Roman nicht von der Polizei gefasst. Er entkommt der irdischen Justiz und erfährt Läuterung durch Isolation. Zehn Jahre nach der Tat lebt er unter falschem Namen als Fischer in einem kleinen Küstendorf, ist ein respektiertes Mitglied der örtlichen Gemeinde geworden. Schließlich opfert er sich und wird dadurch endgültig geläutert. Er ertrinkt bei dem Versuch, zwei Fischern das Leben zu retten.

Aus heutiger Sicht erscheint dieser erste, speziell für einen Vorabdruck in einem Ullstein-Blatt verfasste Roman wie eine Fingerübung. Man merkt ihm an, dass die Autorin noch mit der im Illustriertenroman typischen Spannungstechnik experimentierte. Die Übergänge von einem wöchentlichen Lesehäppchen zum nächsten wollten ihr hier noch nicht recht gelingen. Aber Baum schilderte die Seelenqualen des jungen Burthe so überzeugend, dass sich das angesehene britische Magazin *Life & Letters* 1932 beim Erscheinen der englischen Ausgabe ohne jede Polemik fragte, »ob die Imaginationskraft dieser deutschen Autorin überhaupt Grenzen kennt. Vicki Baums Erfindungsgabe lässt sie anscheinend ebenso wenig im Stich, wie es immer wieder Gegenstände und Ereignisse in der Realität gibt, an denen sich ihre Phantasie entzündet«.[70]

Nachdem sie den Vertrag für *Feme* im August 1925 unterschrieben hatte, begann Vicki – wahrscheinlich im Herbst 1925 – mit dem zweiten Werk, zu dem sie ihr Gespräch im Ullstein-Haus im Jahr 1922 angeregt hatte: dem Roman über das »tüchtige Mädel«, den Hermann Ullstein ihr seinerzeit vorgeschlagen hatte.

Etwa zu dieser Zeit muss Bengt Wadsted in ihr Leben getreten sein. Womöglich trafen sich die beiden ganz unprosaisch bei ihren Vorarbeiten zu *stud. chem. Helene Willfüer*, denn, wie wir von ihr selbst wissen, hatte Vicki sich mehrere Wochen lang in einem chemischen Labor in der Nähe von Mannheim kundig gemacht und dabei ausführliche Gespräche mit dem »Direktor eines chemischen Werks« geführt. Wahrscheinlich handelte es sich bei dem besagten Werk um die Firma Dorr mit Sitz in Wiesbaden und Berlin und bei dem »Direktor« um den Ingenieur und späteren Direktor des Berliner Werks, Bengt Wadsted.

Vicki verliebte sich in den neun Jahre jüngeren dänischen Physikingenieur, der mit seinen offenen Gesichtszügen, seiner hohen Stirn, dem ausgeprägten Kinn und dem schütteren blonden Haar wie ein jüngerer, femininer Bruder von Richard wirkte. Da Vicki mit ihrer Affäre mit gewohnter Diskretion umging und sie zu den wohl bestgehüteten Geheimnissen ihres Lebens gehörte, erfahren wir aus ihren Briefen nur wenig. Dafür gibt sie in ihren Büchern umso beredter Auskunft. Folgt man ihrem späteren Roman *Flut und Flamme*, fand sie Bengts »gezähmte Vitalität«[71] anziehend, sie hielt ihn für »einen ganzen Kerl durch und durch«[72], außerdem schien er jenen trockenen Humor zu besitzen, den sie an Männern so schätzte. Vor allem schien ihr Bengt mit ihren inzwischen achtunddreißig Jahren das Gefühl zu vermitteln, wieder jung zu sein. Er war ein Lebemann, ein *Homme à femmes*, der sich gern geschmackvoll kleidete, auch ein umwerfender Tänzer. Alle diese Details benutzte Baum später für ihren Baron Gaigern in *Menschen im Hotel*, den sie nach Wadsteds Vorbild gestaltete.[73]

Menschen, die Bengt kannten, beschreiben ihn als charismatisch, lebenslustig und vielseitig interessiert, als »immer in Bewegung, ein typischer Händler, der überall seine Finger im Spiel hatte«.[74] Als Sohn eines Rechtsanwalts in Kopenhagen geboren, liebte Wadsted das Meer. Er war ein Abenteurer und Globetrotter, und er machte sehr schnell Karriere. Mit kaum fünfundzwanzig Jahren hatte er bereits in einem Goldbergwerk und in einer Silbermine in Mexiko gearbeitet, danach zog es ihn in die USA, nach Pennsylvania. Seit 1925 lebte er mit seiner jungen dänischen Ehefrau in Berlin. Das Paar führte eine offene Ehe, offen vermutlich vor allem für den Ehemann.[75]

Vicki Baums Begegnung mit Bengt Wadsted wurde zu einer Art künstlerischen Initialzündung für sie, denn von nun an benutzte sie ihre Affäre als Folie für viele ihrer Liebesgeschichten. Bengt scheint das Vorbild für alle jungen, blonden, »leichtlebigen« Helden ihrer zukünftigen Romane gewesen zu sein. Er stand nicht nur Modell für den Baron von Gaigern, sondern auch für den hungernden Jungingenieur Urban Hell in *Hell in Frauensee*, für den smarten Schauspieler Peter Karbon in *Zwischenfall in Lohwinckel*, den Hollywoodstar Oliver Dent in *Leben ohne Geheimnis* sowie für den Amerikaner Frank Davis in *Das Große Einmaleins*. All diese Verführer und Lebenskünstler tragen, leicht entzifferbar, Bengt Wadsteds Züge, auch wenn Baum oft noch auf andere reale Vorbilder zurückgriff.

Zum ersten Mal taucht ein an ihn angelehnter Charakter im Juli 1926 im Ullstein-Hochglanzmagazin *Uhu* auf, und zwar in noch recht unverstellter Form. In *Panik. Geschichte einer Entgleisung* ist Wadsted »Arnold von Stetten, Chefingenieur eines großen chemischen Werkes« und – wie sein Vorbild im realen Leben – neunundzwanzig Jahre alt. Im Zug verliebt sich dieser Mann in seine Abteilnachbarin, eine geheimnisvolle Fremde, deren Identität er zunächst nicht kennt; es ist die weltberühmte Primaballerina Grusinskaja. Die achtunddreißigjährige Tänzerin ist auf dem Weg von Berlin nach Paris zu ihrer Tochter und ihrem ersten Enkelkind. Als der Zug verunglückt, scheint auch das bisherige Leben der beiden Figuren zu entgleisen. Der Deutsche und die Russin werden zu einem einsamen Landgasthof gebracht und kommen sich dort näher. Von Stetten ist von der reifen Frau fasziniert, Grusinskaja findet zum ersten Mal in ihrem Leben sexuelle Erfüllung. Das Glück endet jäh, als die Folgen des Unglücks beseitigt sind. Ohne zu zögern, kehrt von Stetten zu seiner jungen Verlobten zurück. Und die alternde Ballerina widmet sich, ebenfalls ohne Bedauern, aber körperlich und geistig erfrischt, wieder ihrer Bühnenkarriere. Aus ihrer Affäre entsteht Kunst.

So ähnlich muss es auch im wirklichen Leben gewesen sein. Aus einem Brief Vickis an Richard aus dem Jahr 1935 wissen wir, dass die Trennung von Bengt von ihr ausging.[76] Über den Termin und die genauen Umstände erfahren wir jedoch nichts. Bekannt ist nur, dass Richard und Bengts Frau Vibeke von einem gewissen Stadium an von der Affäre wussten. Bengt war zudem bewusst, dass er das Vorbild für Vickis Figuren war.[77] Als *Panik. Geschichte einer Entgleisung* im Juli 1926 publiziert wurde, scheint die Affäre bereits beendet gewesen zu sein. Wenn man den Untertitel der Geschichte als ironischen Kommentar liest, betrachtete Vicki Baum das Verhältnis zu diesem Zeitpunkt wohl bereits als eine »Entgleisung«. Bengt und sie blieben jedoch Freunde, sie korrespondierten miteinander, und auch ihre Romane und Geschichten schienen für Vicki eine Form zu sein, über das Ende ihrer Beziehung hinaus mit Bengt zu kommunizieren. Außerdem trafen sie sich, wann immer es sich einrichten ließ, an verschiedenen Orten auf dem Globus, so zum Beispiel 1935 auf Hawaii und 1948 in New York.

Vicki Baums literarische Beschäftigung mit Bengt Wadsted endete erst drei Jahrzehnte nach dem Ende ihrer Affäre. Bengt war inzwischen schwedischer Staatsbürger geworden, lebte in Stockholm, seine Frau Vibeke war schwer erkrankt. 1956 ließ Vicki Baum ihn – ähnlich unverstellt wie einst in *Panik* – zum letzten Mal in einem ihrer Romane auftreten, in *Flut und Flamme,* in Gestalt des Schiffskapitäns Glenn Hammers. Als sie das Buch schrieb, hatte sie ihren »alten Freund«, wie sie Bengt in einem Brief an Richard nannte, offenbar seit Jahren nicht mehr gesehen, nahm aber unvermindert Anteil an seinem Leben, korrespondierte mit ihm sogar über den Inhalt ihres aktuellen Romanprojekts. Bengt ist als Glenn Hammers merklich gealtert und durch einen Unfall erblindet. *Flut und Flamme* ist eine Utopie, wie die Liebesgeschichte von Vicki und Bengt auch hätte enden können: Nach dem Tod seiner ersten Frau heiratet Glenn seine geliebte Tracey, sie bekommen drei Kinder und werden alt miteinander. So ähnlich – und doch ganz anders – war es auch im wahren Leben. Bengt heiratete nach dem Tod seiner ersten Frau zum zweiten Mal – und wurde mit dieser Frau alt. Vicki Baum löste die Beziehung zu Bengt offenbar, bevor dessen junge Frau im Herbst 1926 den ersten gemeinsamen Sohn zur Welt brachte (dem in den nächsten vier Jahren drei weitere Kinder folgen sollten).

Nach einem Streit mit Richard Ende 1925 oder Anfang 1926 beschloss Vicki, sich auch von ihm zu trennen, »vielleicht nur für einige Zeit, vielleicht für immer«, wie Curt Riess später kolportierte[78]. Sie konnte zu diesem Zeitpunkt leicht voraussehen, dass Richard in Mannheim noch Jahre brauchen würde, um seine künstlerischen Vorstellungen zu verwirklichen, und das musste er, wenn er in die vorderste Reihe der deutschen Dirigenten aufrücken wollte. Wie Vicki Baum selbst in der Rückschau erklärte, hatte sich Richard gerade mit seinem Intendanten Francesco Sioli überworfen und sollte sich »unter keinen Umständen« durch seine Familie gedrängt fühlen. Nach den ernüchternden Erfahrungen in Hannover wusste sie außerdem, was passieren konnte, wenn ihr ehrgeiziger Mann mit seinem leidenschaftlichen Engagement für die Musik über das Ziel hinausschoss. Auch hatte sie erfahren, wie launisch die Theateroberen und das Publikum sein konnten. Hinzu kamen Richards gesundheitliche Probleme, die Vicki vor Augen geführt haben mochten, wie schnell ein Kapellmeister im Krankheitsfall aus seinem Vertrag entlassen werden konnte.

Da es ihrer Natur widersprach, sich von irgendjemandem abhängig zu machen, besann sie sich nun wieder auf das, was sie für das einzig Verlässliche auf der Welt hielt: auf sich selbst und auf ihre innere Unabhängigkeit. Wirtschaftlich unabhängig von Richard war sie ohnehin längst. 1925 hatte sie mit *Feme* 25.000 Mark (heute etwa 50.000 Euro) und damit ein Vielfaches seines geschätzten Jahreseinkommens verdient. Gerade hatte sie das Manuskript ihres neuen Romans über eine junge Studentin, die ungewollt schwanger wird (*stud.chem. Helene Willfüer*), abgegeben. Ihre Bande zu Ullstein waren wieder enger geknüpft. Also tat sie Anfang 1926 den Schritt, vor dem sie 1922 noch zurückgeschreckt war. Sie wollte sich nun exklusiv an Ullstein binden.

In einer ihrer späteren Versionen der Ereignisse schickte sie nach dem großen Streit mit Richard eine Bewerbung an ihren Gewährsmann Paul Wiegler, in der sie ihn um eine feste Stelle im Ullstein-Haus Berlin bat. Richard weihte sie nach eigenem Bekunden nicht ein.

Da alle die Journalistin Vicki Baum betreffenden Personalakten im Ullstein-Haus bei einem Bombenangriff im Februar 1945 zerstört wurden, ist der genaue Hergang der Bewerbung und Einstellung heute leider nicht mehr rekonstruierbar. In den unterschiedlichen Versionen bewarb sie sich wahlweise als Moderedakteurin, als Autorin für Kochrezepte mit dem Spezialgebiet Wiener Gerichte oder, eine schöne ironische Pointe, für einen Ratgeber für einsame Frauen (wie Curt Riess sie zitierte). Zwar ist es gut möglich, dass sich Baum auf verschiedene mögliche Redakteursstellen bei Ullstein vorbereitete. In den beiden vergangenen Jahren hatte der Verlag mit großem Erfolg zwei neue Zeitschriften auf den Markt gebracht, 1924 den *Uhu*, eine »Monatsschrift, die einem eiligen Leser die Stunden verkürzen sollte« (Emil Herz), 1925 das populärwissenschaftliche Magazin *Koralle*. Dass Baum aber so blauäugig gewesen sein soll, wie sie später behauptete, darf man getrost in die Rubrik »charmante Untertreibung« einordnen. Als sie – wahrscheinlich im März 1926 – zum »Vorstellungsgespräch« nach Berlin reiste, hatte sie jedenfalls nicht nur Modezeichnungen, Kochrezepte und Skizzen für einen Frauenratgeber im Gepäck, wie sie später selbst die Nachwelt glauben machen wollte. Vicki Baum hatte vielfältige Erfahrungen als Zeitungs- und Zeitschriftenjournalistin, auch in verschiedenen Ullstein-Medien, vorzuweisen, sie hatte immerhin sechs Romane veröffentlicht, deren Gesamtauflage inzwischen über hunderttausend lag, und sie hatte gerade einen vielversprechenden neuen Roman abgeliefert, für den es bislang noch keinen Vertrag gab.

Neben allem anderen war es offenbar dieser neue Roman, der

Vicki Baum für Ullstein besonders interessant machte. In *stud. chem. Helene Willfüer* erzählt sie vom Aufstieg einer jungen Chemikerin und ledigen Mutter zur geachteten Forscherin. Die für Baum so charakteristische Mischung aus Traditionellem und Modernem zeigt sich in der Struktur des Romans. Sie jongliert geschickt mit literarischen Versatzstücken und Formeln und mischt zwei uralte Schemata – das des Märchens und des Liebesromans – mit einem nüchternen, reportagehaft-»neusachlichen« Stil. Baum stellt eine der damals noch exotischen Naturwissenschaftlerinnen in den Mittelpunkt ihres Romans und baut weitere sensationelle Elemente ein. Vicki Baums Romanheldin Helene Willfüer bricht gleich mehrere Tabus. Sie hat vorehelichen Sex, sie wird ungewollt schwanger, sie sucht einen dubiosen Abtreibungsarzt auf, und sie bringt ein uneheliches Kind zur Welt. Bei alldem gibt Baum selbstbewusst zu erkennen, dass sie die Mechanismen der Unterhaltungsliteratur durchschaute und kalkuliert einzusetzen wusste.

Von dem noch etwas unbeholfen wirkenden *Feme* bis zu *stud. chem. Helene Willfüer* war es ein gewaltiger Sprung. Vom heutigen Standpunkt aus betrachtet, ist der neue Roman purer Pop, kühl kalkuliert, auf den Erfolg hin geschrieben, aber immer höchst originell: Nichts ist eindeutig, alles wird in der Schwebe gehalten. So fühlt sich fast jeder Leser, egal welcher Provenienz, angesprochen. *Stud. chem. Helene Willfüer* benutzt Klischees und bestimmte Vorstellungen und Erwartungen des Lesers, um sie kalkuliert zu brechen und dann letztlich doch wieder zu bestätigen. Vicki Baum hatte mit diesem Roman ihre »Erfolgsformel« gefunden, die sie von nun an variierte. Auch wenn sie es mehr oder weniger bewusst forciert hatte, war ihr das selbst offenbar nicht bewusst. Bei Ullstein hingegen schien man es zu wissen oder doch zumindest zu ahnen. Das bestätigte später auch Richard Lert, dessen Einlassungen weitaus plausibler erscheinen als Vicki Baums eigene Untertreibungen. »Vickis Bücher waren so erfolgreich, dass der Verlag alles daransetzte, sie nach Berlin zu holen«, erinnerte er sich in den 60er Jahren. »Sie boten ihr einen traumhaften Vertrag an.«[79]

Mit Sicherheit aber war Vicki Baum zum Zeitpunkt ihres Treffens mit den Ullstein-Bossen nicht so unbedeutend, wie sie es den Lesern ihrer Erinnerungen weismachen wollte. Schon allein die Tatsache, dass sie zum »Bewerbungsgespräch« im Ullstein-Haus in der Berliner Kochstraße von mehreren hochrangigen Verlagsrepräsentanten empfangen wurde, zeigt, wie wichtig sie für den Konzern war. Dazu gehörten Werbechef Hermann Ullstein, der Miteigner des Verlags war, Emil Herz, der Direktor der Buchabteilung, Kurt Szafransky, der Leiter der Zeitschriftenabteilung, sowie der legendäre Chefredakteur der *Berliner Illustrirten Zeitung* und der *Dame*, Kurt Korff (Vickis bisheriger Kontaktmann Paul Wiegler, immerhin Cheflektor, aber weder im Vorstand noch in der Verlagsdirektion, nahm nicht teil).

Über den Inhalt des Gesprächs kann man nur spekulieren. Doch nach allem, was dann folgte, war der »traumhafte Vertrag«, von dem Richard Lert sprach, ein für den deutschen Buchmarkt revolutionäres Konzept. Vicki Baum sollte zur »höchstbezahlten Autorin Deutschlands«[80] aufgebaut und ihr Name zu einer Marke gemacht werden. Die Begriffe »Bestseller« und »Bestsellerautorin« gab es damals in Deutschland noch nicht. Vicki Baum sollte der deutsche Präzedenzfall werden. Dass sie das Potenzial dazu hatte, davon war der Konzern offenbar überzeugt. Sie war eine von heute und zugleich eine für morgen, sie hatte Biss und Instinkt für den Publikumsgeschmack. Und sie zögerte nun nicht mehr länger, sich exklusiv an Ullstein zu binden, wollte nun keine Ausflüge zur Deutschen Verlagsanstalt mehr unternehmen, bei der erst vor wenigen Wochen ihre preisgekrönte Erzählung *Der Weg* herausgekommen war.

Damals war es gängige Ullstein-Verlagspraxis, namhafte und erfolgversprechende Autoren ans Haus zu binden, indem man sie als Redakteure einstellte. Vieles spricht dafür, dass man Vicki Baum mit der prestigeträchtigen redaktionellen Leitung der neuen Literaturbeilage des Hochglanzmagazins *Die Dame* betrauen wollte. Womöglich entwickelte man diese Beilage sogar eigens für sie. Denn wie ist es anders zu erklären, dass das schlichte Heftchen mit dem nüchternen Titel *Die losen Blätter* genau einen Monat, nachdem Vicki im Ullstein-Haus angefangen hatte, zum ersten Mal herauskam? Auch konnte es wohl kaum ein Zufall sein, dass *Die losen Blätter* so lange erschienen, wie ihr Vertrag mit Ullstein lief. Als Vicki Baum Deutschland im Frühjahr 1932 verließ, wurde auch die Beilage eingestellt. Sie betreute *Die losen Blätter* jedenfalls von der ersten Ausgabe an. Sie schrieb unter der Rubrik *Bücher für die Dame. Die neuesten Erscheinungen auf dem Büchermarkt* Kurzrezensionen, suchte Romane für Fortsetzungsabdrucke aus, kürzte sie und verfasste Einleitungen dazu. Seit 1928 koordinierte sie zusätzlich zu ihren eigenen Artikeln Rezensionen von prominenten Co-Autoren und -autorinnen wie Alfred Polgar, Heinrich Mann und Annette Kolb, mit denen sie entsprechende Korrespondenzen führte.

Wie andere angestellte Autoren auch, sollte sie offenbar neben ihrer Redakteurstätigkeit für *Die Dame* für verschiedene andere Ullstein-Medien schreiben und so ein Gespür für unterschiedliche Zielgruppen entwickeln, sich bei den potenziellen Lesern ihrer Romane bekanntmachen: bei den Millionen Lesern der *Berliner Illustrirten,* der kulturinteressierten Mittelschicht des Magazins *Uhu,* aber auch bei den verwöhnten Leserinnen der *Dame,* die zum größten Teil der konsumfreudigen Oberschicht angehörten.

Vor allem aber schien man bei Ullstein daran interessiert zu sein, dass Vicki im Ullsteinhaus Anregungen für weitere Romane erhielt.[81] Über die Vermarktungsstrategie für ihren neuesten Roman war man sich bei Ullstein zu diesem Zeitpunkt offenbar noch nicht im Klaren. Gemäß den noch erhaltenen Autorenverträgen sollten alle künftigen Vicki-Baum-Romane zunächst in der *Berliner Illustrirten* erscheinen. Den Anfang sollte im April 1926 *Feme* machen. Nach den Vorabdrucken wollte Ullstein ihre Bücher in einer hochpreisigen Leinenbindung herausbringen. Für den Verlag amortisierten sich so die hohen Werbekosten von bis zu 200.000 Mark pro Titel, aber auch für Baum war diese Gestaltung von Vorteil. Durch teurere, edlere Ausgaben erfuhr sie als Schriftstellerin automatisch eine Aufwertung.

Welches feste Gehalt der Verlag seiner Autorin zahlte, ist nicht bekannt. Baum selbst sprach von 800 bis 1600 Mark im Monat, Honorare für Fortsetzungsabdrucke, Buchausgaben, Tantiemen, Filmrechte und Auslandsverkäufe ausgenommen. Damit wäre ihr regelmäßiges Einkommen mehr als doppelt so hoch wie Richards und zehn Mal so hoch wie das eines Tippfräuleins gewesen. Nach dem Erfolg von *stud. chem. Helene Willfüer* dürfte sich auch ihr Festgehalt vervielfacht haben.

Nachdem ihr der Konzern angeboten hatte, sie berühmt zu machen, kehrte Vicki ins verhasste Mannheim zurück. Dazu Richard Lert 1965: »Sie kam aus Berlin zurück und sagte: ›Ich gehe nicht mehr nach Mannheim zurück.‹ Ich erwiderte: ›Ich will dann auch nicht mehr hierbleiben, ich werde mich dann eben in Berlin bewerben.‹ Darauf sie: ›Möchtest du das wirklich, wenn du doch Generalmusikdirektor in Mannheim sein kannst?‹« Richard Lert schloss: »Aber ich wusste, dass es in Berlin immer Arbeit gab, zum Beispiel ging Kleiber für zwei Monate nach Amerika … Mir gefiel's sehr gut in Berlin. Es war wunderbar dort, viel besser, als in Mannheim allein in einer Wohnung zu leben.«[82]

Die Rollen hatten sich also tatsächlich umgedreht: Vicki ging voraus, Richard folgte – so sollte es bleiben. Ende August 1926 siedelte sie nach Berlin über, Richard zog mit dem neunjährigen Wolfgang und Peter, fünf, in Mannheim in eine kleinere Wohnung. Die Kinder wurden von einer »dünnen, anämischen, stockprotestantischen« Kinderfrau betreut.[83]

Richard erfüllte seinen noch bis 1927/28 gültigen Vertrag in Mannheim, parallel wirkte er ab September 1926 als fester Gastdirigent an der Berliner Staatsoper, bevor er dort Anfang 1929 einen Vertrag als Kapellmeister erhielt und endgültig nach Berlin übersiedelte. Das Ehepaar Baum/Lert lebte also mehr als zweieinhalb Jahre getrennt. Wie Vicki Baum später glaubhaft versicherte, »frischten« solche längeren Perioden der Trennung ihre Ehe regelmäßig auf, »wochenlang« getrennt zu sein, »glücklich bei gelegentlichen gegenseitigen Besuchen und in den schönen langen Sommerferien«.[84]

Mit ihrer Ehe ging es Vicki Baum offenbar ähnlich wie mit Freundschaften und bewährten Freunden: »Man lässt sich von ihnen beeinflussen, man streitet mit ihnen und versöhnt sich wieder, man kann sich an sie halten, wenn man Krisen durchlebt, wenn man getröstet, beruhigt oder beraten sein will.«[85] Im Mai 1927 – also nur ein halbes Jahr nach ihrer ersten längeren berufsbedingten Trennung von Richard – schrieb sie in einer Buchrezension über die moderne Frau, die immer »auf der Suche nach irgendetwas« sei, »und am Ende wird dieses Irgendetwas doch wieder Bindung und Geborgenheit sein«.[86] Offenbar sprach sie von sich selbst.

Bei ihrer Ankunft in Berlin war Vicki Baum 38 Jahre alt, neugierig auf die Welt, das Leben und die Arbeit, auf die sie sich schon »so freute«, wie sie ihrem Lektor Paul Wiegler im Juni schrieb. Vielleicht ahnte sie es da bereits: Jetzt sollte »die beste Zeit meines Lebens« beginnen.

In diesem Jahr verbrachte Vicki ihre »schönen langen Sommerferien«[87] in den österreichischen Alpen. Ende Juni, als die Theaterpause begann, reiste die ganze Familie in das damals touristisch noch wenig erschlossene Dorf Thumersbach am Zeller See. Die Lerts wohnten in einem holzverkleideten Hotel direkt am Ufer des Sees. Wie immer bei solchen Familienurlauben, stand Vicki schon vor allen anderen in der Morgendämmerung auf und durchstreifte vor dem Frühstück die Gegend. Tagsüber wanderten dann alle gemeinsam.

Der Juli 1926 war ungewöhnlich regnerisch, die Zeitungen meldeten Rekordniederschläge. Trotz des ungemütlichen Wetters sollten Wolfgang und Peter Lert im Zeller See das Schwimmen lernen. Vicki begleitete sie zum Unterricht in das mondäne Zell am See auf der gegenüberliegenden Seeseite. Dabei fiel ihr der auffällig gutaussehende junge Bademeister auf – und wohl nicht nur ihr, denn der Adonis wurde von den Frauen »regelrecht verfolgt«, wie sich Wolfgang Lert erinnert. Allerdings schien außer Vicki niemand zu bemerken, dass der athletische Schwimmmeister namens Urban hungerte. Sonst hätten sich vielleicht mehr Damen zum Schwimmunterricht angemeldet.

Also ersann die praktisch veranlagte Vicki eine List. Damit der junge Mann nicht das Gefühl hatte, Almosen zu bekommen, engagierte sie ihn kurzerhand für privaten Schwimmunterricht. Danach durfte er im Hotel so viel essen, wie er wollte, und schaffte es, »riesige Mengen an Essen in sich hineinzuschlingen«.[88]

Wolfgang und Peter Lert lernten in diesem Sommer schwimmen, Richard, eigentlich bereits ein Schwimm-As, perfektionierte seinen Kraulstil, und die notorisch wasserscheue Vicki verlor ihre panische Angst vor tiefem Wasser, die sie seit einem Unfall in ihrer Kindheit plagte. Bei einem ihrer ersten Schwimmversuche war nämlich die Haltestange gebrochen. Vicki, damals fünf, war auf den Boden des Beckens gesunken und hatte kurzzeitig das Bewusstsein verloren. »Soweit ich mich erinnere, starb ich dort unten«, kommentierte sie 1941 lakonisch.[89] Diese Episode inspirierte Vicki Baum zu einem neuen Roman, *Hell in Frauensee*, den sie im Frühjahr 1927 fertigstellte. Sie brachte ihre Sommererfahrungen mit spürbarer Lust am Fabulieren zu Papier. Doch zum Interessantesten an diesem Roman zählt zweifellos das bissige Selbstporträt der Autorin. Anders als in ihren frühen Romanen, in denen sie aus einer inneren Notwendigkeit literarische Spiegelbilder ihrer selbst entworfen hatte, ist ihr Selbstporträt in *Hell in Frauensee* ein ironisches Spiel für Eingeweihte.

Vickis fiktive Doppelgängerin Pauline Mayreder ist eine »kleine, etwas zu kurze und resolute Person« Ende dreißig mit einer »schlechten Figur«[90] und eine »miserable Schwimmerin«. Aber sie hat ihre Familie, den wasserscheuen Arzt Dr. Mayreder und ihren Sohn, den dicklichen »Pamperl«, fest im Griff. Ohne Gnade walten zu lassen, schickt sie sie in die Fluten des eiskalten (fiktiven) Frauensees – und das nur, damit sich der hungernde Schwimmlehrer Hell ein Zubrot verdienen kann. Denn wie viele andere weibliche Sommergäste ist Pauline in den Schwimmmeister verliebt. Bei diesem stößt ihre etwas plumpe Schwärmerei jedoch auf wenig Gegenliebe. Hell ist aber dankbar, dass Pauline die Einzige seiner Verehrerinnen ist, die ihn buchstäblich am Leben erhält. Also möchte er sich eines Tages bei seiner Gönnerin erkenntlich zeigen und macht ihr pflichtschuldigst den Hof, kann dabei aber seinen Widerwillen, ja Ekel kaum kaschieren. Der »zartfühlenden«[91] Pauline Mayreder entgeht dies nicht. Brüsk weist sie Hells Annäherungsversuche ab. Als er fortgegangen ist, verabschiedet sie sich symbolisch und nicht ohne Pathos von ihrer Jugend, »den letzten leidenschaftlichen Regungen … einer Frau, die Schluss machte«.[92]

Als *Hell in Frauensee* im Sommer 1927 veröffentlicht wurde, erkannte sich der richtige Urban in dem Roman wieder und schrieb der Autorin nach Berlin, berichtet Wolfgang Lert. Bedauerlicherweise ist der Brief nicht mehr erhalten. Wir werden also nie erfahren, was sich tatsächlich in jenem Sommer zwischen Vicki und dem Studenten Urban abgespielt hat. Offensichtlich vermischte sich sein Bild in Vickis Phantasie mit dem von Bengt Wadsted, der bekanntlich auch ein junger blonder Ingenieur war. Eines allerdings ist augenscheinlich – und entging auch der klugen Rezensentin Gina Kaus nicht, einer anderen Wienerin, die es zeitweise nach Berlin verschlagen hatte (und mit der sich Vicki bald anfreundete): »Dies ist das Buch einer Frau, die in ihren Helden verliebt ist und der man deshalb glaubt, dass auch alle anderen Frauen in den neuen Schwimmlehrer Hell, der eigentlich ein Erfinder ist, verliebt sind«, schrieb Kaus in *Die Dame*. Und fügte hinzu: »… er ist eben ein hübscher, kräftiger, sympathischer junger Mann, auf den die Frauen fliegen, basta.«[93]

LOSGELASSEN AUF BERLIN (1926–1929)

Grunewaldnachbarn – Einzug der freundlichen Matadorin – Ullstein & Co. – Der Masterplan geht auf – *Helene Willfüer*, Skandal mit goldenem Boden – »Vicki Baum« wird eine Marke – *Menschen im Hotel,* ein ungeliebter Hit – Ein Roman mit Hintergründen – Trivial! – Theater um *Menschen im Hotel* – Joujou und der Nahe Osten

Ende August 1926 zog Vicki Baum in den Berliner Vorort Grunewald, wo sich rund um die Waldseen die Reichen und die Erfolgreichen der Republik angesiedelt hatten. Die Paläste der Kaufhauskönige Tietz, Wertheim und Karstadt standen hier, die Villen der Verleger Mosse, Scherl, Fischer und von vier der fünf Ullstein-Brüder. Zu den Nachbarn gehörten der Schauspieler Emil Jannings, der Schriftsteller Alfred Döblin, später auch Alfred Bassermann und Lion Feuchtwanger. In dieser illustren Umgebung war eine alleinlebende, beruflich erfolgreiche Frau eine Ausnahmeerscheinung. Wie um ihre Andersartigkeit zu plakatieren, verzichtete Vicki Baum demonstrativ auf jeden Pomp und zog unters Dach – in eine Mansardenwohnung in der Koenigsallee 45, wo früher die Dienstboten untergebracht waren. Vicki durfte den parkähnlichen Garten mit direktem Zugang zum Dianasee zwar benutzen, teilte ihn sich jedoch mit den Eigentümern der Villa, der verarmten Bankiersfamilie Hirschberg, die im Erdgeschoss lebte, und deren Tochter, die mitsamt ihrer Familie den ersten Stock bewohnte. Vicki war sicherlich nicht nur wegen der akuten Wohnungsnot auf dieses Quartier verfallen. Die Dachgeschosswohnung war auch ein Ausdruck ihres neuen Lebensgefühls, ihrer neuen Freiheit. Sie richtete sie sich in einer eigenwilligen Mischung aus gemütlichen Biedermeierstücken (die noch von den Donaths aus Wien stammten) und funktionalen Bauhausmöbeln ein, viel moderner und weniger konventionell als in Mannheim, wo sie vor allem die Gattin des Generalmusikdirektors Lert gewesen war. Die Wohnung war zwar nur in recht abenteuerlicher Weise, nämlich über einen Hintereingang, eine schmale Treppe und eine enge Luke zu erreichen, aber immerhin bestand sie aus sieben Zimmern und war damit eigentlich geräumig genug, um allen vier Lerts Platz zu bieten.

In den ersten zwei Jahren sah Vicki ihre Familie jedoch nur selten. Richard hatte zwar ab und an einen Gastauftritt in der Lindenoper, Vicki telefonierte zudem oft mit den Jungen in Mannheim. Außerdem verbrachten alle weiterhin die Sommerferien zusammen. Darüber hinaus aber hatte Vicki bis zum Sommer 1928, als Wolfgang und Peter zu ihr nach Berlin zogen, sehr viel Zeit für sich und ihr Schreiben.

Im Frühjahr 1927 zog ein Gleichgesinnter ins Gärtnerhäuschen der Hirschberg-Villa, einer, der sich ebenso wie Vicki als Außenseiter empfand, aber trotzdem zur Prominenz zählte: Ernst Toller. Eigentlich unterbrochen von Vortragsreisen, Krankenhaus- und Sanatoriumsaufenthalten, wurde er für drei Jahre ihr Nachbar. Toller war mit seinen expressionistischen Dramen *Masse-Mensch* (1921), *Die Maschinenstürmer* (1922) und zuletzt *Hinkemann* (1924), die während seiner fünfjährigen Festungshaft in Bayern entstanden waren, international bekannt geworden. Er war ein begnadeter, vielbeschäftigter Redner und Frauenheld, er war links, Internationalist und Lebemann, bei all dem physisch und psychisch äußerst labil und den angenehmen Seiten des Lebens zugeneigt. Toller und Baum, der bekennende Pazifist und Sozialist und die fünf Jahre ältere parteilose Ullstein-Redakteurin mit »Neigung zu den Demokraten«[1], diese auf den ersten Blick so unterschiedlichen Persönlichkeiten, hatten auf den zweiten Blick einige Gemeinsamkeiten und kamen sehr gut miteinander aus.[2]

Offenbar verstand Vicki den »Idealisten und Träumer« Ernst Toller, »der trotz des Bewusstseins, dass die Wirklichkeit seinen Idealen Grenzen setzt, verzweifelt versuchte, Wirklichkeit und Traum zu verbinden«, wie sein Biograph John Spalek es formuliert.[3] Toller und Baum liebten das Reisen (das Vicki erst in der

Ullstein-Zeit für sich entdeckte) und hatten beide ganz ähnliche Schreibgewohnheiten, benötigten zum Arbeiten völlige Stille und Abgeschiedenheit. Beide kannten das Gefühl der Niedergeschlagenheit und inneren Leere, wenn ein Werk abgeschlossen war. Anders jedoch als der manisch-depressive Toller, der oft unter Schreibblockaden litt, kämpfte Vicki stets gegen den Fall ins Leere an. Wenn sie einen Roman abgeschlossen hatte, begann sie immer sofort mit einem neuen.

Abends nach der Redaktionsarbeit saß sie eingeklemmt in einer kaum vier Quadratmeter großen Nische im Wohnzimmer vor einer kahlen Wand und tippte dort ihre Romane auf einer altertümlichen AEG-Zeigerschreibmaschine, deren äußere Form an einen Telegraphen erinnert. Dieser Apparat ist zweifellos eine der billigsten und kuriosesten Schreibmaschinen, die jemals auf dem Markt waren. Mit der linken Hand stellte man mit einem Metallstift einen Buchstaben auf einer Skala ein, mit der rechten Hand betätigte man anschließend einen Hebel und setzte damit den Typenzylinder, eine Art Vorläufer der IBM-Walze, in Bewegung. Im Rhythmus dieser Mechanik entstanden innerhalb der nächsten sechs Jahre fünf Romane.

Doch wie bei ihrem Nachbarn Toller gab es auch bei ihr eine ganz andere, nach außen gewandte Seite, die sie in der Viermillionenmetropole Berlin neugierig auslebte. Wenn sie nicht schrieb, erkundete sie mit ihren alten Freunden Hanns Niedecken-Gebhard, Harald Kreutzberg und Max Terpis, die inzwischen alle an die Staatsoper Berlin engagiert worden waren, oder ihren Ullstein-Redaktionskollegen »halbverhungert«[4] die Nacht. Sie besuchte den Sportpalast, die Varietés, die Bars und Theater. Natürlich ließ sie keine Ballettpremiere an der Staatsoper aus. Von jedem Exzess, von Kokain, von freier Liebe oder gar Politik hielt sie sich lieber fern. Für »Wahnsinn« hatte sie Verständnis, aber persönlich weder Lust noch Talent, diesen auszuleben. Doch noch dreißig Jahre später schwärmte Baum: »Berlin war so herrlich lebendig, so geladen mit einer seltsamen Elektrizität.«[5]

Ein Teil der Energie dieser rastlosen Stadt bündelte sich damals im Zeitungsviertel zwischen Wilhelmstraße und Spittelmarkt. Hier standen vor dem Zweiten Weltkrieg die Zentralen der großen deutschen Verlage Mosse, Scherl, Hugenberg und Ullstein. Architektonisch herrschte, ähnlich wie heute, ein eigenartiger Stilmix aus Alt und Neu vor. In diesem Viertel entstanden die meisten der 100 (!) Berliner Tageszeitungen, der mehr als 100 (!) Unterhaltungsblätter und vierhundert Fachzeitschriften.

1928 erschienen bei Ullstein achtzehn auflagenstarke Zeitungen und Zeitschriften. Die Zahl der Angestellten war auf 8.000 angewachsen. Zwischen Charlotten-, Koch-, Markgrafen- und Besselstraße nahm der Ullstein-Verlag ein ganzes Straßengeviert ein. Das Zentralgebäude in der Kochstraße 23 sah mit seiner zierlichen Kuppel und den arabeskengeschmückten Barockfenstern wie ein wilhelminisches Stadtschloss aus. Hinter der blankpolierten Drehkreuztüre arbeitete jedoch eine moderne, hocheffiziente Maschinerie. Im Eingangsbereich wirbelten livrierte Pförtner und Botenjungen umher, nahe der zentralen Treppe schnurrte ein offener Paternoster-Fahrstuhl, der bis ins »Kasino«, die Kantine im vierten Stock, hinauffuhr. Alle Viertelminuten sprangen Menschen hinaus und hinein. Die Redaktionsräume befanden sich auf der zweiten und dritten Etage, wo sich hinter jeder der vielen hundert verglasten Türen ein Büro mit mehreren Schreibtischen verbarg. Einer dieser hochmodernen Arbeitsplätze gehörte nun Vicki Baum. Schon bald tauschte sie ihr erstes, relativ bescheidenes Plätzchen gegen ein viel größeres persönlicheres Büro mit Fensterfront zur Kochstraße ein – ein sicheres Zeichen dafür, dass sie, wie einer ihrer Kollegen es ausdrückte, eine »ganz große Nummer« geworden war.[6]

Aber auch eine »große Nummer« musste sich anpassen, und Vicki Baum war offensichtlich willens dazu. Mit ihrer »entwaffnenden Offenheit«, ihrem »Charme« und ihrer resoluten Art überzeugte sie selbst Skeptiker wie ihren späteren Lektor Max

Krell, der wie selbstverständlich annahm, dass sich eine so etablierte Autorin wie die Baum wohl nur »undercover« im Verlag bewegte, um Milieustudien zu betreiben.[7] Aber Vicki Baum war nicht zum Schnuppern gekommen, und einen Roman über die Welt des Journalismus, einen Schlüsselroman gar, hat sie leider nie geschrieben.

Mit festem Gehalt konnte sie im Ullstein-Haus nun ihre notorische Neugierde und Experimentierfreunde und ihren Drang nach Veränderung, ständiger Häutung und Neuorientierung ausleben. Sie, die es sonst so bedauerte, nicht an zwei Orten zugleich sein zu können, fühlte sich zum ersten Mal in ihrem Leben »am Nabel der Welt«.[8] Es fiel ihr offenbar nicht schwer, sich entsprechend dem sehr speziellen Komment des Hauses zu verhalten. »Schule des lächelnden Zynismus« nannte es ein Redaktionskollege von der *Vossischen Zeitung:* »Hier wurde schnell zum Fußvolk degradiert, wer kein Gespür für die artistischen Elmfeuer der verdeckten Anspielung, des mühelosen Understatement und der unerlässlichen Selbstironie besaß … Wer das nicht beim ersten Mal begriff, durfte nicht hoffen, es zweimal erklärt zu bekommen. Geduld mit denen, die langsam reagierten, gehörte nicht zu den Tugenden, die im Hause gepflegt wurden.«[9] Vicki Baum begriff dieses Spiel sofort, musste es offenbar nicht erst durchschauen oder verinnerlichen. Vermutlich nahm sie sich mit ihrem Witz sogar häufig zurück. Trotzdem war sie weder ein Ellbogen-Typ noch eine Streberin. Im Kollegenkreis glänzte sie durch außerordentliche Schlagfertigkeit und selbstverständlichen Wortwitz, wie zwei Begebenheiten aus dem Redaktionsalltag verdeutlichen. In den experimentierfreudigen zwanziger Jahren begann die professionelle Fotografie gerade, den extremen Bildausschnitt und den Blow-up zu entdecken. Ein vermeintlich uninteressantes Objekt wurde aus immer neuen Perspektiven aufgenommen, eine lapidare Einzelheit vielfach vergrößert, sodass nie zuvor gesehene Motive entstanden. Das in solcher Rätselei noch ungeübte Publikum war fasziniert. »Eines Tages«, so erinnerte sich *Uhu*-Redakteurin Eva

Noack-Mosse, »legte Vicki Baum in einer Redaktionsbesprechung solch ein Bild mit der Bemerkung beiseite: ›Nein! Nicht schon wieder Makkaroni in der Dämmerung‹.«[10] Diese Äußerung wurde in der Kochstraße zum geflügelten Wort, ebenso wie der »alte Schrank«.

Hermann Ullstein hatte eine der Auflage dienende Vorliebe für sogenannte »Naturstudien«, Fotos und Zeichnungen von leichtbekleideten Mädchen. Die Redakteure und Redakteurinnen stellte dies bald vor Probleme, denn es gestaltete sich zunehmend als schwierig, passende Bildunterschriften zu erfinden. Also untertitelte Vicki Baum einen Damenakt vor einem antiken Möbelstück einfach mit »Alter Schrank«. Seitdem griff man im Bildarchiv nach dem Umschlag mit den Bildern von Nackedeis, wenn »alte Schränke« verlangt wurden.[11]

Von solchen Spielereien abgesehen, schien es die erprobte Einzelkämpferin zu genießen, Teil eines Kollegiums von »klugen, witzigen, zynischen« Köpfen zu sein, sportlicher Konkurrenzkampf inbegriffen: »Ich möchte dazugehören, ich möchte mitschwimmen im Strom, mit meinen Kollegen mithalten«, erklärte sie 1931.[12]

In den ersten beiden Jahren bei Ullstein wurde sie sehr breit und ihren vielen Talenten entsprechend eingesetzt, war sich für nichts zu schade. Wenn die Metteure im Erdgeschoss noch kurz vor Drucklegung eine Zeile oder ein Gedicht als »Füller« benötigten, riefen sie Vicki.[13] Sie schlüpfte zeitweise sogar in die Rolle der »Kummerkastentante«[14], konnte sich in die Leserin des mondänen Gesellschaftsmagazins *Die Dame* genauso hineinversetzen wie in die Kleinstädter und Dörfler, die die Leserschaft der *Grünen Post* bildeten, mit über einer Million Auflage eine der erfolgreichsten Ullstein-Neugründungen der vergangenen Jahre.

In der Zeit von 1926 bis 1932 veröffentlichte Vicki Baum zudem viele Beiträge in Ullstein-Magazinen. Die Inhalte für ihre Reportagen entwickelte sie meistens in Gesprächen mit Redaktionskollegen, erinnerte sich Eva Noack-Mosse: »In zwanglosen

Gesprächen entstanden unzählige Themen. Beinahe unweigerlich begann jedes Gespräch mit Unterhaltungen über gesehene neue Theaterstücke oder Filme, merkwürdige Begegnungen mit interessanten oder uninteressanten Menschen, je nachdem, was man erlebt hatte. Vicki Baum war eine scharfe Menschenbeobachterin. Auch wenn sie das trivialste Erlebnis schilderte oder irgendeinen scheinbar völlig uninteressanten und unbedeutenden Menschen, immer war es ein ganz großes Vergnügen, ihr zuzuhören. Die geborene Romanschriftstellerin war auch eine geborene Erzählerin.«[15]

»Die Baum« zeigte immer, dass sie dazugehörte, gab aber letztlich auch zu verstehen, dass sie neben oder über dem stand, was sie schrieb. Ohne Zweifel identifizierte sie sich mit dem Ullstein-Haus, seiner liberalen Philosophie und seiner obersten Maxime, »Lebensfreude« zu vermitteln. Doch war sie weder eine frühe Medienkritikerin noch eine Sozialkritikerin und dachte gar nicht daran, das Gesellschaftssystem anzugreifen, das sie selbst nach oben getragen hatte. Vicki Baum wollte vor allem eines – und das entsprach genau der Ullstein-Philosophie: Geschichten erzählen vom Heute, ohne sich in »obskure Ideologien« zu verlieren.[16]

Ihre Hauptaufgabe bestand in der Schriftleitung der *Dame*-Literaturbeilage *Die Losen Blätter*. Mit ihren Buchbesprechungen gelang es ihr, zwei höchst unterschiedliche Rollen in Einklang zu bringen, die der naiven Bewunderin und die der kühl-distanzierten Betrachterin. Baum interessierte sich vor allem für die Erzähltechnik und drang mit der für sie typischen Mischung aus Emphase und scharfer Analyse erstaunlich oft zu den »Kerntechniken« eines literarischen Werks vor. Meist besprach sie Autoren, die sie bewunderte, John Galsworthy etwa, Selma Lagerlöf, Colette oder Thomas Mann. Auch die minimalistische Sprachkunst eines Ernest Hemingway schätzte sie sehr. Von »allzu introspektiven« Schriftstellern wie Franz Kafka oder Marcel Proust hielt sie hingegen wenig. Literarhistorisch sind ihr Fokus und Geschmack sicher zweifelhaft zu nennen. Unter Freunden nannte sie Kafka später etwa »die meistüberschätzte kleine Prager Caffeehauspflanze«[17]. Aber selbst, wenn sie ein Buch verriss, was selten vorkam, kleidete sie ihre Abneigung in Süffisanz und Ironie und enthielt sich in der Regel jeder Ideologie. Im Folgenden sei eine unrühmliche Ausnahme zitiert, die in ihrer Lautstärke jedoch als typisch gelten darf. In einer Kritik von Marcel Prousts *Im Schatten der jungen Mädchen* schrieb Baum: »Hinter Prousts schillerndem Gewebe aus Pose, Erlebnis und Bekenntnis rinnt das müde Blut einer Generation, die alles weiß und gar nichts tut«, und sie schließt mit einer – wohl kaum unbeabsichtigten – nationalchauvinistischen Spitze: »Er (Proust) hat unsere Kenntnis der französischen Seele immens erweitert.«[18]

Bei Ullstein vertiefte Baum ihre Kenntnisse des journalistischen Handwerks, schärfte ihre Wahrnehmung, ihren Blick für Menschen, Situationen und alltägliche Details und verfeinerte die Kunst der Pointierung. Ihren Anspruch, den Leser »nie von oben herab« zu behandeln und sich »immer bewusst« zu machen, dass man es »mit allen Bevölkerungs- und Bildungsschichten zu tun hatte«, impfte ihr *BIZ*- und *Dame*-Chefredakteur Kurt Korff ein. Der schnauzbärtige, stets nach der neuesten Mode gekleidete Fünfzigjährige, den sie später ebenso respektvoll wie despektierlich den »komischen kleinen Mann mit der Napoleonpose« nannte, wurde für sie eine Art Leitfigur. Vicki hatte immer ein Faible für Autodidakten, für wirkliche Selbstentdecker, für Selbstmacher. Kurt Korff war so einer. Neben seiner Professionalität und Menschenkenntnis schätzte sie besonders Korffs »stillen, trockenen, verschlagenen Humor«.[19] Bei Ullstein war es kein Geheimnis, dass der *BIZ*-Chef, der mit Frau und Katze ebenfalls im noblen Grunewald lebte, aus sehr kleinen Verhältnissen stammte. Korff selbst schien stolz auf seine proletarischen Wurzeln zu sein. Wenn er eine seiner zahlreichen Anekdoten zum Besten gab, erinnerte sich Vicki Baum später, verfiel er gern in den Berliner Arbeiterjargon. In der Redaktion etablierte er einen Führungsstil, der ihr sehr entgegenkam. In den Worten Friedrich Lufts ließ er »die Redaktion demokratisch funktionieren, ohne selbst die Übersicht und das letzte Wort aufzugeben«.[20] Vicki wusste: Von Korff konnte sie viel lernen. Und sie lernte sehr schnell. In der *Berliner Illustrirten* setzte der Chefredakteur, der später einer der Mitbegründer der amerikanischen Zeitschrift *Life* wurde, als einer der Ersten konsequent auf die Wirkung von Bildern und revolutionierte so die Fotoreportage in Deutschland. Er brachte Vicki bei, woran man ein gutes Pressefoto erkennt, legte so den Keim für ihre Fotografie-Leidenschaft. 1928 kaufte sie sich eine Voigtländer-Kamera und begann, ihre Eindrücke auf Reisen auch bildlich festzuhalten. Als Fotografin oder Filmerin sah sie sich jedoch nie, denn mit belangloser »Knipserei« gab sie sich trotzdem nicht zufrieden.

Kaum, dass sie ihren neuen Schreibtischplatz im Ullstein-Haus belegt hatte, unterschrieb Vicki Baum einen Exklusivvertrag über alle ihre »Werke erzählenden Inhalts bis zum Ablauf des Jahres 1930«.[21] Ullstein sicherte sich Anfang Oktober 1926 also die Buchrechte an ihrem neuen Roman und erwarb eine Option für einen Zeitschriftenvorabdruck. *Stud. chem. Helene Willfüer* wurde aber erst zwei Jahre später gedruckt. Was war geschehen?

Folgt man Grete Fischer, Vickis Ullstein-Kollegin und Freundin, so bekam Kurt Korff wegen des brisanten Inhalts kalte Füße: »Das kann ich doch nicht bringen? Da kommt doch eine Abtreibung vor! Das kann ich meinem Lesern doch nicht vorsetzen««, erklärte Korff laut Grete Fischer und entschied sich gegen eine Veröffentlichung. Fischer: »Eine solche Weigerung, kurz vor Torschluss, erzeugte eine Katastrophe. Man musste einen anderen Roman beschaffen; man musste die Autorin beschwichtigen, hinhalten, versöhnen. Vicki Baum aber war nicht schwierig. Sie hatte ein für sie ungewöhnlich hohes Honorar erhalten und fügte sich achselzuckend der Tatsache, dass ihr Roman an sie zurückging. Nach drei Monaten jedoch, als wieder ein Fortsetzungsroman zu Ende ging, überlegte Korff es sich. ›Helene Willfüer‹ war zu gut, zu effektvoll, als dass man darauf hätte verzichten können. Es wurde also bei Vicki Baum angefragt, ob wir nun doch an die Veröffentlichung gehen konnten. – Natürlich, schrieb Vicki Baum ... Aber da man ihr den Roman zurückgegeben und auf Rückzahlung des Honorars verzichtet hätte, müsste er jetzt noch einmal angekauft werden. – Und so geschah es. Der Erfolg war so groß, dass der Verlag nichts verlor, und Korff war so entzückt von ihrer Smartheit, dass er ihr einen Posten in der Redaktion der *Dame* anbot.«[22]

Das mit dem Job-Angebot stimmte zwar nicht, denn Vicki war längst Redakteurin bei der *Dame*. Aber ansonsten deckt sich Grete Fischers Version mit den noch vorhandenen Ullstein-Verlagsakten. Weil sich der Abdruck verzögerte, gingen die Zeitschriftenabdrucksrechte tatsächlich für kurze Zeit an die Autorin zurück, und Ullstein kaufte ihr diese zum zweiten Mal ab – für noch einmal 17.000 Mark.[23] Eine solche Summe war sicherlich dazu angetan, selbst einen so abgebrühten Mann wie Kurt Korff von Vickis »Smartheit« zu überzeugen.

Natürlich war das Thema Abtreibung für einen *BIZ*-Roman heikel. Dennoch hatte die Verschiebung vermutlich weniger mit inhaltlichen Gesichtspunkten als mit der Werbung zu tun. Seit etwa Mitte 1927 arbeiteten die »Propagandisten« unter Hermann Ullstein gemeinsam mit Vicki Baum daran, ihren Namen bekanntzumachen und ihr ein Image zu verschaffen, das zu ihrem neuen Werk passte. Erst dann sollte *Helene Willfüer* auf den Markt kommen.

Vicki Baum hatte sich mit diesem Roman selbst neu erfunden – als Erfolgsschriftstellerin. *Stud. chem. Helene Willfüer* erzählt davon, was eine Frau trotz widriger äußerer Umstände allein mit Willensstärke erreichen kann. Helene Willfüer ist eine mittellose Studentin der Chemie. Sie wird ungewollt von einem Studenten schwanger und versucht mehrfach vergeblich, ihr Kind abzutreiben. Eines Tages will sie sogar gemeinsam mit dem Vater des Kindes aus dem Leben scheiden. Doch während ihr junger Freund Fritz tatsächlich Selbstmord begeht, entscheidet sich Helene in letzter Minute für das Leben – und für ihr Kind. In einer neuen Stadt beginnt sie von vorn, schließt ihr Studium ab, zieht ihren Sohn allein groß, wird eine erfolgreiche Forscherin, leitet sogar eine Forschungsabteilung. Am Ende macht ihr ehemaliger Professor ihr einen Heiratsantrag. Helene nimmt an – und arbeitet künftig nur noch für ihren Mann.

Erfolgreich sein heißt in der Logik des Romans, den eigenen Lebensentwurf mit der Realität in Übereinstimmung zu bringen. In einer ironischen Wendung nimmt der Roman Vicki Baums eigenes Schicksal vorweg. Helene Willfüer erfindet im Roman das Mittel Vitalin und wird berühmt und reich. Vicki Baum erfand Helene Willfüer – und sollte dasselbe erreichen. Der Roman wirkte auch deshalb so glaubwürdig, weil sich in den Kernaussagen des Buches ihre eigenen Überzeugungen widerspiegelten – und genau darauf baute die Ullstein-Kampagne nun auf, Vicki Baum und ihre Ansichten bekannter zu machen. Noch bevor der Roman erschien, präsentierte sich die Autorin in verschiedenen Ullstein-Medien als zielorientierte Frau, pragmatisch und zäh, wie Helene Willfüer im Roman.

Die groß angelegte Aktion begann im Spätsommer 1927. Zunächst brachte man Vickis Sommerroman *Hell in Frauensee* in einer preiswerten Ausgabe heraus. Schon nach kurzer Zeit kletterte die Auflage auf 141.000 Exemplare. Parallel dazu lief am 23. August 1927 im Berliner Beba-Palast Atrium *Feme* an, der erste abendfüllende (Stumm-) Film nach einem Stoff von Vicki Baum.[24] Regie führte der Wiener Richard Oswald, einer der profiliertesten Regisseure des Weimarer Kinos. Es spielten Hans Stüwe (als Attentäter Joachim Burthe), Grete Mosheim und Rudolf Forster. Ebenso wie die Buchvorlage geht der Film vorsichtig mit dem

Thema Feme-Mord um. Dennoch rief er »heftige Angriffe der politischen Rechten, vor allem der NSDAP« hervor.[25] Zeitgleich erschienen in verschiedenen Ullstein-Medien Reportagen über aktuelle Gesellschaftsthemen, in denen die Autorin stets von sich selbst erzählte. In der *BIZ* präsentierte sie sich am 28. August 1928 als fürsorgliche, moderne Mutter, die sich von ihren Söhnen »Anleitungen für Gymnastik, Massage, Training und vernünftige Ernährung« geben ließ.[26] In der mondänen *Dame* hatte sie sich einen Monat zuvor über die »vollkommene Ehe« geäußert. Bald kamen Millionen von Lesern der Ullstein-Magazine nicht mehr am Namen Vicki Baum vorbei.

Die »geborene Erzählerin« (Eva Noack-Mosse) war eben auch eine geborene Selbstdarstellerin. Wie die neuen Hollywood-Ikonen Greta Garbo, Lillian Gish und Vilma Banky setzte sie auf die Wirkung von Fotos. Bereits im November 1927, ein Jahr vor dem Abdruck von *Helene Willfüer*, hatten Baum und Ullstein im *Uhu* die Werbetrommel für das Buch gerührt. In der Reportage »Erfahrungen mit der Verjüngung. Rundgang durch die Laboratorien einer neuen Wissenschaft« informierte Baum ihre Leser über die neue Wissenschaftsdisziplin der Hormonforschung, das Fachgebiet ihrer Heldin Helene. Über dem Text prangt ein großes Porträtfoto der Autorin, darunter in großen Lettern ihr Name in Form einer Autographie. Auf dem Bild blickt Baum von oben herab in die Kamera. Alles an ihr suggeriert Selbstbewusstsein, ihre Pose, ihr dezent geschminktes Gesicht, ihre neue Frisur, der sorgfältig ondulierte Bob, die kostbaren Brillantohrringe, auch der edle dunkle Mantel mit übergroßem Nerzkragen. Von der beinahe mädchenhaften Frau von vor zwei Jahren war nichts mehr übriggeblieben. Die weichen Gesichtszüge und die lange Haarmähne von damals waren verschwunden. Die Vicki Baum von 1927 hatte sich auch äußerlich ihrem immer noch unveröffentlichten Buchprodukt angepasst. Mit ihrem neuen Look wirkt Vicki so, wie man sich die erfolgreiche Helene Willfüer am Ende des Romans vorstellt: gereift und selbstbewusst, eine jener

»neuen Frauen«, von denen jetzt alle Welt sprach, Frauen, die ihr eigenes Geld verdienten und ihren gesellschaftlichen Ort auch, sich aber nicht mehr ausschließlich von ihrer Rolle als Hausfrau, Gemahlin und Mutter her definierten. Vicki Baum war gewiss keines dieser »langbeinigen, wohlgebauten, kirschmündigen und guckäugigen« Girls[27], die jetzt so gefragt waren. Sie strahlte auch keinen »Sex-Appeal« aus, um es mit einem Lieblingswort der Epoche auszudrücken, sondern gehörte eher zum Typus der »interessanten, verführerischen Frauen der Gesellschaft mit intellektuellem Einschlag«.[28]

Am 28. Oktober 1928 erschien die erste Folge von *Helene Willfüer* in der *BIZ*. Bereits seit Wochen hatte Ullstein den neuen Fortsetzungsroman über den »Werdegang einer Studentin von heute« offensiv beworben. Wieder flankierte ein großes Foto der Autorin den Abdruck. Für das *BIZ*-Publikum hatte sich Vicki weniger glamourös aufgemacht. Mit ernstem Gesichtsausdruck und dem entschlossenen Blick einer Frau, die schon viel gesehen und erlebt hat, fixiert sie die Kamera.

Bald kletterte die Auflage der *BIZ* um 200.000 Exemplare auf knapp zwei Millionen. Das hatte es bis dahin noch nie gegeben. Woche für Woche erhielt die Redaktion nun Hunderte von Leserbriefen. Wegen der immensen Nachfrage entschloss sich Ullstein sogar, einzelne Fortsetzungen an Leser zu versenden, die eine *BIZ*-Ausgabe verpasst hatten. Sofort wurde auch *Der Eingang zur Bühne*, Vickis erster Ullstein-Roman aus dem Jahr 1920, als Leinenausgabe wieder aufgelegt.

Drei Wochen vor Vicki Baums 41. Geburtstag wurde Anfang Januar 1929 die letzte Folge von *Helene Willfüer* abgedruckt. Dazu brachte die *BIZ* eine Kurzbiographie der Autorin und ein Foto, das sie beim Spielen mit Wolfgang und Peter in ihrem Garten am Ufer des Dianasees zeigte. Neben dem Artikel prangte der Hinweis, dass der Roman ab sofort in Buchform im Handel erhältlich sei. In den kommenden Wochen forcierte Ullstein seine Werbung und inserierte Vickis Buch in konzerneigenen Blättern –

was sonst praktisch nie vorkam. Später wurden auch in anderen Verlagen Anzeigen geschaltet, in Mosses *Berliner Tageblatt* und in der *Kölnischen Zeitung*. Im Dezember 1929 lag die Auflage von *Helene Willfüer* bereits bei 60.000, ein halbes Jahr später bei 105.000 Exemplaren.

Wie Ullstein wohl von Anfang an geplant hatte, löste Baums nunmehr neunter Roman ein gewaltiges Echo aus. Helene Willfüer wurde praktisch über Nacht zur »bekanntesten Studentin Deutschlands«.[29] Ob auf Ärztekongressen, in Studentenzirkeln oder bei Damenkränzchen – überall wurde hitzig über das Buch diskutiert. In ganz Deutschland debattierten Universitätsprofessoren über die juristischen Aspekte des Falles »Helene Willfüer«, wobei einige »Vickis Standpunkt durchaus anerkannt« hätten, berichtete Grete Fischer.[30] Im Laufe des Jahres 1929 erschienen Besprechungen in praktisch sämtlichen deutschen Feuilletons. Die Kritiker räumten zwar ein, das Buch zähle zur »Unterhaltungsliteratur«, doch die Mehrheit störte dies nicht weiter. Vielmehr lobte man die Aktualität und die »Lebensnähe« des Stoffes. Der Roman sei »ein Stück Reportage«, »abgeschrieben vom Leben«, hieß es in einer Kritik.[31] Im sozialdemokratischen *Vorwärts* feierte Alfred Arna den Roman: »Diese Helene Willfüer ist das moderne Mädchen, das nicht mehr in einem Wolkenkuckucksheim lebt, umnebelt von sentimentalen Phrasen. Sie steht mitten im Leben, ist von seltener Sachlichkeit, will als selbstständiger Mensch in der Arbeit leben«.[32]

Kein Roman über eine »neue Frau« stieß Ende der Zwanziger, Anfang der Dreißiger auch nur annähernd auf solche Resonanz wie *Helene Willfüer*. Vicki Baum schaffte das, was Schriftstellerinnen wie Marieluise Fleißer, Irmgard Keun, Christa Anita Brück oder Joe Lederer mit ihren Romanen über »neue Frauen« nicht gelang. Baum erreichte Leserinnen und Leser aus allen Alters- und Gesellschaftsschichten. Dabei waren es offensichtlich gerade die Widersprüche ihres Romans, an denen sich die öffentliche Diskussion entzündete. Helene Willfüer verkörperte den Typus der emanzipierten »neuen« Frau, doch ihr eigentliches Ziel scheint es zu sein, den Mann zu heiraten, den sie immer schon geliebt hat – ihren ehemaligen Professor Ambrosius. Sie sehnt sich nach »Bindung und Geborgenheit«. Der Roman kann als Pamphlet für die sexuelle Selbstbestimmung gelesen werden. Zugleich propagiert er konservative Werte wie die Ehe. Wohl auch aufgrund solcher Widersprüche konnten sich Leserinnen jeden Alters mit Helene Willfüer identifizieren.

So rief die siebzigjährige Schriftstellerin Gabriele Reuter, die mit ihrem Emanzipationsroman *Aus guter Familie* um die Jahrhundertwende selbst für großes Aufsehen gesorgt hatte, Helene Willfüer zum Rollenvorbild für die nächste Generation aus.[33] Die siebzehnjährige Gymnasiastin Hilde Lachmann-Mosse schrieb im Juni 1929 in ihr Tagebuch: »Hätte ich mich nicht genauso wie Helene Willfüer (stud. chem. H. W. von Vicky Baum) benommen? ... Ich finde es ja unerhört, dass der Staat sich anmaßt, über das Schicksal des Körpers bestimmen zu wollen, d. h. über das ungeborene Kind, das doch nur der Mutter, körperlich und vor allen Dingen seelisch, gehört.«[34] Wie die sozial engagierte Tagebuchschreiberin, die aus der Verlegerfamilie Mosse stammte, dachten damals viele liberal gesinnte Bürger. Prominente wie Albert Einstein, Käthe Kollwitz, Kurt Tucholsky oder der Psychologe Wilhelm Reich setzten sich öffentlich für die Liberalisierung oder Abschaffung des umstrittenen § 218 ein, der die Abtreibung oder die Beihilfe zur Abtreibung unter Strafe stellte – ohne Rücksicht auf die soziale Lage der Betroffenen. Das führte dazu, dass hunderttausende, zumeist mittellose Frauen in die Illegalität gedrängt wurden, weil sie sich einen medizinisch korrekten Schwangerschaftsabbruch nicht leisten konnten. Ihnen blieb nichts anderes übrig, als barbarische Selbsthilfe anzuwenden oder erbärmliche Kurpfuscherei – mit oft tödlichen Folgen. Auf 500.000 bis 800.000 schätzte der Deutsche

Ärztetag die Zahl der illegalen Abtreibungen im Jahr 1928, darunter 10.000 Todesfälle und 50.000 zum Teil chronische Erkrankungen infolge von Abtreibungen.[35] Trotz dieser alarmierenden Zustände konnte sich die Bewegung zur Abschaffung des § 218 jedoch nicht durchsetzen. Romane wie *Helene Willfüer* und Theaterstücke wie Friedrich Wolfs *Cyankali* sorgten aber immerhin dafür, dass einstige Tabu-Themen wie uneheliche Schwangerschaft und Abtreibung öffentlich diskutiert wurden. Anders allerdings als der Kommunist Friedrich Wolf, der in seinem Agitationsstück eindeutig Stellung gegen den § 218 bezog (weshalb es in Teilen Deutschlands verboten wurde), sprach sich Vicki Baum in ihrem Roman an keiner Stelle für das Recht der Frauen auf Abtreibung aus. *Helene Willfüer* hat keine klare oder gar politische Aussage. Gleichwohl provozierte der Roman, interpretierten ihn viele Leser und Leserinnen als Pamphlet für die Abtreibung und für die Selbstbestimmung der Frau.

In konservativen frauenbewegten Kreisen sorgte das Buch gar für einen regelrechten »Aufruhr«.[36] Eine Studentin vom katholischen Hochlandverband verwehrte sich in der zentrumsnahen Zeitung *Germania* energisch dagegen, mit der Romanfigur Helene Willfüer identifiziert zu werden. Diese sei gewiss nicht »der charakteristische Studentinnentyp der Gegenwart«.[37] Andere Kritiker aus dem konservativen Lager zeigten sich entsetzt darüber, »dass eine hochbegabte Schriftstellerin« wie Vicki Baum »ihr Talent in einer Weise ausschlachtet …, die betrübt und empört«. Der Roman sei ein »literarisches Zwittergebilde«, weder »ein Kunstwerk in des Wortes wahrer Bedeutung noch ein Unterhaltungsroman, der seine Grenzen nirgends überschreitet«, schrieb eine gewisse Hilde Walter. Angesichts des »untrennbaren Gemischs von hingebungsvoller Ausdeutung menschlicher Wege und Irrwege … und eitlem Reporterbluff« müsse man sich fragen, »ob Vicki Baum eigentlich ihr schönes Talent mit aller Gewalt zugrunde richten will«.[38]

Diese Anwürfe waren charakteristisch für eine neue Art von

Kritik, der sich Vicki Baum von nun an – und verstärkt nach der Veröffentlichung von *Menschen im Hotel* – ausgesetzt sah. Für Hilde Walter und andere konservative Kulturkritiker war Baums Literatur allein schon deshalb »ästhetisch minderwertig«, sprich: trivial, weil sie »faustdicke Zugeständnisse an den modernen Massengeschmack« (Walter) machte. Das Ideal dieser Kritiker war eine autonome, »originale« Literatur, die ihren Zweck nur in sich selbst haben sollte. Literatur, die sich an ein breites Publikum wandte, konnte in ihren Augen keine »Kunst« sein.

Vicki Baums Selbstverständnis als Schriftstellerin und ihr Verständnis von Literatur standen dieser Auffassung diametral entgegen. Ihr eigener Anspruch war es, »kluge, gutgeschriebene« Bücher zu liefern, »die sich mit recht ernsthaften Dingen befassen und trotzdem unterhalten«[39]. Eine Kunst ohne Publikum war für sie unvorstellbar. Ähnlich wie ihre amerikanischen Vorbilder Ernest Hemingway und Upton Sinclair verstand sie sich in erster Linie als Berufsschriftstellerin, als »Handwerkerin«[40], die ihr »Metier« beherrschte. Sie glaubte zwar, dass das Publikum inkonsequent, launisch und manchmal auch ziemlich dumm war. Trotzdem war es für ihre Kunst der einzige Maßstab. 1928 gab sie der ebenfalls aus Wien stammenden Joe Lederer, die gerade mit *Das Mädchen George* debütiert hatte, einen ebenso ironischen wie ernst gemeinten Rat mit auf den Weg: »Ihr Buch ist ein Erfolg, aber merken Sie sich für die Zukunft: Wenn Sie wirklich große Auflagen haben wollen, dann muss die Heldin spätestens auf Seite 20 in den Armen des Geliebten liegen!«[41]

Ein guter Schriftsteller war für Vicki Baum ein genauer Beobachter seiner Umwelt, der mitten im Leben stand, neugierig darauf war, Erfahrungen zu machen, das Leben »mit seinen Freuden und Leiden« also nicht bloß »vorbeiziehen ließ«, sondern daraus Material für seine Geschichten formte.[42] Die Aufgabe des Schriftstellers bestand ihrer Meinung nach darin, als Vermittler oder »unparteiischer Beobachter« über die Dinge zu schreiben, »die eigentlich jeder weiß, aber so nicht ausdrücken kann«.[43]

Ihr selbst war offenbar nie bewusst (oder sie wollte es nicht wahrhaben), dass sie Teil einer ästhetischen Bewegung war, jener Bewegung, deren Namen für die Kunstausstellung 1925 in Mannheim geprägt worden war: Neue Sachlichkeit. Zu den bürgerlich-liberalen Vertretern dieser Strömung zählen unter anderem Erich Kästner, Carl Zuckmayer und Hans Fallada sowie Alfred Döblin, Joseph Roth, Bert Brecht und Kurt Tucholsky. Sie alle passten sich der veränderten industriellen Massengesellschaft an, sahen sich nicht mehr länger als Dichter, sondern als »Literaturproduzenten«, die Waren herstellten, die sich auf dem Kulturmarkt in Konkurrenz zu anderen Medien durchsetzen mussten. Ohne durch ein feststehendes Programm oder ein gemeinsames Manifest verbunden zu sein, strebten sie danach, zwischen dem neuentstandenen Massenpublikum und der traditionell elitären Literatur auszugleichen. »Aus dem Bildungskäfig, in dem unsere heutige Literatur steckt, in dem sie von breiten Volksmassen nur als Attribut der feinen Leute gesehen wird, muss sie heraus«, forderte Alfred Döblin in einer Rede im Jahr 1929, in dem Jahr, in dem die Neue Sachlichkeit innerhalb der Literatur einen Aufschwung erlebte und in dem *Helene Willfüer* erschien.[44]

Die neusachlichen Zeitromane passten sich erzähltechnisch und inhaltlich an die veränderte Wahrnehmung eines Publikums an, das nun eher an Filmen, Revuen, Operetten und Schlagern geschult war und nicht mehr unbedingt am Kanon der klassischen Literatur. Sie arbeiteten mit filmischen Montageverfahren, Raum- und Zeitsprüngen und verhandelten Themen wie Sport, Justiz, Technik oder Frauenemanzipation und thematisierten den zunehmenden Materialismus aller Klassen, die Tendenz zur tragischen Vereinzelung in der Massengesellschaft oder die mentale Kluft zwischen Land und Großstadt.

Es ist sicherlich nicht übertrieben, Vicki Baum eine maßgebliche Repräsentantin dieser Bewegung zu nennen. Doch hat sie sich selbst weder in den 20er Jahren noch in der Nachkriegszeit als solche empfunden oder bezeichnet. Dem stand wohl vor allem ihr trotziger Individualismus entgegen. Zum anderen war die Neue Sachlichkeit, diese eher undeutsche, literarisch aufgeklärte Spielart der Zwischenkriegszeit, in den 50er Jahren wieder in Vergessenheit oder in Verruf geraten. Inzwischen hatten die Erben einer Hilde Walter die Meinungsführerschaft erobert, man sah auf populäre Literatur wie ehedem herab. Wohl auch deshalb bekannte sich die marktorientierte Baum nie eindeutig zur Neuen Sachlichkeit. Erst zwanzig Jahre nach ihrem Tod setzte die systematische Erforschung dieser Literatur ein. Erst dann begann man, *Helene Willfüer* oder *Menschen im Hotel* in einem anderen Licht zu sehen. Heute gelten beide als typische Beispiele der Neuen Sachlichkeit.

Spätestens seit dem Erfolg von *Helene Willfüer* kam in Deutschland kaum noch jemand an Vicki Baum vorbei. Weder die Leser der Tageszeitungen, die regelmäßig in den Gesellschaftsspalten lesen konnten, welche Premieren und Großsportereignisse »die Baum« besucht hatte, noch die der zahlreichen marktbeherrschenden Ullstein-Magazine, nicht einmal die Abonnenten von *Kürschners Literatur-Kalender*, dem wichtigsten biobibliographischen Verzeichnis deutscher Schriftsteller, der in seiner neuen Ausgabe ein ganzseitiges Porträtfoto mit Autograph von Vicki Baum brachte. Ebenso wenig die Besucher der Lichtspielhäuser, die nach *Feme* zwei weitere überaus erfolgreiche Verfilmungen von Vicki-Baum-Romanen auf der Leinwand sehen konnten: *Die drei Frauen des Urban Hell* (1928) und, ab März 1930, *stud. chem. Helene Willfüer* mit der schönen Olga Tschechowa in der Titelrolle.

Vicki Baums Romane erreichten bis 1932 in Deutschland eine Gesamtauflage von über 500.000 Exemplaren und zählten regelmäßig zu den Verleihschlagern der öffentlichen Bibliotheken. In Zeiten der »Bücherkrise«, in denen der Buchhandel viele Leser an das neue Medium Film verlor und über stetig sinkende Absatzzahlen klagte, war Vicki Baums junge Karriere die strahlende Ausnahme. Gemessen an den Millionenauflagen einer Agnes Günther, Elisabeth von Heyking oder Hedwig Courths-Mahler war es freilich erst ein Beginn. Aber all diese Autorinnen häuslicher Liebes- und Eheromane gehörten einer älteren Generation, sie waren allesamt schon um oder vor 1900 erfolgreich gewesen.

Mit einundvierzig Jahren war Vicki Baum zum ersten Medienstar des gedruckten Worts geworden. Sie sprach im Rundfunk und bewarb mit ihrem Konterfei eine Uhr der Marke Alpina. Wie Ernst Toller und Erich Kästner gab sie Lesungen und Autogrammstunden im Kaufhaus Karstadt und diskutierte, allseits präsent, in Hörsälen mit Studentinnen.[45]

Die Marke »Vicki Baum« hatte Ende der zwanziger Jahre den Bekanntheitsgrad von Produkten wie »Leibnizkeksen« oder »Klosterfrau Melissengeist« erreicht. Sogar eine Hochstaplerin in Berlin gab sich damals als »Vicki Baum« aus, um die Brieftaschen alleinreisender, einsamer Männer zu plündern. Dazu Vickis Schriftstellerkollegin und Landsmännin Joe Lederer: »Nun, es mag schon oft vorgekommen sein, dass sich ein Lebedämchen als angehende Schauspielerin oder Artistin ausgegeben hat – aber als Schriftstellerin? Da musste man schon so populär sein wie Vicki Baum.«[46]

Baum ging nach außen hin selbstbewusst und souverän mit ihrer neuen Berühmtheit um. Sie umgab zwar die Aura einer Diva, aber sie war immer noch in der Lage, sich in andere hineinzuversetzen. Und wie in ihren Romanen machte sie sich einen Spaß daraus, die Erwartungen ihrer Mitmenschen zu durchkreuzen, wie eine Anekdote ihres Redaktionskollegen Walther Kiaulehn deutlich macht. In ihrer typischen Aufmachung – »kleiner Hut, hohe Hacken, leichter Pelz« – hielt Vicki Baum die ganze ostasiatische Abteilung des Kaufhauses Wertheim am Leipziger Platz in Atem, als sie nach einem Geschenk suchte. Ihr sagte jedoch nichts richtig zu, weder Seidenstoffe noch die Schnitzereien, noch die kleinen Pferde aus der Ming-Dynastie. »Also rief man die erste Verkäuferin, die extra ihre Mittagspause unterbrechen musste«, berichtete Walther Kiaulehn. »Die Verkäuferin ließ sich den Namen der Kundin zuflüstern und trat dann, ganz vertraulich, auf die berühmte Vicki Baum zu: ›Wie wunderbar, gnädige Frau, dass Sie uns einmal aufsuchen. Ich warte doch schon die ganze Zeit darauf, weil wir ja etwas ganz Besonderes für Sie haben.‹ Dann wickelte sie aus einem Seidentuch den banalsten Touristenkitschschlager aus Fernost aus: jene Affen, die nichts sehen, nichts hören oder nichts sagen. Die Belegschaft hielt den Atem an. Jeder erwartete nun ein Donnerwetter: weil es in der feinen Abteilung diese unsäglichen Affen überhaupt gab, weil sie so nonchalant aus einem Seidentuch ausgewickelt worden waren und weil man sie Vicki Baum angeboten hatte«, so Kiaulehn. Aber weder Blitz noch Donner folgten. Im Gegenteil. Die prominente Kundin schien den Anwesenden zufolge »so glücklich wie ein Kind unterm Weihnachtsbaum« zu sein.[47]

In solchen öffentlichen oder halböffentlichen Situationen bestimmte Vicki Baum souverän die Regeln. Nur sie entschied, wie viel sie von sich preisgab. In ihrer Werbung für Alpina-Uhren etwa machte sie ihre noble Wohnadresse in Grunewald publik – sie ließ aber unerwähnt, dass sie dort in einer Mansardenwohnung lebte. Für die *BIZ* ließ sie sich an einem massiven Holzschreibtisch vor einer ausladenden Bücherwand in ihrem angeblichen »Büro« bei Ullstein ablichten. In Wirklichkeit war ihr Arbeitsraum minimalistisch eingerichtet. Das Mobiliar in der Mitte des Raums auf einem hellen Perserteppich bestand aus einem winzigen Schreibtisch und einem zierlichen Stuhl. An den Wänden hing nichts außer einer Reproduktion von van Goghs Sonnenblumen. Jedes weitere Utensil hätte Vicki Baums Konzentration gestört. Für die Öffentlichkeit wirkte diese edle feminine

In Galarobe in ihrem Wohnzimmer in Grunewald

Reduktion aber offenbar zu abgehoben und passte wohl nicht zu ihrem Image.

Via Pressefoto ließ Baum verbreiten, dass sie regelmäßig in Sabri Mahirs fashionablem »Studio für Boxen und Leibeszucht« trainierte. (Sie porträtierte Mahir später als »schwarzen Riesen mit Haaren an den Händen«[48], »streng wie ein Galeerenaufseher«[49] in *Zwischenfall in Lohwinckel* als Boxtrainer Alexander Simotzky.) Dass sie Mahir meist mit ihrer ganzen Familie besuchte, behielt sie für sich. Laut Sohn Wolfgang trainierte Vicki wacker am Punchingball, hielt sich durch Kniebeugen und Bauchübungen auf der Schrägbank fit. Seilspringen konnte sie »wie eine Weltmeisterin«. Später beteuerte Baum oft, sie habe es beim Seilspringen sogar mit dem Schwergewichtschampion Franz Diener, einem anderen Schüler Mahirs, aufnehmen können. In einem Gespräch mit dem Autor Sten Nadolny wies Diener dies jedoch entschieden zurück. Er räumte allerdings ein,

»dass Vicki Baum am Punchingball eine recht brauchbare linke Gerade entwickelt habe«.[50]

Von solch ausgesuchten Details einmal abgesehen, gab es, soweit wir wissen, keine Diskrepanz zwischen Vicki Baums öffentlicher Selbstdarstellung und ihrer Persönlichkeit. Die ernstblickende, in sich gekehrte Intellektuelle, die sich auf dem *Uhu*-Foto präsentierte, die gelöst lächelnde Mutter und Kameradin zweier halbwüchsiger Söhne in der *Berliner Illustrirten,* die Dame in Abendrobe in den Gesellschaftsspalten, die sportbegeisterte Amazone am Punchingball – all diese Inszenierungen waren Teile ihres chamäleonhaften Selbsts.

Seit ihren Mädchentagen, als sie am Wiener Volkstheater in einer viel zu großen Robe den Harfenschwan hinter sich hergezogen hatte, genoss sie große Auftritte – trotz ihres beinahe chronischen Lampenfiebers. Sie liebte die Art von Verwandlungen, wie sie Diven wie Mary Wigman, Fritzi Massary, Marlene Dietrich oder die Garbo zelebrierten.

Sie kannte all diese Frauen oder sollte sie noch kennenlernen und bewundern, nie maßlos, aber offenbar immer von Herzen. Und wie einst bei der Wigman faszinierten Vicki Baum immer vor allem die Widersprüche, die Lust der Diven an der Inszenierung einerseits, ihr sehr bürgerliches Bedürfnis nach privatem Glück, Ruhe und Familie, »Behaglichkeit und Ordnung« andererseits. Nicht von ungefähr tauchen in ihren Romanen immer wieder Filmstars, Tänzerinnen und Sängerinnen wie Ina Raffay, Lisaweta Grusinskaja in *Menschen im Hotel,* Leore Lania in *Zwischenfall in Lohwinckel,* Donca Morescu in *Leben ohne Geheimnis* oder Doris Hart in *Die Karriere der Doris Hart* auf, die vielfach ihr Aussehen, ihre Berufe und ihre Liebhaber wechseln und sich stets den veränderten Umständen anpassen.

Wie an jedem Star entzündete sich auch an Vicki Baum die Phantasie des Publikums. Sie lebte den »Wunschtraum« ihrer Leser von Glamour und sozialem Aufstieg. Das war ihr selbst überaus bewusst. Daher gab sie ihrem Publikum das, was es – ihrer

Meinung nach völlig legitim – verlangte. Zugleich blieb sie, und das spürten die Menschen, und das war sicherlich ein Geheimnis ihres Erfolges, »eine von ihnen«. Nur war sie vielleicht ein wenig extravaganter als andere.

Ihre Lust an der Inszenierung und an der sanften Provokation lebte Vicki Baum in der Redaktion offen aus. Als eine der ganz wenigen Frauen benutzte sie den Trainingssaal in den oberen Etagen des Ullstein-Hauses, in dem man die modernsten Sportgeräte fand, Boxmatten, schwedische Leitern, Höhensonne und ein komfortables Marmorbad. Außerhalb der Redaktion trat sie im mondänen Tweedkostüm, Glockenhut mit Krempe und Pelzschal auf. In der Redaktion mochte sie es legerer und pflegte das »laisser aller«, jenes »kleidsame Mittelding zwischen Formlosigkeit und Korrektheit«, das auf den Modeseiten der *Dame* als neuer Trend propagiert wurde. Als ihr Kollege Walther Kiaulehn sie in ihrem Büro besuchte, trug Vicki einen Trainingsanzug von undefinierbar violetter, irisierender Farbe und Ballettschuhe. »Damals«, so Kiaulehn, »waren Trainingsanzüge blau, manchmal schwarz. Doch der von Vicki Baum war von einem grauverschossenen Lila. Gewiss, Ullsteins hatten den größten Sportverlag Europas ... doch liefen weder die Herren noch die Damen im Trainingsanzug in der Redaktion umher. Im Gegenteil, die wenigen Damen, die es damals im Journalismus gab, nahmen in der Reaktion, auch wenn sie am Schreibtisch saßen, nicht einmal den Hut ab.«[51]

Auch als echter Star hatte Vicki keinerlei Probleme damit, sich einzufügen. Das berichten ihre ehemaligen Kollegen übereinstimmend. »In der Redaktion war Vicki Baum der netteste Kollege, den ich je gehabt habe. Gescheit, verlässlich in der Arbeit, heiter und vernünftig, ohne eine Spur von Großtuerei«, erklärte die Propyläen-Lektorin Grete Fischer. Auf jüngere Mitarbeiter wirkte die Art der 40-Jährigen ungemein erfrischend. Joe Lederer erlebte Vicki Baum als »lebhaft«, großherzig und »wohlmeinend«. Bei dem einunddreißigjährigen Eduard Rhein, damals Redakteur der Ullstein-Programmzeitschrift *Sieben Tage,* erkundigte sie sich scheinbar beiläufig über sein neuestes Romanprojekt, einen Kriminalroman über einen psychopathischen Frauenmörder. Ohne Rhein darüber zu informieren, erzählte Vicki ihrem Freund und Nachbarn Fritz Lang, der gerade seinen Tonfilm *M — eine Stadt sucht einen Mörder* herausgebracht hatte, von Rheins Idee. Lang lud den damals noch völlig unbekannten jungen Journalisten daraufhin in seine Villa nach Dahlem ein. Das Projekt kam nie zustande, aber Rhein war begeistert von Vickis Engagement.[52]

»Vicki Baum ..., gehörte zu den besten Freunden, die ich je hatte«, erinnerte sich Curt Riess später. »Sie war, obwohl nie ganz gesund, immer guter Laune, immer an dem Schicksal oder auch nur an den kleinen oder großen Sorgen der anderen interessiert und auch immer bereit zu helfen, wo es nottat. Sie war zumindest eine Zeitlang eine der berühmtesten Schriftstellerinnen ihrer Zeit, sicher eine der erfolgreichsten. Aber das machte sie einen vergessen, wenn man mit ihr zusammenkam. Sie war das, was man einen ›Kumpel‹ nennt. Und stets voller Ideen und Einfälle.«[53] Tatsächlich schloss Vicki wohl in keiner Phase ihres Lebens so viele Freundschaften und knüpfte so viele Kontakte wie in ihren sechs Jahren im Ullstein-Haus. Viele von ihnen hielten ein Leben lang, bewährten sich auch im Krieg und über Ländergrenzen hinweg. Kurt Korff und sein Stellvertreter Kurt Szafransky gehörten dazu, die für das Horoskop im *Uhu* zuständige Redakteurin Hede Hirschbach, Grete Fischer, der *BIZ*-Kollege Georg Fröschel, der »Erfinder der Filmkritik« und spätere Regisseur Ewald André Dupont, Gina Kaus, die junge Schriftstellerin und freie Mitarbeiterin der *Dame,* Curt Riess, der Sportredakteur des Boulevardblatts *BZ am Mittag,* und die temperamentvolle, ebenfalls noch sehr junge Journalistin und Kunsthistorikerin Rosie Goldschmidt, später Waldeck, einst wie Vicki freie Mitarbeiterin der *Vossischen* und von 1929 bis 1931 mit Verleger Franz Ullstein verheiratet. Außer Rosie Goldschmidt, die wie Vicki frühzeitig in die USA auswanderte, mussten sie alle Deutschland aufgrund ihrer jüdischen Herkunft verlassen.

Nach *Helene Willfüer* gab Ullstein seiner Starautorin mehr Freiheiten. Vicki Baum kam nun nur noch vormittags in die Redaktion, arbeitete zunächst für *Die Dame*, ging anschließend ein paar Türen weiter in die *Uhu*-Redaktion, wo sie als beratende Redakteurin an den Redaktionskonferenzen teilnahm.[54] Gegen ein Uhr mittags war der redaktionelle Arbeitstag für gewöhnlich zu Ende. Danach fuhr Vicki entweder mit dem Bus zurück in das Grunewalder Villenviertel (einen Führerschein besaß sie damals noch nicht), oder sie ließ sich von Richard, der vor kurzem die Fahrprüfung bestanden hatte, im neuen Familienwagen, einem schwarzen Buick, abholen. Er war seit Anfang 1929 fester Kapellmeister an der Berliner Staatsoper und war ein paar Monate nach seinen Söhnen zu Vicki in den Grunewald gezogen. In den beiden Jahren zuvor, in denen Vicki Karriere bei Ullstein gemacht hatte, hatte die Familie nur die Sommerferien zusammen verbracht, zuletzt waren die Lerts im Sommer 1928 in das Ostseebad Neuhaus gereist, ein beliebter Ferienort für Berliner Künstler und Intellektuelle. In diesen Ferien hatte Richard vergeblich versucht, Vickis Köchin und Haushälterin – wegen ihres enormen Körperumfangs von allen nur liebevoll »die dicke Bertha« genannt – das Schwimmen beizubringen. Bertha war jene Köchin, von der Vicki 1927, ganz entgegen ihrer sonstigen Gewohnheiten, in *Die Dame* ein paar Indiskretionen erzählte. In ihrer Rezension des Sachbuchbestsellers des holländischen Arztes und Sexualaufklärers Hendrik van de Velde, *Die Abneigung in der Ehe*, schrieb Baum, ohne Berthas Namen zu nennen, sie habe ihre Köchin neulich »wegen reichlichen Nachtbummelns« zur Rede gestellt, worauf diese ihr geantwortet habe: »Ja, gnädige Frau, ich bin eben eine erotische Natur!« – »Das mag für meine Köchin sprechen«, schrieb Baum, »aber ich kann mir nicht helfen, seitdem halte ich nicht mehr viel von der Erotik«, und fügte hinzu: »Meine Köchin hat übrigens van de Velde gelesen, ihr Freund (er ist bei der Straßenbahn) hat ihr beide Bände geschenkt, sie gefallen ihr sehr gut, und sie sagt, dass man in ihren Kreisen den van de Velde sehr gern liest …«[55]

Auch der elfjährige Wolfgang gehörte zu den Lesern des populären Aufklärungsmanuals, fand es aber ob der lateinischen Begriffe und »technischen Beschreibungen« eher »langweilig«, wie er später erzählt. Vicki Baum erzog ihre Kinder im liberalen Geist der Zeit und ohne überkommene Tabus. Sie ließ sie an einer langen, sehr »dehnbaren« Leine laufen, wie sie einmal selbst ihr Erziehungskonzept erklärte.[56] Sie legte großen Wert darauf, ihre heranwachsenden Söhne zur Selbstständigkeit und »Lebenstüchtigkeit« sowie zur Sportlichkeit anzuleiten. Wie ihre Mutter waren die Söhne begeisterte Sportler. Neben den Besuchen bei Sabri Mahir in der Tauenzienstraße schwamm die ganze Familie im Sommer morgens gemeinsam im Dianasee. Peter war ein guter Reiter, Wolfgang liebte das Skifahren. Sobald ihre Söhne vierzehn beziehungsweise zehn Jahre alt waren, ließ Vicki sie im Dezember 1930/31 mit dem Skikurs Stiller in die Glarner Alpen reisen. Am 2. Januar 1931 brachen beide in getrennten Gruppen zum Abfahrtslauf auf. Peters Anfängergruppe nahm den Weg durch den Wald und musste dabei einen vereisten Flusslauf überqueren, als sie plötzlich von einer abgehenden Lawine überrascht wurden, die alle Kinder unter sich begrub. Peter Lert und elf weitere Kursteilnehmer konnten sich aus den Schneemassen befreien, für drei Skischüler aber kam jede Hilfe zu spät. Sie konnten nur noch tot geborgen werden. Um die Eltern zu Hause zu beruhigen, schickten Wolfgang und Peter sofort nach dem Unglück ein Telegramm: »Uns geht es gut!« Da die Nachricht von der Tragödie zu diesem Zeitpunkt noch gar nicht nach Berlin gelangt war, musste Vicki das Telegramm als unnötige Extravaganz verstehen. Erst als am nächsten Morgen alle Berliner Zeitungen in großer Aufmachung über das »Lawinenunglück in Elm. 3 Tote« berichteten, begriff sie, dass ihre Söhne nur umsichtig gewesen waren, und war stolz auf sie. Und da sie es entschieden ablehnte, ihr Leben von Ängsten bestimmen zu lassen, durften Wolfgang und Peter im nächsten Winter wieder mit dem Skikurs Stiller in die Schweiz fahren.[57]

Im März 1929 kündigte die *Berliner Illustrirte* ein »neues Werk von Vicki Baum, der Verfasserin des Romans *stud. chem. Helene Willfüer*«, an: *Menschen im Hotel*. Ein Novum in der Geschichte des Blattes, das noch nie zwei aufeinanderfolgende Werke desselben Autors abgedruckt hatte.

Vicki hatte den Roman zwei Jahre lang »köcheln« lassen, bevor sie ihn schließlich in nur sechs Wochen zu Papier brachte, für ein persönliches Rekordhonorar von 40.000 Mark. Er war modern und traf, um es mit Siegfried Kracauer auszudrücken, trotzdem den »Geschmack der anonymen Lesermassen«.[58]

Als *Menschen im Hotel* ab 31. März 1929 in Fortsetzungen in der *Berliner Illustrirten Zeitung* erschien, befand sich die Republik nach einer Phase der Prosperität am Rande des wirtschaftlichen Bankrotts. Drei Millionen Arbeitslose und unverändert hohe Reparationszahlungen zwangen die Demokratie in die Knie. In dieser Situation eines deutlich spürbaren, aber noch nicht vollzogenen Umbruchs erkannten sich viele Menschen in Vicki Baums Roman wieder, dessen Figuren sich irritiert in einer Welt zurechtzufinden versuchen, in der nichts mehr so ist, wie es einmal war. Jeder jagt dem knappen Geld nach, sucht sein kleines privates Glück. Fast alle scheitern dabei.

Der clevere, luzide Genremix aus Krimi, Romanze, Enthüllungsroman und Melodrama traf den Nerv der Zeit. Neben den Figuren spielte hier plötzlich die zunehmende Beschleunigung des Alltags und die Veränderung der Kommunikationsgewohnheiten eine tragende Rolle. Der Oberflächlichkeit menschlicher Begegnung und nicht zuletzt der allumfassenden Macht des Geldes fiel endlich, wenn auch sexy-verschleiert, eine Hauptrolle zu. Denn ohne es sonderlich vor sich selbst oder vor anderen zu kaschieren, sind Vicki Baums Figuren allesamt »Sklaven des Geldes«[59]. Jeder dieser »Menschen im Hotel« verfolgt ein individuelles Ziel, kämpft gegen die Uhr um ein Weiterleben, das mehr ist als ein Überleben. Vicki Baum führt sie alle im Hotel zusammen, einem Ort der Begegnung, der Krise, des Wendepunktes und der Erneuerung.[60]

Da ist zum einen der rauschgiftsüchtige Arzt Doktor Otternschlag, dessen letztes Vergnügen darin besteht, die Gäste in der Hotellobby zu beobachten. Da ist auch der todkranke Hilfsbuchhalter Otto Kringelein, der aus der Provinz angereist ist, um in seinen letzten Wochen das Leben überhaupt erst kennenzulernen. Kringeleins Chef, Fabrikdirektor Preysing, versucht ebenfalls, im Hotel seine letzte Chance wahrzunehmen. Er will eine Fusion abschließen, um seine bankrotte Firma zu retten. Wir treffen außerdem Christine Flamm, genannt Flämmchen, die sich als Hostess über Wasser hält, aber nach Höherem strebt, sowie Baron Gaigern, den schönen, tödlich gelangweilten Kriegsveteranen, der im Grand Hôtel die Perlen der weltberühmten Primaballerina Grusinskaja zu stehlen versucht – auch er ist pleite. Schließlich Elisaweta Grusinskaja, die alternde russische Ballettdiva, die sich in Berlin verzweifelt ein Comeback erhofft.

Menschen im Hotel ist ein moralfreies Werk, es gibt weder Gut noch Böse, Richtig oder Falsch. Der »göttliche« Motor allen Geschehens ist das ironische Schicksal, der pointenreiche, unkomplizierte schöne Zufall. Dies war die Haltung, die Vicki Baum sich selbst und der Welt gegenüber einnahm. Es war ihre Methode, mit dem tief verinnerlichten Gefühl der Einsamkeit umzugehen. In ihrer Literatur konnte sie ihre eigenen Grenzen überschreiten, die Widersprüche ausloten und versöhnen, ihre Weltsicht ausdrücken. Ihre Romane künden von ihrer frohgemuten Skepsis gegenüber allen Wahrheitsansprüchen, von ihrer Überzeugung von der

»individuellen und kosmischen Bedeutungslosigkeit«[61] jeder einzelnen Existenz und ihrem festen Glauben daran, dass doch alles miteinander verknüpft ist. Nie wieder ist Baum das so eindrucksvoll und mit einer solchen Leichtigkeit gelungen wie in *Menschen im Hotel*. In diesem Roman gibt es nur einen Weg zum Glück: der Sehnsucht zu folgen und dabei weder Schmerz noch den Tod zu fürchten, denn sie sind ohnehin unausweichlich. Der todgeweihte Kringelein ist der wahre Held, die Figur, die alles wagen kann, da sie nichts mehr zu verlieren hat. Kringelein will nicht wie ein Spießer sterben, sondern wie ein König. Er verlässt seine Familie, seine Heimat, den tödlich erniedrigenden Trott. Dafür, dass er sich diese Freiheit nimmt, lässt ihn Vicki Baum am Ende weiterleben. Der unbescheidenste Charakter gewinnt, gegen alle Wahrscheinlichkeit, aber ohne das übliche Kitsch-Parfüm des Sieggewohnten.

Obwohl Baum in ihrem Roman »dem modernen Leben gegenüber mehr als einen Hauch von Bitterkeit«[62] zeigt, erscheint die Vision einer von Nächstenliebe und Mitleid geprägten Welt zwischen den Zeilen: »Das Leiden eines Menschen zu spüren – denn jeder Mensch leidet – und dennoch lachen zu können«, charakterisierte Baum es später selbst.[63] Es gelingt ihr, diese fragile Balance zwischen düsterer Hellsicht und Empathie als Atmosphäre festzuhalten. Flämmchen zum Beispiel empfindet eher Mitleid als Liebe für den schwindsüchtigen Kringelein und hält ihn so am Leben. Wie so oft bei Vicki Baum ist auch in *Menschen im Hotel* die tätige Liebe tiefer und beständiger als die erotische.

»Das Mitleid ist [bei Vicki Baum, N. N.] eine der Schmerzen im Leben, die ... voll und ganz ausgelebt werden müssen«, schrieb der amerikanische Kritiker Basil Davenport in seiner bemerkenswert hellsichtigen Rezension: »Aber man darf diesem Gefühl nicht nachgeben, nicht einen Zoll. Denn eines ist klar: *Menschen im Hotel* ist ohne jede Spur von Mitleid geschrieben.

Diese Art von Stoizismus sagt zu sich selbst: ›Sei stark!‹ ... Er spart weder sich noch andere aus; er ist ebenso bewundernswert wie furchteinflößend. Es ist ein Phänomen, mit dem man vielleicht rechnen sollte, sicherlich aber eines, für das man Verständnis aufbringen kann. Und *Menschen im Hotel* ist ein Buch, das man lesen sollte.«[64]

Der Roman ist allein schon deshalb lesenswert, weil Vicki Baum das Genre der »group novel« popularisierte, das bis heute vielfach kopiert wird: »Zahlreiche Figurenkonstellationen werden durch kunstvolle Verknüpfungen – insbesondere parallele Charakterisierung – hergestellt, ohne dass eine Zentralfigur existiert.«[65] Abgesehen vom rein Handwerklichen, auf das sie wie bei allen ihren Büchern stolz war, hielt Baum selbst nicht sehr viel von ihrem eigenen Werk. Trotzdem ist *Menschen im Hotel* das bleibende Zeugnis ihrer Kunst. Am Ende ihres Lebens vermerkte Baum resigniert, dass zwar Millionen Menschen auf der ganzen Welt ihren Roman gelesen hatten, ihn aber wohl höchstens ein paar so verstanden hatten, wie sie ihn gemeint hatte: »Schön, dachte ich bei mir, machen wir mal ein kleines Experiment. Nehmen wir mal die abgedroschensten Situationen ... die abgedroschensten Figuren, stecken wir in jede ein Lichtlein, das sie von innen erhellt, durchsichtig macht, zu einem Menschen macht ... Die Ironie lag darin, dass kein Mensch die Ironie gespürt hat.«[66] Dass es sich nämlich um eine Parodie auf den Kolportageroman und dessen abgedroschenes Figureninventar samt seinen banalen Standardsituationen handelte, war von den Lesern völlig unbemerkt geblieben. Dabei hatte Baum ursprünglich sogar einen Hinweis auf ihre parodistische Absicht gegeben, indem sie ihrem Roman den vielsagenden Untertitel *Ein Kolportageroman mit Hintergründen* beifügte. Doch schon in der zweiten Auflage (wie in allen Auslandsausgaben) fehlte dieser (selbst-)ironische Kommentar – Ullstein und Baum hatten ihn offenbar aus PR-Gründen gestrichen. Mit oder ohne Untertitel lasen die meisten den Roman als das, was er nicht sein sollte – als Kolportage und nicht als Parodie eines Kolportageromans.

Vicki Baum suchte den Fehler bei sich selbst: Da keiner ihren Roman verstand, konnte er nicht gut genug sein. In gewisser Weise lag der »Fehler« tatsächlich bei ihr selbst – aber nicht im Roman, sondern an zwei sehr publikumswirksamen Bearbeitungen, die sich in den Köpfen der Menschen festsetzen und auf das Original zurückwirken sollten: dem Theaterstück und der Hollywood-Verfilmung. Beide Versionen waren weniger differenziert als der Roman, bei beiden kam die Ironie zu kurz (im Theaterstück noch mehr als im Film). Beide hoben das Triviale des Stoffes hervor, und was das Erstaunlichste ist – für beide Fassungen zeichnete Vicki Baum selbst verantwortlich. Sie war sowohl Autorin des Stückes als auch Mitautorin des späteren Drehbuches. Sie hätte sich also eigentlich nicht darüber wundern dürfen, dass sich ihre Formel zu einem »mechanischen Spielzeug«, einem »Rezept, auf allen Märkten verkauft und gekauft«[67], entwickelte, wie sie sich in ihrer Autobiographie beschwerte. Dass sie selbst maßgeblich zu dieser Entwicklung beigetragen hatte, wollte sie nicht wahrhaben. Sie glaubte fest daran, dass ihr irgendwer das Original gestohlen hatte.

Als pure Ironie – gegen Baum selbst – erweist sich auch ein Mythos, der bis heute hartnäckig fortlebt. Im Programmheft zur Uraufführung des Theaterstückes *Menschen im Hotel* berichtete die Autorin ausführlich über ihre einschlägigen Erfahrungen als Zimmermädchen in einem Berliner Luxushotel – bevor sie den Roman geschrieben habe. Später erzählte sie oft, sie habe nach dem Schreiben überprüfen wollen, ob ihre Darstellung des Hotellebens stimmig sei.[68] Curt Riess kolportierte sogar, bei ihrem »Hotel-Abenteuer« hätte Vicki ein wohlmeinender Hausknecht den unvergesslichen Rat mit auf den Weg gegeben: »Nee, Froillein, jehnse lieba inne Familje, denn hier kriegense bloß Schweißfieß, vons Rumloofen auf de dicken Teppiche.«[69] So witzig das alles erscheint – es ist offenbar erfunden. »Nix war«, gab die 71-Jährige freimütig zu, als sich der deutsche Produzent Artur »Atze« Brauner Anfang 1959 anlässlich seiner Verfilmung von *Menschen im Hotel* telefonisch bei ihr nach ihren Hotelerfahrungen erkundigte: »Das war nur ein Reklamegag. Ein hübscher kleiner Gag, aber sehr verkaufsfördernd.«[70] Und in ihren Erinnerungen fügte Baum scheinbar beiläufig hinzu: »Ich würde gar nicht auf den Gedanken kommen, hinter die Kulissen eines Hotels zu gucken, am wenigsten hinter die eines bestimmten Hotels.«[71]

Das hieß aber keinesfalls, dass *Menschen im Hotel* nicht doch auf autobiographischen Erlebnissen und realen Ereignissen beruhte. Der Handlung um Generaldirektor Preysing und den Hoteldieb Gaigern beispielsweise lag ein kurioser Kriminalfall zugrunde, der die Öffentlichkeit im Frühjahr 1926 beschäftigte. Der polizeibekannte Fassadenkletterer Wilhelm Kaßner war in das Zimmer eines Schweizer Ehepaares im Berliner Hotel Kaiserhof eingedrungen. Der Gast bemerkte den Eindringling und schlug ihn mit einem Revolver nieder. Anders jedoch als im Roman stürzte der Fassadenkletterer bei dieser Aktion durch das Hotelfenster und blieb verletzt auf dem Asphalt liegen, wo ihn die Polizei leicht verhaften konnte.

Der Hochstapler Baron Gaigern basierte auf einem Charakter aus *Panik. Geschichte einer Entgleisung* aus dem Jahr 1926, Arnold von Stetten, der wiederum an Bengt Wadsted angelehnt war. Bei der Figur des Kringelein wurde Vicki Baum ihrer eigenen Aussage zufolge von einem Erlebnis aus ihrer Jugend inspiriert. Als Vierzehnjährige hatte sie an einem Konzert im südmährischen Städtchen Lundenburg (heute Breclav) teilgenommen. Dort hatte ein kleingewachsener hagerer, schäbig gekleideter und rasierter Tenor mit hoher, dünner Stimme einen Solopart gesungen. Das Bild dieses fremden, mitleiderregenden Menschen hatte sich in Vickis Phantasie wohl mit dem eines anderen hässlichen kleinen Mannes vermengt – mit ihrem Vater Hermann Baum – und sie schließlich zu einer längeren Geschichte inspiriert, die sie in ein liniertes Schulheft übertragen hatte. In »Die Versicherung des Adolf Kringelein«, dem noch erhaltenen Teil dieses unveröffentlichten Manuskripts, stellt die junge Vicki eindrucksvoll ihren früh entwickelten, so gar nicht kindlich anmutenden Sinn für Situationskomik unter Beweis. Mit viel Phantasie beschrieb sie den Alltag in einer süddeutschen Kleinstadt namens Goggingen und erfand den krebskranken Adolf Kringelein, der um die Hand der Tochter des örtlichen Kolonialwarenhändlers Sauerkatz anhält. Mehr als fünfundzwanzig Jahre später wurde aus dem Schriftführer der lokalen Zuckerfabrik der schwindsüchtige Buchhalter Otto Kringelein, der sein Geld in der aufregenden Hauptstadt verprasst, weil er nicht sterben will, ohne vorher einmal gelebt zu haben.[72]

Offenbar ist auch »Doktor Otternschlag« keine reine Fiktion, sondern eine Adaption von Vickis sehr realem Nachbarn in Grunewald, dem morphiumsüchtigen Kriegsinvaliden Landshoff, der in der Wohnung unter Vicki wohnte und zumeist »wie ein Gespenst durchs Haus schlich«, wie sich Wolfgang Lert lebhaft erinnert.[73] Und selbst die wohl romanhafteste Figur aus *Menschen im Hotel*, die Tänzerin Lisaweta Grusinskaja, war »dem Leben abgeschaut«, trug sogar Züge gleich mehrerer realer Personen. 1932 erklärte Baum in einem US-Artikel, dass die Grusinskaja an eine »temperamentvolle Balletttänzerin« angelehnt sei, die sie einmal bei einem Konzert ihres Mannes kennengelernt habe.[74] Offenbar floss ihr Eindruck von dieser Frau in die Figur der Grusinskaja in *Panik. Die Geschichte einer Entgleisung* ein. Da diese Erzählung aber auch durch ihre Begegnung mit Bengt Wadsted angeregt wurde, liegt es nahe, dass die gleichaltrige Grusinskaja auch ein verstecktes Selbstporträt der Autorin war.

Viel später »enthüllte« Baum, dass ihre Romanfigur eine verschleierte Darstellung der berühmten Anna Pawlowa sei. Im Dezember 1926 hatte sie die Primaballerina bei einem Gastspiel im ziemlich heruntergekommenen Theater des Westens gesehen. In ihrer Autobiographie erinnerte sich Baum an einen »tieftraurigen« Abend mit einer Pawlowa, die »damals schon auf dem Abstieg« gewesen sei[75]. Ihre Beobachtungen stimmen auf verblüffende Weise mit der Charakterisierung des Pawolowa-Biographen Keith Money überein, der die Tänzerin in seiner 1982 erschienenen Biographie als zerrissenen Charakter beschreibt. Vicki Baum hatte also entweder hochsensible Antennen für den inneren Zwiespalt der späten Pawlowa, oder sie hatte entsprechende intime Informationen von ihren Ballett-Freunden erhalten, womöglich von Max Terpis, der damals intensiv mit einem der Tänzer aus Pawlowas Truppe zusammenarbeitete. Jedenfalls träumt Baums Grusinskaja 1929 in *Menschen im Hotel* ähnlich wie die reale Pawlowa 1926 von der Aufführung neuer moderner Tänze.[76]

Verblüffend, ja beinahe tragisch mutet es an, wie Baum in diesem Künstlerschicksal ihr eigenes vorzeichnete. So, wie sich die Pawlowa/Grusinskaja vom überkommenen Tanzstil lösen wollte, versuchte auch Baum, im Alter das Image der »geborenen« Bestsellerautorin abzulegen, das sie mit *Menschen im Hotel* für alle Zeiten zementiert hatte. Anfang der fünfziger Jahre bemühte sie sich, ihr kommerzielles Image loszuwerden, und schrieb, zunächst unter einem Pseudonym, den bitterbösen gesellschaftskritischen Roman *Kristall im Lehm*. Doch ihr Versuch einer künstlerischen Neuausrichtung sollte ihr ebenso misslingen wie 1926 jener der Pawlowa.

Als *Menschen im Hotel* Ende Juli 1929 als Buch veröffentlicht wurde, befand sich Vicki Baum auf dem Höhepunkt ihres Ruhms. Zugleich begann ihr Stern bei den Kritikern zu sinken. Erste Anzeichen dafür gab es schon im Januar 1929, als eine bissige Karikatur in der renommierten *Literarischen Welt* erschien. Unter den Abbildungen von Schriftstellern wie Emil Ludwig, Jakob Wassermann und Thomas Mann, die alle bei »Vorarbeiten« zu neuen Romanen gezeigt werden, befindet sich auch eine Karikatur Vicki Baums. Als einzige Frau in dieser illustren Schar sitzt sie mit einer altmodischen Haarfrisur und angestrengtem Blick vor einem Rechenschieber. Darüber ist zu lesen: »Vicki Baum beschäftigt sich mit der Relativitätstheorie für ihren neuen Ullstein-Roman.«[77]

Deutlicher hätte man es nicht machen können: Die Ullstein-Kultur stand in den Augen maßgeblicher bürgerlich-liberaler Kritiker für die Anbiederung an den Massengeschmack, für den Verrat an geheiligten Bildungsgütern, für Kommerz statt Kultur. Anders als bei *Helene Willfüer* beschäftigte sich die Kritik nun weniger mit dem Roman als mit der Autorin selbst. Ullsteins aggressive Vermarktung begann sich gegen Baum zu wenden. Alfred Kerr, wortgewaltiger Theaterkritiker und Vickis Nachbar in Grunewald, mit dem sie sowohl in Berlin als auch später in Amerika gesellschaftlichen Umgang pflegte, bezeichnete *Menschen im Hotel* im *Berliner Tageblatt* als »Schmarren« und »Romankitsch« und warf der Autorin öffentlich vor, für Geld alles zu tun.[78] Desgleichen Herbert Ihering, der in einer Theaterkritik Baums Literatur generell abwertete. Deren Erfolg sei nur so zu erklären: Baums aus »Hunderttausenden« bestehende Leserschaft werde »durch nichts Gemeinsames zusammengehalten, es sei denn durch zweierlei: durch die Furcht, sich eigene Gedanken zu machen, und die Angst vor dem Nichts. Vicki Baums Schriftstellerei ist ... Kosmetik. Die Wahrheit wird schön gemacht, die Sprache gefärbt, der Dialog gedämpft.«[79] Der Frankfurter Kritiker Ludwig Marcuse, später pikanterweise Vickis Nachbar in Los Angeles, sekundierte seinen beiden Kollegen aus Berlin: »Falls ich richtig unterrichtet bin, ging Frau Vicki Baum in Häubchen und Tändelschürzchen im Adlon umher, um in der Maske der Angestellten Stoff zu sammeln für ihren Roman ›Menschen im Hotel‹. Bei dieser Gelegenheit entdeckte sie dann: dass ein Hotel Telephon-Zellen hat, eine Halle, einen Portier; Liftboys; und Gäste, die teils Generaldirektoren, teils dazu gehörige Stenotypistinnen, teils Hoteldiebe sind ... Nachdem Frau Baum auf ihrer Forschungs-Expedition diese Details des fremden Gebiets erkundet hatte, wird sie sich vielleicht ... auf dem Diwan irgendeines kostbaren Appartements ausgestreckt und die Augen geschlossen haben: um die blühende Phantasie auf keinen Fall zu beeinträchtigen durch das Alltägliche.«[80]

Vicki Baum wehrte sich auf ihre Art gegen die heftige Polemik. In einem aufklärerischen *Uhu*-Artikel mit dem Titel »Angst vor Kitsch« forderte sie ihre Leser auf, selbstbewusst zum eigenen Urteil zu stehen und nicht auf diejenigen zu hören, die ihnen einreden wollten, was »Kitsch« sei. Typisch Vicki Baum, schließt der Artikel mit einem flammenden Appell, der sich nicht nur gegen ihre Kritiker richtet, sondern ihre Leser herausfordert: »Und dann ihr Lieben: Macht euch nicht so wichtig. Kompliziert euch das Dasein nicht unnütz. Habt nur Courage. Spürt nur. Lebt nur. Auf alles andere kommt es so gar nicht an.«[81] Natürlich war diese Aussage Teil des Marketings, zugleich war sie aber auch ein indirekter Aufruf zur Emanzipation gegen selbstherrliche Autoritäten.

Am 17. Juni 1929 erwarb der ungarische Theaterverleger Gyuri »Georg« Marton die exklusiven Bühnen- und Filmrechte an *Menschen im Hotel* von Ullstein. Marton ließ eine Vorlage ausarbeiten. Weil Vicki fand, dass diese Fassung ihren Roman »vergulaschte«[82], nahm sie die Sache selbst in die Hand. Sie verfügte zwar über eine gewisse Theatererfahrung – ihre beiden Märchenspiele für Kinder, *Das Christsternlein* (1924) und *Das dumme Englein* (1925) waren mit einigem Erfolg an deutschen Bühnen aufgeführt worden –, doch offenbar spürte sie selbst, dass ihre Erfahrungen für das neue Projekt nicht ausreichten. Deshalb ließ sie sich einen erfahrenen Mitarbeiter aus Martons Agentur zur Seite stellen. Darüber hinaus holte sie sich Rat beim Direktor des Deutschen Theaters, Max Reinhardt. Dieser empfahl ihr, aus ihrem Roman ein »Volksstück« zu machen, so der Kritiker Kurt Pinthus.[83]

Obwohl die Romanvorlage großes dramatisches Potenzial besitzt und die Struktur des Romans einer szenischen Umsetzung für das Theater sehr entgegenkommt, war das Ergebnis ganz gewiss kein Bühnenstück aus dem Lehrbuch. In insgesamt sechzehn Szenen reihten Vicki Baum und ihr »Mitautor« Alexander Erdei die Höhepunkte der Romanhandlung wenig inspiriert aneinander. Die Handlung springt von der Hotelhalle in die einzelnen Zimmer und wieder zurück in die Halle. Die Szenen werden oftmals durch langatmige Erzählerkommentare eingeleitet – alles eher ungewöhnlich für ein »Volksstück«.

An dramaturgischer Vorstellungskraft fehlte es Vicki Baum sicher nicht. Sie stellte ihre Figuren in separierten, nebeneinander stehenden Telefonzellen vor und ließ sie in wenigen Gesprächsfetzen ihren Lebenshintergrund erklären. Diese Idee wurde später sowohl von Gustaf Gründgens in seiner Berliner Inszenierung als auch im MGM-Film übernommen. Baums Bühnenversion hatte jedoch zwei entscheidende Mängel: Die Dialoge waren nicht schlüssig genug. Außerdem gingen in der szenischen Umsetzung wichtige Nuancen des Romans verloren, vor allem die ironische spielerische Balance zwischen Traum und Realität, die den Urtext auszeichnen. Stattdessen traten nun unbeabsichtigt gerade jene Elemente hervor, über die sich Baum im Roman lustig gemacht hatte: Kolportage und flache Symbolik.

Sie selbst war sich der Schwächen ihrer Bearbeitung durchaus bewusst. Nachdem das Stück schon in allen großen europäischen Metropolen gespielt und auch in Amerika ein Hit geworden war, Baum es sich also leisten konnte, öffentlich Selbstkritik zu üben, zeigte sie sich 1931 in einem Artikel in *Die Dame* über den Erfolg überrascht. Sie habe ihren Roman seinerzeit »nach vielem Zureden recht und schlecht aus der epischen in die dramatische Form zurechtgequetscht«, bekannte sie.[84] Dabei seien leider nur »Abziehbilder« der Charaktere entstanden. »Zum Theater kommen, am Theater aufgeführt werden – das ist nämlich so ein Gefühl, als käme man unter eine Dampfwalze.«[85]

Prompt fiel das Stück bei den Kritikern durch, trotz der umjubelten Premiere in Berlin. Die meisten Rezensenten priesen zwar die opulente, luxuriöse Ausstattung und lobten die »brillante« Regieleistung des Reinhardt-Schülers Gründgens, der es mit Akribie und feinem Gespür für Choreographie umgesetzt hatte. Auch das Ensemble um Paul Kemp als Kringelein, Sibylle Binder als Grusinskaja und Oskar Karlweis als Baron Gaigern erhielten gute Noten. Doch die dramatische Vorlage überzeugte nicht einmal diejenigen, die den Roman für gelungen hielten. »Das ganze Leben ist ein Hotel. Das ist These und Pointe«, lautete einer der noch wohlmeinenderen Kommentare.[86]

Obwohl das Stück letztlich auf 127 Bühnen gespielt wurde, wurde es in Berlin nach siebzig Aufführungen vom Spielplan genommen. Für Vicki Baum war das eine persönliche Enttäuschung. Ein ganz ähnliches Bild bot sich in Wien: Die Premiere im Volkstheater im Mai 1930 war ein rauschender Erfolg, das Stück wurde nach nur wenigen Wochen abgesetzt. In Anwesenheit ihres inzwischen achtzigjährigen Vaters zeigte sich Vicki Baum unter dem donnernden Applaus des Premierenpublikums nach dem dritten Akt. Sie nahm die Befallsbekundungen mit einer ähnlichen Grandezza entgegen wie schon in Berlin: »Ein ungewöhnliches Bild: Man sah eine blonde, reizvolle junge Frau sich als Autorin verneigen. Mit viel Sicherheit. Denn ihre literarischen Erfolge hat Vicki Baum, von kleinen Ghetto-Geschichten über ›Die Tänze der Ina Raffay‹, die ›cand. chem. Helene Willfüer‹ über ›Ulle, der Zwerg‹ und viele Erzählungen bis zum sechzigsten Tausend des Romans ›Menschen im Hotel‹, nur sich selbst zu verdanken.«[87] Diese treffende Beobachtung stammte von einer Frau, die Vicki Baums Werdegang seit jeher mit größtem Interesse verfolgt hatte, von Helene Tuschak. Sie war 1930 leitende Redakteurin des *Neuen Wiener Tagblatts* und noch immer die Ehefrau Carl Lafites, des »Fliegenden Holländers« aus Vickis wilden Wiener Jahren.

Im Sommer 1929 verbrachten die Lerts ihren Urlaub erneut in ihrer »schönen Heimat«, diesmal am Millstätter See in Kärnten. Erstmals reisten sie nicht mit dem Zug, sondern fuhren in diesem Jahr im eigenen Familienautomobil. Der frischgebackene Führerscheininhaber Richard steuerte selbst den schwarzen Buick

Cabriolet über Dresden und die Tschechoslowakei nach Kärnten. Die Fahrt über holprige und teils unbefestigte Straßen und enge Bergpässe muss ausgesprochen abenteuerlich gewesen sein. Die hinter Richard sitzenden Jungen mussten sich auf Bitten ihres übervorsichtigen Vaters abwechselnd aus dem Wagenfenster lehnen, um Richard gegebenenfalls vor Pferdeäpfeln auf der Fahrbahn zu warnen. Sobald ein dunkler Fleck auf der Straße auftauchte, schrie also einer von ihnen: »Vorsicht, Pferdeapfel!«, und Richard machte dann einen großen Bogen um das gefährliche Etwas. Dabei geriet er häufig auf die linke Fahrbahn. Bei der Ankunft in Millstatt waren die vorderen und hinteren Kotbleche lädiert – Richard hatte bei seinen Ausweichmanövern offenbar einige Steine und Sträucher am Wegesrand gestreift. »Auf der Rückfahrt überließ es meine Mutter meinem Vater und mir, den Wagen auf der halsbrecherischen Strecke durch die Tschechoslowakei zurückzubringen«, erinnert sich Wolfgang Lert.[88] Vicki selbst zog es vor, mit dem achtjährigen Peter im Zug zurückzufahren. Die Reise regte sie zu dem liebevoll-bissigen Kleinstadtporträt *Zwischenfall in Lohwinckel* an. Ein Verkehrsunfall von drei prominenten Berlinern auf Durchreise versetzt das hessische Städtchen Lohwinckel in Aufregung. Bald ist nichts mehr so, wie es war. Als die Großstädter nach ein paar Tagen so unvermittelt verschwinden, wie sie aufgetaucht sind, triumphiert der konventionelle Geist, und Lohwinckel versinkt wieder in den alten Trott: »Mit einem halbblauten A-Dur-Akkord nimmt das Leben seinen Fortgang.«[89] Die *Berliner Illustrirte Zeitung* druckte den vermutlich mit höchstens halber Kraft geschriebenen Roman im Sommer 1930 vorab. Vicki Baum erhielt 40.000 Reichsmark dafür – ihr Standardhonorar seit *Menschen im Hotel.*

Seitdem sie ein Star war, stellte Ullstein Vicki immer öfter für Reisen frei. Sie wurden nach dem Tanzen nun ihre größte Leidenschaft. Ausgestattet mit ihrer neuen Spiegelreflexkamera, sammelte sie auf ihren Expeditionen enthusiastisch Ideen für Arti-

Mit Paul Moses in Neapel, 1929

kel und Romane. »Es sind die kleinen Züge, aus denen sich das Ganze baut, in denen sich die Seele eines Landes, eines Volkes enthüllt«, hatte sie schon 1927 in einem Artikel in der *Dame* doziert, »nur muss man die Augen haben, sie zu sehen, und das Kodakgehirn, sie festzuhalten.«[90] Der Fotoapparat war dabei jedoch nur ein eher lässliches Hilfsmittel, denn ihre mentale Aufnahmefähigkeit war noch immer die eines jugendlichen, allem aufgeschlossenen Menschen.

Ihre bislang weiteste Auslandsreise führte Vicki Baum im März 1929 in den Orient. Noch Jahre später zeigte sich Baum in einem Brief an Else Lasker-Schüler, die sie vom Ullstein-Verlag her kannte, vom Wechsel der Landschaft in Palästina beeindruckt: »Morgens fünf Meter hoher Schnee am Libanon und Mittagsrast im glühend heißen Tal unter Dattelpalmen.«[91] Gleich nach dieser vierwöchigen Reise schiffte sie sich – diesmal nicht in Begleitung von Richard – in Marseille nach Algier ein und startete von dort aus zu einer dreiwöchigen Rundreise durch die historische arabisch-islamische Welt. Auf dieser Reise lernte sie die Geschwister Moses aus dem Rheinland kennen. Dr. Elisabeth Moses, Spezialistin für jüdische Kunstgeschichte und Kustodin im Kölner Kunstgewerbemuseum und fast auf den Tag genau vier Jahre älter als Vicki, machte sich während der ganzen Reise Notizen für einen Fachartikel. Ihr jüngerer Bruder Paul Josef, ein freundlicher Riese mit Nickelbrille, war Hals-Nasen- Ohren-Arzt mit einer Praxis in Köln. Vicki und die Moses schlossen schnell Freundschaft. Zusammen besichtigten sie die Stätten Constantine (Ostalgerien), Timgad und Batna und reisten zu den Ruinen und Tempeln der heiligen Stadt Kairouan. Als Vicki in der Oase Taggourt ein Kamel mieten wollte, so erzählte sie später Grete Fischer, diente man ihr gleich eine ganze Karawane mit neun Kamelen und einer »ganzen Dorfbevölkerung von Menschen« an. Nur ein paar hundert Meter von der Zivilisation entfernt, schlug die Karawane ein Nachtlager auf, vor dem mit Dolchen und Pistolen bewaffnete Araber Wache standen. Vicki amüsierte dieser offensichtliche Mummenschanz und das schöne Detail, dass es drei Zelte gab: ein großes mit Feldbett und Waschtisch für sie, ein kleineres für die Wächter und Beduinenkinder und ein noch kleineres mit einer Klosettattrappe für sie, in dem sie »comme une dame« mitten in der Wüste ihr Bedürfnis erledigen konnte.[92]

Aus der Wüste importierte Vicki Baum gleich noch ein neues Familienmitglied: »Joujou«, einen winzigen sandfarbenen Fuchs mit dreieckigem Gesicht, spitzen Ohren und dunklen Augen. Sie hatte ihn für ein Paar Francs von einem fixen Araberjungen namens Marbrouk erstanden, der das Nest des Feneks ausgegraben und damit gedroht hatte, das Tier zu töten, wenn sie es nicht sofort kaufte. Also schmuggelte sie »Joujou« in der Manteltasche durch den Zoll. In seinem neuen Revier in Grunewald spielte der Wüstenfuchs bald so gut Versteck, dass er häufig als verschollen galt. Er nagte an Vickis Schuhen, verschleppte Peters Spielzeug und stibitzte Richards Uhren. Im Ullstein-Haus wurde Joujou schnell zum Maskottchen. Erst machte Baum ihn zum Helden ihrer Reisegeschichte *Aus der Sahara mitgebracht*, dann wurde er Fotomodell. Auf der Schulter seiner Besitzerin lichtete man ihn für Reklamefotos ab. Aber Joujou war der Großstadt letztendlich nicht gewachsen. Obwohl Vicki ihren Liebling tage- und nächtelang liebevoll mit Cognac und Eiern aufzupäppeln versuchte, starb der Fenek nach einem Jahr in der Fremde – nicht etwa an Heimweh, sondern an einer Gehirnstaupe.[93]

ERWARTET IN AMERIKA (1930–1933)

Grand Hotel – New York, via Moskau und London – »Vicki«, talk of the town – Ein »Treatment« bei Elizabeth Arden – Working Girl – Lubitsch, Thalberg & Co. – Oscar-prämiert – Heimweh nach Amerika – Frau ohne Vergangenheit – Ein neues Heim in Santa Monica – Alte Freunde und neue Nachbarn – Undank und Verbot

Ein gewichtigeres »Mitbringsel« aus Nordafrika war Vickis neue innere Unruhe, eine »unbändige Sehnsucht« zu reisen. Die Ruhelosigkeit sollte sich später etwas legen, doch das Fernweh ließ sie nie wieder los. Jede größere Luftveränderung erschien ihr fast wie ein Aufbruch in ein neues Leben, in eine »neue, froh erregte Welt«. Seit 1929 versuchte sie, jedes Jahr einen anderen Teil der Erde zu bereisen und eine neue Kultur kennenzulernen. Der internationale Erfolg von *Menschen im Hotel* eröffnete ihr in dieser Hinsicht ungeahnte Möglichkeiten. Ein Jahr, nachdem das Buch in Deutschland erschienen war, waren bereits Lizenzen in fast alle europäischen Länder verkauft worden. Anlässlich der Veröffentlichung der russischen Ausgabe luden die sowjetischen Behörden Vicki nach Moskau ein. Im November 1930 reiste sie bei eisigen Temperaturen mit dem Zug in die kommunistische Sowjetunion, in ein von Armut und Angst beherrschtes Land, das sie schon deshalb wenig beeindruckte, weil jeder ihrer Schritte peinlich überwacht wurde. Anschließend folgte sie einer Einladung des englischen PEN-Clubs nach London.

Nachdem zuvor mehrere englische Verlage *Menschen im Hotel* abgelehnt hatten, hatte Verleger Geoffrey Bles im März 1930 die englisch-amerikanischen Rechte erworben, was einer kleinen Sensation gleichkam, denn eine englische Übersetzung bedeutete in der Regel den internationalen Durchbruch. Nach dem Ersten Weltkrieg waren nur ganz wenige zeitgenössische deutschsprachige Schriftsteller ins Englische übersetzt worden, unter anderem Thomas Mann, Alfred Döblin und Erich Maria Remarque.

Bles, der sich mit seinem noch jungen Verlag auf Krimis und Übersetzungen in England noch unbekannter europäischer Autoren wie Karel Čapek spezialisiert hatte, glaubte an einen Hit. Für die Übersetzung konnte der germanophile Verleger den Autor und Übersetzer Basil Creighton gewinnen, der bereits Romane von Hermann Hesse und Ernst Jünger ins Englische übertragen hatte; Creighton war offenbar ein mechanischer Allesübersetzer oder ein Mann von äußerster Flexibilität. Bles selbst sollte schließlich Creightons Übersetzung Wort für Wort redigieren und dem Ganzen den Titel *Grand Hotel* geben. Das Resultat war eine leichtfüßige Übertragung des Originals, von der die Autorin (die damals freilich kaum Englisch verstand) kokett behauptete, dass sie »besser ist als mein Original«.[1]

Im Juli 1930 traf sich Bles mit Vicki in Berlin. »Ich war sehr beeindruckt von dem, was sie mir über ihre neuen Buchideen erzählte«, notierte er nach dem Treffen. »Unzweifelhaft ist dies eine Autorin, die bei den englischen Lesern sehr gut ankommen wird. Zudem eine harte Arbeiterin. Seit mehreren Jahren hat sie zwei Romane pro Jahr geschrieben.«[2] Bles sollte recht behalten: Als das Buch im September 1930 in England erschien, eroberte es das Land im Sturm – und wurde zum ersten großen Verkaufsschlager in der Geschichte des Bles-Verlages. In England wurde *Grand Hotel*, was der Roman in Deutschland nicht war: ein Erfolg bei Publikum und Kritikern zugleich[3]. Hugh Walpole und Arnold Bennett lobten ihn überschwänglich. Walpole fand das Buch bemerkenswert, weil es »die Krise unserer Tage« auf den Punkt bringe.[4] Für Bennett, der gerade selbst seinen Roman mit dem Titel *Hotel Imperial* veröffentlicht hatte, war es schlicht »das beste Buch des Jahres«[5]. Auch John B. Priestley äußerte sich positiv: »Der Roman ist eine Art von Kinofilm des modernen Lebens ... und mit ›modernem Leben‹ meine ich die Gegenwartserscheinungen, die gerade erst anfangen, die Aufmerksamkeit der Schriftsteller und Dramatiker zu erregen.«[6]

Priestley war auch ihr Begrüßungsredner, als Vicki, gerade aus Moskau eingetroffen, am 2. Dezember 1930 als Ehrengast des englischen PEN-Clubs geladen war. Bei dem festlichen Dinner im Londoner Savoy-Hotel hob sie in ihrer fünfzigminütigen Antwortrede hervor, wie sehr sie die englischen Schriftsteller von Dickens über D. H. Lawrence bis Virginia Woolf wegen ihres ausgeprägten Sinns für »Humor und Mitleid« bewundere.[7] Vicki, die damals des Englischen noch kaum mächtig war, hatte ihren Text zuvor auf Deutsch geschrieben, ihn dann von ihrer amerikanischen Freundin und Übersetzerin Margaret Goldsmith ins Englische beziehungsweise in Lautschrift übertragen lassen und danach ihre Rede schließlich Wort für Wort auswendig gelernt. Diese Methode sollte sie noch jahrelang praktizieren.

Als sie an diesem 2. Dezember 1930 in London sprach, war Vicki Baum bereits eine international hoch gehandelte Autorin. Im Spätsommer hatte Bles die amerikanischen Rechte an *Grand Hotel* verkauft – nicht an irgendeinen Verlag, sondern an den größten, Doubleday Inc. In den USA war Doubleday das, was Ullstein in Deutschland war: der Marktführer im modernen Verlagsgeschäft. Doubleday war auch das Vorbild für Hermann Ullsteins Reklamefeldzüge der Weimarer Nachkriegszeit. Der charismatische Verleger Nelson Doubleday veranstaltete in den USA nie gekannte, aufwändige Werbekampagnen und hatte so schon etliche, in den USA noch unbekannte englische Autoren wie Rudyard Kipling, Aldous Huxley und W. Somerset Maugham höchst profitabel am US-Markt durchgesetzt. In einer Zeit der wirtschaftlichen Flaute investierte das Haus Doubleday unbeeindruckt hohe Summen in die Werbung erfolgversprechender Bücher und suchte konsequent nach Schriftstellern mit großem kommerziellen Potenzial. Vicki Baum passte perfekt in dieses Schema. Nachdem die Leiterin der Londoner Verlagsdependance, Mary Leonard, im Sommer 1930 nach Berlin gereist war und Vicki persönlich kennengelernt hatte, kabelte sie nach New York, sie sei sich sicher, dass diese Autorin »allein durch ihren persönlichen Auftritt gute Publicity« bringen würde.[8]

Bereits in Moskau hatte Vicki erfahren, dass die amerikanische Übersetzung ihres Theaterstücks *Grand Hotel* in New York gefeiert worden war: »Grand Hotel größter Broadway-Erfolg seit dreißig Jahren. Gratuliere«, stand in dem Telegramm, das Richard seiner Frau nach Moskau nachgesandt hatte. Es stammte von Stephanie, »Steffy«, Goldner, einer von Vickis Harfenschülerinnen aus Wien, die inzwischen in New York lebte und dort Harfenistin des Philharmonischen Orchesters war.

Lange Zeit hatte es nicht so ausgesehen, als ob das Stück je in New York herauskommen sollte. Der Agent Edmond Pauker, ehemaliger Wirtschaftsrechtsprofessor in Ungarn und der Geschäftspartner von Georg Marton, hatte den bisherigen Rechteinhabern Ullstein, Baum und Marton im April 1930 die Bühnen-Weltrechte und die Weltverfilmungsrechte am Theaterstück *Menschen im Hotel* abgekauft — für vergleichsweise lächerliche 2.000 Dollar pro Partner plus einer einprozentigen Gewinnbeteiligung für jeden, falls Pauker das Stück am Broadway unterbringen konnte. Er hatte Vicki Baums Bühnenversion zunächst übersetzen lassen. Auf der Suche nach potenten Geldgebern war er dann auf den Herrenunterwäschefabrikanten und Kunstmäzen Harry Moses gestoßen, dem das Stück gefiel. Moses' Antrieb, so berichtete später der Chef der MGM-Drehbuchabteilung, Samuel Marx, bestand darin, seine Frau Elsa zur Silberhochzeit mit der Rolle der Grusinskaja zu beschenken. Für die Hobbyschauspielerin aus Cleveland wäre es die Erfüllung ihres Lebenstraumes gewesen, mit ihrem eigenen Pekinesen als »Grusinskaja« über die Bühne zu stolzieren — so, wie Vicki Baum es in ihrer Regieanweisung für den ersten Auftritt der Tänzerin vorgesehen hatte.[9]

Da *Grand Hotel* aber ein echtes Spektakel werden sollte, musste Pauker einen weiteren Investor finden – Metro Goldwyn Mayer. Die Produktionsfirma wollte zunächst nur die Filmrechte an dem Theaterstück erwerben. MGM erkannte das Kinopotenzial des Stückes, glaubte, dass es ein ideales Vehikel für seine Stars sein könnte. Pauker verkaufte die Filmrechte jedoch nur unter einer Bedingung: Das Unternehmen sollte sich zur Hälfte an der Broadway-Produktion beteiligen. Der Stoff war »heiß«, und so beteiligte sich MGM an der Bühnenproduktion und überwies für die Bühnen- und Filmrechte insgesamt 35.000 Dollar.[10] »Den größten Filmeinkauf aller Zeiten« nannte Samuel Marx den glücklichen Handel später.[11] 1930 konnte jedoch noch niemand ahnen, wie lukrativ dieser Deal für MGM sein sollte. Nachdem bekannt wurde, dass Greta Garbo die Hauptrolle in der Verfilmung spielen sollte, empörte sich Vicki Baum im Dezember 1930: »Ich habe die Filmrechte für 2.000 Dollar verkauft. Mit etwas Glück hätte ich dafür mehrere hunderttausend Dollar bekommen!«[12] Sie ärgerte sich ein Leben lang, wie »lächerlich wenig Geld« sie für *Grand Hotel* erhalten hatte, äußerte sich öffentlich aber nie mehr wieder so offen darüber.[13] Sie habe sich damals »mit Haut und Haar« verkauft, merkte sie in ihren Erinnerungen an, »aber das habe ich zu meinem Ärger erst später entdecken müssen«.[14]

Auf Vorschlag seiner neuen Partner rekrutierte Harry Moses den jungen New Yorker Theaterproduzenten Herman Shumlin, der im Frühjahr des Jahres mit *The Last Mile* seinen ersten Broadway-Hit gelandet hatte.[15] Doch erst nachdem Moses' Ehefrau Elsa, überfordert von nur einer Vorprobe, ihren Pekinesen anderswo Gassi führte, war der Weg frei für eine objektivere Besetzung der weiblichen Hauptrolle. Nach zahlreichen *auditions* erhielt die Weißrussin Eugenie Leontovich die Rolle der Grusinskaja. Die rothaarige Schönheit, eine ehemalige Ballerina, war am Broadway zwar beinahe unbekannt, doch wie sich herausstellen sollte, war sie die Idealbesetzung für den Part der ätherischen Tänzerin. Perfekt besetzt war auch der knautschgesichtige Charakterdarsteller Sam Jaffe in der Rolle des Kringelein.

Nach Terminverzögerungen übernahm Shumlin selbst die Inszenierung – obwohl er noch über keinerlei Erfahrung auf diesem Gebiet verfügte. Wider Erwarten geriet die Erstaufführung am 13. November 1930 zum strahlenden Triumph. Dabei hatte nach der kuriosen Vorgeschichte niemand auch nur einen Cent auf das Gelingen der Unternehmung gesetzt, zumal noch während der Generalprobe die komplizierte und entscheidend wichtige Bühnentechnik gestreikt hatte. Doch am 14. November, dem Tag, als Steffy Goldner ihr Telegramm nach Berlin geschickt hatte, war *Grand Hotel* das Stadtgespräch. »Shumlin beherrscht die Bühnentechnik so meisterhaft, dass man beinahe das Stück aus den Augen verlieren könnte, so sehr muss man seine Fähigkeiten bewundern«, lobte die *New York Times*.[16] Über Monate hinweg waren sämtliche Vorstellungen im National Theatre ausverkauft. Für Eugenie Leontovich war die Grusinskaja die Rolle ihres Lebens, auch Kringelein Sam Jaffe wurde von Presse und Publikum bejubelt. Später landete Jaffe sanft in Hollywood, wo er zum engeren Bekanntenkreis der Lerts zählte. *Grand Hotel* hielt sich dreizehn Monate und 459 Vorstellungen lang am Broadway. Shumlins Inszenierung wurde zum »Hit des Jahres 1931« gekürt und später, mit nicht geringerem Erfolg, in vielen anderen US-Städten aufgeführt. Die Amerikaner liebten das Stück, das in vergleichbaren Inszenierungen in Deutschland mehrheitlich gefloppt war, empfanden seine zwischen Realismus und Märchenhaftigkeit changierende Stimmung als »typisch Mitteleuropa«.[17]

Die Bühnenproduktion von *Grand Hotel* hatte 55.000 Dollar gekostet, der Reingewinn betrug 1,25 Millionen Dollar. Vicki Baum als Autorin, Marton als Bühnenverleger sowie Ullstein als Verlag der Originalausgabe erhielten jeweils etwa 13.000 Dollar Gewinnbeteiligung. Für alle europäischen Teilhaber war es ein großer Erfolg, für die Autorin aber eröffneten sich plötzlich völlig neue Möglichkeiten. Ohne dass irgendwer irgendetwas über sie wusste, war »Vicki Baum« in den USA quasi über Nacht ein großer Name geworden, ein Star ohne Gestalt und Gesicht.

Nachdem sie aus London zurückgekehrt war, traf sich Baum Ende 1930, Anfang 1931 mit Edmond Pauker. Der große Gewinner der Theatersaison war extra nach Berlin gereist, um »Miss Baum« nach New York einzuladen. Als ihr Agent würde es nach ihrem großartigen Erfolg ein Leichtes für ihn sein, ihr einen Auftrag bei einer Filmgesellschaft zu besorgen, falls sie Interesse am Filmgeschäft hätte, erklärte Pauker. Vicki ergriff diese Chance. Nach ihren Reisen nach Moskau und London konnte sie sich nichts Folgerichtigeres vorstellen, als die Neue Welt zu entdecken. Wenn sie dort auch eine Möglichkeit zum Arbeiten hätte, umso besser. Also machte sie Edmond Pauker zu ihrem Agenten. Wenig später unterbreitete er ihr ein Angebot der Filmgesellschaft Paramount. Für 2.500 Dollar Wochenlohn (umgerechnet etwa 10.000 Reichsmark) sollte sie mit Ernst Lubitsch in New York einen Filmstoff erarbeiten. Zur selben Zeit kabelte auch ihr amerikanischer Verleger Nelson Doubleday eine Einladung. *Grand Hotel* war sofort nach Erscheinen unter die Spitzentitel der amerikanischen Buchcharts gelangt.

Als Vicki am 21. April 1931 um sechs Uhr morgens in Staten Island von Bord des transatlantischen Luxusliners Statendam ging und das erste Mal amerikanischen Boden betrat, kam sie für eine geplante Dauer von etwa drei Monaten. Sie blieb fast sieben Monate und verlängerte ihren Aufenthalt schließlich ins Unbegrenzte. Und ohne dass sie es ahnte, stand sie am Anfang einer lebenslangen, manchmal sehr komplizierten Liebesbeziehung zu Amerika und zu den Amerikanern.

Am frühen Morgen des 18. April 1931 erwartete Vicki vor der Zollabsperrung in Hoboken ein Begrüßungskomitee. Ihr Schwager Ernst Maria Lert, 1929 als Regisseur der Metropolitan Opera in die USA gekommen, und seine Frau Emmy Eberhardt hießen sie willkommen, auch Edmond Pauker sowie ein Vertreter der Filmfirma Paramount. Aber wirklich in Empfang nahmen Vicki ihr neuer Verleger Nelson Doubleday, ein fast zwei Meter großer Mann mit athletischer Figur im englischen Maßanzug, und ein sehniger, rothaariger Kerl mit pockennarbiger Haut, den Doubleday als »Dolmetscher« vorstellte. Dieser Gentleman verströmte einen starken Alkoholdunst, und sein Deutsch schien nicht viel besser zu sein als Vickis Englisch, das sie in den Wochen zuvor in einem Kursus an der Berlitz School erlernt hatte. Aber mit seiner unkomplizierten und freundlichen Art nahm er Vicki sofort für sich ein. Auch der Verleger selbst hatte offenbar die letzte Nacht durchgemacht, war jedoch in guter Form. Plötzlich sagte er prustend: »Vicki, darf ich Ihnen meinen Freund Red vorstellen? Sie haben vielleicht schon von ihm gehört: Sinclair Lewis?«

Diese Anekdote berichtet Baum in ihren Erinnerungen.[18] Dass sie, die führende Magazinredakteurin Berlins, das Gesicht des erst vor vier Monaten mit dem Literaturnobelpreis ausgezeichneten Lewis an diesem Morgen zum ersten Mal erblickte, wie sie später stets behauptete, erscheint jedoch sehr unwahrscheinlich, zumal *Die Dame* in ihrer letzten Ausgabe noch ein Foto von Lewis veröffentlicht hatte, das ihn allerdings mit falschem Bart zeigte. Auf seiner jüngsten Tournee durch Europa hatte Lewis in dieser Aufmachung gegen die engstirnige Haltung der amerikanischen Öffentlichkeit gegenüber einigen ihrer wichtigsten Autoren protestiert. »Red« hieß Lewis wegen seiner Haarfarbe, erst in zweiter Linie spielte der Spitzname auf seine politische Gesinnung an. Obwohl er in den dreißiger Jahren kein aktiver Sozialist mehr war, beschäftigten sich seine Romane weiterhin mit dem sozialen und politischen Wandel in den Vereinigten Staaten. Übersetzungen seiner bekanntesten Werke *Main Street* (1920, deutsch: *Die Hauptstraße*, 1922) und *Babbitt* (1922, deutsch 1925) waren in Deutschland sehr populär, und

Lewis' ebenso satirische wie realistisch-detailgetreuen Porträts des US-Kleinbürgertums hatten großen Einfluss auf das Bild, das sich die Deutschen von den USA und ihren Bewohnern machten. Auch Vicki Baum gehörte erklärtermaßen zu den Bewunderern des amerikanischen Autors. Es war also äußerst unwahrscheinlich, dass sie Lewis an diesem Morgen nicht sofort erkannte.

Bei ihrem Besuch wollte Nelson Doubleday nichts unversucht lassen, Vicki Baum für sich »einzufangen«, wie es zuvor in einem internen Memorandum geheißen hatte, und sie davon zu überzeugen, sich über die drei garantierten Projekte hinaus an den Verlag zu binden.[19] Vicki Baum war für Doubleday ein wirklicher Glücksgriff, nicht nur weil ihr Buch *Grand Hotel* an diesem Dienstag auf Platz 1 der Bestsellerliste von *Publisher's Weekly* gestürmt war, wo es sich – auch dank Vicki Baums unermüdlichem Werbeeinsatz – sensationelle acht Wochen lang halten sollte. Sie war erfahren und gewandt im Umgang mit den Medien, ein Vollprofi in Sachen Öffentlichkeitsarbeit. Als erprobte Journalistin wusste sie, was man den Kollegen servieren musste, um positive Schlagzeilen zu bekommen. Noch auf dem Schiff hatte sie ihren ersten öffentlichkeitswirksamen Auftritt, assistiert von einer jungen Pressesprecherin des Verlags, trotz einiger Sprachschwierigkeiten mit Bravour bestanden. Sie erklärte den amerikanischen Reportern, wie sehr sie sich darauf freue, Harlem und die Fifth Avenue zu sehen, und plauderte darüber, wie wenig Zeit zum Schreiben ihre Verpflichtungen als Redakteurin und Mutter ihr doch ließen. Das allein war Stoff genug für eine gute Schlagzeile. »Ankunft Vicki Baum. Will Harlem und die Park-Avenue-Berühmtheiten in Augenschein nehmen«, titelte die *New York Times* am nächsten Tag auf ihrer Unterhaltungsseite. Geschickt und wie immer ironisch spielte Vicki auf die stereotypen Vorstellungen der Amerikaner von den Deutschen an und bezeichnete sich selbst als »typische deutsche Hausfrau«: »Stellen Sie sich darunter eine Expertin in der Zubereitung von Strudeln, Schnitzeln und Braten vor.«[20]

Sie wurde nicht müde, ihre gründlichen Recherchen für *Grand Hotel* zu betonen. Ein Punkt, der zweifellos nach dem Gusto der Amerikaner war, denn im angelsächsischen Sprachraum hatte der profund recherchierte, realistische Gesellschaftsroman mit melodramatischen Elementen, wie ihn Vicki Baum in Deutschland populär gemacht hatte, bereits eine solide Tradition. Auch den US-Reportern erzählte sie die Geschichte mit dem Berliner Luxushotel, in dem sie angeblich zur Nachbereitung des Stoffes als Zimmermädchen gearbeitet habe. Und auch in einem anderen Punkt nahm es Vicki Baum mit der Wahrheit nicht ganz so genau: Mit ihren nun dreiundvierzig Jahren gab sie sich für sechsunddreißig aus. In einem Land, in dem Jugendlichkeit und Erfolg Synonyme waren, wollte sie nicht als Frau gelten, die ihre Lebensmitte bereits überschritten hatte. Und da sie mit ihrer jugendlichen Energie und ihrem entwaffnend offenen Lächeln tatsächlich für Mitte dreißig durchging, schien die kleine Schummelei vergleichsweise harmlos.

Berlin war hinter London die größte Metropole Europas, aber keine Stadt des Alten Kontinents konnte es mit dem New York von 1931 aufnehmen. Auf der Fifth Avenue wimmelte es von Pkws, Taxis, Lieferwagen und Doppeldeckerbussen mit offenen Verdecks. Die Reklametafeln blinkten schon am Morgen. Angestellte aller Lohnebenen hasteten zur Arbeit und strömten zu den Eingängen der Untergrundbahn. Vicki Baum war von der »Einzigartigkeit« und der »überschäumenden Lebenskraft« der ersten und noch einzigen Weltstadt überwältigt. Das »unbegreifbare Etwas, Freiheit genannt«, lag in der Luft. Und wie im Berlin des Jahres 1926 spürte sie auch in New York einen Gleichklang: »Ich hatte mir nie etwas davon träumen lassen, dass es eine so schöne und erregende Stadt geben könnte wie New York. Ich nahm Wien, Berlin, Paris und London und warf sie alle in den Mülleimer. Hier war die neue Schönheit, die phantastische, pulsierende Stromlinienschönheit meiner Epoche und meines Jahrgangs. Hier war das ›Heute‹«, sagt Marion in Vicki

Baums gleichnamigem Roman.[21] New York blieb ihr Inbegriff von Eleganz, Freiheit und Demokratie.

Während 1931 das Straßenbild Berlins von Verarmung und Angst vor dem fatalen Niedergang nach kurzem überhitzten Aufstieg bestimmt war, schwappte Vicki in Manhattan eine Welle modisch gekleideter Menschen verschiedener Rassen entgegen. Nicht nur die reichlich bestückten Auslagen der Geschäfte suggerierten Wohlstand. Von den Folgen der Großen Wirtschaftskrise war in Midtown Manhattan nicht viel spürbar, obwohl auch die USA darunter litten. Die Zahl der Arbeitslosen war von 1929 bis 1931 von 1,5 Millionen auf über 8 Millionen gestiegen, sodass beinahe 16 Prozent aller Erwerbsfähigen ohne Arbeit waren. Betroffen waren nicht allein Arbeiter, sondern auch der wohlhabende Mittelstand und besonders die Angehörigen der akademischen und der gehobenen Dienstleistungsberufe. Zigtausende hatten ihre Wohnungen verloren, hungerten, froren und konnten sich bei Krankheit keinerlei medizinische Versorgung leisten. Bei vielen Amerikanern saß der Schock tief, denn die Depression hatte alles aus den Angeln gehoben, was ihnen zuvor als selbstverständlich erschienen war. Zum ersten Mal war das alles beherrschende Wirtschaftssystem in Frage gestellt worden. Es ist daher nicht verwunderlich (gleichwohl bemerkenswert), dass Vicki in ihrem ein Jahr später erschienenen Beitrag für das amerikanische Magazin *The Good Housekeeping* mit großem psychologischen Geschick auf die Erwartungen gerade der Leser des arg gebeutelten Mittelstandes einging. In Zeiten der Not versuchte sie, deren Ängste auszuräumen und ihnen Mut zu machen: »Jeder ruft mir zu: ›Wirtschaftskrise‹. ›Wir befinden uns mitten in einer großen Krise! Pleiten … Arbeitslosigkeit, Not!‹ … Darauf muss ich antworten: Kinder, seid still! Ihr habt überhaupt keine Ahnung, wie glücklich Ihr Euch schätzen könnt. Ihr denkt, Ihr steckt mitten in einer Depression. Das muss allerdings eine Krise erster Klasse sein! Was Ihr gerade durchmacht, ist nur eine kleine Periode der Stagnation … Wer nach Amerika kommt, dem fällt zuallererst der hohe Lebensstandard auf. Jeder ist hier gut angezogen. Man sieht Frauen der Mittelklasse, die Juwelen tragen, die sich in Europa nur die Ehefrauen von Millionären leisten können. Weil pelzbesetzte Mäntel gerade in Mode sind, laufen alle damit herum. Die Preise für Silberfüchse sind im Augenblick im Keller – und deshalb werden sie auch von den Frauen getragen, deren europäische Schwestern nicht einmal Kaninchenfell bezahlen können. In Deutschland haben die Frauen im letzten Winter aufgehört, Pelze zu tragen. Selbst diejenigen, die einen besitzen, zeigen ihn nicht her. Denn es ist nicht besonders angenehm, mit seinem Pelz vor einer Schlange von Hungernden entlangzupromenieren, die sich vielleicht mit gefärbtem Katzenfell gegen die Kälte schützen.«[22] Tatsächlich hielt Vicki Baum die wirtschaftliche Situation in den USA für weit weniger prekär als die in Europa. Sie machte es vielen anderen Deutschen nach, die ihr Kapital seit 1931 vorwiegend im englischsprachigen Ausland anlegten, und hatte Doubleday bereits im Februar 1931 angewiesen, den größten Teil ihrer US-Tantiemen auf ihr Konto bei einer amerikanischen Bank einzuzahlen.[23]

Auf Paukers Empfehlung hin hatte sich Vicki für das St. Moritz on the Park und gegen das feinere Pierre's entschieden, in dem Nelson Doubleday bereits eine Suite für sie gebucht hatte. Sie bereute es nicht. Das St. Moritz am Central Park verströmte abendländischen Charme, vom Portier bis zu den Liftboys – überall Europäer. Nach 1932 stieg hier die illustre Schar »besserer« Emigranten aus Deutschland und Österreich ab, Lion Feuchtwanger, Franz Werfel, Berthold Viertel, Otto Klemperer und Oscar Straus, allesamt gute Bekannte oder sogar Freunde Vickis. Lange vor den meisten der Erwähnten schätzte sie die anheimelnde Atmosphäre des Hotels und das Restaurant Rumpelmayer's im Erdgeschoss, wo auch typisch Wiener Gerichte angeboten wurden: Schnitzel, Sachertorte oder heißer Apfelstrudel.

Von ihrer Suite in einer der oberen Etagen des 33-geschossigen Hotelgebäudes konnte sie große Teile des Central Parks überblicken. Bei klarer Sicht sah man sogar das Meer vor Long Island und die Gipfel der Berge von Jersey. Das St. Moritz sollte bis Anfang der fünfziger Jahre einer der Orte sein, die ihr Zuhause bildeten, »einer der wenigen sicheren und warmen Plätze auf dieser Welt, an die ich immer wieder zurückkehren möchte«, schrieb Vicki 1934 einem engen Freund.[24]

In den nächsten zwei Wochen stürzte sie sich in das New Yorker Gesellschaftsleben. Sie besuchte den Broadway, gab Interviews, hatte Auftritte in der amerikanischen Wochenschau und beim Radio, hielt einen Vortrag vor der *Drama League of America*, war bei Banketten, Dinners und Parties zu Gast. Als Autorin des Bestsellers *Grand Hotel* wurde sie überall herumgereicht und spielte schnell lernend mit. Die Liste derer, die ihr in den ersten zwei Wochen vorgestellt wurden, liest sich wie ein kleines »Who's who« der damals aktuellen literarischen und publizistischen Ostküstengrößen. Vicki traf den Pulitzerpreisträger des Jahres 1930 in der Kategorie Drama, Marc Connelly, plauderte mit Edna Ferber, der gefeierten Schöpferin amerikanischer Gegenwartsepen und ebenfalls Pulitzerpreisträgerin, sowie mit der populären US-Journalistin und Starautorin Fanny Hurst, deren Übersetzungen ins Deutsche Vicki als *Dame*-Redakteurin selbst betreut hatte. Mit dem Broadway-Produzenten Oscar Hammerstein II sprach sie über neue Projekte. Nelson Doubledays Gattin Martha Nicholson gab ihr zu Ehren eine Teegesellschaft in ihrem Apartment in der feinen Park Lane. Wie im Defilee wurden ihr drei der wichtigsten Meinungsmacher der US-Kulturszene vorgestellt: die prominente Literaturkritikerin der *New York Herald Tribune*, Irita van Doren, Harry Hansen vom *New York World-Telegram* und Dorothy Thompson, die Berlin-Korrespondentin der *Evening Post*, eine überzeugte Antifaschistin, die noch im selben Jahr durch ein Interview mit Adolf Hitler zu weltweiter Bekanntheit gelangen sollte. Dorothy war seit 1928 mit »Red« Lewis verheiratet, den sie in Berlin bei einer internationalen Teegesellschaft für Journalisten bei Außenminister Gustav Stresemann kennengelernt hatte. »Red« hatte sich dort inkognito als Reporter eines Phantasieblattes eingeschlichen und die ganze Gesellschaft mit einer Parodie auf den abwesenden Stresemann unterhalten.[25]

Die beiden waren mit von der Partie, als Vicki drei Tage nach ihrer Ankunft ihr erstes Wochenende in Barberrys, dem feudalen Anwesen ihres Verlegers in Mill Neck, Nassau County, an der Nordküste Long Islands verbrachte. Das Domizil des Verlegers mit mehreren Gästebungalows, einem Swimmingpool und einem Tennisplatz lag direkt am Wattenmeer des Long Island Sounds inmitten einer malerischen Hügellandschaft mit Robinienbäumen, Hartriegelsträuchern, Parkanlagen, Polofeldern und zwei höchst exklusiven Countryclubs mit Golfparcours. Abseits des Trubels von Manhattan pflegten hier die »oberen Vierhundert« der New Yorker Gesellschaft in schönster Abgeschiedenheit ihre Wochenenden zu verbringen.

Während eines Dinners in Barberrys erzählte Nelson Doubleday Vicki in blumigen Worten von den »Abenteuern« auf seiner Plantage in South Carolina. Schließlich lud er Vicki ein, ihn am nächsten Tag dorthin zu begleiten. Neugierig geworden, sagte sie zu. Sie machte Nelson die Freude, sich verulken zu lassen. Später verarbeitete sie das Histörchen literarisch:

»Ich nehme immer ein ganzes Pack von Freunden mit hinunter, und wir haben so viel Spaß, Jagen, Reiten, weißt du, und zu Weihnachten kommen die Neger von allen Seiten, sie reiten daher, und wer kein Pferd hat, der verschafft sich eins oder einen Maulesel oder irgendetwas. Dann zünden wir große Feuer vor dem Hause an und sitzen herum, die ganze Neujahrsnacht, und die Neger singen. Die farbigen Kerls singen sehr schön … und zu Mitternacht geht alles auf die Pferde und los, durch die Wälder und Sümpfe, bis zum Sonnenaufgang. Ich glaube, wenn ich alt sein werde, dann will ich ganz dort wohnen, es ist ein großes Haus, noch von meinen Großeltern, Kolonialstil, weißt du, mit solch hohen weißen Säulen davor und ganz alte Eichen im Garten, im Frühling blühen die Magnolien, aber dann kann man nicht hingehen – alles voller Klapperschlangen …«[26]

Dieser rein aus Klischees zusammengesetzte Monolog des Amerikaners Frank Davis stammt aus Baums erstem in Amerika verfassten Roman *Das große Einmaleins (Men never know)*. Zum Gaudium Lillian Glaserts, Nelsons Sekretärin, und Malcolm Johnsons, Lektor bei Doubleday, die beide ebenfalls eingeladen waren und die in dieser Romanpassage die Szene aus dem Sommer 1931 sofort wiederkannten, memorierte Baum hier die Worte ihres Verlegers.

Später trieb es Nelson auf die Spitze und spielte Vicki noch einen Streich: Er ließ sie wecken, weil angeblich ein »deutscher Herr« vor der Tür stand, der sich gern in seiner Sprache unterhalten wolle.[27] Vicki nahm auch die unfreiwillige Unterbrechung ihrer Nachtruhe mit Humor. Sie zahlte es Nelson später mit gleicher Münze heim, revanchierte sich, indem sie dem Züchter und erklärten Hundenarren ihrerseits einen Streich spielte und eine fingierte Anzeige in die *New York Times* setzen ließ: »Mr. Doubleday möchte seine Zucht dänischer Doggen vergrößern. Bitte kommen Sie mit den männlichen Aspiranten um die angegebene Uhrzeit in sein Büro!«[28] Aus unbekannten Gründen funktionierte dieser Scherz leider nicht, wie wir von Lillian Glaser erfahren[29]. Aber Nelson, der gerade eine Ehekrise durchmachte (zwei Monate nach Vickis Besuch reichte Martha Doubleday die Scheidung ein), schien großen Gefallen an Vicki und ihrem Humor zu finden. Ihr Verleger habe sich damals in sie verliebt, schrieb Vicki später einer Freundin.[30] Nelson sah in ihr vermutlich eine ebenbürtige Gefährtin und machte ihr laut Wolfgang Lert irgendwann in diesem Sommer umstandslos einen Heiratsantrag. Vicki sollte sich von Richard scheiden lassen und Wolfgang und Peter nach Amerika holen. Sie lehnte den Antrag ab – Nelson wurde trotzdem ein treuer Freund.[31]

Drei Jahre später spielte sie in *Das große Einmaleins* in ihrer Phantasie durch, was passierte, wenn eine biedere deutsche Ehefrau sich in einen Amerikaner verliebt und seinetwegen von heute auf morgen ihren Mann und ihre beiden Kinder verlässt. Evelyn Droste erlebt bei ihrem anschließenden Rendezvous in Paris zum ersten Mal in ihrem Leben eine große Leidenschaft, aber sie zahlt dafür mit ihrem Leben. Das Flugzeug, mit dem sie wieder nach Berlin zurückfliegt, stürzt ab.

Evelyns smarter Liebhaber Frank Davis und Frank Nelson Doubleday hatten nicht nur die leicht gebräunte, pfirsichfarbene Haut und die Initialen gemeinsam. Der Amerikaner im Roman ist ein kaum verhülltes, ins Komische gezogene Porträt des Verlegers, trägt aber wiederum auch Züge Bengt Wadsteds. Und da sie sich schon einmal über ihren Chef lustig machte, nahm sich Baum auch gleich selbst auf die Schippe. Zum zweiten Mal nach *Hell in Frauensee* versteckte sie ein hitchcockhaftes Selbstporträt in einem ihrer Romane. Ihre Charakterisierung einer »englischen Dichterin« lässt einmal mehr tief blicken und zeugt von ihrem unverkrampften Humor sich selbst gegenüber: Am Bahnhof in Paris sucht sich Frank Davis die erstbeste Fremde, um seine französische Geliebte glauben zu machen, es sei seine Frau.

Er ließ schnell seine Augen über die wenigen Damen gleiten, die eben dabei waren, einzusteigen. Er entdeckte eine, die reizlos war, nicht jung, sehr englisch angezogen. Er zog seinen Hut und half ihr beflissen und bemüht auf das Trittbrett. Als er hinter ihr einstieg, warf er schnell einen Blick über seine Schulter. Marion stand da mit geöffnetem Mund ... Übrigens wurde er der reizlosen Dame vorgestellt, als er gegen 10 Uhr in den Speisewagen ging. Sie war eine bekannte englische Dichterin und auf dem Wege nach Amerika, um dort eine Vortragstour zu machen. Sie war klug und unterhaltend, und Frank sagte ihr, dass seine Frau ... sich freuen würde, so gute Reisegesellschaft zu bekommen.[32]

Wie man die Autorin von *Grand Hotel* in der New Yorker Gesellschaft hofierte, zeigt die Einladung von Mrs. William Kissam Vanderbilt, dem lebenden Inbild der amerikanischen Geldaristokratie. Folgt man ihren Erinnerungen, schlug sich Vicki wacker. Trotz eines kaum wiedergutzumachenden Fauxpas – Vicki hatte im Vorfeld die handgeschriebene Einladung lediglich telefonisch bestätigen lassen – konnte sie die Situation mit einer kleinen geschliffenen Rede entschärfen: »Ich bin erst ein paar Tage in New York und kann erst zwei Wörter Englisch: das eine ist *swell* (phantastisch), und das andere ist *lousy* (lausig). Es ist *swell*, bei Ihnen zu sein, und bitte entschuldigen Sie mein *lousy* Englisch.«[33]

Nachdem das Eis gebrochen war, gab ihr »Granny« den Tipp: »Sie müssen etwas Diät halten, meine Liebe!« Mrs. Vanderbilt selbst schien ihren eigenen Ratschlag konsequent zu befolgen. Gertenschlank knabberte sie den ganzen Abend an einer Toastscheibe und einer halben Grapefruit, berichtete Vicki Baum später in einem Artikel in *Die Dame*. Unter den hochgewachsenen eleganten »Ladys«, die nicht selten »wie Filmstars« aussahen, kam sie sich mit ihren auch nicht gerade üppigen 98 Pfund offenbar plump und ungelenk vor. Der ironische Unterton ihrer schwärmerischen Bemerkungen in dem *Dame*-Artikel täuscht leicht darüber hinweg, dass sie es als sehr schmerzlich empfunden haben muss, im Kreis der Schlanken und Aparten abseitszustehen: »Der Durchschnitt sieht hier wundervoll aus«, schrieb sie, »die kleinen Verkäuferinnen, die jungen Ladys, die Eiscreme servieren, das Mädchen mit der Taschenlampe im Kino. Zu schweigen von den Damen der Gesellschaft und den Mädels auf Bühne und Brettl. Sie sind unvorstellbar schlank, sie haben die klarste Haut, die glänzendsten Haare, die zierlichsten Gelenke, Füße, Hände, die man sich denken kann.«[34]

Sie selbst war in einer europäischen »Uniform«, im hochgeschlossenen schwarzen Schneiderkostüm und einer weißen, handgenähten Seidenbluse mit ausladendem Spitzenkragen, in New

York eingetroffen. Prompt hatten sich bei ihrer Ankunft einige Zeitungen über ihre altbackene »Aufmachung« lustig gemacht und sie in Anspielung auf ihre unvorteilhaften knöchelhohen Halbschuhe mit breiten Absätzen als »Hausfrau mit großen Füßen« beschrieben.[35]

Anders als die Europäerin war die modebewusste Amerikanerin experimentierfreudig. Sie wartete nicht, bis sich ein Trend durchgesetzt hatte, sondern eilte ihm voraus. Das überkandidelte Hollywood und der flirrende Broadway machten die Mode. Die New Yorkerin kleidete sich so erotisch wie zulässig und trug hochhackige Pumps, große Ausschnitte und weichfließende, buntgemusterte Kleider aus Seidengeorgette und Organdy. Alles schmeichelte der Figur und betonte die weiblichen Formen.

Bereits in der zweiten Woche ihres Aufenthaltes machte sich Vicki diesen amerikanischen »Look« zu eigen. So schnell und vollständig, wie sie sich dem Berliner Schick angepasst hatte, verwandelte sie sich nun in ein »Glamour Girl«. Eine mehr oder weniger erzwungene Diät – ganz New York schien sich ausschließlich von Obst, Gemüse und Alkohol zu ernähren – hatte auch bei ihr die ersten Pfunde purzeln lassen. Fehlte nur noch ein »Treatment« bei Elizabeth Arden. Dem aus Amerika importierten Schönheitskult hatte sie sich bereits in ihrem kleinen Theaterstück über einen Berliner Schönheitssalon, *Pariser Platz 13*, mit gebührender Ironie gewidmet. Nun ließ sie sich ihre damals noch dezent blondierten Naturlocken kürzen und anschließend um mehrere Nuancen aufhellen, die Augenbrauen zu einem Halbmond zupfen und die Wimpern schwarz färben. Dazu Lippenstift in tiefem Purpur, der Modefarbe des Frühjahrs, und passender Nagellack. Voilà: Die »neue« Vicki Baum war geboren, eine Blondine à la Jean Harlow, dem Star aus Frank Capras Kinohit *The Platinum Blonde*, Schönheitsideal von Millionen von Amerikanerinnen.

Wie Fotos aus dieser Zeit beweisen, sah Vicki Baum nun wirklich keinen Tag älter aus als sechsunddreißig. Inwieweit Doubleday

Vicki Baum
wurde durch ihr Drama, Grand Hotel weltbekannt.
Sie betont in ihren Werken, im Gegensatz zur ersten
Generation der Frauenrechtlerinnen die Pflicht der
Frau zu Anmut und Liebreiz.

Der neue Look, 1931

bei dieser Rundum-Verwandlung seine Finger im Spiel hatte, ist unklar. Gewiss ist, dass der Verlag den neuen Look seines Stars sofort öffentlichkeitswirksam ausnutzte. Ein Porträtfotograf wurde engagiert, und bald darauf fuhren die Doppeldeckerbusse von der Fifth Avenue bis zum Empire State Building hinunter Vicki Baums riesenhaft vergrößertes Konterfei vor Tausenden von New Yorkern spazieren.

Diese Plakataktion war Teil eines auch in den USA neuartigen Werbefeldzugs, mit dem Doubleday im Frühjahr 1931 die Stadt überzog. In den Auslagen der Buchhandlungen in Midtown wurde auf Plakaten großflächig auf *Grand Hotel* hingewiesen, auch das Buch konnte man im Foyer des National Theatre käuflich erwerben. Noch im Dezember 1930 hatte ein Mitarbeiter der Werbeabteilung Baum brieflich wissen lassen, dass Doubleday für ihren Roman »eine der spektakulärsten Werbekampagnen in der Geschichte des Verlages« plane. Davon konnte sie sich nun vor Ort überzeugen.[36]

Vicki Baum, deren Schreibweise 1931 bereits amerikanisch war, hatte sich nun in Rekordzeit auch im Aussehen amerikanisiert. Wie die beiden anderen europäischen Importe Greta Garbo und Marlene Dietrich, die sich vom schönsten Bernstein in die Kino-Diamanten der Epoche verwandelt hatten, war sie mit ihrer glamourösen Verwandlung nun selbst das beste Beispiel für einen »overnight success«. Für das US-Publikum verkörperte sie glaubwürdig Erfolg und Modernität, stand erkennbar als Star und als All-American-Girl vor ihrer neuen Leserschaft. Die depressionsgeplagten Amerikaner drückten ihr neues Vorbild fest an sich. Vor November 1931 hatte kaum jemand Vicki Baums Namen gekannt. Durch ihre anhaltende Präsenz war er nun in aller Munde: Sogar Stripperinnen am Broadway nannten sich jetzt »Vicki«.[37] Das klang elegant europäisch und sexy-verrucht zugleich.

Die Frau, die den Namen nach New York gebracht hatte, fühlte sich nach nur wenigen Tagen wie eine Amerikanerin. Sie hatte offenbar intuitiv begriffen: Unbelastet von historischem Ballast war der Einzelne in diesem jungen, permanent im Wandel begriffenen Land das, was er hier und jetzt aus sich und seinen Möglichkeiten zu machen verstand. Mit Charme, etwas Chuzpe, Mut und pragmatischer Anpassungsfähigkeit konnte man es hier weit bringen. Diese Ausprägungen des amerikanischen Nationalcharakters, die sich in New York so offen zeigten, kamen ihrer eigenen Lebenseinstellung sehr entgegen. Denn auch sie hatte sich immer geweigert, Grenzen und Begrenzungen anzuerkennen. Auch sie hatte sich von den Fesseln ihrer Herkunft befreit. In ihrem Herzen war sie also eigentlich schon Amerikanerin gewesen noch bevor sie amerikanischen Boden betreten hatte. Um eine »150-prozentige Amerikanerin« zu werden, als die sie ihr Lektor bei Doubleday, Ken McCormick, später bezeichnen sollte, fehlte nicht mehr allzu viel.[38]

Anfang Mai traf sich Vicki zum ersten Mal mit Ernst Lubitsch, um mit ihm an einem Story-Treatment für Paramount zu arbeiten. Der gebürtige Berliner lebte seit Anfang der zwanziger Jahre in Hollywood und war einer der ganz wenigen Deutschen, die es geschafft hatten, ihre künstlerische Karriere in Amerika übergangslos und forciert fortzusetzen. In Hollywood zählte Lubitsch zur ersten Garde, war berühmt für seine zeitgemäßen Musicalverfilmungen und seine temporeichen, frivolen Salonkomödien mit dem »Lubitsch-Touch«, einer Mischung aus visuellem Witz und subtilen sexuellen Anspielungen. Gerade hatte er in New York für Paramount ein Musical mit Maurice Chevalier abgedreht.

Mit ihrem Broadway-Hit *Grand Hotel* hatte sich nun auch Vicki Baum in den Kreis der von Hollywood Umworbenen katapultiert. Trotz Krise produzierten die Studios weiter Jahr für Jahr hunderte von aufwändigen Filmen. Entsprechend groß war der Bedarf an Filmautoren und, nachdem sich der Tonfilm durchgesetzt hatte, auch an Dialogautoren. Als »offizielles Mitglied der Gilde der Drehbuchautoren der Astoria Studios« erhielt Vicki von Paramount die geradezu astronomische Summe von 5.000 Dollar für zwei Wochen (was heute etwa 50.000 Dollar entsprechen würde). Geld spielte keine Rolle, ebenso wenig die Tatsache, dass die Konkurrenz von MGM *Grand Hotel* mit Greta Garbo verfilmen wollte. Eine Bestsellerautorin zu verpflichten brachte Paramount in jedem Fall gute Publicity.

Und weil man auch in Hollywood am liebsten auf Bewährtes setzte, wünschte man sich so etwas wie ein »zweites *Grand Hotel*«. Vicki war bereit, dies zu liefern. Ihre Filmstory sollte in einem großen modernen Warenhaus spielen. Nach dem Vorbild von Emile Zolas *Au Bonheur des Dames* wollte sie vor dieser Kulisse eine Liebesgeschichte erzählen. Binnen zwei Wochen hatte sie ihre Story bei Wanamaker's, dem berühmten Kaufhaus in Lower Manhattan, recherchiert und abends in ihrer Hotelsuite geschrieben. Noch bevor sie damit fertig war, verlängerte Paramount ihren Vertrag um zwei weitere Wochen. Das teure Exposé verschwand jedoch bald in den Studio-Archiven, was in Hollywood keine Seltenheit war. »Ganz offensichtlich GRAND HOTEL in einem Warenhaus. Sehr schöner Schauplatz, aber der Handlungsaufbau reicht nicht an GRAND HOTEL heran, stereotyp und unamerikanisch – was möglicherweise an der gestelzten Übersetzung liegt«, hieß es in einer internen Beurteilung der Paramount.[39]

Das Studio machte Vicki ein neues Angebot: Bei gleichen Bezügen sollte sie für sechs Monate in Hollywood an Lubitschs jüngstem Projekt mitwirken, einem Musical mit Maurice Chevalier. Die musikalische Leitung sollte der Wiener Oscar Straus übernehmen. Nachdem Ullstein die Verlängerung ihres Aufenthalts bewilligt und Richard seinen baldigen Besuch in den USA in Aussicht gestellt hatte, sagte Vicki zu.

Noch in New York machte sie die Bekanntschaft von Lubitschs Hauptdarsteller Maurice Chevalier, einem der größten Hollywoodstars. Der hyperelegante Franzose war durch Musicals wie *Love Parade* (1929) inzwischen auch in Deutschland so bekannt, dass *Die Dame* dem »Liebling der Amerikanerinnen« unlängst einen längeren schwärmerischen Artikel gewidmet hatte: »Die Amerikanerinnen sagen von ihm ›beautiful eyes … charming boy … sweet teeth‹ … Dazu sein Blick, sein Lächeln«.[40] Auf Vicki schien der Charme des Beaus nicht recht zu wirken. Sie hielt sich lieber an den sanftmütigen Komponisten Oscar Straus und dessen patente Ehefrau Clara, die sie noch aus Wien kannte, wo sie 1908 zur Hochzeit der beiden die Straus'sche Eigenkomposition »Alt-Wiener-Reigen« auf der Harfe intoniert hatte.[41]

Richard kam im Juni während der Theaterferien nach New York (die Jungen verbrachten die Ferien in einem Kinderheim auf Sylt) und reiste mit Vicki nach Hollywood. Dort mieteten sie sich ein Haus, und Vicki stellte ein circa 40-seitiges Treatment für ein Musical mit dem Titel *Am linken Ufer. Ein Film aus Paris für Maurice Chevalier* fertig. Recht bald wurde sie unter Ausnutzung eines juristischen Winkelzugs aus ihrem Vertrag hinauskomplimentiert, weil man offenbar mit ihrer Leistung nicht zufrieden war. Laut seinem Biographen Herbert Spaich setzte sich Ernst Lubitsch nur sehr zögernd für Vicki ein.[42] Dank seiner Hilfe bekam sie aber immerhin das Honorar für ihre bisher geleistete Arbeit ausbezahlt. Das geplante Musical mit Chevalier wurde im Herbst ohne Vickis Beteiligung gedreht. *One Hour for You* (*Eine Stunde mit dir*) ging 1932 ins Rennen um den Oscar als Bester Film, unterlag aber einer Produktion des Konkurrenten MGM: *Grand Hotel*.

Ihr Rauswurf bei Paramount und wohl auch das zögerliche Verhalten ihres »allzeit zuverlässigen Freundes«[43], wie sie Lubitsch in ihren Erinnerungen ironisch nannte, waren Vicki Baums erste Erfahrung mit dem oft brutalen Geschäftsgebaren in Hollywood. Sie verarbeitete sie auf ihre Art, begann sofort mit einem Roman über das »Schlachtfeld Hollywood, das im Paradies liegt«.[44] In *Leben ohne Geheimnis* porträtierte sie Ernst Lubitsch nicht unfreundlich als fluchenden, zigarrerauchenden Regisseur Eisenlohr, »ein Dämon, ein Teufel mit gesträubtem Haar, der ohne Sinn und Verstand darauf beharrte, vierzehn Stunden hintereinander durchzuarbeiten«.[45]

Baums programmatischer Roman ist ein bemerkenswerter Zwitter, ebenso Hommage an die Traumfabrik wie Abrechnung mit ihr. In *Leben ohne Geheimnis* ist Hollywood eine kapitalistische, streng hierarchisch organisierte Berufswelt, eine Fabrik, in der nur der Erfolg zählt, ein gnadenloser Konkurrenzkampf und eine permanente existenzielle Unsicherheit herrschen. In diesem System ist der Einzelne austauschbar und wird ersetzt, sobald er keinen Gewinn mehr erwirtschaftete. Trotz dieser Härten schlägt die glamouröse Arbeitswelt, in der unvorstellbare Summen verdient werden können, jeden, der hier arbeitet, in ihren Bann. Im ganzen Roman gibt es keine Figur, die nicht alles tun würde, um Teil dieser Welt zu werden oder es möglichst lange zu bleiben.

Trotz des Desasters mit Paramount erging es Vicki selbst offenbar nicht anders. Als ihr MGM über Pauker das Angebot unterbreitete, am Drehbuch für *Grand Hotel* mitzuwirken, nahm sie es an. Bereits Anfang Oktober 1931 bezog sie ihr Büro auf dem MGM-Gelände in Culver City, in einer jener Baracken, die noch aus der Zeit stammten, als die Gegend südlich von Los Angeles noch von proletarischen Underdogs bewohnt war. Etwa 100 Filmautoren standen auf den Lohnlisten, »so viele Literaten, wie man benötigte, um die King-James-Bibel herzustellen«, hatte das *Fortune Magazine* 1930 gestichelt.[46] Viele Autoren kamen aus der New Yorker Theater- und Literaturszene: Donald Ogden Steward, Ben Hecht, Anita Loos und F. Scott Fitzgerald, aus London war Bühnenautor Frederick Lonsdale rekrutiert worden. Die Top-Leute verdienten zwischen 1.000 und 2.000 Dollar pro Woche. Nach der Höhe ihres Honorars zu urteilen, gehörte Vicki Baum mit 2.000 Dollar pro Woche zu dieser illustren Schar. »Sie besaß eine kosmopolitische Aura, die Aura, einen großen Broadwayhit gelandet zu haben. Als sie hierherkam, hatte man das Gefühl, man begegne einer internationalen Persönlichkeit. Jeder mochte sie«, erinnerte sich Samuel Marx, der Leiter der Drehbuchabteilung.[47] Auch Vicki fühlte sich anfangs sehr wohl, sprach später von ihren »ersten sechs glücklichen Wochen bei MGM«.[48] Ein Foto aus dieser Zeit zeigt sie wieder einmal wundersam verjüngt und strohblond, eingerahmt von den Schauspielern Kent Douglas und Walter Huston am Set von *Heart and Hand*.

Vicki arbeitete gemeinsam mit Oscarpreisträger Hans Kräly, der in den zwanziger Jahren mit Lubitsch nach Hollywood gekommen war, an der Drehbuchfassung von *Grand Hotel*. Mit gewohnter Professionalität fügte sie sich, Samuel Marx zufolge, in das Filmteam um den englischen Regisseur Edmund Goulding, einem Ex-Boxer aus dem Londoner West-End, ein. MGM-Produzent Irving Thalberg hatte den schillernden »Eddi« vor allem wegen der beiden weiblichen Stars ausgewählt, Greta Garbo, die die Rolle der Grusinskaja spielen sollte, und Joan Crawford (als Stenotypistin Flämmchen). »Eddi denkt wie eine Frau«, sagte

Thalberg laut Sam Marx, »er wird ihre Weiblichkeit herausstellen. Ich will, dass sie über den Männern stehen.«[49]

Irving Thalberg war Ende 1931 auf dem Höhepunkt seiner Macht und seines traurig-einsamen Ruhmes. Sein Name, der zu seinen Lebzeiten nie im Vor- oder Abspann eines Filmes erschien – was manche für den ultimativen Ausdruck von Arroganz hielten –, stand für kultivierte, gepflegte Unterhaltungsfilme und für opulente Literaturverfilmungen, die für ein Millionenpublikum gemacht waren. Dass MGM im »Kino-Krisenjahr« 1931 einen Gewinn von zwölf Millionen Dollar vermelden konnte, während größere Studios wie RKO und Paramount schlingerten, ging nicht zuletzt auf Thalbergs Konto. Der damals erst dreiunddreißig Jahre alte und nur 1,57 Meter große Mann vereinte eine beispiellose Machtfülle auf sich. Thalberg kontrollierte den gesamten Produktionsprozess. Er bestimmte die Themen und Stoffe, die Regisseure, Autoren und Schauspieler. Er kümmerte sich um alles, bis hin zum Filmschnitt und zur Öffentlichkeitsarbeit, und er griff, wenn nötig, bei jedem Arbeitsschritt auch spontan in den kreativen Prozess ein. Das *Fortune Magazine* beschrieb Thalberg im Dezember 1932 als einen »dünnen Sack Knochen, der von dem Ehrgeiz zusammengehalten wird, den besten Film der Welt zu machen«.[50] Kurzum, bei diesem Mann schien *Grand Hotel* in den richtigen Händen zu sein, denn nur äußerst selten wurde Thalbergs große Leidenschaft nicht mit großem Erfolg belohnt.

Der MGM-Kreativchef räumte *Grand Hotel* innerhalb des Studios absolute Priorität ein, gleichwohl gab er die Produktion später wegen Arbeitsüberlastung an seinen Assistenten Paul Bern ab. Thalberg hatte aber weiterhin Einfluss auf alle wichtigen Entscheidungen. Allein für die Entwicklung des Drehbuchs ließ er seinem Team gut ein Jahr Zeit, für Hollywood-Standards ungewöhnlich lange. Mit insgesamt 700.000 Dollar lag das Produktionsbudget zweifach über dem gehobenen Durchschnitt. Aber diese Fakten sind eigentlich nebensächlich, denn allein mit der Besetzung schrieb Thalberg Filmgeschichte. Entgegen der gängigen Studiopraxis, maximal zwei große Stars in einem Film einzusetzen, besetzte er alle fünf Hauptrollen mit konkurrierenden MGM-Top-Stars und läutete so das Zeitalter des Ensemble-Films ein.

Joan Crawford, Wallace Beery, Lionel und John Barrymore und die Garbo, deren magnetische Wirkung auf Zuschauer alle anderen Stars überstrahlte, in einem Film vereint – das allein war schon eine Sensation. Beinah noch erstaunlicher war es, dass die Stars einander in allgemeiner Spiellaune übertrumpften, ohne dass irgendeine Karriere darunter gelitten hätte. In ihren eigenen Worten war es für Joan Crawford die bislang beste Darstellung ihrer Karriere.[51] Als Flämmchen versprüht sie so viel unterkühlten Sex-Appeal, dass sich manche amerikanischen Bundesstaaten veranlasst fühlten, einige ihrer Szenen herauszuschneiden. Oscar-Preisträger Wallace Beery spielt den Preysing als polternden Herrenmenschen mit deutschem Akzent, nicht ohne hier und da Gefühl und Ironie durchblitzen zu lassen. Lionel Barrymores Darstellung des Kringelein changiert wunderbar zwischen Weinerlichkeit und echter Tragik. Und zwischen der betörend schönen Greta Garbo als enigmatischer Grusinskaja und John Barrymore als virilem Baron Gaigern scheint es wirklich zu knistern. In *Grand Hotel* sagt die Garbo jenen berühmten Satz »But I want to be alone«, der ihren eigenen biographischen Selbstentwurf vorwegnimmt.

Hinzu kommen die avantgardistische Ausstattung von Set-Designer Cedric Gibbons, die erlesenen Kostüme von Adrian, die moderne Kamera- und Geräuschtechnik, die den Zuschauer suggestiv in das Geschehen hineinzieht, sowie die effektvolle Akzentuierung einzelner Szenen durch Hintergrundmusik, Vicki Baums funktionelle narrative Formel nicht zu vergessen. Das Schema, verschiedene Personen an einem öffentlichen Ort aufeinandertreffen und wieder auseinandergehen zu lassen, setzte sich im Kino schnell durch und wurde noch im selben Jahr von Paramount in

If I had a Million (*Wenn ich eine Million hätte*, 1932) kopiert. Es folgten MGMs *Dinner at Eight* (*Dinner um acht*, 1933) und bis heute unzählige Variationen der Original-Formel.[52]

Grand Hotel wurde der erfolgreichste Film des Jahres 1932. Er spielte weltweit 2,594 Millionen Dollar ein und brachte MGM einen Gewinn von knapp einer Million Dollar.[53] Die Kritiker wählten ihn unter die zehn besten Filme des Jahres. Bei der noch nicht mit heute vergleichbar wichtigen Oscarverleihung wurde er als Bester Film 1931/32 prämiert. Bei den Fans löste er wegen seiner zahlreichen Stars Hysterie aus. Anlässlich der Westküstenpremiere in Los Angeles säumten am 29. April 1932 mehr als 20.000 Menschen den Platz vor Grauman's Chinese Theatre, um einen Blick auf die illustren Premierengäste zu werfen, darunter Clark Gable, Jean Harlow und Marlene Dietrich. Sie alle trugen sich in einer gigantischen »Hotellobby« vor dem Kino in ein Gästebuch ein. Irving Thalberg, im dunklen Mantel mit weißem Seidenschal, stieg als einer der Letzten aus seiner Limousine und schob seine Ehefrau Norma Shearer ins Blitzlichtgewitter. Er selbst hielt sich, wie gewöhnlich, im Hintergrund. Alle warteten auf Greta Garbo, die, wie zuvor angekündigt worden war, einen ihrer raren Premierenauftritte haben sollte. Doch die Diva zog es vor, zu Hause zu bleiben. Stattdessen trat nach der Vorstellung der stämmige Darsteller des Fabrikdirektors Preysing, Wallace Beery, im Röckchen und mit blonder Perücke auf die Bühne und mimte die Garbo – das Publikum buhte ihn aus und bewarf ihn mit Gegenständen.[54]

Als Vicki Baum am 16. November 1931 via London (wo sie Geoffrey Bles traf) die Rückreise von New York nach Berlin antrat, zeichnete sich noch nicht ab, wie erfolgreich *Grand Hotel* sein würde. Zu diesem Zeitpunkt war die Entscheidung für Vicki jedoch bereits gefallen. »Ich will meine Söhne zu Amerikanern erziehen«, hatte sie kurz vor ihrer Abreise der *New York Times* erklärt und angekündigt, dass sie bald mit ihrer Familie nach Hollywood zurückkehren wolle.[55] Die USA boten ihr ohne Zweifel glänzende Aussichten, die ihre Zukunftschancen in Europa weit überstiegen. Als einzige Nicht-Amerikanerin war sie 1931 auf den vorderen Rängen der US-Jahresbestsellerliste gelandet, ihr Verlag Doubleday hatte weitreichende Pläne mit ihr und wollte demnächst mit großem Publicityrummel Übersetzungen von *stud. chem. Helene Willfüer* sowie von *Zwischenfall in Lohwinckel* (unter dem Titel *And life goes on*) auf den Markt bringen. MGM hatte ihr gerade ein neues Angebot unterbreitet, das sie noch nicht angenommen hatte. Zudem gab es konkrete Pläne, zwei ihrer Theaterstücke am Broadway aufzuführen.

Politische Gründe spielten bei der Entscheidung zur Ausreise sicherlich auch eine Rolle – doch bestimmt nicht die vorrangige, die Baum ihnen im Rückblick einräumen wollte, vermutlich weil sie eine verständliche Scham gegenüber jenen späteren Emigranten empfand, für die Deutschland selbstverständlich und alternativlos ihre schicksalhafte Heimat war. Wie sie später erklärte, war sie in Amerika von ausländischen Korrespondenten vor der Gefahr, die Hitler darstellte, gewarnt worden. Vielleicht nahm sie deshalb nach ihrer Rückkehr die Signale noch stärker wahr.

Im Winter 1931/32 steckte die Weimarer Demokratie in ihrer bisher tiefsten Krise. 1930 waren die Nationalsozialisten zweitstärkste Fraktion im Reichstag geworden. Seitdem hatte es in Berlin beinahe täglich Krawalle, faschistische Kundgebungen oder gewaltsame Auseinandersetzungen zwischen rechten und linken Kampftruppen gegeben, im Oktober 1930 waren unweit des Ullstein-Gebäudes Fensterscheiben jüdischer Geschäfte zertrümmert worden. All das muss bei Vicki Baum Angst erzeugt haben. Sicherlich war sie auch deshalb um die »Sicherheit« ihrer beiden Söhne besorgt. Wolfgang und Peter waren zwar evangelisch getauft worden, doch, wie Vicki wusste, änderte das nichts an ihrer Herkunft.

Die Ausreise war aber vor allem ein karrieretechnisch zwangsläufiger Schritt, denn als Literaturproduzentin eröffneten sich Vicki Baum in den USA ungeahnte Möglichkeiten. Ihre inzwischen vierzehn und elf Jahre alten Söhne musste sie nicht erst überreden, mit ihr nach Amerika zu gehen. Vicki hatte von New York und Los Angeles mehrfach mit den beiden telefoniert. Schon damals konnten es Wolfgang und Peter kaum erwarten, das Land der Cowboys und Indianer kennenzulernen – so stellten sich die begeisterten Karl-May-Leser die USA vor. Keiner von beiden bedauerte es, seine Freunde in Berlin zurückzulassen.[56] Im Sommer 1932 – als sie längst ausgewandert war – erklärte Vicki Baum in einem Artikel: »Meine Söhne waren Amerikaner, bevor ich selbst Amerika kennengelernt hatte. Ich hätte es niemals gewagt, sie zu verpflanzen, wenn ich nicht geglaubt hätte, dass sie sich hier nicht zu Hause fühlten, ohne sich groß verändern zu müssen.«[57]

Bei Richard lag die Sache anders. Er musste erst noch überzeugt werden[58], war weniger reise- und abenteuerlustig und schon gar nicht euphorisch, was die Neue Welt anbelangte, die er im Sommer zuvor kennengelernt hatte. Als tief in der europäischen Tradition verwurzeltem Musiker und Dirigenten, der fünfzehn Jahre auf die Stellung hingearbeitet hatte, die er jetzt endlich ausfüllte, musste es Richard schwerfallen, ohne berufliche Perspektive den Kulturkreis zu wechseln. Womöglich beeinflussten ihn auch die nicht nur positiven Erfahrungen seines Bruders Ernst Lert. Nach nur zwei Saisons als Oberregisseur an der New Yorker Metropolitan Opera war Ernst ohne feste Anstellung und tourte als freier Regisseur von Freilichtopern durch die USA.

Aber Vicki setzte sich durch. Knapp drei Monate, nachdem sie aus den USA zurückgekehrt war, trat Richard aus dem Verband der Staatsoper aus, blieb aber noch ein weiteres Jahr Dirigent der Lindenoper. Nach allem, was wir wissen, stellte Vicki ihren Mann wohl letztlich vor vollendete Tatsachen: »Wäre ich nicht nach Amerika gegangen, dann wären wir alle in die Würscht gekommen«, schrieb sie Richard 1948, als dieser wieder einmal zögerte, eine größere Entscheidung zu treffen.[59] Hinzu kam eine Erfahrung, die »mich sicherer denn je machte, dass meine Jungen in einem Land aufwachsen sollten, in dem es nicht selbstverständlich ist, dass eine Frau die Schuhe eines Mannes putzt«, wie Baum im April 1932 dem *New York American* erklärte: »Nachdem ich in Deutschland bekanntgemacht hatte, dass ich meine Söhne in den USA aufziehen wollte, erhielt ich üble Briefe, in denen mir sanfte junge Männer Tiernamen gaben. ›Alte Sau‹ war noch die freundlichste Bezeichnung. Als ich diese Briefe las, hatte ich das sichere Gefühl, dass junge Amerikaner so bestimmt nicht mit einer Frau umgehen würden, die sie gar nicht kennen ...«[60]

Vicki beantragte beim amerikanischen Konsulat eine Quota-Nummer für sich und ihre Familie (was damals noch ganz einfach war), beendete ihren Hollywood-Roman *Leben ohne Geheimnis* und löste ihren Arbeitsvertrag mit Ullstein. Im März hatte sie ihren Schreibtisch im Ullstein-Haus bereits geräumt. Ihre Freunde und Kollegen dort hatten verständnislos reagiert, als sie ihnen von ihren Ausreiseplänen erzählte. Weder Curt Riess noch Grete Fischer begriffen, warum Vicki ihren hoch dotierten Redakteursposten aufgab, an dem sie, wie alle wussten, doch so hing. Aber Vicki war im Herzen schon Amerikanerin. »Dieses Land hat mich einfach verzaubert.«[61] Als Grete Fischer Vicki kurz nach deren Rückkehr im Ullstein-Haus begegnete, war sie überrascht über die äußerlich völlig verwandelte Kollegin. Mit ihren flachsblonden Löckchen und dem winzigen kornblumenblauen Hütchen auf dem Kopf war Vicki in Fischers Augen »eine Puppenschönheit von vierzig Jahren«, eine fast lächerlich auffällige Erscheinung. »In Amerika muss das sein!«, erklärte Vicki ihrem verdutzten Gegenüber.[62]

An Weihnachten verschickte sie an ihre Freunde und Verwandten ein Glamour-Foto im Postkartenformat. Es zeigt sie in der Pose eines Hollywood-Stars, sorgfältig geschminkt und onduliert, selbstbewusst lächelnd, mit Pelzstola und Diamantring. Die bekannteste Schriftstellerin Deutschlands, scheint dieses Foto zu sagen, hatte dieses Land längst hinter sich gelassen. »Ich habe Heimweh nach Amerika, nach dem geschäftigen Treiben New Yorks und der Sonne Hollywoods«, erklärte Vicki dem amerika-

Anfang 1932 fotografiert Richard seine Familie am Ufer des Dianasees

nischen Radiosender WABC Mitte Januar 1932. »Nirgendwo auf der Welt findet man so viel Scheitern, Reichtum, Elend, Triumph und Verzweiflung, alles in einem Studio, in einem Haus, manchmal sogar in einem Menschen. Hollywood gleicht einer wunderbaren, gigantischen Berg-und-Talbahn ... mit wahnsinniger Geschwindigkeit und halsbrecherischen Kurven. Wer schwache Nerven hat, dem wird manchmal ein wenig schlecht. Aber wer stark genug ist, das alles auszuhalten, gewöhnt sich an diese Berg-und-Tal-Bahn – und will jeden Tag mit ihr fahren.«[63]

Vicki Baums Verhältnis zu Ullstein war seit Monaten abgekühlt, von ihrer Seite aus sogar fast zerrüttet. Sie verübelte es ihrem deutschen Verlag, dass er die englischen und amerikanischen Rechte an einigen ihrer früheren Titel wie bei *Grand Hotel* im Paket an Geoffrey Bles verkauft hatte. Vickis Einverständ-

Bevor sie in die USA auswandert, lässt sich Vicki in ihrem Berliner Wohnzimmer in ihrer Lieblingspose ablichten

nis war nicht eingeholt worden – Ullstein war dazu vertraglich auch keineswegs verpflichtet. Vicki befürchtete nun, dass diese Romane, wenn sie auf den Markt kamen, ihrem Image als »harter« Sozialrealistin in den USA schadeten. Nelson Doubleday unterstützte sie in ihrem Protest. Auch er hielt es für falsch, ihre frühen Romane (außer *Helene Willfüer*) in den USA herauszubringen. Bles hatte die Rechte an *Hell am Frauensee* tatsächlich bereits an einen kleinen US-Verlag verkauft, der Roman war kurz nach *Grand Hotel* in Amerika herausgekommen. Obwohl die US-Kritik die erzählerischen Schwächen des Buches genüsslich seziert hatte, schadete es Vickis Image in den USA letztendlich nicht. Zu groß war die Strahlkraft von *Grand Hotel*.

Bei ihrem USA-Besuch hatte sie indes die amerikanischen Rechte an ihrem neuesten Buch *Leben ohne Geheimnis* Nelson Doubleday versprochen – offenbar, ohne Rücksprache mit Ullstein zu halten. In Berlin hatte man die englisch-amerikanischen Rechte an ihrem Buch jedoch erneut an Bles vergeben. Jetzt musste sich Nelson Doubleday mit Geoffrey Bles einigen, und wie bei *Grand Hotel* die amerikanischen Rechte für teures Geld von ihm erwerben. Für Vicki war die Sache eindeutig. Sie empfand Ullsteins und Bles' Verhalten als Vertrauensbruch, denn der Partner ihres Vertrauens hieß inzwischen nicht mehr Ullstein, sondern Doubleday. Ullstein und Bles pochten jedoch auf ihre vertraglichen Rechte, denn *Leben ohne Geheimnis* fiel eindeutig unter Vickis noch bestehenden Ullstein-Kontrakt. Für Vicki war es eine bittere Lektion, die sie lehrte, wie wichtig es war, selbst die Kontrolle auszuüben. »Ich habe so schlechte Erfahrungen damit gemacht, jemandem die Exklusivrechte an meinen Büchern zu geben, dass ich es nie mehr wieder tun werde«, kommentierte sie 1948, und spielte damit auf die Ullstein-Bles-Krise an, die sich noch bis 1934 hinziehen sollte.[64]

Anders als in den USA oder England war es damals in Deutschland noch nicht üblich, einen Agenten für Vertragsverhandlungen zwischenzuschalten. Vicki hatte also bisher alle ihre Verhandlungen mit Ullstein selbst geführt – und bis auf den einen Punkt bisher offensichtlich nicht zu ihrem Nachteil. Noch einmal verkaufte sie einen Roman als Fortsetzungsabdruck an die *Berliner Illustrirte* – für *Leben ohne Geheimnis* erhielt sie ihr Standardhonorar von 40.000 Reichsmark. Ullstein zahlte teilweise in Dollar. Das Buch sollte ihr letztes für den Verlag sein. Der *Dame* blieb sie noch bis Frühjahr 1932 als freie Mitarbeiterin erhalten und hielt den Kontakt zu Ullstein noch bis 1934. Zu diesem Zeitpunkt hatte dort eine völlige Arisierung eingesetzt, und die Mehrzahl ihrer ehemaligen jüdischen Kollegen war entlassen worden.

Ende März 1932 schiffte sich Vicki Baum auf dem Dampfer »Europa« ein. Einer ihrer Mitreisenden war der smarte Filmstar Gary Cooper, der mitsamt Geparden-, Löwen und Gazellenfellen von einer Afrikareise zurückkehrte. Sie ihrerseits hatte in ihrem

Gepäck eine Zusage von MGM, sie für drei Monate in Hollywood zu beschäftigen, und einen Vertrag zu einer anschließenden mehrwöchigen Vortragsreise. Richard und die Kinder sollten in den Sommerferien nachkommen.

Selbstsicher und glamourös erschien Vicki Baum am 12. April 1932 in einem bodenlangen silbernen Couture-Kleid auf der Weltpremiere von MGMs *Grand Hotel* im New Yorker Astor Theatre. An ihrer Seite ein anderer europäischer Star- und Doubleday-Autor, Noël Coward. Für den *New-York-Times*-Reporter Mordaunt Hall und für viele andere, die diese Nacht erlebten, war es einer jener magischen Kinomomente, die man nicht vergisst. Vom Times Square an bildete eine Hundertschaft berittener Polizisten ein Spalier, um die Premierengäste vor der Menge zu schützen, ihnen ein Durchkommen bis ins Theater zu ermöglichen.

Viele Jahre später erinnerte sich Baum weniger an den Triumph des Films als an eine skurrile Pointe des Vorspiels: Am Arm von Noël Coward versuchte sie in ihren silbernen Schuhen und ihrem langen Kleid samt Schleppe über die dampfenden glitschigen Haufen zu steigen, die die Polizeipferde in regelmäßigen Abständen auf den Asphalt fallen ließen.[65]

»Ich kann nicht anders, als den Film zu loben«, erklärte sie der *New York Times* wenig später. »Eine erstaunliche Produktion, gewiss, und eine perfekte Ausarbeitung der Charaktere. Meine Bewunderung für Greta Garbo ist grenzenlos. Ihre Arbeit ist die reinste Kunst, unübertroffen. Noch jetzt sehe ich ihr müdes Gesicht mit dem tragischen Ausdruck aus den ersten Szenen vor mir, auch ihre außergewöhnliche Lebhaftigkeit als glückliche Grusinskaja.«[66] Am Ende ihres Lebens hatte Baum ihre Meinung gründlich geändert, empfand die brillante Erstverfilmung ihres erfolgreichsten Romans als Angriff auf ihre Phantasie und auf ihren Willen: »Was für Vorzüge meine ›Menschen im Hotel‹ sonst aber auch haben mögen«, schrieb sie in ihren Erinnerungen, »nach dem Buch entstand ein Film, ein überlebensgroßer Geburtstagskuchen mit ungewöhnlich vielen Rosinen, um die eine ganze Schar Filmstars mit Zähnen und Klauen kämpften und einander die Bissen in den Mund zählten … Jedenfalls wurde … es ein Erfolg, der das Buch überschattete … und mich zu der bekannten Autorin des ›netten alten Films da‹ machte – eine Ehre, die ich ja nun weniger heiß ersehnt hatte und zu genießen vermochte.«

Vicki Baum richtete sich mit großer Selbstverständlichkeit in ihrem neuen Leben ein. Doubleday meldete im März 1932 bereits die vierte Auflage von *And life goes on*, auch *Grand Hotel* verkaufte sich noch immer gut. Vicki nutzte die verbleibende Zeit, bis der Rest der Familie aus Europa eintraf, um in ihrer Suite im St. Moritz einige Beiträge für große amerikanische Familienzeitschriften, etwa für *American Home* oder *Ladies Home Journal*, zu schreiben. Aus jeder Zeile dieser Artikel blitzt ihre Begeisterung für die Wahlheimat auf. Gemeinsam mit einem Broadway-Produzenten arbeitete sie zudem an einem Theaterstück à la *Grand Hotel*, das auf ihrem Ullstein-Roman und liebevoll-bissigen Kleinstadtporträt *Zwischenfall in Lohwinckel* basierte, und für Paramount erarbeitete sie ein neues Filmscenario mit dem Titel *Shining Shark*. Außerdem nahm sie, wann immer sie Zeit dafür fand, Reitunterricht. Seit dem Urlaub auf Sylt im Jahr zuvor begeisterte sich ihr Sohn Peter für das Reiten, und wohl auch deshalb hatte Vicki beschlossen, bei einem ehemaligen Militärreitlehrer Unterricht im englischen Stil zu nehmen. Sie machte es sich zur Gewohnheit, mit ihrem Lehrer und dessen Frau samstags und sonntags in den Wäldern von Jamaica, Queens, auszureiten. Bei einer dieser Ausritte wurde ihr Pferd von einem Eichhörnchen erschreckt, scheute, bäumte sich auf und sprengte davon. Die noch sehr unerfahrene Reiterin versuchte vergeblich, ihr Pferd in Zaum zu halten, wurde nach etwa 200 Metern zu Boden geschleudert und blieb regungslos liegen. Ihr Lehrer, Captain Arthur O'Brien, setzte seiner Schülerin sofort nach. Doch sein Pferd kam in dem morastigen Gelände aus dem Tritt, stürzte und begrub ihn unter sich. Margaret O'Brien, ebenfalls eine ausgezeichnete Reiterin, hielt sich nicht lange bei ihrem Mann auf, sondern ritt sofort zu der noch immer bewusstlosen und stark am Kopf blutenden Vicki, um Erste Hilfe zu leisten. Nachdem sich der Captain aus seiner misslichen Lage befreit hatte, eilte auch er zu Vicki und trug sie – trotz einer eigenen Schulterverletzung – zum nächstgelegenen, acht Block entfernten Privathaus, wo er einen Arzt verständigte, der die beiden Verletzten umgehend ins Jamaica-Hospital transportieren ließ. Wie sich herausstellte, hatte sich Captain O'Brien einen Schulterbruch zugezogen, bei Vicki wurden eine Gehirnerschütterung, zwei Rippenbrüche und eine Wirbelsäulenstauchung diagnostiziert. Zahlreiche Blutergüsse sowie eine Schnittwunde am Kopf waren bloß die oberflächlichen Andenken an dieses tollkühne Abenteuer. Vicki durfte die Klinik erst zehn Tage später verlassen. Der ebenso kuriose wie aufsehenerregende Unfall ging in Amerika und Deutschland durch viele Gazetten. Soweit bekannt ist, hat sich Vicki Baum danach nie wieder auf ein Pferd gesetzt.

Nur wenige Tage nach ihrer Entlassung begrüßte sie den Rest der Familie in New York. Auf einem Foto, das Vicki mit ihren Söhnen kurz vor der Abfahrt von Chicago nach Los Angeles vor dem Santa-Fé-»Chief« zeigt, deutet nichts mehr auf ihren schweren Unfall hin. Sie trägt ein schlichtes schwarzweißmeliertes Nachmittagskostüm mit Hütchen und langen weißen Handschuhen und umarmt Wolfgang und Peter, die identische weißblaue Matrosenanzüge und helle Segeltuchschuhe anhaben. Alle drei lachen vergnügt und offen in die Kamera. Die Jungen umklammern gleichverpackte riesige Geschenkkartons für die Reise. Auch für die Atlantiküberfahrt hatte sich Vicki etwas einfallen lassen, Wolfgang und Peter jeden Tag kleine Geschenkpäckchen mit Candies, Comics und anderen aufregenden Dingen überreichen lassen. So wollte sie ihr »Kleinzeug«, wie sie ihre Söhne liebevoll nannte, mit der amerikanischen (Populär-)Kultur bekannt-machen. Derart eingestimmt auf die Neue Welt hätten sich die beiden Jungen »hellauf begeistert« gezeigt, schrieb Vicki wenig später an einen Freund.[68]

Gemeinsam reiste die Familie mit dem »Chief« von Chicago nach Los Angeles. Die knapp dreitägige Zugfahrt führte quer über den amerikanischen Kontinent, durch Prärielandschaften, phantastisch anmutende Felsgebirge und menschenleere Wüs-tenebenen, und begeisterte nicht nur die Kinder. Wolfgang und Peter waren allerdings enttäuscht, dass sie erst in Albuquerque, New Mexico, dem ersten »echten« Indianer begegneten: Er trug leider Jeans und Cowboystiefel. Auch die Coca-Cola, die ihnen Richard in gebrochenem Englisch im Zugrestaurant bestellte, löste bei ihnen wenig Begeisterung aus, und so musste »Papi« die braune Limonade selbst austrinken.[69] Für Vicki erschloss sich auf der Fahrt mit dem luxuriösen Schlafwagenzug, der wegen seiner hohen Frequentierung von Studiobossen und Hollywood-stars »Boudoir der Stars« genannt wurde, die ganze Schönheit der »großen« und »merkwürdigen« Landschaft. »Es würde Ih-nen gefallen hier«, schrieb sie im März 1933 an Else Lasker-Schü-ler. »In Kalifornien kann man an einem Tag in Schneebergen und wieder unten in der Wüste zwischen Kakteen und Palmen sein ...«[70]

Als sie am 12. Juli 1932 in Hollywood eintraf, bekräftigte Vicki vor der lokalen Presse: »Ich liebe Amerika und die Ame-rikaner, und ich möchte, dass meine Jungen hier aufwachsen!«[71] Nach ihrer Ankunft bezogen die Lerts ein freistehendes Haus mit Garage und »allem erdenklichen Komfort« in Santa Mo-nica. Das neue Domizil lag in der Nähe eines Canyons, der zum Strand hinunterführte. Vom Garten aus hatte man einen herrli-chen Blick auf den blauen Pazifik. Der Sommer 1932 war un-gewöhnlich kühl, trotzdem schwammen die Lerts jeden Morgen im Meer und »hatten eine wunderbare Zeit und haben es noch«, berichtete Vicki im Juli einem Freund in New York.[72] Wie es sich

Santa Monica, 1932

ihre Mutter für sie gewünscht hatte, passten sich Wolfgang und
Peter Lert, die Englisch bisher nur in der Schule gesprochen hatten, an den *American Way of Life* an. Die Jungen freundeten sich
mit dem sportlichen zwölfjährigen Nachbarsjungen Peter Viertel
an. Wolfgang und Peter Viertel lieferten sich auf dem Flachdach
der Lert'schen Garage am Lower Amalfi Drive Boxkämpfe, radel-
ten zusammen und spielten auf dem eigenen Platz der Viertels
Tennis. Eine Zeitlang teilten sie sich den Privatlehrer für Französisch.[73] Vicki, die für die Sommermonate unter Kontrakt bei
MGM stand, verbrachte ihre Tage mit Story-Konferenzen in Culver City, Richard bereitete in Los Angeles sein erstes Konzert
auf amerikanischem Boden vor. Im Herbst wollte er noch einmal nach Berlin zurückkehren, bevor er im April 1933 endgültig
nach Amerika übersiedelte. Wolfgang und Peter sollten nach dem
Willen ihrer Eltern in eine Kadettenanstalt in Los Angeles ein-
geschult werden, wo sie, wie Richard und Vicki hofften, unter

Amerikanern so gut Englisch lernen würden, dass sie bald auf eine High School wechseln könnten. Mit dem ausgedehnten Familienurlaub, der bis zu Vickis erstem Amerikaaufenthalt eigentlich eine feste Institution im Hause Lert gewesen war, wurde es also im Sommer 1932 wieder nichts.

In diesen Wochen stand Los Angeles ganz im Zeichen der zehnten Olympischen Sommerspiele. Die Straßen und Häuserfassaden waren mit bunten Fähnchen und Girlanden geschmückt und hunderte ausländische Sportkorrespondenten strömten in die Stadt, um über das Ereignis zu berichten. Einer von ihnen war der junge Curt Riess. Vicki redete ihrem alten Bekannten aus dem Ullstein-Haus zu, in den Vereinigten Staaten zu bleiben, doch Riess dachte zu diesem Zeitpunkt nicht daran – anderthalb Jahre später sollte ihm keine Wahl mehr bleiben.

Wie einst in Berlin besuchten die beiden gemeinsam Partys. Curt Riess begleitete Vicki zu Anita Loos, einer ihrer Kolleginnen im MGM-Script-Department. Die scheinbar alterslose Anita, eine koboldhafte Frau mit schwarzem Pagenkopf und riesigen dunklen Augen, war eine der profiliertesten MGM-Drehbuchautorinnen und Vertraute Thalbergs. Berühmt geworden war sie aber durch den Weltbestseller der zwanziger Jahre *Gentlemen Prefer Blondes* (*Blondinen bevorzugt*), aus dem ein Theaterstück, ein Musical und zwei Filme (unter anderem der Howard-Hawkes-Film mit Marilyn Monroe) entstanden.[74] Anita hielt Vicki für eine der verlässlichsten und produktivsten Kolleginnen überhaupt und lobte später ihren »profunden literarischen Hintergrund«.[75] Im Gegensatz zu Miss Loos gehörte die so Gelobte aber nie zur *Hollywood crowd*. Eigentlich hasste Vicki Hollywoodpartys mit vielen Stars, noch mehr Alkohol und, nicht selten, frivolen Gesellschaftsspielen. Richard und sie zogen intimere Treffen mit Freunden im kleineren Kreis vor.

In diesem Sommer trafen sie sich häufig mit ihrer Nachbarin Salka Viertel, der Mutter von Peter Viertel, mit der sie sich bereits während ihres Kalifornien-Aufenthalts im vergangenen Sommer angefreundet hatten. Salka lebte mit ihrem Mann Berthold und ihren drei Söhnen seit nunmehr vier Jahren in Santa Monica. Aufgrund der unsicheren politischen Lage in Europa hatte sich die Familie gerade entschlossen, für immer in den USA zu bleiben. Berthold, an dessen Inszenierung von Georg Büchners *Leonce und Lena* an der Wiener Volksbühne Vicki sich begeistert erinnerte, hatte in den letzten Jahren als Drehbuchautor für verschiedene Filmgesellschaften gearbeitet. Der Schriftsteller fühlte sich in Hollywood aber nie wohl, und auch deshalb war er in diesem Sommer in England unterwegs. Salka, eine ehemalige Reinhardt-Schauspielerin, die ins Drehbuchfach gewechselt war, arbeitete wie Vicki für MGM. Sie war eine enge Vertraute Greta Garbos, für die sie soeben ein Script für MGM fertiggestellt hatte (*Königin Christine*). Die Schwedin, sonst häufiger Gast bei den Viertels, war in diesen Sommermonaten ebenfalls auf Reisen. So hatte Vicki wieder keine Gelegenheit, sie persönlich zu treffen, obwohl sie seit langem darauf brannte. Berthold hatte schon im Jahr zuvor versucht, für Vicki ein Tête-à-tête mit der Garbo in seinem Haus zu arrangieren, aber dies war »wegen Krankheit in der Familie« nicht zustande gekommen. Als Vicki die Garbo dann 1931 am Filmset besuchen wollte, hatte ihr ein Bühnenarbeiter den Zutritt verwehrt.[76] Anstelle der »Göttlichen« traf Vicki Anfang August 1932 die exzentrische Tallulah Bankhead in der Mabery Road. Die blonde Leinwandsirene gehörte ebenfalls zu Salkas engerem Freundeskreis und benahm sich an diesem Abend grandios daneben. Sie ließ kaum jemanden zu Wort kommen und »erstickte jegliche Unterhaltung mit Katarakten von Selbstglorifizierung«, berichtete Salka an den abwesenden Berthold und fügte hinzu: »Die Lerts wohnen in der Nähe des Canyon, und Hans und Peter haben sich sehr mit ihren beiden Söhnen angefreundet. Sie sind intelligent und haben ausgezeichnete Manieren.«[77] Was Vicki Baum von der überspannten Tallulah hielt, ist nicht überliefert, aber es ist nicht schwer zu erraten. Wer Vicki besser kannte, wusste, dass sie Frauen, die sich bei jeder Gelegenheit in den Vordergrund spielten, »unerträglich« fand.[78]

Ganz anders die Garbo, von deren Schönheit, aber auch Scheuheit und Natürlichkeit Vicki sehr beeindruckt war, als sie sie durch Salka schließlich doch noch kennenlernte. Aber in ihre grenzenlose Bewunderung für die große Künstlerin mischte sich auch ein wenig Mitleid – so behauptete Baum zumindest in einem unveröffentlichten Artikel aus dem Nachlass. »Mein ganzes Leben hatte ich davon geträumt, eine hochgewachsene Schönheit zu sein«, schrieb sie. Bis ihr die Garbo vor Augen geführt habe, dass große Schönheit auch ein Fluch sein könne. »Sie erzählte mir, dass sie einmal als ganz junge Schauspielerin auf ein Fest gegangen war, wo sie, wie jeder andere auch, einfach nur Spaß haben wollte. Dann aber fiel die Menge über sie her, und das schockierte sie so, dass sie seitdem Menschenmengen fürchtet.« Baums selbstironisches Fazit: »Da habe ich doch leise dem Himmel gedankt, dass ich so durchschnittlich aussehe.«[79]

Die Arbeit in den Studios sei »nicht so unangenehm, wie ich gedacht hatte«, berichtete Vicki im Juli einem Freund.[80] Es klang nicht mehr ganz so begeistert wie noch vor einem Jahr. Doch eigentlich traf sie es sehr gut. MGM bot ihr für 1933 einen gutdotierten Sechsmonatsvertrag an. Bevor sie ihn erfüllte, ging sie im Winter 1932/33 auf eine zehnwöchige Lesereise quer durch die Vereinigten Staaten, die sie nach Chicago, Minneapolis und in andere Großstädte führte. Für Vicki war es genau die Kombination aus Arbeit und Vergnügen, die sie so liebte, und darüber hinaus ein willkommener Ausgleich für den ausgefallenen Familienurlaub. Für Doubleday war es eine schöne Gelegenheit, »den vielen Lesern und Leserinnen, die *Grand Hotel* nicht auf der Bühne hatten sehen können, die Möglichkeit zu geben, die Autorin persönlich zu treffen«, so der Lektor Ken McCormick.[81]

Vicki, laut der amerikanischen Familienzeitschrift *American Home* eine der »berühmtesten Autorinnen unserer Tage«, war ein begehrter Gast bei den sogenannten *Luncheons,* die von den mächtigen Damen-Kultur- und Literaturklubs veranstaltet wurden. Solche einträglichen Veranstaltungen waren für einen Autor zumeist ziemlich ermüdend und anstrengend, da sie stets nach ein und demselben Muster abliefen. Erst eine Autorenlesung mit anschließender Frage- und Autogrammstunde, danach ein Mittagessen im Kreis der Bewunderinnen. Doch Vicki, so beobachtete Ken McCormick, spielte ihre Rolle als berühmte Autorin perfekt. Mit erstaunlicher Geduld beantworte sie die immer gleichen Fragen ihrer Anhängerinnen, obwohl sie McCormick zufolge noch immer nicht gut Englisch sprach. »Sie schämte sich aber nicht, Fehler zu machen, betrachtete es als Training und wollte die Sprache unbedingt lernen.« Sie wusste ihre Persönlichkeit vor Publikum sogar so gut herüberzubringen, dass sie bei Doubleday bald zu den »erfolgreichsten Autoren gehörte, was Lesereisen anbelangte«, so McCormick.[82]

Bei einer Lesung in Minneapolis, so berichtete Vicki ihm später, sei sie eines Tages zufällig mit einer unauffälligen älteren Dame ins Gespräch gekommen. Die Frau entpuppte sich als Ernest Hemingways Mutter Grace. Vicki fühlte sich so geehrt, dass sie nicht umhinkonnte, ihr Idol vor dem weiblichen Publikum überschwänglich zu loben. Da drehte sich Mrs. Hemingway um und sagte freudestrahlend zu ihren Freundinnen: »Seht ihr, Miss Baum kennt meinen Sohn!« – »Immer, wenn Vicki diese Geschichte erzählte«, so Ken McCormick, »rührte sie der Gedanke an diese Frau, die ihren Sohn vor diesem ungläubigen Damenkränzchen verteidigen musste, beinahe zu Tränen.«[83]

Zurück in Los Angeles, erhielt Vicki am 28. Januar 1933, vier Tage nach ihrem 45. Geburtstag, die *First Papers* des Einbürgerungsverfahrens. Wenn alles gutging, würden sie und ihre Söhne in fünf Jahren Bürger der Vereinigten Staaten sein. Im Februar erwarb sie ein Grundstück in den Hügeln vor der Bucht von Santa

Monica, unweit des Hauses, das sie jetzt bewohnten, und gab den Bau einer Villa in Auftrag.

In Berlin war kurz zuvor Adolf Hitler von Reichspräsident Hindenburg zum Reichskanzler ernannt worden. Vierzehn Tage später feierte die deutsche Fassung von *Grand Hotel* im Berliner Capitol-Kino Premiere. »Große Auffahrt in der Budapester Straße. Drinnen festlich geschmückter Saal, steife Hemdbrüste, Décolletés, tout Berlin in den Logen und auf dem Parkett«, berichtete die *Vossische Zeitung*.[84] Im Vorprogramm sangen Mafalda Salvatini und Willi Domgraf, das Staatsopernballett tanzte, und Richard Lert, von der *Berliner Zeitung am Mittag* etwas abfällig als »der Herr Vicki Baum« tituliert, dirigierte die Staatskapelle. Der Erlös des Abends kam der Genossenschaft deutscher Bühnenangehöriger zugute. Der extra aus Hollywood angereiste Regisseur Edmund Goulding nahm den langanhaltenden Schlussapplaus entgegen.[85] Der Pomp der Gala konnte jedoch nicht darüber hinwegtäuschen, dass ein Hollywood-Melodram, das auf der Vorlage einer deutschsprachigen Autorin basierte, die gerade in die USA ausgewandert war, in Hitler-Deutschland kaum eine Erfolgschance hatte. Zudem war Baum jüngst in einem antisemitischen Aufsatz als »Jüdin Vicky Baum-Levy« und als Verfasserin von »seichten, amoralischen Sensationsromanen« diffamiert worden.[86] Entsprechend verhalten und verklemmt widersprüchlich war die Aufnahme. Am nächsten Tag lobten die Zeitungen einhellig die Leistung des Schauspielerensembles, vor allem der Garbo, aber, so schrieb das *Abendblatt des Börsen-Courier*, »der Regisseur Edmund Goulding beweist auch hier, dass er sein Handwerk versteht. Der Film ist rein handwerklich ausgezeichnet. Man vermisst die geistige Einstellung. Goulding hatte keine einheitliche Anschauung vom Schauplatz und von der Handlung. Er konnte die schauspielerischen Leistungen nicht zusammenfassen und einordnen, er ließ seine Stars sich ausspielen und ausbreiten«.[87]

Wiederum vierzehn Tage später brannte der Reichstag, und ein Massenexodus jüdischer Schriftsteller, Künstler und Journalisten setzte ein. Noch bevor die neuen Machthaber damit begannen, sukzessive alle jüdischen Ensemblemitglieder zu entlassen, verließ Richard Lert, wie lange zuvor geplant, Berlin und die Lindenoper. Am 6. März 1933 gab er mit dem *Otello* sein Abschiedskonzert. Ein Jahr später reiste er noch einmal privat nach Mannheim. Es sollte sein letzter Deutschland-Besuch für mehr als zwanzig Jahre sein. Fünf Monate nach der festlichen Gala im Capitol-Kino, am 13. Juli 1933, erschien Vicki Baums Name auf der »Schwarzen Liste«, die der nationalsozialistische »Kampfbund für Deutsche Kultur« als Vorgabe an die deutschen Leihbibliotheken verschickte. In einem Zusatz heißt es: »Asphaltschriftstellerin, die im Ausland gegen das nationale Deutschland hetzt«[88]. 1934 wurden die Brüder Ullstein gezwungen, ihren Verlag weit unter Wert an eine nationalsozialistische Auffanggesellschaft zu verkaufen. 1937 sollte aus dem bunten Ullstein-Imperium der »Deutsche Verlag« werden.

Im Sommer 1933 zogen die Lerts in ihr neues Haus am Amalfi Drive 1461 in den Hollywood Hills. Alles an dem weißgetünchten zweigeschossigen Bau mit den roten Dachziegeln im spanischen Stil trug die Handschrift der Hausherrin. Vicki war an den Planungen beteiligt gewesen, sie hatte lebhaft an der Entwicklung der verschiedenen Bauphasen Anteil genommen und bei der Einrichtung eng mit der Innenarchitektin zusammengearbeitet. Ein komplettes Haus zu gestalten, einzurichten, später auch den Garten anzulegen – diese, neben dem Schreiben, Tanzen und Reisen vielleicht größte private Leidenschaft ihres Lebens entdeckte sie erst in Amerika für sich.

Es schien, als habe Vicki das Avantgardistische, Extravagante, das schon ihre Mansardenwohnung in Grunewald ausgezeichnet hatte, in Pacific Palisades noch gesteigert. Sie richtete ihre Villa in einer eigenwilligen Mischung aus Alt-Wien und Kalifornien,

Die Villa am Amalfi Drive in Pacific Palisades

aus Bauhaus-Schick und barocker Behaglichkeit ein. »Das ist ein Haus ganz für mich, es soll niemanden beeindrucken«, erklärte sie 1934 der amerikanischen Journalistin Jeannette Lowe, die das Haus für eine Bildreportage besichtigte. Lowes Kritik macht deutlich, dass die Vorstellung von einem typischen Deutschen 1934 noch nicht die eines SS-Manns, sondern eher die eines gebildeten Ingenieurs, eines modern gesinnten Bauhausmenschen war: »Miss Baums weißes Ziegelhaus liegt in Rufweite Hollywoods, ist aber dem Gefühl nach weit davon entfernt. Es ist ein deutsches Haus für eine deutsche Familie – für Vicki Baum, ihren Mann und die beiden Söhne, die sich sehr schnell dem amerikanischen Lebensstil angepasst haben«, kommentierte Lowe und schloss von der »geradezu wissenschaftlichen« Einrichtung auf »einen Haushalt, der wie ein Uhrwerk läuft, auf Wochenmahlzeiten, die am Samstag geplant und auf den Punkt genau serviert werden. Alles scheint hier seine Zeit zu haben: Zeit zum Schwimmen, Zeit zum Üben, zum Schreiben und zum Lernen«.[89]

Die Fotostrecke zu dem Artikel verstärkt diese Beobachtung. Die Einrichtung macht einen extrem nüchternen Eindruck, der aber durch die außergewöhnliche Farbgebung, den großzügigen Schnitt und die Helligkeit der Räume aufgelockert wird. Vickis Arbeitsraum mit den himbeerfarbenen Wänden und den filigranen, ganz in Grau gehaltenen Möbeln ist minimalistisch, aber fröhlich. Die einzige Attraktion in diesem Raum ist die drei Meter breite Fensterfront, die den Blick auf den Canyon freigab. Wie schon in Grunewald stand Vickis winziger Schreibtisch mit der neuen signalroten Blickensdörfer Reiseschreibmaschine vor einer neutralen Wand. Nichts sollte sie vom Schreiben ablenken.

Ähnlich nüchtern wirken die anderen Privaträume auf der ersten Etage, das schmucklose helle Elternschlafzimmer und das Jungenzimmer, in dem zwei identische Holzalkoven als Schlafstätten dienten. Vicki hatte sie selbst mit einem bäuerlich rustikalen Blumenmuster bemalt. Kühl mutet auch die Bibliothek im Parterre an. In einer Nische über dem wuchtigen schwarzen Lederdreisitzer im Bauhausstil thronte, effektvoll beleuchtet, eine Buddhafigur, die Vicki gehörte. Die geschnitzte bayerische Madonnenfigur auf dem Fenstersims gegenüber stammte aus dem Familienbesitz der Lerts. Trotz seines Kirchenaustritts hatte sich Richard intellektuell wieder dem Katholizismus zugewandt.

Die geräumige Küche im Erdgeschoss war das Reich Maettis, der weiblichen Hälfte des farbigen Haushälterehepaars der Lerts. Wie schon Bertha in Berlin, gehörten Maetti und ihr Ehemann Alex bald »richtig zur Familie« (Wolfgang Lert). Maetti, früher einmal Empfangsdame in einem Edelbordell in West Hollywood, war eine unbeeindruckbare Stimmungskanone und sorgte auch bei Hausgästen stets für große Erheiterung, wenn sie sich auf Nachfrage über bestimmte sexuelle Vorlieben der früheren Bordellkundschaft ausließ, die vor allem aus Hollywoodstars bestanden hatte.

Der große Swimmingpool im Garten suggerierte damals auch in Hollywood Luxus. Vicki und Richard schwammen hier fast jeden Morgen ihre Runden, an ihren freien Wochenenden auch Wolfgang und Peter. Auf der Koppel nebenan weidete Peters Hengst Ted, den er auf dem Gelände unterhalb des Gartens trainierte. Zu den weiteren Mitgliedern im Lert'schen »Privatzoo«, wie Vicki die wachsende Schar ihrer Haustiere scherzhaft nannte, zählte eine schwarze dänische Dogge, die zum Missfallen ihrer Besitzerin oft im Canyon auf Jagd ging. 1935 kamen noch der Afghanen-Welpe Marbrouk, den Vicki nach dem Jungen benannte, der ihr in Taggourt den Wüstenfuchs verkauft hatte, und zwei gewöhnliche Straßenkater hinzu. Diese beiden Streuner paarten sich »entgegen dem Hays-Code« mit der edlen Perserkatze der einzigen Nachbarin weit und breit, wie Vicki in Anspielung auf das Hays-Office, die freiwillige Selbstkontrolle der amerikanischen Filmwirtschaft, an Nelson Doubleday schrieb.[90]

Dort, wo sich heute Luxusvilla an Luxusvilla reiht, gab es damals nur ein einziges weiteres Haus, das Anwesen der skandalumwitterten Karoline Zanardi Landi, mit der die Lerts bis zu deren Tod im Jahre 1935 gut nachbarschaftlich verkehrten. Die *Contessa*, Witwe eines italienischen Adligen und gebürtige Österreicherin, hatte eine gewisse Berühmtheit dadurch erlangt, dass sie von sich behauptete, die heimliche Tochter von Sissi und Franz Joseph zu sein. Ihre Tochter wiederum war die katzenäugige blonde Filmschönheit Elissa Landi, die mit Hauptrollen in den Monumentalepen *Im Zeichen des Kreuzes* (1932) und *Das Rätsel von Monte Christo* (1934) zu kurzem Hollywood-Ruhm kam.

Im Juni 1933, nur wenige Wochen nach Richards Ankunft in den USA, kam die ganze Familie in Burlingame bei San Francisco zusammen, um von dort in den ersten gemeinsamen Sommerurlaub in der neuen Heimat aufzubrechen. Vier Menschen treffen sich an einem vereinbarten Ort – das ist eigentlich nichts Ungewöhnliches. Doch die Lerts waren keine Familie wie jede andere. Mutter

Vicki reiste aus New York an, wo sie in den letzten Wochen die Proben zur amerikanischen Bühnenbearbeitung von *Zwischenfall in Lohwinckel, A Divine Drudge,* begleitet hatte, Vater Richard hatte gerade im benachbarten Hillsborough ein Freilichtkonzert mit Suiten aus dem Strauß'schen *Rosenkavalier* und *Geschichten aus dem Wienerwald* dirigiert, die Söhne kamen per Zug direkt aus L. A.

Auf Leonora Wood Armsby, die spätere Direktorin des San Francisco Symphonieorchesters, machten die vier den Eindruck einer sympathisch lockeren Familie. Man ging sehr offen und liebevoll miteinander um. Richard sprach in Vickis Abwesenheit mit leuchtenden Augen von ihr und erzählte voller Bewunderung, wie hart sie sich ihren Erfolg erarbeitet hatte. Als Vicki endlich – als Letzte – ankam, blühte ihr sonst so zurückhaltender Mann sichtlich auf. Gemeinsam schwärmten die beiden dann von ihren Söhnen, die sich bereits zu richtigen Amerikanern entwickelt hätten. Von ihrer Gastgeberin auf ihren Ruhm als Schriftstellerin angesprochen, wiegelte Vicki Baum für Leonora Wood Armsby glaubwürdig ab: »Meine liebste Rolle ist die der Ehefrau und Mutter.« Doch sie gab auch zu: »Ja, ich arbeite, arbeite, arbeite, keine Zeit für die Familie, keine Zeit für Spaß.«[91] Im anschließenden Urlaub, fuhr Vicki fort, werde sie sich jedoch ausschließlich um ihre Familie kümmern und bestimmt nicht an ihr neues Buch denken (seit Mai arbeitete sie an ihrem neuen Roman *Das große Einmaleins).* Darauf Richard, liebevoll-spöttisch: »Das wirst du bestimmt tun. Ich kenne dich doch. Irgendwann wird es dich packen, und dann werden wir alle so lange nichts mehr von dir sehen, bis dein Roman fertig ist.«[92]

Am Nachmittag – Wolfgang und Peter badeten im Pool der Woods, auch Freunde aus dem Umkreis der San Francisco Symphoniker waren inzwischen hinzugekommen – wurde Vicki von den Anwesenden mit Fragen nach ihrem Ruhm und ihren Romanen bestürmt. Sie ging sehr »ernsthaft« auf jede Frage ein, wobei es ihr aber offensichtlich einen besonderen Spaß bereitete, doppelbödige Antworten zu geben. Als jemand fragte: »Bitte verzeihen Sie, Miss Baum, aber ich war sehr überrascht, als ich Sie sah. Ich hatte eine ganz andere Frau erwartet!«, lachte Vicki ihr tiefes, kehliges Lachen: »Wie hatten Sie sich mich denn vorgestellt?« – »Ich dachte, Sie seien älter und brünett.« Daraufhin Vicki, ironisch: »Wie recht Sie haben, meine Liebe. Ich bin tatsächlich älter, und ich bin brünett.«

Danach lenkte sie das Gespräch zielgerichtet auf ihren Ehemann. »Was halten Sie von ihm als Dirigenten?«, fragte sie schnörkellos in die größtenteils weibliche Runde. Als die Damen einhellig ihre Begeisterung über Richards Leistung bei dem vorangegangenen *Rosenkavalier-Konzert* ausdrückten, setzte Vicki geschickt hinzu: »Richard war ja so enttäuscht, keine richtige Symphonie zu dirigieren. Er hätte nämlich gern bewiesen, dass er auch ernsthafte Stücke im Repertoire hat.« Und da ihn offensichtlich alle anwesenden weiblichen Gäste anhimmelten, fuhr Vicki mit ihrem Lob fort: »Richard ist solch ein Schatz. Ich reise so viel und treffe so viele Männer, aber keiner ist so lieb wie mein Mann.«[93]

War die glückliche Familie eine Inszenierung für die Öffentlichkeit? Wohl kaum. Vickis fürsorglicher kameradschaftlicher Ton, den sie an dem Nachmittag bei Leonora Wood Armsby gegenüber Richard anschlug, ihre beinahe mütterliche Besorgtheit um ihn scheinen auch in ihren Briefen immer wieder durch. Beide äußerten sich bei vielen anderen Gelegenheiten stolz über ihre Söhne – und sie führten wirklich eine so moderne gleichberechtigte Ehe, wie es den Anschein hatte. Beide respektierten einander, erkannten die Leistungen des anderen an, was jedoch keinen von beiden davon abhielt, sich liebevoll über den anderen lustig zu machen. Und wo sich Richard aufgrund seiner Schüchternheit vielleicht nicht durchsetzen konnte, sprang ihm seine in dieser Hinsicht viel furchtlosere Ehefrau bei. Diese Rollenaufteilung hatten die Lerts schon in Berlin praktiziert, wo Vicki ebenfalls nicht müde geworden war, Richard als »einen der besten Musiker Deutschlands« zu preisen, wenn sie erreichen wollte, dass er als Gastdirigent engagiert wurde.[94]

Eines hatte sich jedoch definitiv verändert, seitdem Vicki in die USA vorausgegangen war. Sie hatte inzwischen die Rolle des Familienvorstands übernommen. Sie verdiente das Geld, sie traf alle wichtigen Entscheidungen. Richard tat sich in den ersten Wochen und Monaten nach seiner Ankunft noch schwer mit der neuen Situation, suchte offenbar nur halbherzig nach einer neuen Aufgabe und reiste 1933/34 noch häufig zu Konzerten nach Europa, etwa nach Paris und Oslo. Ein österreichischer Dirigent war in den USA automatisch auf die leichte Muse abonniert. Einem Händel- und Beethoven-Spezialisten wie Richard Lert konnte das jedoch nicht genügen (auch deshalb lenkte Vicki das Gespräch bei Leonora Wood Armsby auf Richards symphonische Fähigkeiten). Zudem gab es – und gibt es bis heute – in Amerika keine staatlich subventionierten Orchester wie in Europa. Und als Arrangeur für den Film zu arbeiten, wie die meisten klassischen Kapellmeister in Kalifornien, kam für Lert nicht in Frage. Er hatte keinerlei Studio-Ambitionen und verachtete Schallplattenaufnahmen. Vicki unterstützte ihn in dieser kompromisslosen Haltung. »Mach dir doch bitte nix draus, Liebes, wenn's mit deinem Geschäft nicht so geht, wie du möchtest«, machte sie ihm 1935 in einem Brief Mut: »Genieß doch das Haus und die Buben, die Hunde und die Tatsache, dass wir's nicht nötig haben.«[95]

Nach dem Besuch in San Francisco machten sich die Lerts per Mietwagen auf in Richtung Glacier Nationalpark, Montana. Auf dem Weg dorthin hielten sie in Paradise, einem Städtchen am Fuße des Mount Rainier im Staate Washington, wo es selbst im Sommer entlang der Straßen mehr als zwei Meter hohe Schneeverwehungen gab. Weil es ihnen hier so gut gefiel, mieteten sie sich im rustikalen Paradise Inn mit Blick auf den Mount Rainier und dessen Gletscher ein. Während Wolfgang für einige Tage zum Skifahren nach Camp Muir durfte, arbeitete Vicki – entgegen ihrer Ankündigung in San Francisco – noch sehr intensiv an ihrem neuen Roman *Das große Einmaleins*. Es blieb jedoch ausreichend Zeit für gemeinsame Bergwanderungen. Wie zur Bestätigung von Wood Armsbys Bericht sieht man auf einem Urlaubsfoto aus diesem Sommer eine augenscheinlich glückliche Familie, deren Mitglieder in die Kamera strahlen: Richard, mit Baskenmütze, mit ernstem Gesichtsausdruck und etwas hagerer als sonst, hinter ihm der zwölfjährige Peter, der seiner Mutter immer ähnlicher wird. Wolfgang, beinahe das Ebenbild seines Vaters, hat seinen Arm freundschaftlich um Vicki (im karierten Wanderrock) gelegt, die sich in seiner Umarmung sichtlich wohlfühlt.

Kaum etwas könnte die enge Beziehung zwischen Mutter und Sohn deutlicher machen als diese Fotografie. Vicki achtete nach außen hin streng darauf, ihre Kinder gleich zu behandeln. Sie ließ ihnen die gleiche Kleidung anfertigen und richtete ihre Zimmer gleich ein. Leonora Wood beobachtete jedoch mit feinem Gespür, dass sie Peter besonders zärtlich durchs Haar strich. Als Ken McCormick den Lerts in den dreißiger Jahren einen Besuch abstattete, wunderte er sich, wie offen Vicki ihren jüngsten Sohn bevorzugte, »der eine erhielt jede Aufmerksamkeit von ihr, der andere schien sie eher zu langweilen«, schrieb McCormick, und dieser Eindruck war so stark, dass er sich noch sechzig Jahre später daran erinnerte.[96] Und dennoch war Vickis Verhältnis zu Wolfgang besonders innig und wurde noch enger, je älter Wolfgang wurde. Ihr auffälliges Verhalten gegenüber Peter scheint also so etwas wie eine Überkompensation gewesen zu sein.

Während des Krieges geboren, war Wolfgang schon als Säugling ihr Sorgenkind gewesen. Seitdem hatte sie das Gefühl, für ihn da sein zu müssen. Der muntere Peter, der im Übrigen ein sehr gutes Verhältnis zu seinem älteren Bruder hatte, bedurfte Vickis Fürsorge offenbar nicht in dem Maße wie sein Bruder. Während Peter sich mehr für den Pferdesport interessierte – ein Hobby, das seine Mutter unterstützte, nach ihrem Reitunfall aber nicht mehr teilen mochte –, entwickelte Wolfgang bald ganz ähnliche Interessen wie Vicki. Literatur, Politik, Fotografie, Reisen, Filme, Wolfgangs Freundinnen – Mutter und Sohn konnten einfach über alles miteinander reden.

Vicki war stets peinlich darauf bedacht, ihren Sohn ihre ständige Sorge um ihn nicht spüren zu lassen, dennoch beschäftigte er sie innerlich stark. Als Wolfgang im Winter 1933 und darauffolgenden Sommer noch einmal als Bergführer-Assistent nach Paradise Valley zurückkehrte, klagte sie Nelson Doubleday ihr Leid: »Mein Ältester, den ich auf den Mount Rainier schickte, um dort als Hotelpage zu arbeiten, überraschte mich kürzlich mit der Nachricht, dass er nun ganz offiziell Bergführer geworden ist. Für das Herz einer Mutter ist es wirklich außerordentlich beruhigend zu wissen, dass ihr Junge auf Gletscher und Berggipfel steigt und sich permanent der Gefahr aussetzt.«[97] Aber es wäre ihr nie in den Sinn gekommen, Wolfgang zu bitten, seinen Ferienjob aufzugeben oder ihn sonst irgendwie in seiner Freiheit einzuschränken.

IM REISEFIEBER (1934–1936)

Ochsentouren – Stress in Hollywood – Neuorientierung – Ein sehr langer
Urlaub – Samoa-Pago Pago-Neuseeland-Australien-Hawaii-Shanghai-
Hongkong-Japan-Bali (Stippvisite) – Schiffswechsel – Bali, 1936 –
Der Kreis um Walter Spies – Insel- und Seelenforschung –
Malaria – Eine einfache Geschichte – Das bittere Ende eines
süßen Traums – Heimkehr über Novi Sad

Die Wirtschaftskrise war auch an Hollywood nicht spurlos vor-
übergegangen. Die Zahl der Kinogänger war seit 1931 stetig
rückläufig, im Januar 1933 hatten Paramount und RKO Kon-
kurs angemeldet, und als der neu gewählte Präsident F. D. Roosevelt zwei Monate später ein Bankenmoratorium ausrief, um
die Wirtschaftskrise in den Griff zu bekommen, waren auch
alle anderen Studios in Zahlungsschwierigkeiten geraten. Die
Studiobosse reagierten mit drastischen Lohnkürzungen. Dennoch war Hollywood, im Vergleich zum übrigen Amerika, wo
das jährliche Durchschnittseinkommen einer Familie bei etwa
1.500 Dollar lag, noch immer das reinste Märchenland. Hier
wurden weiterhin unvorstellbare Summen verdient, Stars wie
die Garbo oder Topregisseure wie Ernst Lubitsch bekamen
nicht selten bis zu 5.000 Dollar pro Drehwoche[1]. Das Gehalt
der Drehbuchautoren kletterte nicht in diese Dimensionen,
aber immerhin erhielten zehn Prozent von ihnen ein Jahresein-
kommen von 10.000 Dollar und mehr. 1933 war Vicki Baum
noch Mitglied in diesem exklusiven Club. Doch sie spürte, dass
sie sich auf dünnem Eis bewegte. Ende 1933 befürchtete sie,
dass ihr aktueller Vertrag bei MGM nicht über das Frühjahr
1934 hinaus verlängert werden würde, und diese Vorstellung
beunruhigte sie. Bisher hatte sie zu den wenigen *celebrity writers*
bei MGM gezählt, die mehrfach hintereinander langfristige Verträge ergattert hatten. Ob ihr das noch einmal gelingen würde,

war inzwischen mehr als fraglich. Fest stand: Vicki war 1934 auf einen Filmvertrag angewiesen. Seit Frühjahr 1932, seit dem Konflikt um die amerikanischen Rechte an ihren Romanen, hatte ihr Geoffrey Bles keinen Cent mehr überwiesen. Es stand noch eine Summe von knapp 25.000 Dollar aus, und solange sie sich nicht mit Bles einig wurden – was erst im August 1934 geschehen sollte –, hatte auch Ullstein alle Tantiemen an ihren Auslandsrechten eingefroren.

Vickis anfänglicher Optimismus begann sich spätestens Ende 1933 in Bitterkeit zu verwandeln. Zwar hatten ihre ehemaligen Hollywood-Kollegen wie Samuel Marx, ihr Chef bei MGM, im Rückblick nur Lob für ihre Leistung als Drehbuchautorin übrig. »Vicki Baum war eine sehr zuvorkommende Person und passte großartig in das Team mit bedeutenden Schriftstellern, die wir hier engagierten«, erklärte Marx 1985 in einem Fernseh-Interview.[2] Doch sie selbst war inzwischen vollkommen desillusioniert, entwickelte allmählich eine Mischung aus Angst und Widerwillen gegen Hollywood. »Meine Karriere in Hollywood ist und war nichts als eine Kette von Enttäuschungen und Ärgernissen«, schrieb sie im Dezember 1933 an ihren Filmagenten Edmond Pauker.[3] »Obwohl ich mir sicher bin, ganz gute Sachen zu schreiben, was meine Vorgesetzten in einigen ihrer klareren Momente auch zugegeben haben.«[4]

Sie arbeitete 1933/34 hauptsächlich an Filmadaptionen von Werken anderer. Dabei schien sie der gleiche Ekel zu befallen, den William Faulkner, F. Scott Fitzgerald oder – Vickis Status wohl am ähnlichsten – Raymond Chandler gegen das System hegten. Es behagte ihr nicht, von der Meinung von Produzenten, Regisseuren, manchmal sogar von Schauspielern abhängig zu sein, die sie teilweise für ihre völlige Unbildung verachtete. In Hollywood, erklärte sie 1947, als sie längst mit der Filmmetropole abgeschlossen hatte, in einem privaten Brief, »benutzten 50 Mann meine Zahnbürste«.[5] Damit konnte sie sich schon 1933 nicht abfinden. Ebenso wenig damit, »ein und dieselbe

Geschichte ein Jahr lang wiederzukäuen und dann wieder von mir zu geben«.[6]

Obwohl Irving Thalberg bekanntlich oft bis zu fünf verschiedene Autoren gleichzeitig an einem Drehbuch arbeiten ließ, war Vicki 1933 persönlich gekränkt, als ein anderer Autor ihr Treatment von *Der bunte Schleier*, eine Adaption des gleichnamigen Romans von Somerset Maugham, überarbeiten sollte. Dann wieder machte es sie rasend, dass Regisseur Ernst Lubitsch, den MGM für *The Merry Widow* (*Die lustige Witwe*) kurzerhand von Paramount ausgeliehen hatte, »nicht ein einziges Wort« ihrer 120-seitigen Drehbuchadaption gelesen hatte, die Thalberg Vicki zufolge hatte »durchgehen« lassen.[7] Lubitsch brachte, wie in solchen Fällen üblich, seine eigenen Drehbuchautoren mit, Ernest Vajda und Samson Raphaelson. Für das Finale von *The Merry Widow* wurden dann allerdings doch noch Ideen Vicki Baums übernommen oder eingefügt.[8]

Eigentlich lag ihr das ironische Spiel mit Formen und Formeln und deren subtiles Unterlaufen. Wenn aber die Formen so starr waren wie im Hollywood-Film der dreißiger Jahre, musste das einem stolzen Profi wie ihr den Spaß verderben. Hinzu kam, dass bei MGM ein eisiger Wind wehte, seitdem der gesundheitlich angeschlagene Thalberg im Sommer 1933 von seinem einstigen Partner Louis B. Mayer entmachtet und zum »Head of Production« degradiert worden war. Thalberg trug zwar weiter Verantwortung, aber die Ära des »letzten Tycoons« (F. Scott Fitzgerald), und damit das Zeitalter der Schriftsteller als *celebrity writers* bei MGM, ging unübersehbar zu Ende. Mit Thalbergs Tod im September 1936 war sie endgültig vorbei.

Auch mit dem rauen Umgangston und der »Goldgräbermentalität« des hollywoodtypischen »Hey, was ist drin für mich?« kam Vicki Baum nicht zurecht. Im Dezember 1933 erklärte sie Edmond Pauker, dass es für sie keinen Sinn mehr mache, wenn er sie von New York aus vertrat: »Ich brauche jemanden hier in

Hollywood, der sich meiner Geschäfte annimmt, mich verteidigt, im Notfall für mich kämpft. Ich bin weder eine Gesellschaftslöwin noch jemand, der sich mit seinem eigenen Schreiben brüstet oder der eine laute Szene macht ... Aber ich fühle, dass ich hier untergehe, wenn nicht jemand einmal für mich mit der Faust auf den Tisch haut.«[9] Zwei Wochen später entließ sie Pauker als ihren Filmagenten: »Es scheint, als ob man von Zeit zu Zeit Hollywood-Jargon reden müsste, um sich hier durchzusetzen.«[10]

Vickis Unzufriedenheit mit ihrem alten Weggefährten beruhte sicherlich nicht allein darauf, dass Pauker ihre Interessen von New York aus nicht intensiv genug vorantrieb. Inzwischen war ihr nämlich bewusst, welch gewaltiges Pfund der Ungar mit *Menschen im Hotel* in Händen hielt. Während MGM die Weltfilmrechte an dem Stoff gehörten, besaß Pauker die einträglichen weltweiten Bühnenrechte für das Stück. Für sie als Autorin blieb nicht mehr als ein kleiner Prozentsatz vom Einspielergebnis übrig. In ihren Briefen an »Mr. Pauker« scheint durch, dass sich Vicki von ihm übervorteilt fühlte. Der Agent hingegen konterte ziemlich humorlos in seinen Briefen an »Miss Baum«, dass er sie 1931 unter »sehr schwierigen Umständen« als Bühnenautorin in den USA etabliert habe, und erinnerte sie daran, wie viel »Arbeit, Ärger und Zeit« es ihn gekostet habe, MGM für die Finanzierung des Bühnenstückes zu gewinnen.[11] Vicki trennte sich trotzdem von ihm. Solange sie noch vertraglich an Pauker gebunden war, erhielt er eine Kommission von zehn Prozent an allen ihren Filmeinnahmen. 1936 war auch das vorbei, und Pauker repräsentierte Vicki seitdem nur noch am Broadway.[12]

Ihre neue Agentur Kenneth Feldman verschaffte Vicki für das Frühjahr 1934 einen Vertrag bei Samuel Goldwyn, dem unabhängigen Filmproduzenten und Hollywoodveteranen der ersten Stunde, der wegen seiner rüden Art allseits gefürchtet wurde. Vicki sollte eine Story für die blonde Ukrainerin Anna Sten schreiben, die Goldwyn zur »neuen Garbo« aufbauen wollte.

Der Kinomogul stand im Frühjahr 1934 unter Druck – sein erster Film mit Anna Sten war an den Kinokassen nicht so eingeschlagen, wie er es erhofft hatte –, und Vicki Baum geriet vom Regen in die Traufe. Sie schrieb ein Scenario namens *Romance in Moscow.* Goldwyn erlebte mit der Sten später sein Waterloo – und Vicki kehrte nach ihren »traurigen Erfahrungen«[12] in den Goldwyn-Studios zu veränderten Konditionen und mit einem reduzierten Gehalt von 1.000 Dollar die Woche zu MGM zurück.[14]

Sie habe das Gefühl, »wie ein Spielautomat« funktionieren zu müssen, klagte Vicki ihrem amerikanischen Verleger Nelson Doubleday nach dem unglücklichen Intermezzo, »man wirft einen Nickel ein, und dann kommt ein Haufen Unsinn heraus«[15], »Sam Goldwyn wiederum«, kommentierte sie später ebenso diskret wie vieldeutig in ihren Erinnerungen, »denkt wie ein Küchenchef: Man braucht nur die besten Zutaten zu verwenden, sich an ein altbewährtes Rezept zu halten und die Küchenhilfen nicht allzu sehr herumzuhetzen, dann kann man zum Schluss ein vorzügliches Gericht servieren. Sein Verfahren ist meist erfolgreich. Hin und wieder aber fällt auch dem besten Koch das Soufflé zusammen.«[16]

Wie schon 1931/32 verarbeitete Vicki Baum ihre Erfahrungen mit Hollywood literarisch, diesmal allerdings weniger positiv. Im Dezember 1934 hatte sie die erste Fassung eines Romans abgeschlossen, dem sie den programmatischen Titel *Career* (Karriere) geben wollte. *Die Karriere der Doris Hart*, wie das Buch später auf Deutsch heißen sollte, war ihre Abrechnung mit Hollywood, *hard boiled* und zugleich hemmungslos melodramatisch, eine amerikanische Version der sehr deutschen Helene-Willfüer-Erfolgsgeschichte. Der Roman spielt im Milieu der New Yorker Metropolitan Opera – doch er handelt unverkennbar von *Tinseltown.*

Die Metropolitan Opera/Hollywood ist bei Vicki Baum eine etablierte, kulturlose High Society, die europäischen Emigranten und deren ausgeprägtem Kulturbewusstsein misstrauisch gegenübersteht. Um Karriere zu machen, muss die Heldin Doris Hart genauso hart und unerbittlich wie ihre Umwelt werden. Sie lässt sich mit schmierigen mächtigen Männern ein, die den Hollywoodproduzenten ähnelten, die Vicki Baum kennengelernt hatte: »Sie brauchten Bewunderung, Bestätigung, Anbetung, Unterwerfung.«[17] Doris Hart macht eine große internationale Karriere, sie ist niemandem mehr verpflichtet, außer sich selbst – doch sie zahlt ihren Preis. Unheilbar krank, stirbt sie schließlich in den Armen ihres Geliebten auf einer Trauminsel im Südpazifik. Die Opernwelt hat sie zu diesem Zeitpunkt längst freiwillig hinter sich gelassen.

Die reale Vicki Baum ging nicht auf Konfrontationskurs zu den Hollywood-Bossen. Sie wählte eine andere Strategie, eine Mischung aus Hinnehmen der Tatsachen und Kreativität in neuen Zusammenhängen. Als »Realistin« hatte sie Mitte der dreißiger Jahre die Zeichen der Zeit erkannt. Sie hatte begriffen, dass es für sie immer schwieriger wurde, längerfristige Studioverträge zu bekommen, und merkte selbst, dass sie zwar eine Begabung in filmischer Prosa besaß, jedoch keine ausgesprochene Filmautorin war. *Grand Hotel* war ihr bisher einziger wirklicher Hollywood-Erfolg als Filmautorin (und sollte es bleiben). Und da sie lieber das Heft in der Hand behalten wollte, bevor es ihr von anderen entrissen wurde, arbeitete sie ernsthaft an Alternativen und versuchte sich auf mehreren Ebenen unabhängig von Hollywood zu machen. *Die Karriere der Doris Hart,* im August 1936 in den USA und wenig später im Exilverlag Querido veröffentlicht, stand am Anfang dieses Prozesses.

Baum verstand sich seit Mitte der dreißiger Jahre immer mehr als Geschäftsfrau, eine Rolle, die ihr nicht in die Wiege gelegt worden und sicherlich nicht immer vorteilhaft für sie war. Aber Autonomie wurde ihr nun in jeder Hinsicht zum alles bestimmenden Ideal. Sie hatte sich nach dem Zerwürfnis mit Ullstein und Bles geschworen, ihre Geschäfte nie wieder nur einem einzigen Partner anzuvertrauen. Ende 1935 erhielt sie ihren letzten sechsmonatigen Studiovertrag bei MGM. Von da an versuchte sie, ihre eigenen Ideen über wechselnde Hollywoodagenten anzubieten, darunter Adele Schulberg, Paul Kohner, Myron Selznik und seit 1947 wieder George Marton. Wenn ein Studio anbiss und eine Idee kaufte, konnte es durchaus sein, dass sie wieder für einige Wochen einen Studiovertrag erhielt. »Nichts mit den Ateliers zu tun zu haben ist für mich ein Luxus, den ich mir mit Wonne leiste«, erklärte Baum viel später, 1959.[18] In ihren »emanzipatorischen« Worten schwang noch immer eine Kränkung mit: »Wenn meine Agenten einmal einen meiner Romane bei einer Filmgesellschaft loswerden, freue ich mich, bin aber keineswegs entzückt; der Stoff gehört mir dann nicht mehr, und was mit ihm geschieht, ist mir gleichgültig. Das Produkt interessiert mich nicht im Geringsten, ich sehe es mir nicht einmal an. Das ist eins der Geheimnisse, warum ich mich nicht zu betrinken und keine Aufputsch- und Beruhigungsmittel zu nehmen brauche.«[19]

Durch ihre gutdotierten Hollywoodjobs und die lukrativen Zeitschriftenverträge war Baum Mitte der dreißiger Jahre zu einer wohlhabenden Einwanderin geworden; allein in Hollywood hatte sie 1935 knapp 30.000 Dollar verdient, ihr Aktienvermögen besaß nach heutiger Kaufkraft einen Wert von mindestens 700.000 Dollar.[20] Um den großbürgerlichen Lebensstandard ihrer Familie zu halten, blieb sie nach ihrem Teilrückzug aus Hollywood jedoch auf Film- und Zeitschriftenverträge angewiesen, auch auf ihr Talent, kommerziell erfolgreiche Romane zu schreiben. Rentnerin – auch im ökonomischen Sinne – sollte und wollte sie zeitlebens nicht werden.

Sie wusste: Um auf Dauer auf dem umkämpften US-Markt erfolgreich zu sein, mussten ihre Romane nicht nur den deutschen Stempel, den »Thomas-Mann-Einfluss«, loswerden. Sie selbst musste auch die Sprache ihrer Leser sprechen. Deshalb plante Vicki spätestens seit 1934, ihre Romane auf Englisch zu schreiben.[21] Hinzu kam, dass sie sich von ihren Übersetzern unabhängig machen wollte, denn »meine englischen Übersetzer versuchen meinen Stil aufzubauschen und größere Worte zu machen, als mir lieb ist«[22]. Der geniale Basil Creighton war zudem nicht immer verfügbar, und Margaret Goldsmith, Vickis alte Freundin aus Berliner Tagen, war kein adäquater Ersatz für ihn, hatte in ihre Übersetzung von *And Life goes on* (*Zwischenfall in Lohwinckel*) unfreiwillig komische Germanismen eingebaut. 1936 legte Vicki Baum zum ersten Mal ein Probekapitel eines Romans auf Englisch vor, 1937 schrieb sie *Hotel Shanghai* halb auf Deutsch, halb auf Englisch, 1940 schließlich *Flut und Flamme* mit über fünfzig Jahren ganz auf Englisch.[23] Es war ein weiterer Sieg in ihrem lebenslangen Kampf um Anpassung und Unabhängigkeit.

Nach dem Intermezzo in den Goldwyn-Studios fühlte sich Vicki so ausgebrannt, dass sie sich die vielleicht größte Freiheit überhaupt nahm, die Freiheit, unbewaffnet, wohlhabend und neugierig den schönen Rest der Welt zu erkunden. Ende 1934 meldete sie sich für fünf Monate bei MGM ab und reiste Anfang 1935 in Begleitung von Richard und den Kindern nach Honolulu, wo der Dampfer in See stach, der Vicki in den nächsten zwei Monaten nach Pago Pago, Samoa, Suva, Java, den Fiji-Inseln, nach Neuseeland und Australien und über Pago Pago, Amerikanisch-Samoa, wieder zurück nach Honolulu bringen sollte. Das Leben an Bord der »Monterey« bestand aus einer strengen Abfolge von Tätigkeiten, die maximalen Genuss und Ablenkung versprachen. »Ich bin herrlich in Form, weiß überhaupt nicht mehr, ob das Boot wackelt, esse mäßig, werde vorsichtig braun, renne zwei Meilen … kriege elende Massage, poliere zwanzig Romanseiten und schlafe 10 Stunden täglich«, schrieb Vicki am 17. Januar 1935 nach Hause.[24] Bald legte sie die Arbeit an *Career* (*Die Karriere der Doris Hart*) ganz beiseite. Ihr »grauste« vor dem Roman, schrieb sie Richard, und sie wolle ihn sich erst in Hollywood wieder vornehmen. Schließlich gab sie sich ganz einer lustvollen »mächtigen englischen Langeweile« hin. Tagsüber spielte sie mit ihren Mitpassagieren Rommé und erreichte bei einem Pingpongturnier das Finale. In ihrer Kabine schrieb sie Briefe, las, döste, ließ sich von einem alten Steward aus Wien »mästen«, der sie an ihren Vater Hermann erinnerte, und absolvierte zum Ausgleich frühmorgens an Deck ein rigides selbstentworfenes Gymnastikprogramm. Schon nach knapp zwei Wochen auf hoher See erschien es ihr, »als wenn ich schon ein Jahr unterwegs wäre, so viel gesehen, so viele Meilen gereist, die Welt so fremd«.[25] Besonders die polynesische Insel Samoa und die »Faa Samoa«, die Lebensart der Inselbewohner, hatten es ihr angetan: »Südsee, wie man sich's vorstellt, wunderbar und sanft und romantisch«, schrieb sie ihren Söhnen in ihrem typischen familiären Briefstil – nicht literarisch, sondern geradlinig naiv, elliptisch, unelegant persönlich und auf Deutsch: »Die Cocospalmen wachsen bis dicht ans Wasser, und auf einmal ist da bisschen Rauch, und man sieht die kleinen braunen Wipfel drunten, die Hütten der Eingeborenen, wie im Bilderbuch.«[26] Später berichtete sie Richard: »Wenn man so eine Zeit in der Südsee herumgegondelt ist, dann sieht man erst ein, wie weise diese faulen Menschen hier sind. So glücklich kann unsereiner gar nicht sein.«

Selbst in die entlegensten Winkel der Erde war das Echo von *Grand Hotel* gedrungen, selbst hier kannten die Menschen Vicki Baum. Als die »Monterey« Ende Januar, mitten im neuseeländischen Hochsommer, in Auckland Station machte, wurde Vicki von Reportern bestürmt. Sie sei »rasend berühmt« in Neuseeland und werde in jeder größeren Stadt von Zeitungsreportern interviewt, erklärte sie ihrer Familie, und wieder einmal schien ihr die viele Aufmerksamkeit, die ihr zuteil wurde, außerordentlich zu gefallen: »Jeder Mensch kennt hier meine Bücher, inclusive Maories, und in jedem Nest sind Interviews ... An den Straßen kommen die Frauen aus den Gasolinstellen ..., um mir die

Hand zu schütteln – die Reporter reisen Tagesreisen hinter mir her, und die … Menschenfresser verlangen Autogramme, weil sie meine Bücher so gern haben.«[27] Trotzdem konnte sie Land und Leute nicht ausstehen. »Hier riecht es nach Europa«, war ihr erster Eindruck. »New Zealand ist so doof und mies, dass man nur lachen kann … Trübsinniges Mittelstandsengland – da lernt man erst Amerika schätzen. Die Leute – die Hotels – die Landschaft, die Straßen, die Badezimmer, das Essen, alles komisch minderwertig und verstockt stolz darauf.«[28] Auch nachdem sie per Mietauto und mit Chauffeur die Sehenswürdigkeiten der Nordinsel besichtigt hatte – »Flüsse, Bäche, Wasserfälle, Geyser, Höhlen, Schluchten, Hochgebirge, Fjorde wie in Norwegen, Küsten wie in Sizilien« –, änderte sich ihre Meinung nicht: »In ganz New Zealand kein Haus, kein Möbel, kein Kleidungsstück, das nicht von absurder Zweitklassigkeit wäre. Alles Jugendstil, alles schäbig, geizig, verbohrt, hinterwäldlerisch. Die Hotels grässlich.«[29] Ganz anders erging es ihr mit dem US-amerikanischen Flottenstützpunkt Amerikanisch-Samoa. Als die »Monterey« auf dem Rückweg zum zweiten Mal in Pago Pago anlegte, empfing der Oberhäuptling sie zu einer Art »Privataudienz«. Entzückt schrieb Vicki dem vierzehnjährigen Peter: »Leider hat er mir zu Ehren Hemd und eine große Krawatte angezogen, hat ein Notizbuch aus der Tasche sehen lassen, damit er gebildet aussah, und seine Töchter haben ihm überall einen schwarzen Regenschirm nachgetragen.« Sie hatte dem High Chief und seinem Clan aus Neuseeland Füllfederhalter als Gastgeschenke mitgebracht, im Gegenzug übergaben ihr die Töchter des Häuptlings bunte, in Bananenblätter gewickelte Fische. »Ich habe beinahe geheult, wie ich aufs Schiff zurückmusste. Ihr könnt euch gar nicht vorstellen, wie bezaubernd es hier ist.«[30] Und an Richard: »Ich angle in der Landschaft herum nach einem Filmstoff, damit ich nicht mit ganz leeren Händen ankomme, aber bisher ist mir nichts begegnet. Nur dass in Pago Pago die Frau des Governors immer ein Shampoo und Wasserwelle kriegt im Schiffs-Beauty-parlor, wenn ein Schiff hinkommt – einmal im Monat, darin scheint mir der Anfang von etwas zu liegen.«[31]

Diese Geschichte wurde nie geschrieben, dafür brachte Vicki andere Dinge mit nach Hause. Aus Neuseeland für Peter einen kleinen Stoff-Koalabären und einen Bumerang, aus Polynesien Haifischschwerter und einen »blutrünstigen« hölzernen Fetisch, der zu Hause in ihrem Garten einen Ehrenplatz erhielt. Sie opferte »Franz« in den nächsten fünfundzwanzig Jahren die jeweils ersten Blüten einer Viola, eines Krokus oder einer Hyazinthe, damit er ihr in jedem Jahr eine reiche Ernte bescherte.[32] Das Geschenk, das sie ihren Söhnen später aus Japan mitbrachte, übertraf jedoch alles andere. In Honolulu schmuggelte Vicki für Peter und Wolfgang vier seltene japanische Eichhörnchen durch den Zoll, Ichi, Ni, San und Chi (Eins, Zwei, Drei, Vier), die allerdings *eins, zwei, drei* bald in der kalifornischen Wüste verschwanden.[33]

Mitte Februar 1935 kehrte Vicki nach Honolulu zurück, um in ihrer Suite im Royal Hawaiian Hotel ihre Südsee-Eindrücke zu bündeln und eine Artikelreihe über eine Zuckerplantage zu schreiben – sie wurde allerdings nie veröffentlicht. Am Hafenpier von Honolulu erwarteten sie drei gebeugte Gestalten mit weißen Bärten – Richard, Wolfgang und Peter in Verkleidung. Das wortlose Spektakel war ihr Kommentar zu Vickis Reise: Während sie nämlich fröhlich »in der Welt herumgondelte« und dabei, wie Rip van Winkle, kein bisschen älter geworden war, war der Rest der Familie um mindestens zwanzig Jahre gealtert. Vicki reagierte gewohnt humorvoll.[34] Doch nahm sie den traurigen Mummenschanz auch zum Anlass, ihrem Mann drei liebevolle, entwaffnend offene Briefe nach Hollywood zu senden, die ebenso viel über ihre Ehe wie auch über sie selbst aussagten.

Den ersten schrieb sie kurz nach Richards Abreise im Februar nach Washington, wo dieser die ehrenvolle Aufgabe übernommen hatte, ein Konzert zum dreiundfünfzigsten Geburtstag des amerikanischen Präsidenten Franklin D. Roosevelt zu dirigieren: »Es ist so großartig unegoistisch von dir und sehr egoistisch von mir, das weiß ich schon. Leider bin ich nun schon einmal so mit doppeltem Boden geboren – eine Oberseite brav und arbeitsam und voll Pflichtbewusstein. Aber da ist auch noch das Unterfutter, und das ist bisschen zigeunerisch und ruhelos ausgefallen. So lieb, dass du mir die Freiheit gibst, auch diese Hälfte von mir auszuleben. Ich möchte gern, dass du wissen sollst, dass ich nichts Dummes oder Falsches mit dieser Freiheit anfange und dass sie nur Wert hat, weil da der feste Punkt dahintersteht, du und die Kinder und das Haus und die ganze Existenz, von der ich halt von Zeit zu Zeit ausbrechen muss.«[35] »Von Zeit zu Zeit« war eine blumige Umschreibung für 1926 Mannheim-Berlin, 1929 Nordafrika, 1931 Berlin-Moskau-New York und 1935 Hollywood-Honolulu-Bali.

Und da sie bei jedem, wirklich jedem Menschen zunächst dessen Freiheit achtete, waren auch außereheliche Beziehungen kein Tabu für sie. Das galt im Falle von Bengt Wadsted für sie selbst, so wie im gleichen Maße auch für Richard. In den ersten Ehejahren sei sie, deutete Vicki Baum im Rückblick dezent an, noch eifersüchtig auf die »Opernmädchen« gewesen, von denen Richard tagtäglich umgeben war. Mit der Zeit aber hatte sie offenbar jeder Besitzeifer verlassen. Spätestens in Amerika »vergönnte« sie ihrem Mann seine starke Wirkung auf Frauen »herzlich«. Ihren Briefen zufolge schien Vicki inzwischen sogar stolz darauf zu sein und machte manchmal Witze darüber. »Involve dich nicht zu tief mit einem deiner Opernmädchen, denn ich komm ja doch bald zurück, und dann ist es unbequem für alle Teile«, drohte sie Richard einmal scherzhaft.[36]

Seine Affären brachten sie nicht ernstlich auseinander. Denn die Lerts verband etwas Stärkeres – Kameradschaft, oder wie Vicki es in einer ihrer Geschichten ausdrückte, »das zärtliche Gefühl, das noch anhält, wenn die Leidenschaft längst vorüber ist«[37], die Sorge und Verantwortung für die Söhne und – zumindest von Vickis Seite – die Hoffnung darauf, miteinander alt zu werden.

Äußerlich schien ihr das Alter nichts anhaben zu können. Auf Fotos aus dieser Zeit sieht sie mit siebenundvierzig Jahren blendend aus – wirkt viel jünger als noch in Berlin. Innerlich aber setzte ihr das Altern zu, und sie machte mal scherzhafte, mal ernste Anspielungen darauf. Sie sei »langsam in Harmonie mit den Alten-Damen-Falten in meinem Gesicht«, schrieb sie Richard von dieser Reise. »Ich war ja schließlich lang genug jung und werde nun versuchen, mit Grazie ins Großmutterstadium hineinzugleiten. Traurig wäre ich nur, wenn du mich dabei allein lassen würdest – aber das wirst du ja nicht. Ich freue mich darauf, wenn wir unseren ersten Spaziergang zwischen den Orange groves machen werden, sehr.«[38]

Im Februar oder März sah sie auf Honolulu Bengt Wadsted wieder – mit Richards ausdrücklichem Einverständnis. Vickis Affäre lag zu diesem Zeitpunkt schon gut zehn Jahre zurück und wurde von ihrer Seite aus so diskret behandelt, dass sie nur durch diesen einen brieflichen Hinweis zu belegen ist. »Ich wollte dir auch noch danken«, so Vicki an Richard, »dass du mir erlaubt hast, den Bengt zu treffen. Er war sehr nett und still und harmonisch und hat mir gutgetan. Ich weiß nicht recht, wie ich das ausdrücken soll, so im Lauf der Jahre habe ich mir manchmal gedacht, dass ich damals einen heillosen Blödsinn gemacht habe. Aber von der Nähe besehen ist es doch nichts, das ich bereuen müsste, denn der Mann ist schon was wert und eine gute Balance für mich. Er ist sehr still geworden, hat die Weiber, das Trinken und das wilde Leben aufgegeben, vielleicht ein bisschen, weil er sich von mir trennen musste. Ich erzähl dir das alles so wie einem guten Freund, aber wahrscheinlich willst du's so genau gar nicht wissen.«[39]

Vickis Argumentation in all diesen Briefen ist ähnlich. Stets machte sie deutlich, wie sehr sie Richards Großzügigkeit und Vertrauen schätzte (das sie keinesfalls als selbstverständlich erachtete). Dennoch nahm sie für sich selbst eine gewisse Egozentrik und auch Exzentrik in Anspruch. »Du willst, dass ich es so ganz entsetzlich gut habe – das ist lieb«, schrieb sie in einem dritten Brief. »So ganz arg glücklich ist man ja nur für Viertelstunden – gestern zum Beispiel, wie ich mit paar Eingeborenen zwischen Lava und Korallen hockte und Fischen zusah. Zum Glücklichsein brauchts ja gar keinen Grund, das tropft so mit der Sonne in einen hinein. Aber entspannt bin ich, ausgerastet und beruhigt, oder wie ich das nennen soll. Wenn ich zu Hause stillsitze, da bin ich unruhig, als ob anderswo etwas Wichtiges vorginge und ich versäumte es. So, wo jeden Tag was Neues und Fremdes kommt, bin ich ruhig. Und danke euch dreien auch schön, dass ihr mir's vergönnt. Es ist ja so, dass man heut grad die letzten Zipfel primitiven Lebens erwischt – in fünf Jahren wird's gar nix mehr dergleichen geben, und insofern ist es wirklich wichtig, dass ich's nicht versäume.«[40]

Am 15. März ging die Reise auf einem japanischen Dampfer mit Kurs auf Japan weiter. Auch diesmal war die Ortsveränderung keine reine Vergnügungsreise. Dennoch kam Vicki die Fahrt wegen des Abstands von Hollywood so vor. Inzwischen arbeitete sie wieder jeden Tag an den Korrekturen von *Doris Hart*, zwang sich sogar, für ihren Aufenthalt in Indonesien ein paar Brocken Malaiisch zu lernen, »aber am liebsten möchte ich nur am Sonnendeck herumfläzen, viel, viel essen und gar nix tun. Es ist sehr angenehm, dass dieses Boot durch Welten von Hollywood getrennt ist, kein Movie-Tratsch etcetera«, erklärte sie Richard.[41]

An Bord der »Chichubu Maru« befanden sich etwa 900 Passagiere, hauptsächlich Marineoffiziere mit ihren Familien, die von der US-Regierung nach Japan, China oder auf die Philippinen beordert worden waren. Man sprach sich mit Vornamen an. Vicki Baum alias Hedwig Lert war hier für alle nur »Vicki«. Sie mochte solch plumpe Vertraulichkeit eigentlich nicht, ließ sie sich aber gefallen. An Land änderten sich die Verhältnisse. In jedem größeren Hafen wurde die berühmte Schriftstellerin von der örtlichen Presse erwartet. Anschließend nahmen sie amerikanische »Newspaperboys« oder einheimische Journalisten in Empfang und zeigten ihr die örtlichen Attraktionen. Im Hafen von Yokohama führte sie ein japanischer Journalist in ein Bordell, und sie wunderte sich über die »Erzogenheit der Mädchen noch in den niedrigsten Lokalen ..., ihre Kinderhände, ihre unpersönliche Anmut.«[42] In Tokio speiste sie mit dem Ullstein-Fotografen Younosuke Natori, der zuvor in München gelebt hatte und ein »komisches Japan-Münchnerisch« sprach, in einem vornehmen Restaurant, wo sie von Geishas bedient wurde. Alle ihre Eindrücke flossen in einen Reisebericht mit dem Titel »Fünf Tage in Japan« ein, den sie bald in Natoris Magazin *Nippon* veröffentlichte.

Im eisig kalten Nikko verbrachte sie auf eigenen Wunsch eine Nacht in einem japanischen Hotel. Als alleinreisende Frau aus dem Westen war sie für die einheimischen Hotelangestellten eine Attraktion und wurde entsprechend hofiert. Ihren Briefen zufolge genoss Vicki die Aufmerksamkeit sehr. Sie ließ sich in der Hotelküche die Zubereitung von Reis erklären, in die Kunst des Saketrinkens einweisen und wurde »immerfort angefasst ... Ich komme aus dem Lachen nicht heraus«.[43] Nach fünf Tagen wechselte sie in Kobe auf die »President Lincoln«, die sie in die wärmeren Gefilde des Fernen Ostens bringen würde. Bei Tisch war ein holländischer Psychoanalytiker aus Java ihr Nachbar. Da Vicki eine ausgesprochene Abneigung gegen die Psychoanalyse hegte, war es nicht verwunderlich, dass sie den »bissl Hellseher« nicht leiden konnte. Der Mann prophezeite ihr einen »großen Erfolg in zwei Jahren« – und gab, wie sich herausstellen sollte, einen sehr guten Tipp ab.[44] *Liebe und Tod auf Bali* wurde zwei Jahre später Vicki Baums größter Romanerfolg seit *Menschen im Hotel*. Das Buch hielt sich vier Wochen lang in der *New-York-Times*-Bestsellerliste auf Platz fünf. Vielleicht zum Dank dafür schmuggelte Vicki ihren ehemaligen Tischnachbarn viele Jahre später in *Es begann an Bord* als zwielichtigen Gedankenleser namens »Mr. Vandengraaf« ein. Am Ende der Erzählung muss der Hochstapler zu seinem eigenen Erstaunen feststellen, dass er tatsächlich hellsehen kann.

⌒⌐

Am Morgen des 30. März 1935 schipperte die »President Lincoln« den mächtigen gelben Jangtsestrom hinauf. Träge passierte das Schiff grüne Felder und dicht aneinandergereihte Dschunken und Sampans, bevor es um neun Uhr in den Hafen von Schanghai einlief. Vicki Baum stand seit Sonnenaufgang an der Reling und betrachtete die Szenerie. Anders als 1931 in New York war sie diesmal von der so oft gepriesenen Aussicht enttäuscht: »Shanghai liegt ganz flach am Fluss, ein paar Wolkenkratzer am Ufer, die sich eben irgendwie nicht zu einer Skyline zusammenschließen wollen.« An Land absolvierte sie den üblichen Presseempfang. Später chauffierte man sie zum Cook-Büro, wo sie ihre Post entgegennahm, danach zum berühmten Cathay-Hotel. Das Gebäude im Art-déco-Stil lag an einer der größten Geschäftsstraßen Asiens, der Nanking Road, die im chinesisch-japanischen Krieg traurige Berühmtheit erlangen sollte. Im August 1937 sollten in dieser Gegend verirrte chinesische Bomben einschlagen. Eine traf das Nachbarhaus des Cathay, das Palace Hotel, Vicki Baums späteres *Hotel Shanghai*.

Nachmittags erkundete Vicki per Riksha und auf eigene Faust die Stadt. Ihrem *Guide*, einem amerikanischen Journalisten, hatte sie Urlaub gegeben. »Die Geschäfte sind voll mit Schund, aber die Straßen unbeschreiblich bunt, tausende Rikshas, Fahnen, Millionen Chinesen. Nur 15.000 Weiße, deshalb ist alles trotz der Größe so provinziell, jeder kennt jeden, ein Tratschnest erster Ordnung«, berichtete sie Richard. »Eins weiß ich ... mehr als 8 Tage könnte ich es hier nicht aushalten, und die Leute, die so fasziniert davon sind, versteh' ich nicht ganz.«[45]

Dabei galt die koloniale chinesische Dreieinhalb-Millionen-

Einwohner-Metropole in den Dreißigern als eine der aufregendsten Städte der Welt. Etwa 100.000 Ausländer lebten in dem von elf Ländern verwalteten exterritorialen Gebiet. Weil Shanghai der einzige Ort der Welt war, der zum Eintritt weder Geld noch Visum verlangte, wurde er bald zum Zufluchtsort für Tausende verfolgter europäischer Juden, die meisten von ihnen Deutsche und Österreicher.

Mit zwei der ersten Emigranten verabredete sich Vicki Baum abends im mondänen Ballsaal des Cathay-Hotels. Joe Lederer und Max Mohr waren beide ehemalige »Ullsteinwriter«, wie Vicki sie salopp titulierte, und hatten ihr einiges zu verdanken. Die rotblonde Wienerin Joe Lederer war die Autorin von *Das Mädchen George*, jenem Debütroman, den Vicki in der *Dame* hoch gelobt und dem sie auf diese Weise zu großem Erfolg verholfen hatte. Max Mohrs satirischen Astrologie-Roman *Venus in den Fischen* hatte sie einst in der *Dame-Buchbeilage* abgedruckt und Mohr so einem größeren Publikum bekanntgemacht.

Zum Dinner im Ballsaal trug Vicki ein Abendkleid aus grünem Silberlamé. Dazu hatte sie ein dramatisches Make-up mit grünlich-silbernem Lidschatten aufgelegt. Die junge Joe Lederer nahm das exzentrische Auftreten ihrer einstigen Gönnerin eher gelassen. Die sehr jugendlich aussehende Vicki hätte »eine ihrer eigenen mondänen Romanfiguren sein können, so exquisit und apart sah sie aus«, erinnerte sich Lederer Jahre später wohlwollend.[46] Der Schriftsteller und approbierte Arzt Max Mohr bewertete Vickis Glamour-Auftritt in Shanghai weniger positiv. Mohr, der sich erst vor wenigen Wochen mit zehn Dollar in der Tasche nach Shanghai gerettet hatte und nun in einer kleinen Praxis unweit des Cathay-Hotels praktizierte, empfand Vickis Inszenierung als Verachtung der weltpolitischen Realität. »Schrecklich heruntergekommen und verblödet in ihrem Amerikareichtum. Der Mensch lebt nicht von Geld allein, aber er muss ein bisschen was haben«[47], schrieb er an seine Frau Käthe, die er in Deutschland zurückgelassen hatte.

Vicki Baum muss an jenem Abend tatsächlich einer ihrer Romanfiguren geähnelt haben – einer, die sie zu diesem Zeitpunkt noch gar nicht erfunden hatte. Sie glich der russischen Hochstaplerin Helen Russel aus *Hotel Shanghai,* »eine der reichsten Frauen Europas, herrlich angezogen, mit Schmuck bedeckt, geschminkt und stilisiert, dass sie wie ein Götzenbild aussah ... so tobte sie von einem Ort zum andern«.[48]

Wie zur Bestätigung dieser Beschreibung ließ sich Vicki an diesem Abend noch schnell von Dr. med. Max Mohr impfen, eilte dann zu einer Privatparty bei einem chinesischen Universitätsgelehrten und zog von dort aus mit einigen anderen Gästen weiter in die Clubs. Weil sie aber unbedingt noch die Opiumhöhlen besuchen wollte – sie hatte es Joe Lederer zuvor schon angekündigt –, ließ sie sich in Begleitung ihres amerikanischen *Guide* per Rikscha in das verruchteste Viertel der Stadt kutschieren. In einem Bordell setzte sie sich zu einer blutjungen Prostituierten an die Bar und kaufte ihr Zigaretten ab. Am frühen Morgen brachte ein Motorboot sie zurück zum Schiff. »Diese Stunde Fahrt in der Morgendämmerung zwischen all den malerischen Dschunken war eigentlich das Schönste«, bekannte sie in einem Brief an Richard.[49]

Vierundzwanzig Stunden lang war Vicki Baum durch Shanghai gehetzt, ängstlich darauf bedacht, nichts zu verpassen. Auch das zeigte dieser Tag: So unersättlich ihre Neugier auf das Leben auch war, von Exzessen hielt sie sich lieber fern. In den Nachtclubs von Shanghai berauschte sie sich nicht, in den Opiumhöhlen hielt sie buchstäblich den Atem an. Sie blieb überall Beobachterin. Die »automatische Kamera« in ihrem Kopf klickte unaufhörlich und speicherte die Eindrücke, die nun über Jahre hinaus in ihrem visuellen Gedächtnis abrufbar sein würden. Dazu brauchte sie einen klaren Kopf. Erst hinterher, auf dem Schiff, machte sie sich Notizen. Die ungeordneten Beobachtungen – »Nägel, um Erinnerungen dranzuhängen« – schickte sie Richard zum Aufbewahren nach Los Angeles.[50]

Vom Alkohol hielt sie sich in der Regel ebenso fern. Hochprozentiges mache sie »schläfrig und dumm«, pflegte Vicki zu sagen. Die einzige milde »Entgleisung« alkoholischer Art wurde von ihr selbst überliefert, und sie macht deutlich, wie rührselig die Frau, die sich seit ihrer Kindheit zum Weinen in der Toilette einschloss, sein konnte, wenn sie die Kontrolle über sich verlor.[51] Die Episode ereignete sich ausgerechnet am Ende ihrer Weltreise. An der Hotelbar des Royal Hawaiian in Waikiki orderte Vicki einen kühlen Drink mit Gin. Von einer sentimentalen Abschiedsstimmung ergriffen, begann sie, hemmungslos zu weinen, und musste schließlich von Hotelpagen in ihr Zimmer eskortiert werden. Diese eigentlich traurige Geschichte erzählte Baum später lachend ihrer Familie. Soweit bekannt ist, rührte sie danach nie wieder einen harten Drink an. Nur ihr Lieblingsgetränk Tee mit Milch trank sie weiterhin gern mit einem Schuss Rum.[52]

Aus ihren Eindrücken von Shanghai – und mit viel Phantasie – konstruierte Vicki Baum drei Jahre später in *Hotel Shanghai* ein buntes, gleichwohl dichtklingendes Porträt des zeitgenössischen Shanghai. Dabei spielte sie so geschickt mit dem Mythos des Schmelztiegels und seinen brutalen Kontrasten, dass man annehmen muss, sie habe die »Stadt am Meer« nicht nur für Stunden oder Tage besucht, sondern für längere Zeit dort gelebt. Tatsächlich war sie nur wenige Tage dort, kam auf dem Rückweg sowie 1936 noch insgesamt dreimal tageweise zurück. Sie hatte also weder Filme über diese Stadt gesehen noch Austausch mit irgendeiner Szene der Metropole. Wohl zu Recht ahnte sie, dass hinter dem Schleier von Drogen und schierem Fatalismus nichts war, was nicht hinter jeder gesellschaftlichen Fassade zu finden ist. »International« bedeutet, so gesehen, gewöhnlich, abstrakt menschlich, heimatlos geworden.[53]

Zwei Tage später ging es weiter nach Hongkong, das Vicki viel besser gefiel als Shanghai: »Schöner Hafen, ganz von Bergen eingerahmt. Alle Straßen und Treppen gehen bergauf, wie in

1001 Nacht, in jeder Straße ein anderes Gewerbe, Gewimmel von Chinesen, Seidenhändlern, Schmieden, Köche über offenen Küchen, Blumenhändler, Färber, Schneider. Dazwischen die Bettler, die Musikanten, die 100.000 Kulis, die auf der Straße leben. Nachts rollen sie sich in eine Matte und schlafen auf dem Gehsteig. Feine Leute werden in Sänften umhergetragen, Sänftenträger, blitzblaue spitze chinesische Hütchen, Essen, Trinken, Leichen, alles auf der Straße, unbeschreiblich bunt.«[54] Am Abend besuchte sie die Vorführung eines chinesischen Singtanzstückes. Das Theater war bis auf den letzten Platz gefüllt, aber zu Vickis großer Belustigung schien niemand im Raum – ihr chinesischer Begleiter und Dolmetscher eingeschlossen – etwas zu verstehen, geschweige denn zu wissen, ob eine Komödie oder Tragödie gespielt wurde und ob die ausnahmslos männlichen Schauspieler Frauen oder Männer darstellten.

Offenbar in Hongkong traf sie dann mit jenen beiden Männern zusammen, die sie nach Bali begleiten sollten. Einen von ihnen kannte sie aus der Ullstein-Zentrale. Walter (von) Dreesen war dort Zeichner für den *Uhu* und den *Querschnitt* gewesen. Er hatte sich 1929 mit der damals schon berühmten Vicki auf Anhieb verstanden und angefreundet, und sie war seine Mentorin geworden, berichtete Dreesen später.[55] Vicki hatte sein journalistisches Talent sehr schnell erkannt und ihm geholfen, einige Artikel in *Die Dame* unterzubringen. Der Kontakt zwischen ihr und Dreesen blieb auch über 1932 hinaus bestehen. Nach Hitlers Machtergreifung hatte Vicki dem ausreisewilligen Freund einen Vertrag als Zeichner bei den Walt-Disney-Studios vermittelt. Diesen Job hatte Dreesen inzwischen gegen den eines Journalisten und Zeichners für das Werbe-Magazin einer Zuckerraffinerie auf Honolulu eingetauscht, war auf diese Weise viel in der Südseeregion und in Indonesien herumgekommen. Dieser Umstand und die Tatsache, dass er die malaiische Umgangssprache rudimentär beherrschte, machten ihn zu einem idealen Begleiter für eine alleinreisende Frau. Darüber hinaus passte der athletische Beau mit den jungenhaft offenen Gesichtszügen genau in die von Vicki bevorzugte Kategorie von Männern: mit seinen dreiunddreißig Jahren war Dreesen noch recht jung, überdies war er charmant – und er war homosexuell.

Begleitet wurde er von seinem Lebensgefährten Fritz Less-Lindner oder Lindner. Über diesen ist nur wenig mehr bekannt, als dass er Fotograf war, sich in Berlin im Umkreis der Staatsoper bewegte, von Rudolf Laban als Tänzer ausgebildet wurde und Harald Kreutzberg und Mary Wigman persönlich kannte.[56] Mysteriös ist auch Lindners allem Anschein nach recht enge Beziehung zu Vicki Baum. Fritz Linder sei ihr Halbbruder, erklärte Vicki jedem, den sie auf der Reise traf. Doch kein Mitglied ihrer Familie weiß etwas von einem »Halbbruder« und außer einer einzigen kursorischen Bemerkung in einem späteren Brief an Richard äußerte sich Baum nie über ihren angeblichen Verwandten, genauso wenig wie über Walter Dreesen.[57]

Die »Verwandtschaftsbeziehung« zwischen ihr und Fritz Lindner war offenbar nur eine Mimikry, ein Spiel mit Identitäten, wie sie es zuweilen gern spielte. Ihr selbst entstanden aus dieser Legende keinerlei Nachteile, während ihren beiden Begleitern nur Vorteile daraus erwuchsen. Der »Halbbruder« einer berühmten Schriftstellerin aus Amerika und deren Begleiter zu sein, dürfte Lindner und seinem Partner manche Tür geöffnet haben, die einem namenlosen homosexuellen Paar sonst verschlossen geblieben wäre.

Die beiden Männer wurden von ihren Zeitgenossen sehr unterschiedlich wahrgenommen. Während der Reiseführer Walter Spies Fritz Lindner als Vicki Baums »liebenswerten Bruder« bezeichnete[58], beschrieb Margaret Meads Ehemann Gregory Bateson das Paar als »ziemlich unangenehm«.[59] Vicki Baum jedoch war äußerst empfänglich für halbseidenen Charme – und für schöne Männer. Außerdem dürfte sie sich ihren Begleitern gegenüber auch finanziell großzügig gezeigt haben.

Offenbar in Begleitung der »zwei Jungs« stach sie Anfang

April 1935 von Hongkong aus mit der »Tjisadane«, einem etwas heruntergekommenen Fracht- und Passagierdampfer der holländischen KPM-Linie, in See. Ganze zehn Passagiere hatten die einwöchige Passage über Manila, Makassar und Java nach Bali gebucht. Alle waren in Kabinen ohne jeglichen Komfort untergebracht. Das Schiff vibrierte stark, die Motorengeräusche waren ohrenbetäubend, und es gab nur einen winzigen Speisesaal. Bei tropischen Temperaturen von vierzig Grad Celsius fungierte ein mit Wasser gefüllter maroder Segeltuchsack, an dem sich die Passagiere abkühlen konnten, als grotesker »Swimmingpool«. Vicki machte in ihren Briefen nach Hause tapfer Scherze über die Situation, aber für eine Frau, die üblicherweise First Class reiste, muss es eine Tortur gewesen sein. Jahre später sollte Baum auf dieser abenteuerlichen Überfahrt einen ganzen Roman aufbauen. Das Geschehen von *The Ship and the Shore* (*Es begann an Bord*) spielt auf einem »drittklassigen« holländischen Dampfer namens »Tschaldane«, und Baum selbst hatte sich wieder einmal als Randfigur in die Erzählung eingeschrieben. Sie tritt erneut als alleinreisende englische Schriftstellerin auf, diesmal unter dem Namen »Miss Vanger«. Diese Dame schreibt an einer Artikelserie über die Südsee und ist damit so beschäftigt, dass sie am Ende die einzige Passagierin ist, die von den dramatischen Ereignissen an Bord nichts mitbekommt.

⁓

Die Passage endete für das Trio mit der Einfahrt in den »Hafen« von Buleleng im Norden Balis. Ein Angestellter der KPM nahm Vicki, Lindner und Dreesen in Empfang und brachte sie zum Bali-Hotel in die südlich gelegene Hauptstadt Denpasar. Auf der Autofahrt überquerten sie den Gebirgszug, der Bali von Ost nach West teilt, passierten erste Tempelanlagen und konnten im Osten den wolkenverhangenen Kegel des Gungung Agung ausmachen, den mit über 3.000 Metern höchsten Berg der Insel. Unterhalb des Passwegs erstreckte sich das sanftabfallende, fruchtbare Tal mit seinen Palmen, Fruchtbäumen und grünen Reisfeldern gen Süden. Je näher sie der Inselhauptstadt kamen, desto bunter und lärmender wurde es. Bali zeigte sich an diesem Apriltag von seiner prächtigsten Seite. Der Generalgouverneur von Niederländisch-Indien hatte sich angekündigt, und weil die Götter nach altem Brauch gnädig gestimmt werden mussten, hatte sich die ganze Insel für ein gigantisches Opferspektakel geschmückt. Über den Straßen hingen kilometerlange Baldachine aus bunten Blumen, Fähnchen und Girlanden. Tausende von festlich gekleideten Männern mit Lanzen und Flaggen hatten sich entlang der Wege aufgereiht. Junge Mädchen und Frauen in weißen Kains zogen mit entblößten Brüsten und Opferschalen auf ihren Köpfen umher. Ganze Hundertschaften von tanzenden Lanzen- und Speerträgern standen an den Straßen, um vor dem offenen Wagen des hohen Besuchs auf die Knie zu fallen. Die Luft war von schwerem Orchideenduft und dem einschläfernden Klang des Gamelan erfüllt. Tempelglocken läuteten, und in den Puris, den Residenzen der Prinzen, hielten hunderte von Priestern Zeremonien ab.

»Was immer man gelesen oder geträumt hat, ist viel zu wenig«, schwärmte Vicki hemmungslos in einem Brief nach Hause. »Es ist so unglaublich und schön, dass mir immerfort das Herz wehtut vom Überfreuen … Die schönsten, sanftesten und wunderbar ausdrucksvollsten Menschen ziehen auf diesen Straßen dahin, kein Zentimeter europäischer Kleidung, kein elektrisches Licht.«[60]

Sie selbst logierte sehr europäisch, in einem der mit allem westlichen Komfort ausgestatteten Bungalows des Bali Hotels, das mit seinen Tennisplätzen, einem Clubraum und einer Bar ein beliebter Treffpunkt der holländischen Kolonialherren war. Die exklusive Anlage, in der kurz zuvor auch der Schauspieler Charlie Chaplin logiert hatte, war das einzige Hotel auf der Insel.

Mit ihrer ersten Bali-Reise im Jahr 1935 erfüllte sich Vicki einen langgehegten Traum. Sie war von Asien und der Südsee fasziniert, seit sie Anfang der zwanziger Jahre den damals überaus populären Bildband Gregor Krauses gelesen hatte. Krauses Beschreibung von Bali als einem der letzten Paradiese der Erde hatte die kleine, gerade einmal 5.600 Quadratkilometer große Insel schlagartig zum Traumziel für zivilisationsmüde Europäer und Amerikaner gemacht. Die eigentliche touristische Erschließung des Landes begann aber erst 1928, als die Holländer das Bali Hotel in Denpasar eröffneten.

Ein Jahr zuvor hatte sich der deutsche Maler und Musiker Walter Spies in Ubud, etwa 20 Kilometer nordöstlich der Hauptstadt, niedergelassen. Er wurde zum Motor des Bali-Tourismus, der damals noch ein ausgesprochener Luxustourismus war. Als Sohn eines deutschen Kaufmanns und Honorarkonsuls in Moskau geboren, hatte Spies Anfang der Zwanziger in der Dresdener und Berliner Künstlerszene gelebt und war 1923 nach Java ausgewandert. Auf Bali konnte er schließlich seine Vorstellung von dem offenen, freizügigen Leben verwirklichen, das ihm bei seinem Aufbruch aus Europa vorgeschwebt hatte. Im Dorf Tjampuan bei Ubud gründete er eine Art Künstlerkolonie, ein »balinesisches Greenwich Village mit Schlangen, Affen und Fast-Nacktheit als große Attraktionen, die man so in New York nicht findet«, wie einer seiner Freunde milde spöttelte.[61] Spies war ein charismatischer Menschenfänger, ein Multitalent, nicht nur Maler und Zeichner, sondern auch Tänzer, Choreograph, Komponist und – ohne entsprechende Vorbildung – Insektenforscher. Auf Bali war er zudem Kurator eines Museums. Er galt als der »größte Kenner balinesischer Traditionen, balinesischer Tänze, Legenden und Mythen« und als bester Fremdenführer der Insel.[62]

Zu Spies' illustrem Freundeskreis, der sich über den ganzen Globus verteilte, zählte auch Salka Viertel. Sie war es schließlich auch gewesen, die Vicki ein Empfehlungsschreiben an ihren Freund mitgegeben hatte. Vicki war auf Anhieb begeistert von ihrem Fremdenführer. Der vierzigjährige Sunnyboy vermittelte ihr das Gefühl, nur für sie allein da zu sein, was ihr naturgemäß schmeichelte. Spies sei »ein wirklich unglaublicher Führer«, berichtete sie Richard, ein »Tespis-Typ, Konservator des Museums, lebt hier 8 Jahre, spricht die schweren 4 Sprachen des Landes und wird von den Eingeborenen angebetet. So kriege ich Dinge zu sehen, die sonst niemand sieht«.[63] Der so Gelobte schwärmte später ebenfalls in privaten Briefen überschwänglich von seinem Gast aus Amerika. Vicki Baum sei »wahnsinnig nett«, schrieb Spies seiner Mutter nach Berlin. »Wir sind große Freunde geworden. Vicki ist natürlich ganz begeistert von Bali.«[64] Das war kein Wunder, denn in den folgenden Tagen führte Spies sie zu den Sehenswürdigkeiten der näheren Umgebung. Vicki besuchte die in Stein gemeißelten Königsgräber von Gunung Kawi und ließ es sich nicht nehmen, im schwarzen, bis zu den Knien geschlossenen Badekleid im heiligen Teich von Tirta Empul zu baden, dessen Wasser heilende Kräfte nachgesagt werden. Vor einem festlich geschmückten Tempel in Denpasar wohnte sie abends einer traditionellen Tanzvorführung mit mehr als dreihundert Akteuren bei, die Spies eigens für den Generalgouverneur arrangiert hatte. »Das ist die vollkommene Erfüllung von dem, was die Wigmans und Niedeckens erträumten und nicht kriegten. Kein Regisseur, nur eine ungeheure Spannung in jedem Finger dieser Dorfburschen, ein Rhythmus, eine uralte Kultur, ein Ernst, wenn's um Kunst geht, monatelange Proben – es schlägt einen einfach hin«, schrieb sie hingerissen, aber mit einer Spur von Häme gegenüber ihren alten Freunden an Richards amerikanische Adresse.[65]

Am Karsamstag chauffierte Spies sie und ihre Begleiter in seinem klapprigen offenen Wagen durch den Urwald Westbalis und über die Bali-Straße nach Gilimanuk, wo sie alle mit einem Motorboot nach Ostjava übersetzten. »Dort hört die ganze Welt auf, kein Weißer mehr, nur Dschungel«, schrieb Vicki nach Hause.[66] Sie war an diesem Tag stark erkältet, hatte hohes Fieber und hustete »wie ein Affe«, zunächst hatte sie sogar eine Lungenentzündung befürchtet. Die Nacht verbrachte sie in einem Hotel auf Java. Glücklicherweise legte sich das Fieber wieder, denn schon am nächsten Morgen sollte ihr Schiff in Surabaya in See stechen, um sie und ihre Begleiter nach Hongkong zurückzubringen.

Walter Spies und Bali hinterließen einen tiefen Eindruck auf sie. Die paar Tage mit ihm hatten ausgereicht, ihr eine Idee von der Kultur und der beruhigenden gleichförmigen Lebensweise auf der Insel zu geben, die in so faszinierendem Kontrast zu Hollywood stand. Sie weihte Walter Spies in ihre Pläne ein, auf Bali einen Roman zu schreiben, und er unterstützte sie in seiner leisen, unaufdringlichen Art darin. Zunächst allerdings, erklärte Vicki ihm beim Abschied in Surabaya, müsse sie ihre Hollywood-Verträge erfüllen und andere wichtige Dinge regeln. Darauf, so berichtete sie fast zwanzig Jahre später in einem literarischen Porträt von Walter Spies, habe dieser ihr geantwortet: »Sie können zurückkehren, wann immer Sie wollen, das Gästehaus steht Ihnen offen. Aber wie können Sie eigentlich sagen: In ›drei Jahren‹ oder ›drei Tagen‹, da wir alle in drei Stunden vielleicht schon nicht mehr leben? Daher kann ich Ihnen nur eines raten: Packen Sie Ihre Zahnbürste und eine Flasche mit Insektenmittel in eine Handtasche, mehr brauchen Sie hier nicht, und nehmen Sie das nächste Schiff zurück.«[67] Diese unbezwingbare Logik leuchtete Vicki offenbar ein. Sie sagte zu, schon im »folgenden Monat« wieder zurückzukehren und dann »für ein Jahr« zu bleiben, um ihr Buch zu schreiben.[68]

Vicki tat dies beinahe – sie nahm wirklich das Schiff zurück, allerdings erst ein Jahr später. Ohne die »langen Bärte« am Pier von Honolulu und ohne ihren Filmvertrag bei MGM, der sie in Hollywood erwartete, wäre sie vermutlich gleich auf Bali geblieben. Nach ihrer Rückkehr in die USA schloss sie im Oktober 1935 endlich *Die Karriere der Doris Hart* ab. Im April 1936 trat sie der Screen Writers Guild, der Gewerkschaft der Filmautoren, bei. Es war der vorläufige Höhepunkt ihrer Entfremdung von Hollywood. Wieder einmal schien sie den richtigen Zeitpunkt für einen Abschied gefunden zu haben. In jenem April 1936 befand sich die Filmmetropole nämlich in einem Ausnahmezustand, einer Art »Bürgerkrieg«[69]. Viele Hollywood-Produzenten gingen damals massiv gegen die Mitglieder der Guild vor, die ihnen als zu linkslastig und liberal galt. Sie drohten den gewerkschaftlich organisierten Filmautoren mit Sanktionen wie der Nichtverlängerung ihrer Optionen und sorgten dafür, dass eine Gegengewerkschaft gegründet wurde, was das Klima noch mehr aufheizte.

Als neues Mitglied der Guild hatte Vicki Baum indes wenig zu befürchten. Für 1936 besaß sie noch keinen neuen Filmvertrag. Und so verließ sie Ende April die Neue – und die Alte – Welt, um sich neun Monate lang dem weitaus größeren Teil des Globus zuzuwenden. Rechtzeitig zum Ende der Regenzeit kehrte sie in ihre »Wahlheimat« Bali zurück, um dort das »Buch (zu) schreiben, von dem ich im Stillen hoffe, dass es besser und wichtiger wird als meine bisherigen«.[70] In ihrer Begleitung waren abermals Fritz Lindner und Walter Dreesen. Während die Männer zunächst Quartier bei einem balinesischen Priester im Dorf Mas unweit von Ubud bezogen[71], wohnte Vicki diesmal bei Walter Spies in Tjampuan. Das von einer Mauer umschlossene und von der Straße her nicht einsehbare Anwesen lag an einem Hang über dem Flüsschen Uwos und war nur über eine schmale Bambusbrücke zu erreichen. Tjampuan bestand aus zwei strohgedeckten Bungalows, einem Haupt- und einem Gästehaus mit angrenzendem Atelier, das einer balinesischen Balé glich, wie Vicki Baum sie in ihrer einfachen Form in *Liebe und Tod auf Bali* beschrieb: »Balés, das sind erhöhte Plattformen, von Dächern aus Alang-Alang-Gras beschattet, die auf Pfosten ruhen. Manche der Balés haben eine oder sogar zwei Wände aus Lehm, und gegen Sonne und Regen können Bambusmatten vorgehängt werden.«[72]

Spies hatte das »Haus Nr. 2« einst für seine Freundin und Gönnerin Barbara Hutton errichten lassen. Die Woolworth-Erbin sollte es aber nie bewohnen. Stattdessen zogen hier im Laufe der Jahre diverse Hollywood- und Broadway-Größen und andere

Berühmtheiten ein, darunter Doris Duke und Betty Waterman, die US-Showgröße Cole Porter, Noël Coward, die deutsche Fliegerin Elli Beinhorn, Harald Kreutzberg, 1936 auch Charlie Chaplin und seine Verlobte Paulette Goddard.

Der Hausherr selbst lebte mit seinen Dienern und gelegentlich auch Gästen, seinem Äffchen mit silbern glänzendem Fell und seinem weißen Kakadu im etwas höher gelegenen Haupthaus. Das »Märchenhaus«[73], wie Vicki es nannte, war sehr opulent mit Wandtextilien, Schnitzereien, Wandmalereien, Skulpturen und Bildern ausgestattet, wie überhaupt der ganze Komplex exakt nach den Vorstellungen der Hollywood-Gäste vom paradiesischen Bali modelliert zu sein schien. In Walters Dschungelgarten wucherten Lianen, Orchideen, Tjempakka, Hibiskuspflanzen, und selbstverständlich wuchsen hier auch Palmen. Dazwischen wand sich ein steinerner, mit Skulpturen gesäumter Pfad. In dieser entlegenen tropischen Bergwelt wimmelte es von Geckos, Schmetterlingen, Nashornvögeln und Fröschen. Ständig war ein helles Klingeln zu hören, das von den hölzernen Glöckchen und Bambuspfeifchen stammte, die man den Tauben an Krallen und Schwanzfedern gebunden hatte. Aus einem Bambusrohr strömte mit gleichmäßigem Plätschern Quellwasser aus den Bergen in einen ovalen »Schwimmteich«, der aus Vulkanstein gemeißelt war. Bei tropischen Temperaturen um 30 Grad pflegte sich Vicki hier bis zu vier Mal täglich abzukühlen, und manchmal planschte auch das Äffchen mit. 1935 war das gezähmte Flair des Gauguin'schen Paradieses eine absolute Neuheit und Walter Spies der Hohepriester desselben.

Das Gästehaus, das Vicki im Frühsommer 1936 bezog, hatte zuvor die amerikanische Anthropologin Margaret Mead und deren britischen Mann Gregory Bateson beherbergt. Die Batesons recherchierten gerade für einen Dokumentarfilm, der später unter dem Titel *Trance and Dance in Bali* ein ethnographischer Klassiker werden sollte. Neben den beiden Forschern und Vicki Baum und ihren Begleitern waren in diesen Monaten noch ein gutes Dutzend andere Paradiessucher aus Amerika und Europa auf Bali. Sie alle hatten sich, manchmal für kurze Zeit, manchmal für länger, in der Nähe ihres »Meisters« Walter Spies niedergelassen.

Auch die Londonerin Beryl de Zoete gehörte zum so genannten »Bali-Zirkel« um Walter Spies. Die Tanzkritikerin aus dem Umfeld des Bloomsbury-Kreises bewohnte 1936 ebenfalls einen Bungalow in Tjampuan. Auf Materialsuche für ein geplantes gemeinsames Buch über das balinesische Tanztheater brachen Beryl und Walter oft schon bei Tagesanbruch auf, um den verschiedenen Zeremonien beizuwohnen, die manchmal eigens für sie arrangiert worden waren. Im Mai 1936 schlossen sich Vicki, Dreesen und Lindner diesen Exkursionen an. Die beiden Männer recherchierten für eine geplante Fotoreportage, Vicki fotografierte entweder mit ihrer Leica, oder sie filmte mit ihrer 16-Millimeter-Siemens-Kamera. In jedem Fall machte sie sich in ihrem Kopf unaufhörlich Notizen. Sie habe »alle Tänze und Zeremonien« gesehen, die Beryl und Walter in ihrem später veröffentlichten Buch *Dance and Drama in Bali* beschrieben hatten, berichtete Vicki 1955.[74] Vor dem Tempel von Bangli erlebte sie eine große Verbrennungszeremonie. Im Dorf Bedulu filmte sie den so genannten »Affentanz«, den Kejak. Weil sie für ihre Aufnahmen Tageslicht benötigte, wurde die Zeremonie eigens für sie von der Nacht auf den Tag verlegt.

Bei ihrer Stippvisite im Jahr zuvor war Vicki Zeugin einer Massentrance geworden, für sie »das Unbegreiflichste, was man sehen und erleben kann«.[75] Damals hatte sie beobachtet, wie beim symbolischen Kampf zwischen dem Schutzpatron des Dorfes, dem Barong, und der weißhaarigen Urhexe Rangda die von der Hexe hypnotisierten Tänzer reihenweise in Trance fielen und ihre Kris-Schwerter gegen sich selbst richteten, jedoch durch die Macht des Barong beschützt wurden: »Der Barong nähert sich ihnen, sie stehen auf, einer nach dem anderen in bewusstlosen Krämpfen. Sie stürzen sich in ihre Dolche, stöhnen, stürzen, fallen, bohren die Dolche in ihre Brust – aber kein Tropfen Blut kommt, so lange sie in Trance sind, Priester waschen sie mit Weihwasser und lösen die Trance. Ihre Raserei geht in Ohnmacht über. Langsam kommen sie zu sich und wissen nicht, was sie taten … Zehnjährige Kinder, die einen Kris an sich reißen und in ihre Brust bohren, eine Massenekstase, ein Irrsinn, ein Außer-sich-Sein – sind den Balinesen ganz vertraut. Sie denken, dass ein Gott in den Bewusstlosen steckt, und erwiesen ihm alle Ehre.«[76]

Der Ethnologe Gregory Bateson war davon überzeugt, dass solche kultischen Exzesse Reaktionen auf das völlig überregulierte Alltagsleben der Balinesen darstellten.[77] Auf Vicki Baum übten diese ritualisierten Entgrenzungen eine unwiderstehliche Wirkung aus. Im Sommer 1936 begann sie, als Ergänzung zu »Franz«, ihrer Holzfigur aus Polynesien, balinesische Volkskunst zu sammeln, Masken mit grotesken Merkmalen, hervortretenden Augen, Nasen und Lippen und andere ungewöhnliche Holzschnitzereien, mit denen sie später ihr Haus in Los Angeles dekorierte und ihre Gäste in Staunen versetzte. Mancher dieser Masken »opferte« sie fast zwanzig Jahre lang Reis und Honig.

In jenem Sommer schenkte ihr ein Priester ein Glücksamulett mit drei Münzen, das sie seither immer bei sich trug: »Es ist sehr machtvoll und hat sich sehr bewährt«, teilte sie zwölf Jahre später einem Freund mit, »es funktioniert wie eine Radioantenne. Mein Freund, der Priester, trägt die anderen drei Münzen an seiner Brust, ich muss ihn einfach nur rufen, wenn ich Hilfe brauche.«[78] Ihrer Familie erklärte sie nach ihrer Rückkehr: »Die balinesischen Priester wissen Dinge, die wir nie verstehen werden.«[79] Später, in New York, vertiefte sie ihr Interesse für übersinnliche Phänomene. Von Walter Sorell, der sich der Gabe des zweiten Gesichts rühmte, ließ sie sich die Hand lesen und eine Charakteranalyse anfertigen (Sorell würde 1968 in seinem Buch *The Story of the Human Hand* einen Abdruck von Vicki Baums winziger rechter Hand veröffentlichen). Hede (»Huschi«) Hirschbach, Vickis ehemalige Kollegin vom Berliner *Uhu*, wurde in New York ihre

Hausastrologin. Von ihr ließ sie für sich und für ihre Familie regelmäßig Horoskope und Charakteranalysen erstellen.[80] Seit Bali glaubte Vicki an die Wirksamkeit sanfter alternativer Heilmethoden. Sie berichtete ihrer Familie davon, wie sehr sie eine natürliche Form der Empfängnisverhütung fasziniert hatte: Sie hatte erlebt, wie massagekundige ältere Balinesinnen jüngere Frauen so wirkungsvoll massierten, dass diese keine Kinder empfangen konnten.[81]

Krankheiten hatte Vicki Baum zeit ihres Lebens als Prüfungen verstanden, als unvermeidliche Krisen, die es, wie jede Lebenskrise, rasch zu überwinden galt. Auf Bali musste sie sich 1936 erneut einer solchen Prüfung unterziehen. Vicki wurde von einer Anophelesmücke gestochen und entwickelte bald die typischen Malariasymptome: »Rasende Kopfschmerzen und ein Brennen im Blut wie von einer Million Eisnadeln, Schüttelfrost und Zähneklappern im heftigen Ansturm des Fiebers. Dann die verschiedenen Höllen des Deliriums, der Verlust jeden Gefühls für die Wirklichkeit, die Angstträume ...«[82] Hinzu kam eine Diphtherie. Später behauptete Baum, ihre einzige Malariatherapie habe darin bestanden, »dass ein paar Eingeborene vor meinem Zimmer ein schauerliches Heulen anstimmten«.[83] Aber wahrscheinlich verabreichte man ihr auch Chinin oder behandelte sie nach einer althergebrachten, hochwirksamen Naturheilmethode. Die *Balians*, die balinesischen Heilkundigen, kurierten die Malaria nämlich traditionell mit einer Mischung aus einem Ginstergewächs und Anis und anderen Mixturen. Sie glaubten, dass ein Dämon im Körper des Kranken wütete, und verabreichten dem Patienten ein Gegenmittel in Form von Tinkturen, Pulvern oder Pasten, allerdings erst dann, wenn sich der *Balian* überzeugt hatte, dass der Kranke gute Überlebenschancen hatte – sonst würde er den Betreffenden, ohne zu zögern, seinem Schicksal überlassen.

Welche Behandlung sie auch erhielt, Vicki Baum tat genau das: überleben. Wieder einmal. »Ich wusste nichts, als dass ich irgendwie durchkommen musste«, erinnerte sie sich in den vierziger

Jahren an ihr »höllisches Fieber«. »Ich wusste nur, dass meine Familie auf mich wartete und ich meinen Roman beenden musste ... und deshalb behandelte ich meinen ungehorsamen Körper wie einen Feind. Ich musste ihn besiegen.«[84] Offenbar funktionierte ihre spezielle Art von »Austreibung« auch dieses Mal. Bereits nach sechs Tagen ließ sich Vicki ihre rote Blickensdörfer Reiseschreibmaschine bringen und begann, flach auf dem Rücken liegend, mit der Maschine auf dem Bauch, allmählich wieder mit dem Schreiben. Von da an war sie überzeugter denn je, dass der menschliche Geist auch willkürliche Körperfunktionen wirksam beeinflussen könne.

Bali hatte noch in einer anderen, vielleicht bedeutenderen Weise einen bleibenden Einfluss auf sie. An diesem Ort von großer Poesie und wirklicher Zeitenthobenheit erlebte sie eine spirituelle Erweckung. Eines Abends nach dem Essen, das Walter Spies' Gäste für gewöhnlich gemeinsam im Haupthaus einnahmen, berichtete Walter Dreesen von seinen Erlebnissen des Tages. Mit einem seiner balinesischen Bekannten hatte er dessen sterbenskranken Vater besucht. Der alte Mann lag friedlich lächelnd auf der Terrasse seines Hofes, während Frau und Kinder gewöhnliche Hausarbeiten verrichteten, als sei dies keine ungewöhnliche Stunde. Auch der Sohn schien über den nahen Tod seines Vaters nicht irritiert oder verdüstert zu sein: »Er wird uns bald verlassen«, sagte er zu Dreesen, »aber er war immer gut zu uns allen. Er wird in seinem neuen Leben dafür belohnt werden!«[85]

Vicki hörte Dreesen aufmerksam zu. Sein Erlebnis, erklärte sie ihm, spiegele genau das wider, worüber sie in ihrem neuen Roman schreiben wolle – dass nämlich der Tod nur ein Übergang zur Wiedergeburt sei. Schon bei der großen Verbrennungszeremonie in Bangli war ihr aufgefallen, wie ungerührt, fast heiter, selbst engste Angehörige der Verstorbenen »trauerten«. Eine andere Haltung, so hatte Vicki sich erklären lassen, hätte den Abschied der Seele vom Körper nur erschwert. Von allem Irdischen erlöst, konnten die Seelen der Verstorbenen an diesem Tag gen Himmel aufsteigen. Später streute man ihre Asche in einen Fluss oder See. Nach dem Glauben der Balinesen begann nun der ewige Kreislauf des Lebens von neuem.

Wer weise ist im Herzen/der trauert nicht um die Lebendigen/noch um die Toten./Alles, was lebt, lebt ewig. Nur das Gehäuse, das Zerbrechliche, vergeht./Der Geist ist ohne Ende, ewig ohne Tod«, heißt es im »Evangelium« des Hinduismus. Vicki Baum gefiel dieser Satz aus der Bhagavad Gita so, dass sie ihn in *Liebe und Tod auf Bali* zitierte – obwohl die Balinesen die Bhagavad Gita erwiesenermaßen nicht kannten. Doch diese Art, das Leben und das Jenseits zu betrachten, entsprach ihr. Auf Bali fand sie eine friedliche, zivilisierte Kultur vor, die das Jetzt heiligte, und zugleich erschien ihr die Vorstellung, dass das Leben vielleicht nur ein »enges Gefängnis« war und dass »irgendwo draußen« die große Freiheit, das Nicht-Leben, liegt, wie eine Verheißung. Vom Monotheismus der jüdischen, christlichen oder kapitalistischen Art keine Spur. Heilig war hier die Familie, die von ihrer Wirkung abgekoppelte Tat – und die Natur.

Die für sie faszinierende Begabung der Balinesen zum Glücklichsein pflegte Vicki mit einer anrührenden Geschichte zu untermalen: Eines Nachts begleitete sie ihr neunjähriger Diener Lambon zu einem Dorf. Während er sich fest an ihre Hand klammerte, fragte er sie: »Gibt es in dem kalten Land, aus dem du kommst, auch Reis zum Essen, einen Mond und eine Sonne?« Als Vicki das bejahte, dachte Lambon angestrengt nach und sagte dann: »Wenn es in deinem Land Reis, eine Sonne und einen Mond gibt, Nonja, dann möchte ich mit dir dorthin gehen. Selbst wenn ich in der Kälte sterben würde, möchte ich mit dir gehen.« – »Ich weiß nicht, was mich daran so glücklich machte«, schrieb Baum Mitte der vierziger Jahre, »aber wenn ich mich an die letzten zehn Jahre meines Lebens erinnere, war ich bestimmt nie glücklicher als in diesem Moment.«[86] Sicherlich gefiel es ihr, dass der kleine Lambon in seiner Zuneigung absolut konsequent war, eine Doppel- oder Hintergründigkeit seiner Liebeserklärung war auszuschließen. Und sie konnte sich sicher sein, dass er sein Versprechen so schnell vergessen würde, wie er es ausgesprochen hatte.

In *Liebe und Tod auf Bali* setzte Baum den von ihr bewunderten Insulanern in Gestalt des Reisbauern Pak ein literarisches Denkmal. Der ebenso kindliche wie lebenskluge Pak lässt sich im Roman mit traumwandlerischer Sicherheit von seinen Instinkten leiten – so wie Vicki Baum es in ihrem Leben auch versuchte. *Liebe und Tod auf Bali* beginnt im Jahr 1904, zu einer Zeit, als die balinesische Feudalgesellschaft noch intakt war und die Fürsten oder Rajahs wie absolutistische Halbgötter über ihre Untertanen herrschten. Die Balinesen waren den holländischen Kolonialherren zwar größtenteils schon durch Verträge verpflichtet, aber die drei Provinzen Südbalis widersetzten sich noch den Hegemonialansprüchen der Kolonialmacht.

Zu Beginn des Romans strandet ein Schoner, der unter niederländischer Flagge segelt, an der Küste von Sanur. Nachts entwenden Unbekannte das Frachtgut. Obwohl niemand je erfährt, wie viel gestohlen wurde, fordert der chinesische Schiffseigner vom Fürsten (Rajah) von Badung eine unverhältnismäßig hohe Entschädigung. Als der Fürst sich weigert, die Summe zu zahlen, wendet sich der Chinese an den holländischen Regenten, der die Angelegenheit wiederum an den Rajah zurückverweist. Doch der stolze Fürst will nicht nachgeben, selbst dann nicht, als die Holländer offen mit Krieg drohen. In aussichtsloser Lage ordnet er den *puputan* an, den ehrenvollen Tod im Kampf. Mit dem Rajah an der Spitze marschiert der fürstliche Hofstaat, ganz in Weiß gekleidet und mit Blumen geschmückt, im September 1906 den Holländern entgegen. Hunderte Balinesen sterben im Kugelhagel der Europäer oder töten sich selbst. Auf Seiten der Holländer gibt es praktisch keine Verluste.

Mit dem Rajah von Badung und seinen Gefolgsleuten aus der Puri geht die feudale Gesellschaft Balis unter. Die Zukunft gehört nun Menschen wie dem kastenlosen Bauern Pak, der sich in einem Akt selbsterhaltender Emanzipation dem Aufruf zur sinnlosen Aufopferung widersetzt. Nach dem blutigen *puputan* geht das Leben für ihn und die anderen Dorfbewohner weiter: »Seine Kinder waren gestorben und sein Vater gefallen. Aber sein Herz war zufrieden mit einer Zufriedenheit, die der weiße Mann nicht kennt.«[87]

Vicki Baums ansonsten profund recherchierter Roman weicht in einem entscheidenden Punkt von den historischen Tatsachen ab. Bei ihr erscheint der Krieg zwischen Holländern und Balinesen als schicksalhaft und unausweichlich. Alle Figuren sind Täter und Opfer zugleich, auch die Holländer, was Baum die Kritik einbrachte, eine »Apologetin des holländischen Imperialismus«[88] zu sein. Bali-Forscher wie Adrian Vickers rühmen heute zwar Vicki Baums »beträchtliches Detailwissen«[89] und ihre genaue Darstellung des balinesischen Lebens und der Kultur, kritisieren jedoch ihre imperialismusfreundliche Haltung. Darin war der Roman ein Produkt seiner Zeit – nicht mehr und nicht weniger. »Was Vicki Baum vorführte«, so Vickers, »war eine typische europäische Einstellung zum Kolonialismus, die zu jener Zeit nur von wenigen wie E. M. Forster oder George Orwell hinterfragt wurde.«[90]

Baum sah sich selbst und ihr Buch aber als »unpolitisch«. Für sie bestand die Aufgabe des Schriftstellers darin, sich in jede Perspektive gleichwertig einzufühlen und jede Moral zu vermeiden. In *Liebe und Tod auf Bali* tat sie dies noch konsequenter als in *Menschen im Hotel*. Die Erzählinstanz greift kaum noch kommentierend in das Geschehen ein. Dieser Gestus war einerseits eine konsequente Weiterentwicklung von Vicki Baums erzählerischer Methode, war aber sicherlich ebenso auf den Einfluss der balinesischen Kultur und damit letztendlich auch auf Walter Spies zurückzuführen. Dieser sei ihr bei der Arbeit für ihren Roman eine »unermessliche Hilfe« gewesen, erklärte Baum dem Walter-Spies-Biographen Hans Rhodius in den fünfziger Jahren.[91] Spies machte sie nicht nur mit der Kultur Balis vertraut, er hatte ihr auch dabei geholfen, einen detaillierten

Fragekatalog an die holländischen Behörden zu erstellen, den gesamten Schreibprozess begleitet und anschließend auch das fertige Manuskript im Hinblick auf die Authentizität der Darstellung gelesen. »Wie auf jeden von uns hatte er auch auf mich, meinen Geschmack und meine Gedanken einen sehr starken Einfluss«, schrieb sie 1955 an Spies' Freund Carl Gotsch.[92] Zu dieser Zeit arbeitete sie selbst an einer fiktionalen Biographie über Spies. Sie hatte den Wunsch, dieses Buch zu schreiben, seit Walters frühem Tod mit sich herumgetragen, wollte es »Porträt eines Unbekannten« nennen. Das Projekt kam aber über die ersten Kapitel nicht hinaus. Es scheiterte an den Widersprüchlichkeiten seines Gegenstandes. »Walters Charakter hat einfach zu viele Facetten«, stöhnte Baum, »jeder, der ihn kannte, sah ihn anders, jeder erzählt eine ganz andere Geschichte.«[93] Bei anderer Gelegenheit fügte sie hinzu: »Er war der wärmste, aus sich herausgehende, freigebigste Mensch, den man sich vorstellen kann … Dennoch hatte er eine undurchdringliche Mauer um sich herum aufgebaut.«[94]

Ein Teil von ihr, der Pragmatikerin und rastlos Tätigen, sehnte sich nach Absichtslosigkeit, nach meditativen So-Sein, wie Walter Spies es vorlebte. In Gesellschaft konnte er sich völlig in sich selbst zurückziehen, »sich buchstäblich selbst auslöschen«, wie es ein Mitglied des Bali-Zirkels beschrieb.[95] Auf Indonesisch bezeichnet man diesen Zustand als *ada senang*. »Die Zeit hatte aufgehört, sich zu bewegen«, heißt es in *Liebe und Tod auf Bali*[96]. Im ruhigen, unaufgeregten Erzählfluss ihres Romans, in seinem märchenhaften Ton, gelang es Vicki Baum, diesem Lebensgefühl melodisch Ausdruck zu verleihen. Wenn es, trotz seiner politischen Naivität, so etwas wie eine Moral in diesem Roman gibt, dann ist diese nur dialektisch zu verstehen: Nur indem der Mensch handelt und dabei Risiken eingeht, kann er sich mit den höheren Kräften, dem Schicksal, versöhnen und sein Karma erfüllen. An diese »Geschichte« glaubte Baum, in ihrem persönlichen Leben wie in ihrer Literatur.

In dem fiktiven Vorwort zu *Liebe und Tod auf Bali* aus dem Jahr 1937 behauptete die Autorin, sie habe ihr Buch aus Aufzeichnungen, Manuskripten und Tagebuchblättern »herausgeschält«, die ihr ein holländischer Arzt nach seinem Tod vererbt habe. Dieser Dr. Fabius, der »Exzentriker mit unübertroffenen Kenntnissen des balinesischen Wesens«, war natürlich niemand anderes als Walter Spies, dem Baum am Ende ihres Vorwortes verwirrenderweise auch noch ausdrücklich dankte. Die kuriose Vorrede erfüllt verschiedene Funktionen. Da »Dr. Fabius« später auch als Charakter im Roman auftritt, war sie ein geschickter Schachzug, um dem Romangeschehen Glaubwürdigkeit zu verleihen. Nicht zuletzt aber war das mehrdeutige Vorwort eine verschlüsselte Botschaft an Walter Spies, ein ironisches Versteckspiel ganz nach Vickis Gusto. Sie sprach Spies darin ihre tiefe Dankbarkeit aus. Für seine unermüdliche Hilfe bei den Recherchen, so signalisierte sie ihm, war sie ihm sogar so dankbar, dass sie ihm symbolisch die Autorenschaft abtrat. So kurios und traurig verrückt das Vorwort war, es war auch eine ironische Liebeserklärung an den Mentor und Freund, »so weit, wie Walter es zuließ, dass irgendjemand – besonders eine Frau – sein Freund wurde«, schrieb Baum nach Walters Tod an Carl Gotsch.[97] Sie wusste, näher als in ihrer ebenso öffentlichen wie intimen Vorrede konnte sie dem bewunderten Mann wohl nicht kommen.

Die Idee, einfach ihre Identität zu wechseln, faszinierte Vicki Baum ein Leben lang. »Manchmal möchte ich noch einmal ganz von vorn anfangen, meinen Namen wechseln, eine junge Schriftstellerin sein, die, wie ich hoffe, noch eine Entwicklung vor sich hat und eines Tages etwas Bedeutendes schreiben wird«, hatte sie vor ihrer zweiten Bali-Reise an eine Bekannte geschrieben.[98] Vor diesem Hintergrund war das Vorwort auch noch etwas anderes – der spielerische Versuch der weltberühmten Autorin, aus dem Schatten von *Grand Hotel* herauszutreten. Aber Baum war offensichtlich nicht bereit, bis zum Äußersten zu gehen. Als ausgerechnet ein Mitarbeiter der Doubleday-Werbeabteilung die Vorrede wortwörtlich nahm und verbreitete, Vicki Baum sei gar nicht die Autorin des Buches, ärgerte diese sich maßlos.[99] Später verzichtete Baum auf das Vorwort. In den Ausgaben, die nach 1945 erschienen, taucht es nicht mehr auf.

Auch ohne die programmatische Vorrede beweist Vicki Baum in *Liebe und Tod auf Bali*, wie wenig sie als Schriftstellerin gewillt war, sich mit dem bisher Erreichten zufriedenzugeben. Mit nun bald fünfzig Jahren wagte sie sich zum ersten Mal in ihrer Karriere an einen historischen Stoff und zeigte so, dass sie noch immer ein Gespür für Themen hatte, die beim breiten Publikum ankamen. Da sie den amerikanischen Buchmarkt aufmerksam verfolgte und wusste, wie hoch Bücher über Spiritualität, östliche Religion und Philosophie im Kurs standen, schien es nur noch eine Frage der Zeit zu sein, wann sie selbst das Thema Fernost aufgreifen würde. Möglicherweise schon vor ihrer Bali-Reise 1935 war Baum dann auf einen Stoff gestoßen, der sie »selbst packte« und »Erfolgsqualitäten an sich« hatte[100], nämlich auf den *puputan* aus dem Jahre 1906, mit dem die Kolonialisierung Balis durch die Holländer endgültig besiegelt wurde.

Mit *Liebe und Tod auf Bali* war sie endlich das geworden, was sie immer hatte sein wollen – und in Hollywood nie hätte werden können: eine ehrliche Geschichtenerzählerin. Der amerikanische Romantitel *Tale of Bali*, »Geschichte [oder Erzählung] Balis«, signalisiert in seinem so bescheidenen wie gediegenen Klang diese Wendung zum Existenziellen des literarischen Handwerks. Ihrem niederländischen Freund Peter von Anrooy erklärte sie, kurz nachdem sie den Roman fertiggestellt hatte: »Besser schreiben als ich [es] diesmal getan habe, kann ich einfach nicht.«[101] In einem Interview aus dem Jahr 1942 bestätigte sie dies mit wieder einmal verblüffender Offenheit. *Liebe und Tod auf Bali* habe »einen entschiedenen und entscheidenden Umschwung in meinem Wesen bedeutet, und dass ich hier so tief und verinnerlicht bin, wie ich es in meinen Romanen nie sein konnte«. [102]

Zum Zeitpunkt dieses Interviews war der Traum vom freien

Leben und von offener Liebe, den viele Mitglieder des »Bali-Zirkels« geträumt und gelebt hatten, längst zerplatzt. Es herrschte Krieg. Die europäisch-amerikanische Künstler-Kolonie existierte nicht mehr, und auch die Kolonialherren hatten die Insel verlassen müssen. Aber der Traum vom Paradies war nicht allein an den Auswirkungen des Zweiten Weltkriegs gescheitert.

Seit 1938 gingen die holländischen Behörden mit Razzien gegen jene ausländischen Homosexuellen vor, die offen mit Balinesen zusammengelebt hatten. Walter Dreesen und Fritz Lindner setzten sich rechtzeitig ins Ausland ab, Walter Spies aber wurde in seiner geliebten Wahlheimat wegen »Geschlechtsverkehrs mit Minderjährigen des gleichen Geschlechts« angeklagt.[103] Obwohl auf Bali »Homosexualität nichts moralisch Verdammenswertes, sondern einfach ein Zeitvertreib junger, unverheirateter Männer« war, wurde Spies trotz prominenter Fürsprecher wie Margaret Mead und Gregory Bateson zu Gefängnis verurteilt und erst im September 1939, nach neun Monaten Haft, entlassen.[104] Danach zog er sich völlig aus dem öffentlichen Leben zurück. Aber an Flucht aus dem von ihm so geliebten Land dachte er offenbar nie.

Als die Wehrmacht im Frühjahr 1940 die Beneluxstaaten besetzte, internierten die Kolonial-Niederländer sämtliche Deutschen in Niederländisch-Indien, etwa 2800 Personen, die später nach Sumatra deportiert wurden, unter ihnen Walter Spies. Im März 1942 »eroberten« die Japaner im Zuge ihrer pazifischen Invasion Bali. Die meisten Holländer waren zu diesem Zeitpunkt bereits nach Java evakuiert worden. Im Januar 1942 verschiffte man Spies mit 472 weiteren Deutschen von Sumatra nach Ceylon. Auf dem Weg nach Colombo wurde sein Schiff, der holländische KPM-Frachter »Van Imhoff«, von einem japanischen Jagdflugzeug bombardiert. Walter Spies starb fern jeder Heimat auf einem schwimmenden Gefängnis im Indischen Ozean.

1937, als Vicki Baum *Liebe und Tod auf Bali* veröffentlichte, brachten Walter Dreesen und Fritz Lindner ihre Reisereportage

Hundert Tage auf Bali heraus. Beide kehrten noch im selben Jahr nach Tjampuan zurück, wo sie den expandierenden Hotelbetrieb mit inzwischen vier Gästehäusern leiteten, der Walter Spies längst über den Kopf gewachsen war. Als 1938 die Razzien gegen Homosexuelle begannen, floh das Paar auf die Philippinen. Walter Dreesen ging in die Schweiz, später nach Hamburg, wo er in den 80er Jahren starb. Fritz Lindners Werdegang ist schwerer zu rekonstruieren. Aber er muss wieder in Deutschland angekommen sein, da er, laut Walter Spies' Biograph Hans Rhodius, vor Stalingrad »für Volk und Führer« fiel.[105]

Vicki Baum verließ Bali im Oktober 1936 mit fünfzehn Koffern und mehreren in Matten und Bambus gehüllten Bündeln mit »native junk«. Sie schiffte sich nach Triest ein, nahm wahrscheinlich die Route über Shanghai, Hongkong, Singapur und den Suezkanal. Von Triest aus fuhr sie mit dem Zug weiter nach Novi Sad. Hinter der italienisch-kroatischen Grenze setzte sich ein junger kroatischer Offizier in ihr Abteil: »Schlofen Sie schon?«, fragte er gleich, dann beugte er sich über sie, um sie zu küssen.[106] Erstaunlicherweise nahm Vicki diese Aufdringlichkeit mit Humor und fühlte sich »wie Toska im zweiten Akt«, schrieb sie, wie es scheint, sogar ein wenig geschmeichelt, hinterher an Richard: »Eine Stunde lang habe ich mich mit dem Krieger herumgerauft, da ich nicht sicher war, wie höflich man mit der Behörde sein muss.«[107] Mit zwanzigstündiger Verspätung traf sie Ende Oktober 1936 in Novi Sad ein, dem ersten Ziel ihrer Europareise.

Hermann Baum hatte seine Wohnung in der Wiener Elisabethstraße 1933 aufgelöst und war als zahlender Hausgast zur Familie seiner Großnichte Elsa Schill in das 70.000 Einwohner zählende jugoslawische Städtchen Novi Sad gezogen, kaum 30 km weit von seinem Geburtsort Nemeth Palanka entfernt. Vicki Baums Erinnerungen zufolge hatte sie Hermann 1933 angeboten, nach Amerika auszuwandern. Er hatte abgelehnt. »Wie die alten Chinesen, die Chinatown verließen und nach China fuhren, um da zu sterben«[108], kommentierte Baum. Auch nach ihrer Auswanderung hatte sie den Briefkontakt zu ihrem Vater und zu Elsa Schill gehalten und beide höchstwahrscheinlich auch finanziell unterstützt, Hermann jedoch seit mindestens vier Jahren nicht gesehen.

»Der alte Herr ist von erschreckender Robustheit, mit einem dicken Schopf grauer Haare, grad und stramm, und noch der gleiche Alpdruck von Dummheit, Größenwahn und Tyrannei«, lautete das Urteil der weitgereisten Tochter über den inzwischen 86-jährigen Vater.[109] Vicki missbilligte es, dass Hermann die ganze Verwandtschaft in der Stražilovska Ulitza herumkommandierte. Sie bedauerte Großcousine Elsa, die das alles mit »fanatischem Familiensinn« ertrug. In puncto Familiensinn sei sie selbst ja bekanntlich »niederträchtig und herzlos«, unkte Vicki in einem Brief an Richard.[110] In Wahrheit besaß sie einen sehr ausgeprägten Familiensinn – allerdings unterschied sie zwischen den engeren und den erweiterten Mitgliedern ihrer Familie. Hermann war zwar ihr Vater, aber nach allem, was in der Vergangenheit geschehen war, betrachtete und behandelte sie ihn eher wie ein Mitglied ihrer erweiterten »Familie«, zu der auch weniger enge Freunde und Verwandte gehörten. Ihnen gegenüber verhielt sie sich stets loyal und unterstützte sie oft finanziell – aber sie gehörten nicht wie Wolfgang, Peter und Richard zu ihrer engeren »Familie«. Für diese drei konnte Vicki zur Löwin werden.

Elsa und ihr Mann, Bilanzbuchhalter Otto Schill, lebten selbst nicht eben komfortabel. Dennoch bemühten sie sich, ihrer mit großem Gepäck angereisten Verwandten aus Amerika den Aufenthalt so angenehm wie möglich zu machen. Prompt lief alles schief: »Natürlich sind mit meinem Besuch alle Tragikomödien eingetroffen, die man erwarten kann, vom Ofen, der gleich nach der Ankunft … explodiert und die Wohnung für den Rest des Aufenthaltes als ein Chaos von Wasser, Schmutz, Kälte, Installateuren und Leitern zurücklässt, bis zum verbrannten Topfenstru-

248

del samt Weinkrampf der Gastgeberin, die sonst die besten Topfenstrudel von Novi Sad macht.«[111] Inmitten des Chaos fühlte sich Vicki aber offensichtlich sehr wohl. Alles an dieser sympathischen Großfamilie ließ die Vergangenheit in ihr aufsteigen, erinnerte sie wohl an ihre eigenen selbstständigen Anfänge in Wien und das gastfreie Haus der Libussa Lert in der Döblinger Gersthoferstraße. »Ich unterhalte mich sehr gut, irgendwo in mir schluckt ein Reservoir Beobachtungen«, schrieb sie Richard.[112] Auf den Straßen Novi Sads, damals ein bedeutendes Zentrum jüdischen Lebens, und vor den Auslagen der Geschäfte spürte Vicki den »»K und K«-Untergrund«, was sie erstaunlicherweise »eigentlich sehr gemütlich« fand.[113]

Elsa Schill arrangierte kurzfristig ein Treffen mit entfernten Angehörigen, in dessen Verlauf Vicki auch nahe Verwandte kennenlernte. Wohl an jenem Tag im Oktober 1936 schenkte man ihr jene vergilbte Daguerrotypie ihrer bis dahin unbekannten donauschwäbischen Urgroßeltern, die sie seither in Ehren hielt. Später erzählte Vicki ihrer Familie in Los Angeles oft, wie Hermann sie in dieser Woche jeden Abend zum Tanzen in ein schäbiges Etablissement in der Stadt ausführte, wo er sich als »Herr Ballettmeister« anreden ließ. Letztlich konnte sie es aber kaum erwarten, wieder abzureisen, und zählte »die Minuten, die ich hierbleiben muss«.[114] Es galt, wichtige berufliche Angelegenheiten zu erledigen. Für Anfang November war schon länger ein knapp zweiwöchiger Aufenthalt in Paris, Amsterdam sowie London geplant, wo Vicki mit ihrem neuen französischen Agenten Georges Robert, dem Querido-Verleger Fritz Landshoff und Geoffrey Bles zusammentreffen wollte. Vor ihrer Abreise wies sie den Schills eine monatliche Zuwendung von 50 Dollar an — damals viel Geld für einen mitteleuropäischen Haushalt aus entfernten Verwandten. Nach dieser Reise haben sich Hermann und Vicki nie wieder gesehen.

Als sie Ende November 1936 nach mehr als acht Monaten in die USA zurückkehrte, wurde Vicki von einem Gefühl des Nachhausekommens überwältigt: »Dies ist eine merkwürdige Sache mit dem Zurückkommen – da merkt man erst – und mit Freude –, dass Amerika wirklich ›Zuhause‹ ist jetzt. So mit Herzklopfen, wenn die Küste auftaucht, und nach all den Unbequemlichkeiten und Kleinlichkeiten von Europa geht alles plötzlich wieder leicht und freundlich.«[115]

ANGEKOMMEN IN DEN USA (1937–1945)

Antifaschistisches Gesellschaftsleben – Auftreten gegen Hitler –
Emigrantenparties – Noch einmal »das ganze Europa sehen« – Fröhliche
Tage mit einem kranken Sohn – Desaster am Broadway – Ein Apartment in
New York – *Marion Alive* – Engagement und Irrungen – Plagiat schlägt
Original – Schwiegermutter Vicki – Zusammenbruch

Während Vicki Baum 1936 einen fast perfekten Sommer auf Bali
verbrachte, begann in Spanien ein Bürgerkrieg, der das traditionell liberale Hollywood mit einem Schlag politisierte. Die durch
freie Wahlen ermächtigte Regierung Spaniens kämpfte gegen die
putschenden Truppen General Francos, der von Hitler und Mus-
solini mit Waffen und Legionen unterstützt wurde. Doch weder
die europäischen Schwester-Demokratien noch die amerikanische
Regierung konnten sich dazu entschließen, die linksgerichteten
Republikaner mit mehr als nur mit Worten tatkräftig zu unterstützen. Angesichts des wuchernden Faschismus in Europa war
in Hollywood die Empörung über Roosevelts strikte Nichteinmi-
schungspolitik groß – und zwar quer durch alle politischen Lager.
Noch im Sommer 1936 traten die ersten Kulturschaffenden –
überwiegend moskautreue Kommunisten – den Internationalen
Brigaden bei, um freiwillig an der Seite der spanischen Republik
zu kämpfen. Die in Kalifornien zurückgebliebenen Hilfswilligen
organisierten Komitees, um Geld und Medikamente für die notleidende spanische Zivilbevölkerung zu sammeln. In dieser Situation wollte auch Vicki Baum nicht neutral bleiben. Im Herbst
1936 kehrte sie, ohne einen neuen Hollywood-Vertrag zu haben,
nach Los Angeles zurück. Bisher hatte sie sich in allen politischen
Fragen ostentativ zurückgehalten – nun gab sie diese Zurückhaltung auf und setzte sich öffentlich für die antifaschistische Sache
ein. Dass Vicki 1937/38 den Vorsitz bei einem Hollywood-Ban-
kett führte, das für Solidarität und Spenden zugunsten der spani-

schen Kommunisten warb, die alles andere als liberal zu nennen waren, mag auf den ersten Blick verwunderlich erscheinen.[1] Tatsächlich aber stand Hollywood den Kommunisten zu keiner Zeit näher als während des Spanischen Bürgerkriegs. Vicki Baum engagierte sich vermutlich auch, weil ihr alter Freund Ernst Toller die Einführungsrede hielt. Der Antifaschist der ersten Stunde war inzwischen in Hollywood angekommen, stand als Drehbuchautor in Diensten der MGM und lebte mit seiner Frau Christiane in einem Apartment im schicken Santa Monica – war also wieder Vickis Nachbar geworden.

Doch der erstarkende Faschismus in Europa war nicht die dringlichste Sorge der Amerikaner in den späten Dreißigern. Die Arbeitslosenzahlen stiegen wieder kontinuierlich an, das Land rutschte in eine neuerliche Wirtschaftskrise, sodass nur die Fremdenfeindlichkeit einen neuen Aufschwung erlebte. Präsident Franklin D. Roosevelt hatte gerade seine zweite Amtszeit angetreten. Aber sein ehrgeiziges staatliches Wohlfahrtsprogramm, der *New Deal*, stieß trotz seiner sichtbaren Erfolge mittlerweile auf eine streng kapitalistische Opposition. Eine Folge dieser machtvollen innenpolitischen Gegenbewegung war die Bildung eines Unterausschusses des amerikanischen Repräsentantenhauses zur Untersuchung unamerikanischer Umtriebe. Im Frühjahr 1938 begann jene Hexenjagd, die in den McCarthy-Jahren ihren unrühmlichen Höhepunkt erreichen sollte.

In diesem aufgeheizten Klima startete Vicki Baum im Herbst 1937 eine mehrwöchige Vortragstour durch große amerikanische Städte. Wie auf ihren beiden Lesereisen während der großen Wirtschaftskrise hatte sie Erfolg, weil sie sich genau auf die aktuelle Befindlichkeit der Amerikaner einzustellen wusste. »Why be afraid?« war diesmal ihr Motto. Es spielte auf F. D. Roosevelts berühmte Worte an, mit denen dieser seinen Landsleuten während der Depression Hoffnung und Mut gespendet hatte. Das Einzige, was die Nation zu fürchten habe, hatte F. D. R.

1932 verkündet, sei die Furcht selbst. Baum erweiterte diese Idee lediglich ins Internationale. Sie analysierte die Amerikaner mit den Augen einer Europäerin, gab ihnen aber zugleich in jedem Augenblick glaubwürdig zu verstehen, dass sie längst eine von ihnen war. Das sollte in Kürze wirklich so sein. Am 28. Januar 1938, vier Tage nach ihrem fünfzigsten Geburtstag, wurde Vicki Baum amerikanische Staatsbürgerin. Dieser Tag, erzählte sie später Klaus und Erika Mann frei von jeder Ironie, sei einer der besten ihres Lebens gewesen.[2]

Vicki Baum beherrschte die Kunst des öffentlichen Auftritts inzwischen virtuos. Im November '37 wurde sie auf der Liste der populärsten Rednerinnen des Landes geführt.[3] Auf dem Podium wirkte sie charmant, authentisch und überzeugend. Das Publikum spürte, dass da eine Frau mit Brüchen und Schwächen stand, deren Gleichmut und Selbstbewusstsein hart errungen waren. Baum gab auch wirklich etwas Persönliches von sich preis – allerdings nur so viel, wie sie kontrollieren konnte. Klaus und Erika Mann erlebten einen ihrer öffentlichen Auftritte mit. Es sei selten und wohltuend, jemandem wie Vicki Baum zu begegnen, »dem es vorzüglich geht, der sich offenbar wohlfühlt in seiner Haut, der, wenn dies Wort, das auf die *condition humaine* freilich niemals recht zutrifft, einmal erlaubt sein soll, ›glücklich‹ ist«, schrieben die Manns in *Escape to Life*.[4]

Wenn sie vor ihr Publikum trat, brach Vicki sogleich das Eis, indem sie mit schlotternden Knien scherzhaft das Lampenfieber veranschaulichte, das sie früher als Harfenistin geplagt hatte. Dann erzählte sie wohl auch jene Anekdote, in die sie ihr reales Erlebnis mit Walter Spies kleidete, aus dem sie kurzerhand einen »Weisen aus dem Orient« machte. Dieser weise alte Mann, berichtete sie, habe ihr klargemacht, dass sie schon in drei Stunden tot sein könne: »Warum also Angst haben vor der Zukunft?« Da ihr das eingeleuchtet habe, sei sie an Ort und Stelle »viel überflüssiges Gepäck« losgeworden, erklärte Vicki Baum. Damit waren hemmende Ängste gemeint. Das verstand das US-Publikum, das in einem Weisen aus dem Orient wohl hauptsächlich einen romantischen Bruder des populären Dr. Freud erkennen mochte.

Danach begab sich Vicki vom Philosophischen ins *Politische.* »Warum also Angst haben vor den Diktatoren?«, rief sie ins Publikum, »Amerika ist groß, stark und mächtig, und man hat nicht den geringsten Anlass, sich zu ängstigen. Und die Zukunft wird heller sein, als die Gegenwart es ist, wenn wir ihr, statt uns vor ihr zu fürchten, mutigen und vertrauensvollen Herzens entgegenschauen.«[5] Das theaterkritische Fazit der Geschwister Mann lautete: »Sie hat eine eindringliche, dabei leichte Art zu sprechen, ihre Wirkung ist gleichzeitig sicher und bescheiden. Das Publikum war begeistert, nicht nur, weil alles, was Frau Baum sagte, so erfrischend und ermutigend war, sondern weil sie selbst, heiter, gewandt und überzeugend, einen so guten Beweis für die Richtigkeit dessen abgab, was sie vorbrachte.«[6]

Vicki selbst sah es weniger prosaisch: »Ich reise herum und predige flachen Optimismus und quatsche üblen amerikanischen Slang und mache die Leute lachen, es ist alles ganz dumm und wäre unmöglich in Europa, aber sehr nützlich und erfolgreich in Amerika. Es ist auch bisschen Gegeneinfluss gegen die Nazipropaganda im Land, obwohl ich unpolitisch bin, aber ich kann den Leuten doch bisschen Vernunft einreden«, schrieb sie ihrem niederländischen Freund Peter van Anrooy, einem erklärten Antifaschisten, der sich bei der Hochzeit der holländischen Prinzessin Juliana mit dem deutschen Prinzen Bernhard im Januar 1937 geweigert hatte, das Horst-Wessel-Lied zu spielen, wie es von den anwesenden deutschen Diplomaten verlangt worden war. Daraufhin war er für dieses Stück von einem anderen Dirigenten ersetzt worden.[7] Vicki Baums lapidare Analyse der eigenen agitatorischen Tätigkeit ist typisch für ihr politisches Denken. Jede Art politischer Ideologie war ihr suspekt. Eigentlich nur aus persönlichen Gründen, wie im Falle Tollers, war sie zeitweise bereit, einem überschaubaren Interesse zu dienen.

Vicki kannte Klaus und Erika Mann flüchtig aus Berlin. Die

Bekanntschaft zu Erika hatte sie offenbar im Herbst 1936 in New York erneuert, nachdem sie aus Südostasien und Europa zurückgekehrt war. Sie wurde eine der Sponsorinnen von Erikas anspruchsvollem *peppermill*-Kabarett-Programm, das Anfang 1937 beim US-Publikum gnaden- und hoffnungslos durchfiel. Ein engeres Verhältnis hatte Vicki zu Erikas Bruder Klaus. Beide zählten Curt Riess und Rolf Nürnberg von der »Ullstein-Bande« zu ihren Freunden, beide pendelten rastlos zwischen New York und Los Angeles, zwischen Ost- und Westküste hin und her. So auch im Dezember 1937, als Klaus Mann Vicki am zweiten Weihnachtsfeiertag in ihrem Haus am Amalfi Drive besuchte. »Vickys Milieu besonders nett. Hübsches Haus. Der Gatte Lahr (sic!), sympathisch: der Sohn Peter, großer Reiter. Vorführung eines interessanten Films, von Vicky in Bali aufgenommen (Die großen Tänze und Pantomimen.) – Tollers dazu. Ernst + Christiane. Später *Peter Lorre* – dämonisch-überelegant«, notierte Klaus Mann in sein Tagebuch.[8]

Dem ältesten der Mann-Söhne erschien Vicki Baum als eine beneidenswerte Persönlichkeit von echter und praller Weltläufigkeit, und als eigentlich eher journalistisch-politisch orientiertem Autor war ihm ihr »Genie« offenbar eine Recherche wert. Vicki ihrerseits fühlte sich für den sensiblen Klaus Mann in mütterlicher Weise verantwortlich und besprach, wie wir von ihm selbst wissen, oft ihre literarische Arbeit mit ihm. In seinem autobiographischen Buch *Wendepunkt* zeichnete Mann ein Porträt der »gutmütigen Altmeisterin«, wie er sie in diesem Winter in New York erlebte. Vicki, schrieb Klaus Mann, fand damals oft den Weg ins Hotel Bedford, wo Erika und er gerade an ihrem Kompendium über die deutschsprachige Emigration in den USA, *Escape to Life*, arbeiteten. In New York wimmelte es von deutschen Emigranten, und die Hotelbar des Bedford war einer ihrer beliebtesten Treffpunkte. Wenn einer der dort Versammelten, etwa der damals noch nicht etablierte Billy Wilder, von Zweifeln geplagt, in die Runde fragte: »»Ob es schwer ist, sich in Amerika durchzusetzen?«, sprach Vicki dem Trübseligen Mut zu: ›Nicht schwerer hier als sonst wo. Plagen muss man sich überall.‹« Klaus Mann fügte hinzu: »Vicki Baum hat sich geplagt und hat sich durchgesetzt. Sie ist Amerikanerin, schreibt ihre Bücher wohl gar schon in der Sprache des neuen Landes. Wäre man erst so weit! Die etwas verstörten ›Menschen im Hotel‹ (118 East 40th Street) lassen sich gern beraten und ermutigen von einer, die eigentlich nicht mehr in diesen Kreis gehört. Frau Vicki … hat Autorität und Charme, ist kameradschaftlich und welterfahren. Wir lauschen ihr mit Respekt und Dankbarkeit.«[9] Kurioserweise würde es Billy Wilder sein, der – viel stärker als Vicki Baum – der Prototyp des glücklichen Neu-Amerikaners mit hoher europäischer Hypothek werden sollte. Ihm sollte das gelingen, was ihr aus vielerlei Gründen versagt blieb: Wilder eroberte Hollywood.

Viele der Berliner Freunde und Bekannten Vickis waren inzwischen nach New York emigriert, und so verbrachte sie ihre knappe Freizeit in diesem Winter nicht nur an der Hotelbar des Bedford, sie fand sich auch oft am Krankenbett ihres alten Freundes und Kollegen Kurt Korff ein. Der Zeitungsmacher war über Umwege nach New York gelangt, wo er 1936 die Zeitschrift *Life* mitbegründet hatte – bald eine der innovativsten Illustrierten weltweit. Danach war Korff schwer erkrankt. Im Januar 1938 starb er kurz nach seinem 61. Geburtstag. Für seine französische Ehefrau Margot, seine einzige Hinterbliebene, und Freunde wie Vicki war es eine Tragödie, zugleich eine Gnade: Korff war auf seinem journalistischen Zenit gestorben. Vicki und andere hatten sich aber noch von ihm verabschieden können – Auge in Auge und in Freiheit.

Vicki traf sich auch regelmäßig mit anderen »Ullsteinwritern«, mit ihrer ehemaligen *Uhu*-Kollegin Hedwig, »Huschi«, Hirschberg zum Beispiel, auch mit Rosie Gräfin Waldeck, der geschiedenen Frau Franz Ullsteins, die schon vor ihr in die USA emigriert war. Den beiden Freundinnen half sie großzügig mit Geld. »Huschi« hatte sie von 1933 bis 1937 monatlich eine höhere Summe angewiesen und ihr Pakete geschickt, nun ließ sie sich von der Hobbyastrologin regelmäßig die Sterne deuten. Und wenn Rosie, die später unter dem enigmatischen Namen »R. G. Waldeck« als antifaschistische Journalistin von sich reden machte, wieder einmal »vollkommen pleite« war, übertrug Vicki ihr simple, aber lukrative Rechercheaufgaben für ihre Romane. Sie war überhaupt immer bereit, Freunde in Geldnot zu unterstützen: »Gott sei Dank haben wir's ja«.[10]

Wie Marlene Dietrich, die ebenfalls geraume Zeit vor 1933 ihre Karriere in den USA auf Weltniveau fortsetzte, war Vicki Baum in den späten Dreißigern eine prominente Anlaufstelle und »Bank« für Flüchtlinge jeder Art. Die Karriere-Immigrantinnen taten ihr Bestes. Baum und Dietrich liehen, verschenkten, bürgten in bar oder mit ihrem einflussreichen Namen. Zur Ikone des Antifaschismus konnte Baum dabei aber unmöglich werden. Vielleicht hätte auch sie gern US-Truppen betreut und amüsiert. Doch ihrem Humor fehlte die Durchschlagskraft eines Bob Hope.

Vicki Baum und Marlene Dietrich hatten regelmäßig Kontakt – wenn auch keinen herzlichen. Die Dietrich, so erinnert sich Wolfgang Lert, stand eines Tages unangemeldet vor der Tür und brachte Vicki einen selbstgebackenen Schokoladenkuchen. Bei einer anderen Gelegenheit trafen sich die Lerts mit der Dietrich und Fritz Lang in einem Kino in Hollywood, um sich zusammen die französische Verfilmung von *Hell in Frauensee* von Marc Allégret (1934) anzusehen. Es war die Zeit, als Lang und Dietrich eine kurze, heftige Affäre hatten, und Lang machte der Diva beim Essen in auffälliger Weise Avancen, wurde von ihr jedoch brüsk zurückgewiesen.[11] Baum berichtete 1947 außerdem von Marlene Dietrichs Wunsch, in einer – allerdings nie realisierten – Verfilmung von *Die Karriere der Doris Hart* die Hauptrolle zu spielen.[12] Dietrich und Baum hatten zwar beide einen ähnlichen

Hang zur Häuslichkeit, schienen aber ansonsten nicht viel voneinander zu halten. Im privaten Zusammenhang äußerte sich Vicki ziemlich despektierlich über die zahlreichen Amouren der Dietrich.[13] Und die Dietrich selbst? Sie verachtete die Schriftstellerin Vicki Baum zutiefst, erinnert sich ihre Tochter Maria Riva.[14] Trotzdem verkehrte Vicki mit ihr, wie sie auch die Bekanntschaft von Greta Garbo machte. Sie ging aber nie mit großen Namen hausieren — und erzog auch ihre Söhne in diesem Sinne. »Wir waren keine Familie, für die Berühmtheit irgendetwas bedeutete«, so Wolfgang Lert.[15]

Vicki Baum spielte die Rolle der Gastgeberin perfekt. Auch nachdem sie keinen festen Studiokontrakt mehr hatte, gab sie Luncheons, Teegesellschaften und Dinnerpartys, auf denen sich zu der ein oder anderen Zeit die Hautevolee der Emigrantenszene tummelte, Schauspieler wie Buschi Arend, Curt Bois oder die zweifache Oscarpreisträgerin und Nachbarin der Lerts, Louise Rainer, sowie Elisabeth Bergner. Auch Regisseure wie Dieterle, Lubitsch, Reisch, Lang und Preminger kamen. Sie alle schienen die »freundlich-helle« Atmosphäre (Gottfried Reinhardt) in Vickis »herrlichem Haus in Pacific Palisades« (Walter Slezak) zu genießen.

Doch ähnlich, wie Vicki Baum auch in Hollywood »mittendrin« und dennoch außen vor stand, wahrte sie auch zu den Emigranten innerlich Distanz. Sie gehörte weder einem bestimmten Zirkel an, noch gründete sie einen eigenen. Sie ließ es sich nach außen hin nicht anmerken, doch sie trennte stets zwischen der »Plage gesellschaftlicher Verpflichtungen« und echten Freunden und Vertrauten. Zu dieser kleinen Gruppe gehörten die Schauspielerin Gretl Scherck-Dupont, die exzentrische Frau des Regisseurs Ewald André Dupont, sowie der Kameramann und Regisseur Karl Freund, Vickis treuer Begleiter aus ihren allerersten New Yorker Tagen. Gina Kaus nicht zu vergessen, die Baum in ihren Erinnerungen als ihre »beste Freundin« bezeichnete und die in Hollywood inzwischen als Drehbuchautorin arriviert war. Nach seinem Umzug von New York nach Kalifornien gehörte auch Walter Slezak, der Sohn von Vickis Jugendidol Leo Slezak, zu den gern gesehenen Hausgästen.

Ernsthaft befreundet war Vicki auch mit »M«, dem unnachahmlichen »Kindermörder« aus Fritz Langs gleichnamigem Film, Peter Lorre. Lorre, eigentlich Ladislav Loewenstein, war wie Vicki in Wien aufgewachsen, hatte wie sie in Berlin gelebt und Hollywood nach Hitlers Machtergreifung via Paris und London erreicht. Inzwischen auch in den USA ein Star, wohnte er mit seiner Frau Celia Lovsky im feinen Santa Monica. Von 1937 bis 1939 brillierte Lorre in einer Serie von Filmen als schlitzohriger japanischer Privatdetektiv Mr. Moto. Als Vicki von diesem Engagement erfuhr, schenkte sie ihrem Freund einen Katalog mit Sexspielzeug, den sie bei ihrem Japan-Besuch erstanden hatte. Younosuke Natori hatte sie damals in einen Tokioter Sexshop geführt, und Vicki hatte bei dieser Gelegenheit gleich mehrere der hinter Glas ausgestellten Sexspielzeuge und Kataloge als Reisemitbringsel für ihre homosexuellen Freunde geordert. Dass die Verkäufer sie daraufhin für eine reiche englische Bordellbesitzerin gehalten hatten, amüsierte Vicki königlich.[16]

»Mr. Moto« nutzte sein Geschenk, indem er während einer Drehpause aus dem Katalog »zitierte«, und zwar in jenem Amerikanisch-Japanisch, das er sich für seine Rolle antrainiert hatte. Die Kollegen bogen sich vor Lachen – ebenso die Lerts, als Lorre die Szene für sie nachspielte.[17] Außer dem Hang zu skurilem Witz und intelligenter Schlagfertigkeit verband Vicki noch etwas anderes mit dem großen Mimen. Beide empfanden sich als Außenseiter und pflegten eine gewisse innere Distanz zur deutsch-österreichischen Kolonie, was jeweils nicht nur durch ihren Status begründet war.

Vier Tage, nachdem Vicki ihre Vortragstour beendet hatte, meldete die amerikanische Presse: »65.000 deutsche Truppen rücken in Österreich ein. Grenzübergänge besetzt«.[18] Das Ende des souveränen Österreich war der Beginn der nationalsozialistischen Expansionspolitik, die in den Zweiten Weltkrieg führen sollte. Am Abend dieses Tages jubelten die Massen in Linz Adolf Hitler zu. Drei Tage später erklärte dieser vor einer Viertelmillion Menschen auf dem Wiener Heldenplatz »den Eintritt meiner Heimat in das Deutsche Reich«.

Die Annexion Österreichs ließ auch in Hollywood niemanden unberührt. Auf der Party, welche die Lerts drei Wochen später zwischen den Eukalyptusbäumen und Zypressen in ihrem Garten gaben, dürften viele Gespräche um dieses Thema gekreist sein. In diesen Tagen schmückte sich die deutsche Kolonie mit einer besonderen Attraktion – und die war möglicherweise überhaupt erst der Anlass für diese Party: Thomas und Katia Mann besuchten Beverly Hills und wurden von Familie zu Familie weitergereicht, also auch zur potenten Sponsorin ihrer Tochter Erika, Vicki Baum. Auf der Soiree unterhielt sich Mann mit Richard Neutra, dem österreichischen Architekten, und mit Otto Klemperer, dem Leiter des Philharmonic Orchestra in Los Angeles. Er wurde auch Arnold Schönberg, dem Komponisten und Begründer der Zwölftontechnik, vorgestellt, der eine wichtige Rolle in der Entstehungsgeschichte des Romans *Dr. Faustus* spielen sollte. »Fast nur deutsch sprechende Gäste«, notierte Mann hinterher in sein Tagebuch.[19] Vielleicht um von der allgegenwärtigen Politik abzulenken, erzählte die Hausherrin nach dem Büffet von ihren Reisen und zeigte ihren Gästen ihren Kejak-Film aus Bali. Die jungen Tänzer, unter ihnen Walter Spies' femininer Diener Sampih, trugen nichts außer weißen Hibiskusblüten im Haar und hellen Sarongs um die Hüften. Wann immer Vicki ihren Film vorführte – und sie tat es gern und oft –, war das Publikum begeistert. Offenkundig auch Thomas Mann. »Zuletzt Bali-Film mit Jünglingen in ritueller Trance. Zuckungen. – Der schöne junge Inder-Tänzer«, vermerkt dazu sein Journal.[20]

Als die Manns im April 1941 nach Pacific Palisades in die unmittelbare Nachbarschaft der Lerts zogen, sahen sich die beiden Familien häufiger. Vicki Baum war eine witzige, anregende Gesprächspartnerin und aufmerksame Gastgeberin, und offenbar wusste sie den anspruchsvoll launischen Thomas Mann gut zu unterhalten. Sie verehrte den Nobelpreisträger, aber sie brachte ihm auch eine respektvolle Zurückhaltung entgegen: »Da ich nur Dummköpfen Komplimente mache, habe ich Thomas Mann zum Beispiel nie gesagt, wie sehr ich seine Bücher liebe«, äußerte sie Jahre später einem Freund gegenüber.[21] Während Querido-Verleger Fritz Landshoff, Klaus Mann und auch Ernst Toller die Meinung vertraten, dass sich Baum mit *Liebe und Tod auf Bali, Hotel Shanghai*, später *Kautschuk* »als eine Autorin von Rang erwiesen« habe, »deren Produktion allzu häufig und zu Unrecht als ›Unterhaltungsliteratur‹ abgetan wurde«, und Alfred Döblin 1938 in seinem Buch *Die deutsche Literatur* (im *Ausland seit 1933*) mehr als freundlich bemerkte: »Und unsere gute Vicki Baum ist nicht zu ihrem Schaden ins Ausland gegangen. Nach dem deutschen Erfolg hat sie sich einen immensen ausländischen erworben. Sie hat sich höhere Aufgaben gestellt. Ihr letztes Buch, ›Liebe und Tod auf Bali‹, nähert sich einem beachtlichen literarischen Niveau«, schätzte Thomas Mann zwar bekanntlich Baums frühe Erzählungen, hatte jedoch für ihre späteren Bücher nur milden Spott übrig.[22] Daher ist anzunehmen, dass sich zwischen Baum und Mann nie ein offenes Kollegengespräch entwickelte, wie es etwa zwischen ihr und Klaus Mann die Regel war. Literatur im Allgemeinen dürfte aber durchaus ein Thema zwischen beiden gewesen sein, denn im September 1940 schenkte Vicki Thomas Mann nachträglich zu dessen fünfundsechzigstem Geburtstag die gesammelten Werke Nikolaj Gogols. Später notierte der Nobelpreisträger: »Lunch bei Frau Vicki Baum und ihrem Mann, der Bergner und ihrem Manager. Von der Hausfrau Gogols Werke zum Geschenk.«[23] Dass Baum auch eine Schriftstellerkollegin war, wollte der Chronist nicht gelten lassen. Aber immerhin akzeptierte er die »Hausfrau« als Haushaltsvorstand: »Lunch bei Frau Vicki Baum und ihrem Mann …«

In welcher Weise bei solchen Treffen über die weltpolitische Lage gesprochen wurde, lässt sich nur vermuten. Der Patriziersohn und Autor der *Betrachtungen eines Unpolitischen* und die erfolgreiche Neu-Amerikanerin aus Wien dürften ganz ähnliche Ansichten vertreten haben. Sie waren beide Erfolgsschriftsteller und pflegten einen großbürgerlichen Lebensstil, kämpften gegen den Faschismus und teilten die republikanische Einstellung. In Anwesenheit des politisch klugen und überaus engagierten Klaus Mann wäre sicherlich eine tiefgreifende Debatte entstanden, in der auch die Gründe für die Machtergreifung der antibürgerlichen Nationalsozialisten eine Rolle gespielt hätten. Doch Thomas und Klaus Mann waren nie gemeinsam Gäste von Vicki Baum. Und so ist nur überliefert, dass Mann und Baum gepflegt über das kalifornische Klima plauderten.[24]

Das Jahr 1938 endete für Vicki Baum kommerziell sehr erfolgreich. Nach einer kurzen heftigen Schreibphase im Sommer schloss sie im September *Shanghai '37* (*Hotel Shanghai*) als Fortsetzungsroman für *Cosmopolitan* ab. Allein der Zeitschriftenabdruck brachte ihr 15.000 Dollar ein. Da sie seit 1936 keinen Studiovertrag mehr besaß und Geld verdienen musste, setzte sie im Herbst ihre erfolgreiche Vortragstour durch Chicago, Philadelphia, Baltimore und andere östliche Metropolen fort. Wie schon im Vorjahr wählte sie New York als Basis und ließ von dort aus ihre Agentur in London sondieren, ob nicht auch in England Interesse an ihren Vorträgen bestünde. Aber vor allem wohl die Sorge um ihren ältesten Sohn zog sie nach London. Wolfgang litt an einem entzündlichen chronischen Darmgeschwür, Folge einer Amöbenruhr, die er sich vermutlich bei einer Mexikoreise 1935 oder bei einer Tour durch die USA im Sommer 1936 zugezogen hatte, als er dem Fotografen Younosuke Natori assistiert hatte. Die amerikanischen Ärzte hatten bereits dringend zu einer Operation geraten. Doch Vicki wollte die Diagnose erst von einem Londoner Spezialisten überprüfen lassen. Sie war entschlossen, Wolfgang möglichst schonend – und vor allem unter ihrer eigenen Aufsicht – behandeln zu lassen. »Wenn einem ein Kind so krank wird, da spürt man die Nabelschnur sehr schmerzhaft, und alles andere wird nebensächlich«, gestand sie Peter van Anrooy brieflich.[25] Als ihre Londoner Agentur kabelte, dass man sie gern in England empfinge, arrangierte Vicki sofort alles für die Reise. Wolfgangs Bedenken, sie trage vielleicht »einen Dolch unterm Mantel« und wolle ihn nur nach London locken, um ihn dort operieren zu lassen, konnte Vicki erfolgreich zerstreuen. »Wenn eine Operation deine Gedärme beruhigen würde, hätte ich sie schon lange machen lassen. Aber da es nur eine Frage der Geduld ist, dich wieder in Form zu bringen, können wir genauso gut etwas Spaß haben, während wir auf deine Genesung warten.«[26]

Am 14. März 1939 reiste sie auf der Île de France nach Southampton. Wolfgang, der sich zu der Zeit zum Skifahren in Sun Valley, Idaho, aufhielt, sollte ihr im April folgen. Ein paar Wochen zuvor hatte Vicki ihm ahnungsvoll geschrieben, sie wolle sich den »alten Kontinent noch einmal ansehen, solange er noch intakt ist«.[27] Jetzt wiesen die Zeichen tatsächlich auf Krieg. Am 15. März besetzte Hitler die Tschechoslowakei, erklärte das Land zum Protektorat und ließ so die ganze Welt wissen, dass die nationalsozialistische Außenpolitik auf Expansion ausgerichtet war. Die britische Regierung reagierte prompt. Am 17. März kündigte Premier Chamberlain eine Korrektur seiner Beschwichtigungspolitik an und gab ein Garantieversprechen für Polen ab, dem sich Frankreich anschloss.

Vicki war zwar neugierig, »wie sich Europa während einer Krise anfühlt«, unvorsichtig war sie aber nicht. Wenn »irgendwas losgehen sollte, dann wird immer dafür gesorgt sein, dass ›wir Amerikaner‹ in Ruhe heimgeschafft werden«, beruhigte sie Richard, als sie in England ankam.[28] Sie hatte immer schon einen ausgeprägten Instinkt, eine Art Radar für Gefahr besessen. Ein politisch denkender und handelnder Mensch war sie jedoch nicht, auch wenn sie sich in unruhigen Zeiten wie diesen häufiger über Politik äußerte. Vicki Baum stand immer den US-Demokraten nahe, aber sie war zu bindungskritisch und zu individualistisch, als dass sie sich jemals einem Parteiprogramm verpflichtet hätte. Obwohl sie Roosevelt bewunderte und unterstützte, erboste sie der Isolationismus der amerikanischen Regierung.[29] Ab 1939 wurden immer weniger Exilanten aus Deutschland in die USA gelassen, bald durfte nur noch einreisen, wer eine Anstellung vorzuweisen hatte. In Anspielung auf die Hardliner im US-Außenministerium äußerte Vicki im August 1943, auf dem Höhepunkt der »Politik der kalten Schulter«, gereizt gegenüber ihrem Lektor: »Wir kommen unter der Aegide des State Department und der Industry langsam in einen Faschismus und Antisemitismus hinein, gegen den die Nazis kleine Kinder sind«, und kündigte – wohl ohne es wirklich ernst zu meinen – ihre baldige Auswanderung an: »Bin schon neugierig, wohin wir gehen werden, wenn dieses unerträgliche Nachkriegs-Amerika sich entwickelt haben wird.«[30]

Wenn sich Vicki Baum, wie hier, zu politischen Fragen äußerte, schwankte ihre Beurteilung je nach Stimmungslage zwischen pauschaler Anklage und Sympathie und blieb dennoch erstaunlich vage und undifferenziert. Für einen politisch denkenden und urteilenden und an der Politik leidenden Menschen wie Klaus Mann musste das erstaunlich simplifizierend und naiv klingen. Vier Tage vor dem Hitler-Stalin-Pakt, der Hitler freie Hand für den Angriff auf Polen geben sollte, war Klaus Mann am 19. August 1939 auf einer Party bei Fritz Lang eingeladen, bei der auch Vicki Baum zugegen war. Am nächsten Tag schrieb er in sein Tagebuch: »Politische Spannung hält quälend an. Es scheint keine Lösung außer der Katastrophe zu geben (...). Gestern abend, Party bei Fritz Lang, mit viel Champagner. Angeregte Unterhaltung; teilweise sehr hitzig laut. Über das Problem, ob man jemals nach Deutschland zurückkehren wolle ... Muss die ›Werte der deutschen Kultur‹ gegen Lang ... verteidigen – von Nürnberg sekundiert. Peinlichkeit solcher Debatten zwischen Menschen ungleichen Niveaus. Langs Derbheit; Vicki Baums naive Intelligenz (ihr Gatte, Lehrt, scheint sehr blöd) – Fritzi Massary mit der Stimme à la alte, leicht geborstene Violine.«[31]

Vickis forsche Naivität, ihre egozentrische Betrachtungsweise und ihre Neigung, die Meinung je nach Stimmungslage zu verändern, trat nun auch in ihrer Einschätzung der aktuellen politischen Lage in England zutage. In London nahm sie »nichts von der amerikanischen Aufregung« wahr. »Man glaubt allgemein nicht an einen Krieg, da Hitler sich, wenn er halbwegs bei Verstand ist, nicht trauen kann, gegen Frankreich, England, Amerika und Russland loszugehen«, schrieb sie Richard. »Ich bleibe natürlich mit dem Konsulat in Berührung, aber es sieht sehr nach baldiger Beruhigung aus.«[32] Zwei Wochen später – sie befand sich nun schon in Frankreich – beurteilte sie die Situation völlig anders: In Paris sehe man klar, dass der Krieg unvermeidlich sei, schrieb sie nach Hause. »Die Franzosen sind die Einzigen, die erwachsen genug sind, um die Lage mit Ruhe und Anstand zu akzeptieren und dabei weiterzuleben. Ein enormer Unterschied gegen die Engländer, die so völlig den Kopf verloren haben.«[33] Wieder ein paar Tage später: »Die Franzosen haben eine unvergleichlich anständigere Haltung als die Engländer, ihnen ist das alles so ekelhaft, dass sie gar nicht davon reden. Wenn gekämpft und gestorben werden muss, na schön. Vorläufig wird gelebt, wie immer, und man diskutiert nicht die Juden und die Emigranten und Hitler, sondern l'amour, la vie et l'art. Das liegt mir auch viel besser …«[34] Fazit: 1939 erlebte Vicki Baum als Amerikanerin ein Paris, das Berlin ignorierte, als hätte die Waffentechnik seit 1918 keine Fortschritte gemacht und als wäre der Irrsinn der deutschen Außenpolitik nicht längst offenkundig.

In den drei Wochen, die sie allein in London verbrachte, versuchte sie zunächst einmal die »absolute Freudlosigkeit dieser kleinen Insel« zu überwinden. Bei ihrem ersten Bummel durch die Stadt fand sie das nasskalte Wetter »grässlich«, die Engländer

»muffig« und die »Weiber grässlich angezogen«. In einem Brief an Peter machte sie boshafte Bemerkungen über die riesenhaften Engländerinnen, deren »große Füße« sowie deren Vorliebe für »drei Lagen wollene Pumphosen«.[35] Doch mit Hilfe altbewährter Mittel – schreiben und alte Freunde treffen – akklimatisierte sie sich schnell. Die Tatsache, jeden Tag für ihre Reisespesen zu arbeiten, versetzte sie in ein anhaltendes Hochgefühl. »Ich bin fleißig wie ein Bienchen, nach dem europäischen Prinzip, dass kleines Vieh auch Mist gibt. Sowie man mir drei Guineas – fünfzehn Dollar – verspricht, laufe ich schnell hin und gebe eine Rede, eine Adresse, ein greeting oder sonst was, schreibe stories, Artikel und Artikelchen, fahre Bus und dritter Klasse, mit einem Wort, es ist alles wieder ganz klein und europäisch.«[36] Wenn sie nicht unterwegs war, zog sie sich allabendlich in ihr bescheidenes Hotelzimmer zurück und schrieb binnen elf Tagen eine Magazingeschichte, die sie später zu dem Opernroman *Die große Pause* ausgestalten sollte, und arbeitete an einem Auftrag für die Filmfirma *Republic*. Ferner rührte sie im Hörfunk der BBC die Werbetrommel für *Hotel Shanghai*, das gerade in England erschienen war, und trat in der BBC-Fernsehshow »Picture Page« auf. Nachmittags traf sie sich mit ihrem Verleger Geoffrey Bles oder mit zwei Freundinnen der alten »Ullstein-Gang«, Margaret Goldsmith und der inzwischen nach London emigrierten Grete Fischer, oder mit ihrem Hollywood-Nachbarn Berthold Viertel. Eines Tages meldete sich auch ihr jetzt in London lebender Wiener Schriftstellerkollege Stefan Zweig, »der hier sehr einsam lebt und mich sehen will«.[37]

Von London aus fuhr sie mit dem Zug zu Vorträgen nach Liverpool und Manchester und stellte erfreut fest, dass ihr Vortrag »*Why-be-afraid*« in England genauso gut – vielleicht sogar besser – als zu Hause in den USA ankam. »Die Leute scheinen mich zu mögen«, schrieb sie Richard. »Jeder Lacher kommt prompt, und hinterher ist der Applaus sogar noch stärker als in Amerika.«[38] Sie erwog, eine Einladung der dänischen Zeitung *Politikken* nach

Kopenhagen anzunehmen, entschied sich aber dagegen, nachdem sie bei dem befreundeten Polarforscher und Autor Peter Freuchen in Kopenhagen Erkundigungen eingezogen hatte. Die Nazis seien in Dänemark so stark, erklärte sie Richard daraufhin, »dass ich fürchten musste, irgendwo anzuecken oder in Trouble zu kommen. Man sieht erst hier herüben, wie sehr man sich gewöhnt hat, das Maul aufzumachen.«[39]

An eine Reise nach Wien, Berlin, Darmstadt, gar nach Novi Sad war unter den gegenwärtigen Umständen natürlich nicht zu denken. Und so gab sie Richard mit jener Mischung aus unerbittlicher Härte und Mitleid, die ihr Verhalten gegenüber Hermann Baum bestimmte, von London aus Anweisungen, was zu tun sei, wenn ihr Vater ihr nach Los Angeles schreiben sollte:

»Ich möchte nicht, dass mein Vater erfährt, dass ich in Europa bin, denn ich will und kann ihn ja doch nicht besuchen, und er würde es gewiss nicht begreifen. Kannst du mir also die Liebe tun und, falls ein Brief von ihm ankommt, ihn lesen und beantworten? Respektive ihm schreiben, dass ich noch auf Tour bin und keine Post nachgeschickt kriege und dass, zur Abwechslung, du oder die Buben, ihm einmal schreiben? Er wird sich gewiss darüber freuen, einmal von euch zu hören. Lass Peter ihm erzählen, dass er in die Handelsschule geht und was er dort lernt oder ähnliches Zeug. Ich werde auch einen Brief verfassen und dir schicken zur Weiterbeförderung aus Amerika. Die armen Teufel in Yugoslavia haben sicher große Angst jetzt, und ich kann ihnen auch nicht helfen. Also bitte übernimm du for the time being diese Correspondence.«[40]

~~~

In der Karwoche 1939 traf Vicki in Paris Sidonie-Gabrielle Colette. Die Grande Dame der französischen Literatur hatte 1934 für Marc Allégrets Verfilmung von *Hell in Frauensee*, *Le Lac Aux*

Dames, die französischen Dialoge geschrieben. Vicki hatte die Schriftstellerin persönlich immer bewundert und deren Fähigkeit, sensible Porträts von Frauen mittleren Alters zu zeichnen, die zwischen Selbstverwirklichung und leidenschaftlicher Liebe zu jüngeren Männern wählen mussten, in verschiedenen Rezensionen gepriesen. »Das Nachkriegs-Paris ist da, man sieht, hört, fühlt und riecht es, wie eben diese äußerste sinnliche Erfassbarkeit den stärksten Reiz von Colettes Büchern ausmacht ... Ein Mann erschießt sich, weil eine Frau alt geworden ist ... Was für eine Tragödie es ist, zu altern, darüber wollen wir – Frauen unter uns – nun einmal ganz still sein«, hatte Baum 1927 als Rezensentin in *Die Dame* über »die fleißige Colette« und deren Roman *Chéris Ende* geschrieben.[41] Doch nach dem Treffen war bei ihr von Bewunderung, Solidarität, Seelenverwandtschaft gar nicht mehr viel zu bemerken, eher eine nur durch Ironie abgemilderte Eifersucht. Baum bezeichnete ihre nur vierzehn Jahre ältere – und in den Augen ihrer Bewunderer noch äußerst vitale – Kollegin in einem Brief an Richard als »urspaßige alte Frau« und fügte hinzu: »Sie sagt, sie hat jedes meiner Bücher mehrmals gelesen, ah, quelle romancière – und Paris hat freundlich zugehört bei diesen Komplimenten.«[42] In der Literatur suchte Vicki Baum stets die Balance, im wahren Leben versuchte sie nicht einmal, gerecht zu sein, jedenfalls nicht im privaten Kreis. Die dahingeworfene Bemerkung über Colette zeigt noch etwas – wie wenig sie, die doch bei anderen Täuschungen und Selbsttäuschungen so gut erkannte, manchmal von ihrer eigenen Eitelkeit absehen konnte.

Am nächsten Tag traf Wolfgang in Paris ein, und für Mutter und Sohn begann eine sehr glückliche Zeit. Mit zweiundzwanzig hatte er gerade das College beendet und war bereit, die Welt zu erobern. Für seine Mutter schien er mehr zu sein als ein Sohn – nämlich ein gleichfühlender Wunschpartner. Vicki ließ sich in Gesprächen gern von Wolfgang anregen. Sie diskutierte mit ihm über ihre Romanprojekte, »tratschte« über die *Hollywood crowd*, schätzte ihn als Tanzpartner und Reisegefährten. Vicki, der Wolfgang nach seiner Galsworthy-Lektüre mit zwölf den Namen »Mum« verpasst hatte, revanchierte sich später dafür, indem sie ihn liebevoll selbstironisch »meinen lieben sprießenden Ödipus-Komplex« nannte. Es war ein typisch Baum'scher Kosename, ebenso entlarvend wie verhüllend.[43] Wolfgang hatte niemals Probleme damit zuzugeben, dass Vicki tatsächlich eine »Über-Mutter« für ihn war, und für Vicki war es kein Problem, dies auch beim Namen zu nennen. Beide waren humorvoll genug, spielerisch mit den verschiedenen Rollenzuweisungen umzugehen. Vicki hatte nicht aufgehört, sich Sorgen um Wolfgang zu machen. Sie versuche, vertraute sie Peter van Anrooy an, Wolfgang, so gut es geht, über seine schwere Krankheit hinwegzuhelfen. Sie wollte ihn dabei unterstützen, sein Leben umzustellen und ihm andere Freuden und Interessen vermitteln als das Skifahren, das bisher Wolfgangs größte Leidenschaft war. Vicki tat das auf ihre Weise. »Lass uns die grundlegende Traurigkeit des Lebens vergessen und einen Tango tanzen!«, hatte sie ihren Sohn aus London ermuntert.[44] Vicki überredete ihn in Paris sogar ernsthaft dazu, ein Bordell zu besuchen. Doch Wolfgang nahm schon an der Tür Reißaus, schrieb Vicki später an Richard. Er sei eben ganz wie sein Vater, befand sie und versuchte, Wolfgang auf andere Art aufzumuntern.[45] In puncto Sex vertrat sie eine sehr »liberale« mechanistische Einstellung, die nicht eben ein Produkt wirklicher Emanzipation war. Für Männer bedeute »Liebe«, sich fortwährend davon zu überzeugen, »dass sie noch kräftige und zuverlässig arbeitende Maschinen sind«, sagt Marion im Roman, und das entsprach ziemlich genau Vicki Baums Vorstellung von Sexualität.[46] Sie ihrerseits hatte immer das Tanzen bevorzugt, wofür sich auch Wolfgang begeisterte. Vicki liebte südamerikanische Rhythmen und Gesellschaftstänze wie Conga und Rumba, und da sie Richard partout nicht zum Tanzen überreden konnte, suchte sie sich ihre Begleitung woanders – in New York zog sie Ende der 30er

Jahre mit einer »Tanzgang« umher, die vorwiegend aus jungen Südamerikanern bestand, oder sie tingelte mit Wolfgang durch einschlägige Clubs. In Paris besuchten beide die Tanzpaläste am Boulevard Montparnasse. Im La Coupole tanzten sie zu den Klängen eines argentinischen Orchesters Walzer, Tango und Paso Doble, im Le Dôme jazzten sie zur Musik einer amerikanischen Jazz-Band.[47]

Während sie sich gewöhnlich sehr schnell mit Menschen langweilte, konnte Vicki mit ihrem Ältesten »den ganzen köstlichen Spaß teilen, den wir Leben nennen«.[48] Wolfgang habe offene Augen und genieße mit viel Verstand, meldete sie umgehend an Richard, und indem sie ihn über jedes Detail ihres Zusammenseins informierte, schien sich ihr Stolz auf Wolfgang noch zu erhöhen.[49] Mit seinem sportlichen Körperbau, den blonden Haaren und den schalkhaften Augen sah er wie eine jüngere Ausgabe seines Vaters aus. Weil er aber Vickis Temperament geerbt hatte, war er für sie ein mehr als adäquater Ersatz für den daheimgebliebenen Richard. In Paris fühle sie sich »wie auf Hochzeitsreise«, jubelte Vicki in einem Brief an ihren Mann, »was wir versäumt haben, wird nun mit Kindern und Kindeskindern nachgeholt«, und bedankte sich bei Richard dafür, »dass du mir so einen netten Jungen gemacht hast. Es war harte Arbeit, soweit ich mich erinnere, aber es hat sich gelohnt.«[50]

Diese ironische Bemerkung ließ ähnlich tief blicken wie Vickis Zeilen zu Wolfgangs 22. Geburtstag. Damals hatte sie ihm gewünscht, »dass du bald erwachsen wirst, ohne deinen kindlich vertrauenden Charme zu verlieren«.[51] Diese ambivalente Handlungsanweisung offenbart nicht nur Vicki Baums Hang zur Selbstverliebtheit, der mit den Jahren stärker geworden war, er zeigt auch, dass sie in ihrem erwachsenen Sohn eine Erweiterung ihrer Persönlichkeit – den heilen »kindlich vertrauenden« Teils ihrer selbst sah, den sie vor langer Zeit verloren hatte. In Wolfgang schien sie diesen Teil wiederzuerkennen, konnte ihn annehmen und lieben. Ihr paradoxer Wunsch ist zweifellos auch ein Ausdruck ihrer eigenen Machtgelüste, wobei sie sich ihrer inneren Impulse durchaus bewusst war und versuchte, dagegen anzugehen.

Vicki war der Familienvorstand und der treibende Motor bei allen praktischen Lebensentscheidungen, bei der »Sache ..., die LEBEN heißt«, wie sie es Richard gegenüber nannte.[52] Im Alltag kaufte sie ein, führte den Haushalt und den Garten, organisierte Handwerker-Einsätze. Sie kümmerte sich um die Steuern und hielt dem immer etwas zerstreuten Richard den Rücken für seine Musik frei. Wenn innerhalb der Familie eine Entscheidung anstand, pflegte sie Richard in der Regel das Für und Wider genau auseinanderzusetzen. Dann entschieden entweder Richard oder beide gemeinsam. Meistens dürfte das Ergebnis in Vickis Sinne ausgefallen sein. Auch bei Wolfgangs Krankheit überließ sie nichts dem Zufall. Sie informierte sich bis ins kleinste Detail, suchte und konsultierte seine Ärzte, besprach sich mit Freunden und setzte dann ihren Mann ins Bild. Letztendlich fügte sich auch Wolfgang seiner »Mum«.

Alle in der Familie nahmen Vickis Eigenheiten, ihr Dominanzgebaren und ihren Hang zur Selbstverliebtheit mit Humor und zogen sie damit auf, unterwarfen sich ihr dann aber letztlich gern. Auch Vicki selbst schien sich ihrer eigenen »Schwächen« – die im Geschäftsleben ihre Stärken waren – durchaus bewusst zu sein und versuchte sie oft mit Selbstironie abzumildern. Aber im Kern blieb sie hart. Nachdem zum Beispiel Wolfgang vor der Reise den Wunsch geäußert hatte, er wolle seinen Aufenthalt in Sun Valley verlängern, um an einem Skirennen teilzunehmen, ließ Vicki ihm seinen Willen – aber nicht, bevor sie ihren eigenen artikuliert hatte: »Ich hasse den Gedanken, dass du an einer solchen Veranstaltung teilnimmst. Zu viel Anstrengung tut dir nicht gut. Aber es ist dein Begräbnis, und du bist alt genug, selbst zu wissen, was du tust.«[53]

Am Ostersonntag 1939 fuhren Mutter und Sohn in einem gemieteten Wagen nach Chartres, 100 Kilometer südwestlich von Paris, und besichtigten die weltberühmte mittelalterliche Kathedrale, von deren Besuch sich Pilger traditionell Segen, Hoffnung und Linderung der Mühsal des Lebens versprechen. Vielleicht verband auch Vicki Baum entsprechende Hoffnungen mit diese Reise. Jedenfalls konnte sie sich, schrieb sie Richard, nichts »Schöneres« vorstellen, als den bedeutungsvollen Ort am Ostersonntag zu besuchen. Von Chartres aus fuhren sie am nächsten Tag weiter landeinwärts und erkundeten das Landleben. In Vickis Schilderung dieser Erlebnisse klingt eine kindliche Freude an der Natur an, die sich aber bald zu einer generellen Beschreibung der Ausgewanderten-Situation steigert: »So was von Frühling, so ein ganz unberührtes Dorf, Weißdornhecken, gepflügte Felder, alte Kirche, wie so was riecht und aussieht, das ist doch ganz was anderes. Ja, ich bin halt ein richtiger Emigrant. In Amerika sagt man: Ja, aber wir in Europa. Und in Europa sagt man: Ja, aber wir in Amerika. Man müsste abwechseln können, um halbwegs zu Hause zu sein.«[54]

Aus den geplanten elf Tagen Frankreich wurden einundzwanzig. Vicki wollte Wolfgang unbedingt noch die Gärten und das Schloss von Versailles zeigen und machte dann noch schnell allein einen Abstecher nach Brüssel und Amsterdam, bevor sie gemeinsam nach London zurückfuhren. Dort hatte Vicki zuvor schon ein bescheidenes Zweizimmerapartment am Regent's Park in praktischer Nähe zu Wolfgangs Arzt angemietet. Bald nahm sie ihre Vortragsreise wieder auf, und Wolfgang begann mit seiner vierwöchigen Sulfalinamid-Kur, der damals modernsten Behandlung gegen bakterielle Erkrankungen.

Am 8. Juni 1939 traf Vicki nach insgesamt zehn Wochen in Europa mit Wolfgang an Bord des Schnelldampfers »Washington« in New York ein. Die Stadt war nicht mehr dieselbe, die sie Mitte März verlassen hatte. Ernst Toller hatte sich am 22. Mai in seinem Hotelzimmer im New Yorker Hotel Mayflower erhängt. Private und berufliche Enttäuschungen und der Sieg der Faschisten in Spanien hatten Toller in eine finale Depression gestürzt. Wann und wie Vicki die Nachricht vom

Freitod ihres Freundes erreichte, ist nicht überliefert, wohl aber ihre Haltung zum Suizid. Obwohl sie aller Religion aufklärerisch-kritisch gegenüberstand, empfand sie den Selbstmord in ihrem höchst individuellen Vitalismus als unmoralisch, als Pflichtverletzung. Im Sommer 1948, nachdem Klaus Mann zwei Suizidversuche unternommen hatte, zeigte sie gleichwohl Mitgefühl. Ihre ebenso aufmunternden wie vernünftigen Zeilen lassen erkennen, was auch ihre intensive Darstellung der Elis in ihrem Roman *Der Eingang zur Bühne* nahelegt – dass ihr selbst der Gedanke an Selbstmord nicht fremd war: »Ich glaube, was Ihnen passiert ist, das ist so unvermeidlich wie ein Schnupfen«, schrieb sie Mann. »Jeder von uns, der empfindliche Nerven hat und bisschen nachdenkt, kommt wohl einmal zu der fatalen Ecke, und schön ist das nicht, weder vorher noch nachher. Aber glauben Sie mir, es ist gesund, so wie hohes Fieber letzten Endes gesund ist, wenn irgendwelche hässlichen Bakterien in einem rumoren. Es ist die notwendige Crisis und Katharsis, und in ein paar Wochen sieht alles neu und glatt und eigentlich doch recht lebenswert aus. Das klingt wie die Sorte von Binsenwahrheiten, die alte Damen gern ausstreuen, aber es ist doch bisschen mehr. Ich kann bloß, wie das Plakat, sagen: ask the man who had one –.«[55] Weder einem Ernst Toller noch einem Klaus Mann konnten diese Zeilen helfen, aber aus Vicki Baums Perspektive gab es wohl nichts Ehrlicheres zum Thema zu sagen.

In New York wartete unaufschiebbare Arbeit auf Vicki. Die Vorbereitungen für die Produktion ihres neuen Theaterstückes *Saturday Night* beziehungsweise *Summer Night*, wie es später heißen sollte, liefen bereits auf Hochtouren. Lee Strasberg, der Gründer des Group Theatres und Spezialist für Ensemblestücke, inszenierte das in einem Vergnügungspark spielende Schauspiel über einen Tanzmarathon am Broadway. Als es dann im Oktober 1939 so weit war und Vicki zu den letzten Premierevorbereitungen aus Los Angeles anreiste, befand sich Zentraleuropa im Krieg. Wie-

der bezog die Pragmatikerin Vicki Baum die politischen Veränderungen zunächst ausschließlich auf ihre persönliche Situation.
Mit einem spektakulären Stück könne man im Augenblick am
Broadway viel Geld verdienen, da die Amerikaner ihr Geld nun
nicht mehr in Europa oder auf Kreuzfahrten ausgeben könnten,
glaubte sie. Wie beim Film schien es ihr beim Theater die größten Schwierigkeiten zu bereiten, die Kontrolle über »ihr« Projekt
an andere Menschen abzugeben, die ihren hohen Ansprüchen
vielleicht nicht genügten. Nach *A Divine Drudge,* John Goldens Adaption von *Zwischenfall in Lohwinckel,* das 1933 nach enttäuschend
wenigen Vorstellungen eingestellt worden war, konnte sie sich einen zweiten Misserfolg am Broadway nicht erlauben. Daher zit-
terte sie vor der Premiere. Kurz vor dem großen Tag versuchte
sie, sich nach bewährter Manier gegen einen Misserfolg zu wapp-
nen, und übte sich Wolfgang gegenüber in Galgenhumor. »Je näher die erste Vorstellung rückt, desto verdammt kühler werde ich
wegen dieser ganzen Sache«, schrieb sie ihm nach Los Angeles.[56]
Eine Arbeit, die mit Herzblut verfasst war, war dieses Drama sicherlich nicht, obwohl es bereits kritische Töne gegen die USA
anschlug.

Summer Night wurde ein Reinfall. Brooks Atkinson schrieb in
der *New York Times:* »Vicki Baum, deren *Grand Hotel* eine der Wun-
dertaten des Jahres 1930 war, und Drehbuchautor Benjamin Glazer haben Robert Edmond Jones' sensationellem Bühnenbild eine
dünne Story übergestülpt, ein voll ausgestattetes Regiment aus-
gebildeter Schauspieler marschiert zielgenau durch die offenen
Räume. Aber die Autoren haben ihnen nichts als ein paar Fähnchen mit abgedroschenem Melodrama an die Hand gegeben, und
›Summer Night‹ ist kaum greifbarer als ein Hirngespinst, das
einem Groschenroman entsteigt.«[57] Nach diesem vernichtenden
Urteil war es mit Vicki Baums innerer Ruhe nicht mehr weit her.
»In den letzten vier Wochen bin ich durch die Hölle gegangen«,
schäumte sie am Tag nach der Premiere in einem Brief an ihren neuen Hollywoodagenten Paul Kohner. *Summer Night* sei be-

stimmt kein Meisterwerk, aber gewiss viel besser als so mancher Broadway-Hit. Dann holte sie zum Rundumschlag gegen ihren Co-Autor Benjamin Glazer, den Regisseur und die Schauspieler aus. »Mir war klar, dass ich jemanden mit Erfahrung brauchen würde, der Gags und Witze schreiben kann, einen Regisseur, welcher der Sache Leben einhaucht, und Schauspieler, die das Interesse des Publikums halten können. Nichts von alldem habe ich bekommen.«[58] Strasberg sei zwar ein guter Regisseur, aber er habe den beschwingten Ton ihrer Vorlage überhaupt nicht getroffen und eine Art düsteres »Nachtasyl« daraus gemacht. »Jetzt habe ich einen totalen Flop am Hals«, klagte Vicki.[59]

Summer Night erlebte nur vier Vorstellungen. Es war das Ende einer Karriere. Vicki Baum, die gefeierte Autorin von *Grand Hotel*, sollte am Broadway nie wieder Fuß fassen. Sieben Jahre nach diesem »Broadway-Desaster« erklärte sie der *New York Times* freimütig: »Ich habe mich damit abgefunden, dass entweder der Broadway zu hoch für mich ist oder dass ich zu zart besaitet für den Broadway bin. Ich bin und bleibe eine einfache Geschichtenerzählerin.«[60] Doch ihre sicherlich berechtigte Befürchtung, ihr Marktwert in Hollywood könne unter dem Misserfolg am Broadway leiden, bestätigte sich nicht. Obwohl sie angeschlagen war, versuchte Vicki, in Hollywood den Eindruck gar nicht erst aufkommen zu lassen, dass ihre Zeit vorbei sein könnte – wie Brooks Atkinsons vernichtende Kritik es nahelegte. Schon am Tag nach ihrer Rückkehr nach Los Angeles fuhr sie in die Stadt, um mit dem einflussreichen MGM-Produzenten Bernie Hyman zu Mittag zu essen. Sie muss ihre Rolle als »berühmte Autorin« (wie sie es selbstironisch nannte) sehr gut gespielt haben, denn sie konnte Hyman im persönlichen Gespräch davon überzeugen, die Filmrechte an ihrem noch unveröffentlichten Roman *Die große Pause* zu erwerben, wieder ein Gruppenroman à la *Grand Hotel*, der diesmal im Opernmilieu angesiedelt war.

Das Gespenst des Misserfolgs war vorerst verscheucht. Wie so oft, schienen Niederlagen und widrige Umstände, wie Wolfgangs

Krankheit und der Beginn des Krieges, Vicki Baum eher zu beflügeln als niederzudrücken. Auch wenn sie Paul Kohner gegenüber stöhnte, dass »viel zu viele Leute von mir abhängen«[61], empfand sie die Tatsache, für Freunde und Familie zu sorgen, wohl eher als sportlichen Antrieb denn als existenzielle Bürde.

Was ihre Kreativität anging, so schien sie der Krieg jedenfalls zu inspirieren. Vicki Baum predigte erfolgreich Optimismus und wurde gehört. Von 1939 bis 1945 verkaufte sie unzählige Magazingeschichten, lieferte als freie Autorin zahlreiche Filmideen, einige Original-Filmstorys und war an einem Drehbuch auch wieder direkt beteiligt[62].

Seit 1940 schrieb sie jedes Jahr mindestens einen Roman, manchmal zwei. Manche waren von einer Art, »wie sie Vicki Baum sogar noch schreiben kann, wenn man ihr eine Hand hinter dem Rücken festbindet« (*Times*, London)[63], andere, wie *The Weeping Wood* (*Cahuchu*), von außerordentlicher Qualität. Weil es der Markt verlangte, wurde Vicki Baum »politischer«, ihre Geschichten und Romane spielten jetzt oft vor dem Hintergrund des Krieges oder eines anderen von Menschen geschaffenen Unrechts.

In den nächsten fünf Jahren ihres Lebens wechselten Phasen fieberhafter Kreativität mit kurzen Perioden des Rückzugs, der Erholung und des Alleinseins. Zugleich versuchte Vicki Baum ihr anstrengendes, wiewohl auch anregendes Berufsleben mit ihrer Rolle als Hausfrau und Mutter zu vereinbaren. Im November 1941 zog sie vorübergehend nach New York. Dort, war Vicki überzeugt, konnte Wolfgang, der einen neuerlichen Krankheitsschub erlitten hatte, besser behandelt werden als in Los Angeles. Wolfgang hatte seinen Lebensmittelpunkt ohnehin nach Manhattan verlegen wollen, da er New York genauso liebte wie seine Mutter. Vicki half ihm nun dabei, ein Apartment an der Eastside in der Nähe des Central Park hoch über den Dächern von New York zu finden. Für sich selbst mietete sie in der Nähe ein Zweizimmerapartment mit Küche und Bad an. Während Wolfgang sich einer neuen Kurbehandlung unterzog, betreute sie ihn. Ihre Recherchen für ihren neuen Roman, der die Geschichte des Kautschuks erzählen sollte, ruhten derweil. Doch sie arbeitete weiter an den Korrekturen für ihren Roman *Marion*, der Anfang 1942 erscheinen sollte. Im Dezember ging es dem Patienten schon wesentlich besser, und Vicki versuchte, für Wolfgang einen Job zu finden. »Kochen, Putzen, Schreiben, Denken, Stellungsuchen und Krankenschwester-Spielen füllt mich bis zum Rand aus«, meldete sie ihrer Freundin Gina Kaus nach L. A.[64] Mit eher häuslichen Tätigkeiten war Vicki auch an jenem schicksalhaften 7. Dezember 1941 beschäftigt, als japanische Flugzeuge ohne Vorwarnung den amerikanischen Flottenstützpunkt Pearl Harbor auf Hawaii bombardierten. Einen Tag später traten die USA in den Zweiten Weltkrieg ein.

Während sich Los Angeles wegen seiner Nähe zu Pearl Harbor sogleich auf einen japanischen Bombenangriff oder eine Invasion vorbereitete und Richard als einer von 12.000 Freiwilligen als Luftschutzwart aktiv wurde, ging das Leben in New York seinen gewohnten Gang. Es gab zwar häufig Probealarm, aber niemand kümmerte sich darum. Vicki war in dieser Zeit nur Mutter, Hausfrau und Krankenschwester. Sie kaufte jeden Morgen auf dem Markt frisches Obst und Gemüse ein und kochte anschließend in Wolfgangs Apartment Schonkost für den Rekonvaleszenten. »Sie schuftet wie eine Sklavin in der heißen kleinen Küche, nur gelegentlich entfährt ihr ein Stöhnen oder Murren«, meldete Wolfgang an Richard.[65] Auch an den Abenden leistete Vicki ihrem Sohn Gesellschaft. Sie spielten Hop-Ching oder Schach (meistens gewann Wolfgang) oder besuchten Freunde und Verwandte in der Nachbarschaft. Oft gingen sie hinüber zu Vickis entfernter Cousine Elsie Jellinek, die in ihrer geräumigen Wohnung nahe dem Russian Tea Room am Central Park einen Salon für alleinstehende Emigranten führte. Mindestens einmal in der Woche spielte bei Elsie eine kubanische Band auf, und dann wurde einfach nur getanzt, oder ein farbiger Gospelsänger aus Harlem gab Heurigengesänge zum Besten.

Für Vicki und Wolfgang war es eine »wunderbare« Zeit des Zusammenseins. Am Weihnachtsabend 1941 besuchten sie gemeinsam Curt Riess und seine blonde amerikanische Frau Ingrid. Vicki trug an diesem Abend eine Orchideenblüte im Haar, erinnerte sich Klaus Mann, der ebenfalls Gast war, und plauderte angeregt mit ihrem jungen Verleger Fritz Landshoff.[66] Beim Einmarsch der Nationalsozialisten im Mai 1940 in Amsterdam hatte sich Landshoff zufällig in London aufgehalten. Er war dann monatelang in England festgehalten worden, bevor er Anfang 1941 mit einem mexikanischen Visum in die Vereinigten Staaten einreisen konnte. Die gesamte deutsche Produktion des aufgelösten Querido-Verlags erschien inzwischen unter dem Signet des Bermann-Fischer-Verlags in Stockholm, auch Vicki Baums und Klaus Manns Bücher. Vicki war Querido seit 1935 treu geblieben, seit Februar 1936 ließ sie zudem alle Lizenzverkäufe ins europäische Ausland (außer Frankreich und England) über Querido laufen – ein lukratives Geschäft für den Exilverlag und ein Zeichen dafür, wie sehr sie Fritz Landshoff in Geschäftsdingen vertraute.[67]

Dieser charakterisierte Vicki Baum in seiner Autobiographie als »stets hilfsbereit und an Menschen interessiert – eine vortreffliche Freundin«[68], sicherlich nicht zuletzt deshalb, weil sich Vicki 1940/41 in einer für ihn persönlich schwierigen Situation sehr bewährt hatte. Während Landshoff nämlich in England festsaß, hatte Vicki geholfen, seine spätere Frau Rini Otte von Holland nach Amerika zu holen.[69]

Vier Wochen nach Weihnachten war Wolfgang genesen, und Vicki konnte sich wieder ganz ihren beruflichen Aufgaben widmen. Am 23. Januar 1942 erschien *Marion Alive* (dt. *Marion*). Sie sah es in Zeiten des Krieges als ihre patriotische Pflicht an, den Menschen Mut und Optimismus zu predigen – und *Marion* war eine Hymne auf das Leben im Angesicht des Todes. Mit ihrem neuen Roman traf Vicki Baum wieder einmal den Nerv der Zeit. Die USA waren gerade in den Krieg eingetreten, und sie setzte mit ihrem Buch ostentativ ein Zeichen gegen die allgemeine Niedergeschlagenheit und Verzagtheit. Ganz in der Tradition von Helene Willfüer und Doris Hart war die Titelheldin auch diesmal wieder eine starke, unabhängige Frau. Marion Sommer, eine gebürtige Wienerin, lässt sich trotz vieler Rückschläge nicht unterkriegen, weder durch einen Krieg noch durch den Tod zweier Ehemänner, noch durch die schwere Krankheit ihres geliebten Sohnes. Sie übt gleich mehrere Berufe aus, wechselt ständig die Wohnorte, sogar den Kontinent. Als sie sich in einen Amerikaner verliebt, emigriert sie in die USA, wo sie nach dessen Tod ihre beiden Söhne allein großzieht.

Das rasante Leben ihrer Heldin wirkt auch deshalb so glaubwürdig, weil es starke autobiographische Parallelen zu Vicki Baums eigener Vita aufweist. Marion Sommer macht ähnliche Erfahrungen und vertritt ähnliche Ansichten wie die Autorin. Außerdem verkörpert sie einige von Vicki Baums besten Eigenschaften – ihren bemerkenswerten Pragmatismus, ihren Mut, immer wieder von vorn anzufangen, ihre schier unerschöpfliche Energie, ihre absolute Autarkie und nicht zuletzt ihren Humor. Wie ihre Titelheldin war Baum getrieben von der Sehnsucht, privates Glück und beruflichen Erfolg zu vereinen.

Marion war jedoch kein Schlüsselroman, sondern ein raffiniertes Spiel mit Wirklichkeit und Fiktion. Vicki Baum verdichtete und poetisierte das Geschehen und die Figuren so stark, dass sich selbst ihr nahestehende Personen nicht wiedererkennen mussten, wenn sie nicht wollten. Als Richard im April andeutete, er könne das Buch nicht weiterlesen, weil er sich vor Enthüllungen fürchte, beschied Vicki ihm: »Ich freu' mich, dass dir *Marion* gefällt, aber ich kann mir gar nicht vorstellen, was du meinst mit ›Angst haben es zu lesen‹. So langweilig? So rührend? Oder was? Es ist ja schließlich und endlich – wie du in *Time* gelesen haben wirst – keine Autobiographie, also, bitte, nimm das Buch nicht zu persönlich.«[70]

Sich erst zu exponieren, um sich dann ins Ungefähre zurückzuziehen – diese Taktik wandte Baum auch gegenüber einem Reporter des erwähnten *Time Magazine* an. In einem Interview mit der Wochenzeitschrift erzählte sie zunächst ausführlich ihre eigene Vita, sodass sich die Parallelen zum Leben ihrer Romanheldin förmlich aufdrängten, um dann auf entsprechende Nachfragen keck zu erwidern, das Buch sei natürlich nicht autobiographisch. »Schon allein deshalb nicht, weil ich für meinen Teil den Vater meiner Kinder kenne.«[71] Sie spielte mit dieser Bemerkung auf ein verkaufsförderndes inhaltliches Detail des Romans an. Marion quält nämlich lange die Ungewissheit, wer der Vater ihres jüngsten Sohnes ist, ihr Mann oder ihr Liebhaber (wie sich später herausstellt, ist es ihr Liebhaber).

Trotz dieser Beteuerungen ist das Buch vor allem deshalb interessant, weil es Schlüsse auf unbewusste Motive in Baums Leben und ihrer Literatur zulässt. Sie gestaltete hier ihre vielleicht größte Angst aus – die Angst vor der existenziellen Begrenztheit, vor der Unausweichlichkeit des Todes, ein Thema, dem sie sich in ihrem allerletzten Projekt, ihrer Autobiographie, noch einmal mit großer Ausführlichkeit widmen sollte. Die Ausgangssituation des Romans mutet an wie ein böser Traum. Marion liegt verletzt in einer Gletscherspalte und wartet auf Rettung. Sie ist gefangen, kann sich nicht mehr aus eigener Kraft befreien. Doch auch in den vielleicht letzten Momenten ihres Lebens will sie die Realität des Todes nicht akzeptieren, bewahrt sich auch in dieser schier ausweglosen Situation ihren Humor und ihre Fähigkeit, sich selbst mit Distanz zu betrachten. Als ihr die Flasche mit dem kostbaren Schnaps entgleitet, wird ihr plötzlich die Absurdität ihrer Lage bewusst. Sie lacht aus vollem Halse – ein hysterisches, ein verzweifeltes, ein befreiendes Lachen. Es ist alles, was ihr noch bleibt. So lange sie lacht, trotzt sie dem Tod.

Was für Marion Sommer das Lachen ist, war für Vicki Baum das Schreiben. Mit fünfundfünfzig stand sie am Beginn ihres letzten Lebensdrittels, und es war ihr überaus bewusst, dass bald das Alter mit all seinen Beschränkungen auf sie wartete. Um ihre Angst davor zu überwinden, irgendwann nicht mehr reisen, sich nicht mehr bewegen zu können, gefangen zu sein im eigenen Körper, kannte sie zwei Mittel: den Humor und das Schreiben. Sie ließen sie überleben, seelisch wie materiell. Im Schreiben kanalisierte sie ihre Ängste und Aggressionen. So hielt sie ihre »Balance«. Das ist auch *Marion* anzusehen. Die *New York Times* nannte den Roman nicht zu Unrecht »ein ganz und gar ausgeglichenes Buch, so ausgeglichen, wie gute Unterhaltung sein sollte. Nichts ist daran langweilig, nichts vermag einem das innere Gleichgewicht zu zerstören. Wenn man die Geschichte liest, fühlt man sich in Harmonie mit sich selbst und der Autorin und fragt sich, warum die Welt tatsächlich so chaotisch ist, wie sie ist«.[72] Und weiter: »Vicki Baum ist eine der wenigen Autorinnen, die mit einem Auge auf den Markt schielen und gleichzeitig ein solides, intelligentes Buch abliefern können. Keines ihrer Bücher kann vom literarischen Standpunkt als herausragend gelten, aber alle sind außergewöhnlich unterhaltsam.«[73]

Obwohl das alles zutraf, Doubleday an einen sicheren Bestseller glaubte, die Besprechungen überwiegend positiv waren und auch der Verkauf des Buches gut anlief, war Vicki Baum nicht zufrieden. Es störte sie, dass sie noch immer als bloße »Unterhaltungsautorin« wahrgenommen wurde, was sich auch am leicht despektierlichen Unterton der *New-York-Times*-Rezension festmachen lässt. Mit ihrem nächsten Roman sollte sich das endlich ändern. Der Wunsch, »ganz von vorn anzufangen, meinen Namen zu wechseln, eine junge Schriftstellerin zu sein, die, wie ich hoffe, noch eine Entwicklung vor sich hat und eines Tages etwas Bedeutendes schreiben wird«, war noch genau so stark wie vor Jahren, und deshalb wollte sie für *The Weeping Wood* (dt. *Cahuchu. Strom der Tränen*) radikal ihren Stil verändern.[74]

Die Idee für den »diagonalen Roman« trug Vicki schon seit spätestens 1935 mit sich herum. Damals plante sie, ihn auf Pago Pago, Amerikanisch-Samoa, zu schreiben. Nun sollte ein Großteil in New York fertiggestellt werden. Als Wolfgang im Frühjahr 1942 auf Vermittlung von Curt Riess eine Stelle als Übersetzer beim US-Geheimdienst OSS (Office of Strategic Services, CIA-Vorgänger) gefunden hatte, begann Vicki mit den umfangreichen Recherchen in der Public Library. Sie arbeitete insgesamt fünfzehn Monate an *Cahuchu*, der die Geschichte des Kautschuks vom Ende des 18. Jahrhunderts bis zur Gegenwart erzählt. Für die einnehmende Mischung aus Facts und Fiction, aus Tatsachenroman und historischem Roman, die sie selbst im Vorwort eine »Hybride, ein Kreuzungsprodukt« nannte, verarbeitete Baum eine Fülle von authentischen Informationen und Dutzende von Originaltexten, Reiseberichten, Akten, Briefen, Statistiken und Formeln und wob das Material scheinbar mühelos in die Handlung ein. Es wurde eines ihrer besten Bücher.

Im Mai 1942 trat Vicki Baum zusammen mit anderen prominenten Schriftstellerinnen auf, um Kriegsanleihen zu verkaufen. Sie absolvierte solche patriotischen Auftritte, die sie selbst sarkastisch »Selbstaufopferung« nannte, mit Bravour, wie alle ihre gesellschaftlichen Verpflichtungen. »Schließlich kann man sich nicht ausschließen«, schrieb sie an Richard.[75] Sie genoss es stets auch ein Stück weit, im Mittelpunkt zu stehen, doch innerlich wahrte sie Distanz. »Es war die ekelhafteste Society-Angelegenheit, die du dir vorstellen kannst«, berichtete sie Richard hinterher. »Weiber in Uniformen, Orchideen für jede von uns, Publicity-Fotograf, mindestens hundert Dollars Spesen, dann haben wir drei Dollar und zehn Cent Wert stamps verkauft. Fuideibel!«[76]

Vicki Baum war seit 1938 Mitglied im Exil-PEN-Club und spendete für Organisationen wie den Jewish Welfare Fund und den European Film Fund, die sich für notleidende jüdische Emigranten einsetzten. Sie tat das aber offensichtlich mehr aus Verpflichtung denn aus Überzeugung. Viel lieber half sie gezielt Freunden, Bekannten und Familienangehörigen. Laut Grete Fischer finanzierte Vicki zumindest bis 1940 allein sechs jungen Menschen ein Studium[77]. Sie unterstützte Richards Bruder Ernst und seine Frau Emmy und mehrere entfernte Verwandte in New York finanziell, ebenso wie seit neuestem auch Richards Schwestern Margarethe, »Anschi«, und Josephine, »Finschi«, ihre ehemalige Harfenschülerin, die beide Ende 1938 aus Österreich in die USA geflohen waren. Für Finschi und deren Sohn Peter ließ Vicki sogar eigens auf der übergroßen Garage ihres Hauses am Amalfi Drive eine Wohnung errichten.

Persönlich und familienintern verspürte sie also eine starke moralische Verpflichtung. Wenn sie jedoch das Gefühl hatte, von irgendjemandem »eingefangen« zu werden, schreckte sie schnell zurück. Als sie im Mai 1942 Einladungen für zwei Voträge vor dem New World Club erhielt, der die wichtige deutsch-jüdische Emigrantenzeitung *Aufbau* herausgab, verspürte sie zunächst wenig Lust, sich zu engagieren. »Mir graust sehr davor, denn ich habe absolut keine Zeit, mich vorzubereiten, mein Deutsch ist wacklig, und die Leute sind kritisch und interessieren sich für nichts, als ob es gut für die Juden ist.« Trotzdem nahm sie die Einladungen zugunsten der »Boys in the Army« an. Auf den Veranstaltungen hatte sie ihr Publikum wie gewohnt im Griff, wusste es mit ihrer »Offenheit« und »Natürlichkeit« zu bezwingen, wie eine Teilnehmerin schilderte.[78] Die private Vicki stöhnte jedoch hinterher in einem Brief an Richard: »Diese Woche war ich eingefangen worden, zwei Mal zu den deutschen Juden zu reden, was genug ist, um einen Nazi aus einem zu machen. Schrecklich!«[79]

Ihre Auftritte sollten Vicki anderthalb Jahre später nicht daran hindern, sich entgegen ihrer sonst eher damenhaft zurückhaltenden Art öffentlich mit dem Chefredakteur des *Aufbau* anzulegen. Im November 1943 schrieb sie Manfred George in schneidendem Ton einen Leserbrief. Zuvor hatte dieser in einer Rezension das neue Buch ihrer Freundin Rosie Gräfin Waldeck, der Ex-Frau Franz Ullsteins, angegriffen. In *Meet Mr. Blank* warf Rosie Waldeck die Frage auf, welche Männer am besten geeignet wären, Deutschland »am Tag nach Hitler« zu vertreten. Zum engeren Kandidatenkreis zählte Waldeck neben Vertretern der Offizierskaste (darunter Generalfeldmarschall Rommel und der nationalkonservative Sohn des Prinzen Wilhelm, Prinz Louis Ferdinand von Hohenzollern) auch hohe Funktionäre des NS-Staates, so etwa den Leiter der Präsidialkanzlei Otto Meissner oder den ehemaligen Wirtschaftsminister Hjalmar Schacht. Auch Hitlers Stellvertreter Hermann Göring gehörte zu ihrer engeren Wahl. Die Autorin adelte Göring, indem sie ihn als »menschlichsten aller Nazi-Führer« und als weltweit geachteten Diplomaten bezeichnete.[80] Kein Wunder also, dass Manfred George im *Aufbau* aufschrie, das Buch hätte »in seiner subtilen Propagandawirkung nicht besser von Herrn Goebbels ... geschrieben werden können«.[81] Das Anmaßendste an Rosie Waldecks Buch war jedoch sicherlich die Tatsache, dass sie die Verhältnisse in Nazi-Deutschland nur vom Hörensagen kannte, ihren dumm-dreisten Essay aber als einen Insider-Bericht verkaufte. Das spekulative Pamphlet war für ein amerikanisches Publikum geschrieben, das nach Instant-Informationen über den Kriegsgegner Deutschland und dessen Führungselite dürstete. In der US-Presse stieß es auf große Resonanz. Während der Rezensent der *New York Times* das Buch süffisant sezierte, verriss es Manfred George im *Aufbau* weniger elegant als »das unverschämteste Stück politischer Skrupellosigkeit, das seit langem in diesem Lande erschienen ist«, und als »eine gigantische Unverfrorenheit, mit der hier das Plädoyer für die deutschen Kriegsverbrecher geführt wird, um sie statt auf die Anklagebank in den Konferenzsessel zu setzen«.[82]

Vicki Baum war da anderer Meinung. Kein Antisemitismus sei »so grimmig und bissig wie der zwischen Juden und Juden«, heißt es in *Marion*[83]. Da sie Georges Kritik als einen persönlichen Angriff auf ihre Freundin Rosie begriff, antwortete sie dem *Aufbau*-Chefredakteur in einem offenen Brief, und ihre Reaktion verriet, dass sie ihm in Bissigkeit und Grimmigkeit in nichts nachstand – ebenso wenig wie Rosie Waldeck in deren Naivität:

Ich fand das Buch gescheit, gut geschrieben, historisch gut fundiert, zynisch, pessimistisch und politisch anfechtbar. Ich fand die Kritik hysterisch, geschmacklos und durch ihre Unsachlichkeit wirkungslos. Beleidigungen, Andeutungen, Tratsch und Geschrei sind keine politischen Kampfmittel – zumindest nicht auf der Seite, zu der wir uns rechnen. Ich fand es skandalös, dass ein jüdisches Blatt den Ausdruck »jüdische Bankierstochter« als Beleidigung gebraucht. Es klang wie ein Zitat aus einer Nazi-Zeitung. Ich fand es falsch, dass eine Emigrantenzeitung eine Emigrantin in diesem Ton angreift und dass ein Mann eine Frau in diesem Ton angreift. Ich finde es falsch, wenn die schmutzige Wäsche von irgendjemandem in der Öffentlichkeit gewaschen wird.

Nun, also: Sie, lieber Manfred George, sind natürlich vollkommen berechtigt, in Ihrem Blatt zu schreiben oder schreiben zu lassen, was Ihnen gefällt. Ich, andererseits, kann als Leser dagegen protestieren und als Autor ablehnen, an Ihrem Blatt mitzuarbeiten.«[84]

George nahm ihr den Brief offensichtlich nicht übel – er besprach Vickis übernächsten Roman *Hotel Berlin '43* (dt. *Hier stand ein Hotel*) sehr wohlwollend, und sie, die sich nach dem Krieg wieder als »unheilbar unpolitische Pazifistin«[85] bezeichnen sollte, tauschte mit George zumindest in den fünfziger Jahren wieder freundliche Briefe aus.

Allerdings brach sie konsequent mit ihrem alten, sehr guten Freund aus Hannover, Hanns Niedecken-Gebhard. Dieser war im März 1933 nach einem Abstecher an die New Yorker Metropolitan Opera nach Berlin zurückgekehrt, weil er glaubte, im

Dritten Reich seine künstlerischen Vorstellungen besser verwirklichen zu können. Damals hatte Vicki ihm noch zu seinem Entschluss gratuliert: »Ich freue mich, dass Sie so schöne Aufgaben da drüben haben, ich kann mir vorstellen, dass Ihnen vieles sehr gut liegt und manches vielleicht nicht, aber dass Sie doch jetzt manches von dem ›Kultischen‹ und ›Ethischen‹ wahrmachen können.«[86] Niedecken wurde einer der führenden Regisseure der Thing-Bewegung, inszenierte 1936 ein bombastisches Festspiel zur Eröffnung der Olympischen Spiele in Berlin und trat 1940 offiziell in die NSDAP ein. Als Baum das erfuhr, weigerte sie sich nach dem Krieg, wieder Kontakt zu ihm aufzunehmen.

Der Protestbrief an George war eine kleine Missstimmung in einem Jahr, das ansonsten äußerst erfolgreich verlief. Im späten Frühjahr 1943 schloss Vicki in New York *The Weeping Wood* ab, nachdem sie seit Sommer 1942 in Kalifornien daran gearbeitet hatte. Sie war nicht nur wegen des Romans in die Hudsonmetropole gekommen. Wolfgang war wieder schwer erkrankt und hatte sich auf unbestimmte Zeit von seinem neuen Job als Radioredakteur und Übersetzer beim US-Propagandasender für Europa, *Voice of America,* beurlauben lassen. Und da Vicki ihm finanziell unter die Arme greifen wollte und sie ohnehin überzeugt war, dass sie außer den 5.000 Dollar Vorschuss mit *The Weeping Wood* keinen Cent mehr verdienen würde, musste ihr schnell ein gut verkäuflicher Stoff einfallen. Die Idee zu *Hotel Berlin '43* entwickelte sie spontan bei einem Arbeitsessen mit einem leitenden Redakteur von *Collier's.* »Was mir vorschwebt, ist Hotel Adlon heut oder morgen, mit Deutschland vor dem Untergang, wenn die Ratten versuchen das Staatsschiff zu verlassen«, berichtete sie Richard hinterher. Die Agenten seien »in einem Paroxismus von Freude und die Editors in großer Aufregung«.[87] Edmond Pauker testete bereits die Bühnenchancen des neuen Stoffes. Nachdem Vicki flugs ein Exposé und ein erstes Kapitel geschrieben hatte, erhielt sie prompt einen Vertrag von *Collier's* – ihr Honorar betrug 30.000 Dollar.

Nach diesem Coup kehrte sie an die Westküste zurück. Ihre Villa am Amalfi Drive in Pacific Palisades hatte sie im Herbst 1942 an eine deutsche Emigrantin vermietet. Da es kriegsbedingt keine männlichen Hausangestellten mehr gab, Benzin und Autoreifen streng rationiert wurden und nun auch Sohn Peter beim Militär war, konnte Vicki gut auf das große Haus verzichten. Darüber hinaus hielt sie es wegen seiner exponierten Lage am Pazifik für zu unsicher. Und so hatten Richard und sie sich 1942 für ein Häuschen mit Zierrasen und kleinem Gemüsegarten im beschaulichen Pasadena entschieden. Im Sommer 1943 schrieb Vicki dort innerhalb weniger Wochen *Hotel Berlin '43*. Da sie Deutschland seit 1932 nicht mehr besucht hatte und in Los Angeles keine Recherchemöglichkeiten hatte, war sie auf die Informationen angewiesen, die sie in New York aufgeschnappt hatte. Vor allem Curt Riess und seine Frau, die *Collier's*-Redakteurin Ingrid Hallen, die beide über gute Kontakte zum antinationalsozialistischen Widerstand verfügten, hatten ihr bei der Recherche geholfen.

Der Roman *Hotel Berlin '43* ist eine fiktionale Zustandsanalyse, eine Reaktion auf die verheerende und demoralisierende Kapitulation der 6. Armee in Stalingrad im Januar 1943, die bei Vickis New-York-Besuch natürlich ein großes Thema gewesen war. Im Buch ist der Faschismus beinahe schon erledigt. Die Alliierten fliegen schwere Angriffe auf Berlin, im Deutschen Reich herrscht Weltuntergangsstimmung, »Chaos, Panik, Entsetzen, apokalyptische Zerstörung«[88]. Viele Deutsche haben sich bereits von Hitler abgewendet und üben offen oder heimlich Widerstand. Einer von ihnen ist der junge Martin Richter, ein enttäuschter Frontkämpfer und einer der Führer der Studentenopposition. Auf der Flucht vor den Nazis versteckt er sich in einem großen Berliner Hotel. In dieser Oase des Luxus gehen Gestapo-Leute, Soldaten, hohe Offiziere, Prostituierte, Ausländer, Diplomaten, eine schöne Schauspielerin, sogar Juden ein und aus. Die Schauspielerin Lisa Dorn entdeckt Martin, verliebt sich in ihn und sorgt dafür, dass er sicher aus dem Hotel gelangt, bevor die Nazis ihn ermorden können.

Hotel Berlin '43 bedient virtuos alle gängigen Stereotypen des Anti-Nazi-Films und der Anti-Nazi-Literatur. Der Held ist selbstverständlich ein einsamer Widerstandskämpfer, der Feind ein bösartiger Gestapo-Offizier, und die Heldin wird durch ihre Liebe zur Hauptfigur zum Antifaschismus bekehrt. Doch anders als in den rein stereotypen amerikanischen Anti-Nazi-Filmen und -Romanen gibt es bei Baum auch viele andere »gute« Deutsche. Wie die Exilliteraturforschung deshalb zu Recht bemerkt, ist der Faschismus im Roman nicht das Resultat einer sozialen, politischen oder wirtschaftlichen Entwicklung, sondern vornehmlich ein überzeitliches Phänomen, das zum Wesen des Menschen gehört. Als »Volksgemeinschaft« mochte und konnte Vicki Baum die Deutschen nicht verurteilen. Der Auflage ihres Buches in den USA schadete dies nicht, im Gegenteil.[89]

Im Herbst 1943 feierte sie einen weiteren persönlichen Triumph. Im September 1943 erschien *The Weeping Wood,* und mit diesem Roman erreichte sie in Amerika das, was ihr dort zuletzt 1931 mit *Grand Hotel* gelungen war. Das Buch wurde ein kommerzieller Hit und ein Kritikererfolg. »Ein großes Buch einer großen Autorin«, meinte die US-Presse einhellig.[90] Der Roman hielt sich fünf Wochen lang in den Top Ten der Bestsellerliste der *New York Times.* Doch dann kam rasch *Hotel Berlin '43* auf den Markt und pflügte Baums eben neu gewonnene literarische Reputation buchstäblich unter – und *Weeping Wood* geriet in den USA tragisch schnell in Vergessenheit.

Am 6. November '43 brachte *Collier's* die erste Folge von *Hotel Berlin '43,* Ende des Monats kaufte Warner Bros. für stolze 50.000 Dollar die Filmrechte. Zum Erscheinen der Buchausgabe und um Werbung für *Hotel Berlin '43* zu machen, reiste Vicki im April 1944, wie so oft in den letzten Jahren, wenn es Frühjahr wurde, erneut nach New York. Wie im April 1931, als sie als unbekannte Nr.-1-Autorin in New York angekommen war, lag ihr die Stadt zu Füßen. Mit sechsundfünzig (offiziell achtundvierzig) Jahren war Vicki Baum noch einmal ganz oben, doch nun war sie kein Import mehr, sondern eine Amerikanerin, die in der Landessprache schrieb. Presse und Radiojournalisten rissen sich um Interviews, und Doubleday rollte ihr den roten Teppich aus. Man gab einen großen Empfang für sie und bewarb ihr ohnehin schon bekanntes Buch offensiv. Im April 1944 wählte die wichtige Literary Guild *Hotel Berlin '43* zum »Empfehlungsband« – das allein garantierte eine Auflage von 40.000 Exemplaren. Mit keinem anderen Titel sollte Baum je wieder so triumphieren wie mit diesem schnell produzierten, in dem sie sich banal-genial selbst plagiiert hatte.

Vicki genoss ihre Popularität in vollen Zügen und nahm – »so lange es der Markt noch hergibt« – neue Aufträge an. Zu einer anderen Form von »Erfolgsgenuss« schien sie ohnehin kaum fähig zu sein. Anstatt sich nach den Strapazen der letzten beiden Produktionen erst einmal auf ihren Lorbeeren auszuruhen – wozu ihr der Doubleday-Lektor Don Elder dringend riet –, versuchte sie, ihr Hoch in klingende Münze umzusetzen. Dahinter stand der Wunsch, ihren Söhnen nach dem Krieg ein sorgenfreies Leben zu ermöglichen. Dass sie sich dafür »prostituieren« musste – »literary streetwalking« (literarisches Straßengeschäft) nannte sie es vor Richard sarkastisch, was sie regelmäßig zwei Mal im Jahr in New York betrieb –, nahm sie gern in Kauf. Es schien ihr jedenfalls überhaupt nicht unangenehm zu sein, sondern sie, im Gegenteil, zu beleben.

In diesen ohnehin hektischen Wochen durfte sie sich außerdem in einer ganz neuen Rolle ausprobieren – als Schwiegermutter in spe. Mitte April stellte ihr Wolfgang seine Braut Ruth vor, eine Kollegin bei *Voice of America*, 28 Jahre alt, dunkelhaarig, mit einer zierlichen Tänzerinnenfigur und wachen dunklen Augen. Wer, wie etwa Nelson Doubleday, nun mindestens einen Anflug von Eifersucht bei Vicki erwartet hatte, wurde enttäuscht. Sie registrierte erfreut, wie ausgeglichen und gesund Wolfgang in letzter Zeit wirkte, wie glücklich er war. Bereits nach dem zweiten Treffen mit der künftigen Schwiegertochter war sie überzeugt, Ruth passe zur Familie, »als wenn sie immer dazugehört hätte«, schrieb sie Richard.[91] Angesichts des Werdegangs der Braut war das sicher kein Zufall. Ruth Clark, vormals Sklarz, stammte aus Berlin, aus einer jüdischen Industriellenfamilie, und hatte wie Vickis Söhne eine höhere Schule im feinen Grunewald besucht. Ruth träumte von einer Karriere als Tänzerin, doch als sie 1936 nach New York emigrieren musste, schlug sie sich zunächst als Tanzlehrerin durch, bevor sie als Redakteurin zu *Voice of America* ging. Die junge Frau liebte klassische Musik, schwärmte seit ihrer Jugend für Harald Kreutzberg, den sie als Kind in Berlin auf der Bühne erlebt hatte, und brachte Vicki zum Lachen, als sie ihr gestand, dass sie als Schülerin heimlich *stud. chem. Helene Willfüer* auf der Toilette gelesen hatte.[92]

Um den Ruf der Sklarz' scherte sich Vicki nicht im Geringsten. Ein Onkel der Familie, die ihr beträchtliches Vermögen mit Import- und Export-Geschäften im Ersten Weltkrieg begründet hatte, hatte im Zentrum eines der größten Korruptionsskandale der Weimarer Republik gestanden. Obwohl dieser Onkel vor Gericht vollständig entlastet worden war, zeigte die Diffamierungskampagne rechtsgerichteter antirepublikanischer Kreise gegen Sklarz seine Wirkung. Für viele in Deutschland galt der Name seither als Synonym für »Kriegsgewinnler«.[93]

In Amerika kümmerte das niemanden, am wenigsten Vicki. Ohnedies hatte sich Ruth von ihrem Elternhaus gelöst und, ganz auf sich allein gestellt, in Amerika ein neues Leben begonnen. Vicki imponierte das. An Richard schrieb sie, »wie still und brav diese Ruth sich durchbringt, ohne je von verflossenen Reichtümern zu reden oder sich zu beklagen«.[94] Vicki fand sich jedenfalls schnell in ihrer neuen Rolle als Schwiegermutter zurecht. Sie half dem jungen Paar bei der Wohnungssuche und kaufte schließlich ein Apartment an der Lower West Side. Einer Heirat stand nun nichts mehr im Wege. Als Nelson Doubleday sie aufzog, er könne sich beim besten Willen nicht vorstellen, dass sie eine gute Schwiegermutter sei, konterte Vicki gewohnt ironisch: »Ich mische mich nicht ein, ich nörgle nicht, ich habe gerade eine Wohnung für die beiden gefunden und kaufe dem Mädchen all die kleinen Dinge, die der Junge sich nicht leisten kann.«[95] An dieses nur auf den ersten Blick paradoxe Prinzip der engagierten Nichteinmischung sollte sie sich auch in Zukunft konsequent halten.

~~~~~~

Bereits für *Grand Hotel* war Vicki vor Jahren stark erblondet – im Laufe der Jahre wurde sie immer blonder – und jünger, wenn man von dem Publicity-Foto ausgeht, das Doubleday im Frühjahr 1944 an zahlreiche Redaktionen schickte. Sie präsentierte sich so attraktiv wie selten, mädchenhaft, mit einem süßen Lächeln, einem melancholischen Blick aus großen veilchenblauen Augen und mit kurzem, welligem Haar in schmeichelndem Honigton. Das Porträt war zweifellos stark retuschiert, womöglich hatte Vicki auch chirurgisch nachgeholfen – und doch gab ihr neuer *Look* ihr aktuelles Lebensgefühl wieder. Sie fühle sich »vollkommen in Harmonie mit der Welt«, erklärte sie Nelson Doubleday im Mai 1944 in einem Brief.[96] Da war sie mit ihrem neuen Roman *Beyond this Journey (Schicksalsflug)* gerade für 35.000 Dollar von *Collier's* zur Konkurrenz *Women's Home Companion* gewechselt. Außerdem hatte *Collier's* bei ihr angefragt, ob sie bereit wäre, nach Kriegsende für eine Artikelserie nach Berlin zu gehen. Vicki wollte. »Wann immer das sein wird«[97], witzelte sie Nelson gegenüber und sah sich in ihrer Phantasie bereits an der Seite des jungen Captain Peter Lert im befreiten Berlin. Denn Peter, der inzwischen Offizier und vom militärischen Geheimdienst rekrutiert worden war, sollte bald nach Europa versetzt werden.

In einem Ausbruch fieberhafter Kreativität entstand im Frühsommer der erste Entwurf von *Beyond this Journey (Schicksalsflug)*, wieder ein Roman à la *Grand Hotel*, diesmal war der Großteil der Handlung in einem Flugzeug angesiedelt. Auch Hollywood war an den Rechten interessiert. Hal Wallis von Warner Bros., der bereits *Hotel Berlin '43* eingekauft hatte, reiße ihr das Exposé förmlich aus den Händen, schrieb Baum ihrer Agentin Sarah Rollitts in New York. Atemlos ging es weiter. Im Juli reisten die Lerts nach Mexiko, seit 1941 war dies Vickis zweiter Besuch in dem Land. Während der ersten zwei Wochen machten sie Badeurlaub in Acapulco. Richard war unansprechbar, so sehr setzten ihm die Hitze und die Moskitos zu. Für sie sei es nie ein »reines Vergnügen« gewesen, mit Richard in ein Land zu reisen, dessen Sprache er nicht beherrsche, schrieb Vicki später einem Freund.[98] Erst in Mexiko City wurde es ein »Urlaub« nach ihrem Geschmack — obwohl sie, wie schon bei ihrem ersten Aufenthalt, auf die ungewohnte Höhenlage mit Kopfschmerzen, Übelkeit, Frösteln und einer leichten Erkältung reagierte. Nelson Doubleday gegenüber scherzte sie, sie leide »an jeder den Azteken bekannten Krankheit außer der Syphilis«.[99] Bei alldem überlegte sie sich ernsthaft, ob sie nicht einen »Reißer« über Mexico City schreiben wollte: »Die Stadt ist heute das, was Lissabon vor ein paar Jahren war — ein Zentrum der Emigration, von König Carol von Rumänien bis zu den Leuten, die Trotzki ermordet haben.«[100]

In diesem Sommer hielt sich Vicki ganz offiziell im Auftrag der US-Regierung in Mexiko City auf, als »Fahnenträgerin der guten Nachbarschaft«. Diese Idee war ursprünglich nicht mehr als eine Notlösung gewesen, um in Kriegszeiten eine Einreiseerlaubnis nach Mexiko zu erhalten. Doch Vicki fand bald Gefallen an ihrem Ehrenamt und überraschte ihre Gastgeber mit Vorträgen in fließendem Spanisch. (In New York hatte sie dafür im Frühjahr extra Sprachunterricht genommen.) Ende August reisten Richard und sie über New Orleans weiter nach New York.

Am 11. September 1944 gaben sich Ruth Clark und Wolfgang Lert dort in einer kleinen Zeremonie das Ja-Wort. Peter schickte ein Glückwunschtelegramm aus Europa.

Richard flog nach der Hochzeit sofort nach Westen weiter, da er für das laufende Semester einen Lehrauftrag an der Universität von Südkalifornien angenommen hatte. Vicki kümmerte sich derweil in New York um das literarische »Straßengeschäft«. Sie überarbeitete »scheußlich scharf« *Beyond this Journey* für *Women's Home Companion* und erwies sich in diesem Roman wieder einmal als talentierte Handwerkerin. Routiniert strickte sie aus einem haarsträubenden Plot und unglaubwürdigen Figuren eine spannende Mischung aus Thriller und Melodrama. Die Handlung spielt auf einem Flug von Los Angeles nach Miami. Zum Happy End enttarnt der Held, ein amerikanischer Pilot, einen Nazispion und erhält als Belohnung dessen attraktive Frau. *Schicksalsflug* sei zwar »ein bisschen naiv und geschwollen«, aber das Buch sei »brillant geschrieben«, urteilte Klaus Mann 1948, nachdem die deutsche Ausgabe in einer Übersetzung von Vickis Freundin Grete Scherck-Dupont bei Querido herausgekommen war. »Man kann über Vicki Baum sagen, was man will, zwei Dinge sind unbestritten: Sie ist eine Frau guten Willens, die das Herz am rechten Fleck hat, und sie versteht ihr Handwerk.«[101]

Ende September 1944 meldete Vicki ihrem Mann nach Hause: »Das Magazin hat schon den größten Teil davon in der Hand, und es scheint grad schlecht genug zu sein, sodass es ihnen großartig gefällt.«[102] Im Oktober durfte sie zum »angenehmen« Teil übergehen, »der im Abkassieren von 30.000 bucks besteht. As man brav ist«, scherzte sie.[103] Richard war sicherlich nicht neidisch, obwohl er für seine zweisemestrige Lehrveranstaltung nur 500 »bucks« zur Haushaltskasse beisteuern konnte.

In New York sah Vickis Programm eigentlich immer gleich aus. Sie teilte ihre Zeit zwischen Besuchen bei Freunden, Gesprächen mit Agenten und ihren Kontaktleuten in den Medien sowie zwischen Theaterbesuchen und Schreiben im Hotel auf. In diesem Herbst ließ sie ihre Zähne richten und übte sich erneut in »Selbstaufopferung«. Diesmal erfand sie Slogans für den Verkauf von Kriegsanleihen. Darüber hinaus engagierte sie sich für die Wiederwahl Franklin D. Roosevelts bei der bevorstehenden Präsidentenwahl am 7. November 1944, war sogar zum Lunch bei der Präsidentengattin Eleanor eingeladen. Immer wieder wurde sie von Erkältungen und einer offensichtlichen allgemeinen Abwehrschwäche ihres Körpers geplagt. Trotzdem fädelte sie noch rasch ein neues Projekt für 1945 ein. Sie sollte im Auftrag ihrer Freundin, der Broadway-Produzentin Cheryl Crawford, ein Ensemble-Theaterstück à la *Grand Hotel* verfassen, das auf Teilen einer gerade erschienenen Skandal-Autobiographie beruhte. Vicki lernte die Autorin Emily »Mickey« Hahn, eine studierte Ingenieurin und Redakteurin beim *New Yorker*, im September '44 kennen. In *China to Me* schildert Hahn mit größter Offenheit und in schnörkelloser Sprache ihre Zeit in China und Hongkong von 1935 bis 1943. Ihr Buch verkaufte sich in den USA in den nächsten Monaten sagenhafte 700.000 Mal. Hahn bekannte sich zu ihrer Opiumsucht und zu ihren Affären mit einem chinesischen Schriftsteller und mit Victor Sassoon, dem millionenschweren Besitzer des Shanghaier Cathay-Hotels (Vicki Baums *Hotel Shanghai*), sowie einem verheirateten britischen Secret-Service-Mann. Vicki hielt »Mickey« für eine sympathische, talentierte Journalistin, aber nicht für eine gute Schriftstellerin. Wenn jemand in einem Buch solche Intimitäten ungefiltert preisgab, war das für sie keine Literatur, sondern schlicht ein »Sichbesaufen an sich selbst«.[104] Nachdem sie das Buch in Hollywood aus einer Bibliothek entliehen und gelesen hatte, machte sie Mickey Hahn brieflich ein vor Ironie triefendes Kompliment. Sie gratulierte der Kollegin zu ihrem Buch, das sicher sehr erfolgreich sein werde, weil es so »unmoralisch, skandalös und indiskret« sei. Dann fügte sie spitz hinzu: »Wenn man aber bedenkt, was Sie alles nicht in dem Buch geschrieben haben, halte ich es für ein Meisterwerk der Diskretion.«[105] Dennoch versprach Vicki Cheryl Crawford, ihr bis Weihnachten ein Exposé und einen ersten Akt zu schicken, um danach zu entscheiden, ob sie den Auftrag für das Theaterstück annahm.

Keinen Tag zu früh traf sie Mitte Oktober 1944 in Pasadena ein. Ihr stand ein aufwändiger und nervenaufreibender Umzug bevor, dem sie mit sehr gemischten Gefühlen entgegensah. Im Frühjahr hatten die Vermieter des Hauses in der Bellefontaine Street in Pasadena ihnen gekündigt. Deshalb wäre Vicki gern wieder in ihr Haus in Pacific Palisades gezogen. Das war jedoch ausgeschlossen, denn die Mieterin der Villa weigerte sich auszuziehen. Vicki schäumte. Sosehr sie 1942 den Umzug nach Pasadena aus praktischen Erwägungen befürwortet hatte, so sehr fühlte sie sich jetzt eingeengt. Sie beklagte sich bei Richard über den »Pasadena-Muff« und die »ekelhaften Pasadena-Menschen« und kritisierte gegenüber Curt Riess die Tratscherei der Leute. Auch deshalb flüchtete sie so oft wie möglich ins betriebsame, liberale New York.

Während Vicki im Frühjahr 1944 in New York war, hatte Richard ohne ihr Wissen eine andere Immobilie in Pasadena angemietet – eine Villa im Südstaatenstil mit Portikus, großer Veranda, einsehbarem Garten und Zierteich. Alte Herrlichkeit. Vicki hatte sich in New York die ersten Fotos des Hauses entsetzt angesehen und erst gedroht, »möglicherweise viel nach New York« zu fahren, wenn sie in »diese Kapuzinergruft« einziehen müsse.[106] Doch als sich dann herausstellte, dass sie nicht ohne Probleme in ihr Haus am Amalfi Drive zurückkonnten, hatte sie schließlich grimmig nachgegeben: »Dann werden wir uns mal als Medici verkleiden und auf italienische Renaissance machen, es soll uns nie was Schlimmeres passieren.«[107]

Anders als sie identifizierte sich Richard mit der kalifornischen Kleinstadt und sollte es sein langes restliches Leben lang tun. Dem traditionellen Wähler der US-Demokraten gefiel es zwar nicht, dass Pasadena eine Hochburg der Republikaner war, aber er nahm es mit Humor. Mit sechzig war Richard immer noch ein leidenschaftlicher, wiewohl betont vorsichtiger Autofahrer. Wenn er wieder einmal mit dreißig Meilen die Stunde auf dem linken Fahrstreifen über die Landstraßen Pasadenas »gondelte«, erinnert sich Wolfgang Lert, und von rechts von einem Wagen überholt wurde, kurbelte Richard das Fahrerfenster herunter, lehnte sich hinaus und schrie dem Fahrzeug hinterher: »Alter Republikaner!«[108]

In der engagierten Arbeit mit jungen Musikern hatte er in den letzten Jahren seine wahre Berufung gefunden. Er genoss inzwischen weit über die Grenzen Kaliforniens hinaus einen hervorragenden Ruf als Musikpädagoge. Seit 1936 dirigierte er das Pasadena-Symphonieorchester, seit Anfang der 40er Jahre war er dessen Leiter. Richard hatte zudem eine Abendmusikschule in Pasadena gegründet und ließ bei Sommerfestivals deutsche und italienische Opern in englischer Sprache aufführen. Sein Orchester war das einzige in den USA, das öffentlich subventioniert wurde, wie Richard stets stolz betonte. Es war kein festgefügtes Ensemble im europäischen Sinn, sondern ein Verbund aus achtzig, teils sehr jungen Musikern, die tagsüber ihr Geld beim Film und bei Revuen verdienten und abends probten. Die Konzerte fanden jeweils sonntagnachmittags vor einem musikbegeisterten Publikum im Civic Auditorium vor oft 2.000 Menschen statt. Bei Premieren saß nicht selten auch seine Frau im Publikum.

Im November 1944 versuchte Vicki, das neue Domizil in der Glenarm Street 588 einigermaßen bewohnbar zu machen. Sie kaufte Vorhänge und Möbel, bestellte Klempner, Maler und Tapezierer, die zu ihrem Ärger jedoch höchst unzuverlässig waren. In all dem Chaos fand sie noch Zeit für das Exposé und den ersten Akt des Theaterstücks für Cheryl Crawford. Innerlich hatte sie sich von Anfang an gegen dieses Projekt gesträubt, zugleich fühlte sie sich Cheryl stark verpflichtet. Für den ersten Akt holte sie sich schließlich sogar Freundin Gina Kaus zur Hilfe, die sich besser aufs Dialogschreiben verstand und gerade dringend Geld brauchte. Einem Freund hatte Vicki einmal erklärt, sie sei gern bereit, für eine »interessante und angenehme« Arbeit persönlich »draufzuzahlen«. Für eine »schreckliche« Arbeit müsse sie allerdings eine Kompensation in Form von Geld verlangen. »Aber schrecklich und unterbezahlt – das ist eindeutig zu viel.«[109] Die Auftragsarbeit für Cheryl gehörte zweifellos in diese Kategorie. Sie sollte schließlich »der Tropfen« sein, »der das Fass zum Überlaufen brachte«.[110]

Anfang Dezember war sie noch mit diversen anderen Dingen hektisch beschäftigt, ging einige Tage auf Reisen, um Kriegsanleihen anzupreisen, und besuchte das Set von *Hotel Berlin*. Die Dreharbeiten hatten am 15. November begonnen. Es wurde in fieberhafter Eile gedreht, weil zu befürchten war, dass die Realität den Film überholte, Berlin eingenommen und der Krieg vorbei sein würde, bevor der Streifen in die Kinos kam. Für Vicki war es praktisch eine »Familien-Angelegenheit«. Peter Lorre spielte den Wissenschaftler, der von den Nazis im Hotel gefangengehalten wird, Vickis alter Freund Franz Waxman schrieb die Musik, und ihr guter Bekannter Lou Edelman produzierte. In diesen Wochen und Monaten war sie in Hollywood wieder obenauf. Neben *Hotel Berlin* hatte sie noch weitere Eisen im Feuer. Im Oktober 1944 waren bei MGM die Dreharbeiten für *Week-End at the Waldorf* angelaufen, eine aufwändige Zwei-Millionen-Dollar-Neuproduktion ihres alten *Grand-Hotel*-Stoffes mit Lana Turner und Ginger Rogers, und für Ende Dezember hatte sie den Auftrag, für RKO ihre Filmstory *Mexican Merry-Go-Round* zu einem Drehbuch umzugestalten.

Zu Weihnachten hatte Vicki immer noch keine Nachricht von ihrem Sohn aus Europa. Sie hatte seit September '44 nichts mehr von Peter gehört. Sie ahnte nicht, dass er sich nicht melden konnte, weil er in dieser Zeit als Gegenspion für den amerikanischen Geheimdienst tätig war und »ein Leben führte, das man fürs Kino nicht besser hätte erfinden können«.[111] Peter Lert war zum Beispiel an der Enttarnung von deutschen Saboteuren beteiligt, die, als US-Soldaten verkleidet, hinter den amerikanischen Linien agierten, schrieb er im September 1945 nach Hause.[112] Erst zu diesem Zeitpunkt sollten Vicki und Richard von seiner wahren Funktion erfahren.

Nach den Weihnachtsfeiertagen wollte sich Vicki eigentlich dem lukrativen Film-Auftrag für RKO widmen, dann mit der Auftragsarbeit für Cheryl Crawford weitermachen. Zu beidem kam sie nicht mehr. Im Januar brach sie, physisch und psychisch vollkommen entkräftet, zusammen. Es lag wohl nicht allein daran, dass sie sich innerlich gegen das Stück sträubte, dessen Thema – China Anfang der vierziger Jahre – ihr schon jetzt als zu »altmodisch« erschien. Es war wohl vor allem die Sorge um Peter, gepaart mit all dem Stress, dem Umzug und dem strikten Arbeitspensum, das sie sich auferlegt hatte.

In Vickis Briefen finden sich kaum Vorwarnungen für den Kollaps. Nur wiederkehrende Hinweise auf Infekte, die auf eine Immunschwäche hindeuten, Erkältungen, Fieber, auch Migräne. Alles nichts Überraschendes, nur die hartnäckigen Rückenschmerzen waren neu. Doch gab es offensichtlich noch ein weiteres Leiden, das sie sorgsam zu verbergen trachtete, auf das allenfalls versteckte ironische Andeutungen gegenüber Nelson Doubleday und Don Elder hinweisen. Wie aus ihrer späteren medizinischen Behandlung zu ersehen ist, muss Vicki bereits vor dem Zusammenbruch an einer akuten Depression gelitten haben. Vor diesem Hintergrund erscheinen auch ihre vielfältigen Aktivitäten in einem anderen Licht. Vicki erstickte ihre Niedergeschlagenheit, indem sie weiter funktionierte, sich keine Schwäche zugestand, indem sie weiter die perfekte Ehefrau und Mutter war, noch mehr schrieb, noch häufiger nach New York reiste und noch mehr Aufträge annahm, um noch mehr Geld zu verdienen. Hinzu kam ihre anhaltende Sorge, dass ihr Marktwert irgendwann sinken könnte. Ruhephasen galten dabei höchstens ihrer Physis. Sie war immer stolz darauf gewesen, dass sie sofort und überall einschlafen konnte, und praktizierte eine spezielle Entspannungstechnik, die sie sich als Harfenistin gegen Lampenfieber angeeignet hatte. Als das nicht mehr ausreichte, griff sie irgendwann zu Amphetaminen. Der erste scherzhafte Hinweis darauf findet sich in einem Brief an Don Elder im Juli 1942: »... jetzt ist es Mittag, ich stürze nach Hause, koche Lunch und mache den Abwasch, dann verkleide ich mich als berühmte Autorin, gehe in die Stadt und treffe Leute, Agenten, recherchiere ein wenig und spreche mit Intellektuellen. Ich stürze nach Hause, koche Dinner, wasche ab, bin müde. Nehme eine Benzedrin, setze wieder eine Maske auf und arbeite bis spät in die Nacht an diesem Buch«, hatte sie ihren Tagesablauf während der Arbeit an *Weeping Wood (Cahuchu)* beschrieben, zu einer Zeit, als sie kriegsbedingt ohne Hausangestellte auskommen musste.[113]

Benzedrin war Anfang der dreißiger Jahre in Sprayform als Mittel gegen Asthma auf den US-Markt gelangt und in dieser Form noch bis Ende der 50er Jahre rezeptfrei erhältlich. Doch es waren vor allem seine Nebenwirkungen, die das Mittel für den Massenmarkt interessant machten: Benzedrin wirkte stimulierend, euphorisierend, förderte kurzfristig die Konzentrationsfähigkeit, hemmte den Hunger. Bald wurde es zu einem modischen »Allheilmittel«, das die Ärzte bei zahlreichen Symptomen verschrieben, unter anderem bei Migräne, Epilepsie, als Appetitzügler bzw. Schlankheitsmittel oder gegen Depressionen. Benzedrin wirkte – bald gab es Hunderttausende von Abnehmern, »unschuldig« Abhängige, die immer ein Krankheitssymptom nennen konnten, um dieses »Allheilmittel« zu erlangen. Seine aufputschende Wirkung machte Benzedrin im Zweiten Weltkrieg zur Militärdroge Nummer Eins. Die Deutschen und Briten verteilten es offiziell an ihre Soldaten, die US-Army inoffiziell an ihre Truppen im Pazifik, in Afrika und in Europa. Vicki Baum erwähnte es in *Hotel Berlin '43*, als sie einen jungen deutschen Fliegeroffizier, den typischen Soldaten jener Zeit, beschrieb: »Man gab diesen jungen Menschen

Pervitin, Benzedrin, alle möglichen Aufputschmittel, um sie wach und angriffslustig zu halten. Nachher kamen die Depressionen, die Gefühle der Niedergeschlagenheit, der Katzenjammer, die bodenlose Erschöpfung.«[114]

Allerdings förderte Benzedrin die Schlaflosigkeit, ohnehin ein Fluch der Depression. Im Schlepptau der Droge wurden in den USA Schlafmittel immer populärer. Ein Mittel, mit dem man vermeintlich gezielt seine individuelle Produktivität steigern konnte, übte natürlich auf Schriftsteller einen besonderen Reiz aus. »Stimulanzien steigern den Willen – und so das berühmte Gefühl des Selbstvertrauens, das mit dem Hoch einhergeht. Sie erlauben es dem Benutzer, den Körper mit Hilfe des Willens zu kontrollieren, indem sie ihn in ein technisches Werkzeug verwandeln, das arbeitet, belastbar ist und Vergnügen empfinden kann«, so Marcus Boon in seiner Untersuchung über Schriftsteller und Drogen.[115] Und nicht nur Klaus Mann oder Jack Kerouac nahmen Benzedrin. Da die Vorstellung, den Körper als Instrument des Willens einzusetzen, exakt Vicki Baums Körpervorstellung entsprach, war es sicherlich kein Zufall, dass sie irgendwann das vermeintliche Wundermittel für sich entdeckte. Ab Anfang der 50er Jahre konnte sie zeitweise nicht mehr ohne das Amphetamin leben, ihr Freund Carl Ostertag, der eingeweiht war, musste es ihr in den Urlaub nachschicken, wenn sie es vergessen hatte.[116] 1948 riet sie dem gestressten Carl: »Ich finde, dass eine kleine Dosis Benzedrin eine enorme Hilfe sein kann, wenn du dich müde oder benebelt fühlst ... Ich weiß ja nicht, wie Ihr Gehirn funktioniert, aber ich denke, einen Black-out zu haben und nicht auf die einfachsten Wörter zu kommen, hat etwas mit der ›Blutleere im Gehirn‹ zu tun. Dank dieser harmlosen kleinen Stimulanzien zirkuliert das Blut wieder, und unerwartete linguistische Schätze kommen an die Oberfläche. Fragen Sie Bobby Nossen (Arzt in New York, N. N.) danach. Ich weiß nur, dass es alle Leute benutzen, die mit Deadlines zu tun haben oder Prüfungen schreiben müssen.«[117] Die üblichen Nebenwirkungen der »harmlosen kleinen Stimulanzien«, wie erhöhte Infektanfälligkeit, Herzrasen, innere Unruhe, Angstzustände, Schlaflosigkeit, Depressionen, erwähnte sie nicht. Es waren all jene Symptome, die bei ihr im Dezember 1945 auftraten.

Vicki Baums disziplinierte Lebensgewohnheiten und ihre allgemeine Konstitution sprachen durchaus für eine hohe Lebenserwartung. Mit siebenundfünfzig war sie also eigentlich »in einem Alter, in dem ich wie ein Frühlingslamm auf den grünen Wiesen des Lebens herumspringen sollte«, erklärte sie später Don Elder.[118] Bei ihrem Zusammenbruch erlebte sie nun, wie ihr Körper ihr Grenzen aufzeigte. Ihre Rekonvaleszenz dauerte lange – viel länger als bei ihrer letzten schweren Krankheit, der Malaria im Jahr 1936. Bis Ende März schottete Richard, bei Krankheiten immer der gute Geist im Haus, sie von der Außenwelt ab. Niemand außer ihm und einer Krankenschwester durfte zu ihr. Wolfgang erfuhr nichts von ihrer schweren Krankheit. Vicki war es gewohnt, ihre Zerbrechlichkeit vor ihrer Familie zu verbergen.

Erst im April war sie wieder so weit hergestellt, dass sie zu einer Kurbehandlung nach Palm Springs reisen konnte, damals noch ein gänzlich unmondänes Städtchen in der kalifornischen Wüste. Im Stadtzentrum mietete sie sich in einem kleinen Familienhotel ein und ließ sich täglich zu einer heißen Mineralquelle in die Wüste fahren. Die Kur linderte ihre Nackenschmerzen, brachte sie aber nicht zum Verschwinden. Sie ging viel spazieren, abends manchmal ins örtliche Kino, nahm ihr vom Arzt verordnetes Antidepressivum Histamin und trank zum Einschlafen Bier. Allmählich schwand die Angst vor der Schlaflosigkeit, und auch der Appetit kam zurück. Was blieb, war ein bisher nicht gekanntes Bedürfnis nach Ruhe und Zurückgezogenheit. »Ich lerne hier die wichtige Kunst, wieder zwischen Menschen und Lärm zu sein«, schrieb sie Richard in einem liebevollen, ja beinahe zarten Ton, der diesmal ganz frei von Ironie war. »Bald werde ich wieder ziemlich normal sein und die alte Maschine in Gang haben.«[119] Weil zwei Wochen Erholung dafür nicht ausreichten, schloss Vicki im Juni 1945 einen ausgedehnten Aufenthalt im Kurort San José Purua im mexikanischen Michoacàn an. Die erhoffte Besserung wollte sich dennoch nicht einstellen. Ende August kehrte sie mit hohem Fieber und einer Durchfallerkrankung nach Pasadena zurück, musste erneut wochenlang das Bett hüten und verlor wiederum an Gewicht.

Im Oktober 1945 stand ein weiterer anstrengender Umzug an. Aber offenbar bewirkte allein die Aussicht darauf, ihr jetziges Domizil in Pasadena, »das verkommene Taj-Mahal«, zu verlassen, bei Vicki eine Besserung ihres Zustands. Das neue Haus entsprach wieder ganz ihren Vorstellungen und lag wieder in den Hollywood Hills, am Canyon Oak Drive, hoch über Los Angeles. Es war etwas kleiner und weniger repräsentativ als die Villa am Amalfi Drive, die bald an den Schauspieler David Niven und seine Frau Primula verkauft werden sollte, aber mit seinen zwei Geschossen und einem »Kabäuschen« im Untergeschoss geräumig genug für Vicki, Richard und Gäste. Es wurde Vickis ganz privates Refugium. Sie richtete es sich mit Hilfe einer Innenarchitektin freundlich, modern und feminin ein. Die großzügigen, hellen Räume waren mit Mitbringseln aus aller Herren Länder dekoriert, mit Tonfiguren, Vasen und Masken. In Vickis Arbeits- und Schlafzimmer in der oberen Etage hing eine riesige Landkarte – Ausdruck ihrer nie zu stillenden Sehnsucht nach der Ferne. Kleine bunte Fähnchen markierten die Orte, wo sie schon gewesen war. Im Erdgeschoss befanden sich die Küche, das Esszimmer, Richards Arbeitszimmer mit der bayerischen Madonna sowie das ganz in Beige gehaltene Wohnzimmer mit verglaster Südfront, hinter der sich eine große Terrasse (später ein Wintergarten) sowie ein tiefer gelegener weitflächiger Garten erstreckte, den Vicki aufwändig bepflanzen ließ. Innerhalb weniger Jahre wuchsen die Bäume meterhoch, bildeten so ein natürliches Schutzschild gegen die Straße und die übrige Außenwelt. Ihr abgeschlossenes Anwesen ähnelte Walter Spies' Dschungelparadies in Tjampuan, mochte bei Vicki aber auch Erinnerungen an die Kindheitsidylle im böhmischen Peigarten anklingen lassen. In diesem Haus, sagte sie Richard, wolle sie mit ihm alt werden. Ihr Leben hatte wieder einen Ankerpunkt.

Nach dem Umzug wollte Vicki Baum sich zurückmelden, wieder in den üblichen »Dienst« eintreten. Doch ihr Leben nach dem Zusammenbruch war ein anderes als ihr früheres. Denn von nun an war sie keinen Tag mehr ohne Schmerzen. Sie litt fortan unter heftigen Nacken- und Rückenschmerzen, für die die Ärzte lange keine Ursache finden konnten. Der Dauerschmerz schränkte ihre Reise- und Bewegungslust ein, löschte sie aber nie ganz aus. Aber vor allem dämpfte er ihren Schaffensdrang. In den Monaten nach der Krankheit verursachte ihr bereits der Gedanke an Schreiben und Lesen Übelkeit. Aber aufgeben konnte und wollte die Frau, die sich selbst als »unheilbare Geschichtenerzählerin« bezeichnete, das Schreiben nicht. »Wenn man nicht schreibt, hat das Leben gar keinen Mittelpunkt«, erklärte sie Gina Kaus 1951.[120]

Bald meldete sich der »innere Zwang« zurück, Geschichten zu erzählen, »dem Unförmigen eine Form zu geben, eine Gestalt, eine Reihenfolge«.[121] Als Vicki im Dezember 1945 unter Aufbietung all ihrer Willenskraft mit *Mortgage for Life (Verpfändetes Leben)*, einer Auftragsarbeit für *Collier's*, begann, hatte sie seit mehr als elf Monaten pausiert.

In dieser Situation ordnete sie ihre Angelegenheiten und verfasste ein Vermächtnis. Vickis Testament ist ein Brief an die Söhne, ein Paradox, denn es ist eine literarisierte und stilisierte, zugleich unverstellte und persönliche Auseinandersetzung mit dem Sterben und dem Tod:

»Meine lieben Kinder,
ich habe den Tod immer als einen so natürlichen, einfachen, erfüllenden und eigentlich wünschenswerten Teil des Lebens angesehen, dass ich das ganze Getue darum nie verstanden habe. Ich

bin sicher, dass Ihr meine Abneigung gegen den falschen Pomp und schlechten Geschmack einer Beisetzung teilt. Deshalb kein Begräbnis für mich, keine Blumen, keine Gedächtnisreden, keine öffentlichen Tränen. Ich will ohne Zeremoniell und ohne Euer Beisein eingeäschert werden. Ich bin jedoch der sentimentalen Ansicht, dass meine Asche es gern hätte, irgendwo im Wald verstreut zu werden, an einer kühlen, moosigen Stelle, wie ich sie immer so gerne hatte. Überhaupt bitte ich Euch, nicht über meinen Resten zu weinen, sondern mich in Erinnerung zu behalten als die spaßige und ziemlich unterhaltsame Mutter, die ich bin ...

In der Beschränktheit einer teuren Marmorurne würde ich mich bestimmt nicht wohlfühlen. Ich schreibe dies im Besitz meiner vollen körperlichen und geistigen Kräfte und in der Hoffnung, mein Leben bis zum Ende auszuschöpfen. Der Akt des Sterbens mag vielleicht eine sehr unangenehme biologische Erfahrung sein. Auf der anderen Seite habe ich den Tod immer für einen sehr reizvollen Zustand gehalten. Und ich werde dafür jederzeit bereit sein. Seid alle gesegnet, Vicki.«[122]

Von wem und womit sollten die Söhne gesegnet sein? Vicki Baum hatte keinen Glauben zu verkünden. Trotzdem spricht sie einen den Tod überwindenden Segen aus. Ihr Sterben vor Augen, kehrte sie mit herzlichem Schmäh nach Wien zurück. In ihrem Testament zeigt sich die ganze Vicki Baum mit all ihren Widersprüchen, die faszinierende Dialektik aus altbekannter Todessehnsucht und noch immer starkem Lebenswunsch, das Sich-selbst-nicht-so-wichtig-Nehmen und die Eigenliebe, die Baum einmal mehr durch Ironie abzumildern versuchte. Die ebenso fürsorgliche wie kontrollierende Mutter, die den Hinterbliebenen ein »tränenreiches Leichenbegräbnis« ersparen wollte. Eine Frau, die jeden Pomp ablehnte und öffentliche Gefühlsbekundungen hasste, sich vor Enge und Beengtheit fürchtete und nach Weite und Erweiterung strebte – und dennoch über ihren Tod hinaus bestimmen wollte, was von ihr zurückbleiben sollte: kein Grab, kein Gefäß, keine Hülle, nur eine Erinnerung, ein Bild, das ihr selbst gefiel.

Vickis Söhne sollten nie etwas über die Umstände erfahren, unter denen das Testament zustande kam, konnten sich später nicht einmal daran erinnern, dass ihre Mutter 1945 so krank gewesen war. Im mexikanischen Kulturraum, wo der Tod mit ritueller Hingabe gefeiert wird, fand Wolfgang ein paar Jahre später eine passende Antwort auf Vickis Testament. Von einer Mexikoreise brachte er seiner noch immer quicklebendigen Mutter einen folkloristischen Trauerzug aus Pappmaché-Skeletten mit. In der Mitte der grotesken Szenerie thronte, wie üblich, die Hauptfigur, die Tote, hochaufgerichtet in ihrem Sarg, und beobachtete zufrieden den Zug zu ihren Ehren. »Siehst du, da hast du dein Begräbnis. Und ein anderes kriegst du nicht«, lautete Wolfgangs ironischer Kommentar.[123] Vicki nahm das Geschenk an und räumte ihm einen Ehrenplatz auf der Barockkommode im Eingangsbereich ihres neuen Hauses ein. Wann immer sie es betrat, gemahnte sie »mein Begräbnis« fröhlich an die Allgegenwärtigkeit des Todes und erinnerte sie daran, dass sie eine Überlebende war.

ES WAR ALLES GANZ ANDERS (1946–1960)

Holocaust und Hiroshima – Schreiben unter verschärften Bedingungen –
Gefahrlose Liebschaft – Mit »Carlito« in Casablanca – »Gar net ignorieren« –
Der Roman als Tortur – Ein neues Kleid gegen alte Fotos –
»Ankomme, bald …« – Zugabe – *Ada Senang* – Ménage
à trois – Mittendrin unterbrochen

Während der vielen Monate, in denen Vicki Baum krank und erho-
lungsbedürftig gewesen war, hatte ein neues Zeitalter begonnen –
erstmals in ihrem Leben hatte sie an einer einschneidenden historischen Veränderung nicht bewusst teilnehmen können.

Nach seiner knappen Wiederwahl im November 1944 war
Präsident Franklin D. Roosevelt am 12. April 1945 gestorben
und von seinem Stellvertreter Harry S. Truman abgelöst worden.
Während sich Vicki im Sommer in Mexiko erholte, hatten die
Amerikaner Atombomben über Hiroshima und Nagasaki abge-
worfen, der Kalte Krieg begann. Die eben erst geschlossenen KZs
konkurrierten mit der völlig entfesselten Gewalt der Materie.
Die Angstlust vor der Atombombe war nicht nur für die Amerikaner fesselnder als die Unfassbarkeit der nazideutschen Gräuel.
»Ich beginne mich zu fragen«, schrieb Vicki im Dezember 1945
sarkastisch an Don Elder, »ob das Leben jetzt wertvoller oder weniger wertvoll geworden ist, da wir jeden Augenblick in die Luft
fliegen können? Wer weiß?«[1]

Was Vicki Baum empfand, als sie nach dem Krieg erfuhr, dass
ihr Vater ermordet worden war, wissen wir nicht. Wir kennen nur
ihren nachträglichen Kommentar aus ihren Erinnerungen. Dieser
lässt darauf schließen, dass sie sich bereits lange mit dem Tod
ihres damals bereits zweiundneunzigjährigen Vaters abgefunden
hatte, eigentlich schon seit Beginn des Krieges, als der Briefkontakt zu ihm abgerissen war. Baum hatte ihrem Vater vor Jahren
angeboten, in die USA zu kommen, doch er hatte abgelehnt. In

ihren Augen hatte sie damit alles in ihrer Macht Stehende getan, und sein grausames Ende ließ sich eben nicht ändern. Ebenso wenig wie das Los der übrigen Mitglieder der Familie, die zwischen dem 21. und 23. Januar 1942 dem Rassenwahn zum Opfer fielen. 1940 hatten ungarische Faschisten gemeinsam mit deutschen Truppen das Gebiet der Batschka besetzt und in der Folgezeit Tausende von Juden, Serben und Zigeunern umgebracht. Im Januar 1942 hatte der befehlshabende ungarische General Feketehalmy-Czeydner in Novi Sad die Ermordung von 1.300 Menschen anordnen lassen, was etwa der Hälfte der gesamten jüdischen Bevölkerung der Stadt entsprach. Unter den Opfern waren Hermann Baum, die Familie Schill und fast alle Verwandten, die Vicki 1936 kennengelernt hatte. Hermann war erschlagen worden, neben ihm starb ein dreijähriger Junge. Wie Urgroßvater neben Urenkel lagen ihre Leichen nebeneinander.

Vicki erfuhr diese Einzelheiten erst nach dem Krieg vom Vater dieses Kindes, einem entfernten Verwandten, dem einzigen überlebenden Familienmitglied des Massakers. In ihren Erinnerungen näherte sie sich ihrem Vater später literarisch und mit jener Mischung aus echtem Mitleid und grausam-bitterer Distanz, mit der sie auch vor Richard über Hermann gesprochen hatte. »Ein alter Mann, ein dreijähriges Kind, Seite an Seite ermordet. Seltsam, wie jeder von uns insgeheim seinen Privatfriedhof mit sich herumträgt und zusieht, wie er sich langsam mit immer neuen Gräbern füllt, das letzte unser eigenes.«[2] Als sie diese Zeilen schrieb, hatte sie bereits ihren eigenen Tod vor Augen.

Ihr Verhältnis zu Deutschland und den Deutschen wurde in der Nachkriegszeit komplizierter. Sie wollte die Deutschen zwar nicht in Kollektivhaft genommen wissen, aber sie glaubte, »die Schuld am Krieg lag und liegt bei den deutschen Führern, die ohne jeden Grund die ganze Welt in dieses entsetzliche Elend stürzten. Aber die Verantwortung für den vernichtenden Ausgang dieses Krieges liegt beim deutschen Volk, das weder den Mut noch den Wunsch hatte, diese Führer abzusetzen, solange es noch Zeit dazu war«, schrieb sie im September 1946 im Vorwort einer Neuauflage von *Hotel Berlin '43*[3]. Ihr Vater und Teile der Familie waren brachial erschlagen worden. Weder in der Öffentlichkeit noch in Briefen, noch literarisch hat sich Baum je über den Holocaust geäußert. Die deutsche Sprache war ihr auch ohne den Holocaust weithin fremd geworden. Sie war ihr, wie sie 1940 ihrem Verleger Fritz Landshoff gegenüber freimütig bekannte, einfach »unterm Hintern weggerutscht«.[4] In ihrer Muttersprache unterhielt sich Vicki eigentlich nur noch zu Hause mit Richard und mit einigen ihrer deutschen Freunde, ansonsten dachte und sprach sie konsequent Englisch, auch mit ihren Söhnen.

Sie sprach und schrieb Englisch, weil sie den dringenden Wunsch hatte, »dazuzugehören«, Amerikanerin zu sein, und weil sie wusste, dass sie als Deutsch schreibende Schriftstellerin auf dem amerikanischen Markt auf Dauer nicht hätte bestehen können. Im Nachhinein deutete sie es um und wollte es als Zeichen ihrer antifaschistischen Gesinnung verstanden wissen. Ihrem Lektor Ken McCormick erklärte sie, sie schreibe nur deshalb Englisch, weil sie die deutsche Sprache nach Hitler nie mehr dadurch »adeln« wolle, dass sie Deutsch schrieb.[5] Später, in den 50er Jahren, lag sie ständig mit ihren deutschen Übersetzern im Clinch, beanstandete jedes »falsche« Wort. Sie erklärte es ihrem letzten deutschen Verleger Joseph Caspar Witsch damit, dass sie sich weigere, »jener Sorte von Deutsch Konzessionen zu machen, die sich unter Hitler und während des Krieges entwickelt hat«.[6] In dieser Kritik schwang sicher auch Vicki Baums Misstrauen gegenüber ganz Nachkriegsdeutschland mit, das sie nie mehr besuchen würde.

Im April 1946 kehrte Peter Lert aus Deutschland zurück. Zuletzt war er bei der amerikanischen Nachrichtenkontrollbehörde in Wiesbaden in verantwortlicher Stelle für die nachrichtendienstliche Überprüfung von Bewerbern von Verlags- und Presselizenzen zuständig gewesen. Peter nahm die USA sicher nicht als Paradies wahr, aber was er in Deutschland erlebt hatte, bestätigte ihn in seinem Stolz auf die USA. Vicki begrüßte den Heimkehrer zusammen mit Wolfgang und Ruth am Pier von Hoboken. Seit 1945 war sie zum ersten Mal wieder in New York und stolz auf ihren Sohn, glücklich darüber, dass Peter »ohne einen Kratzer«[7] aus dem Krieg heimgekehrt war, »ganz unverändert, ein großes gesundes starkes Mannsbild, lustig, nicht nervös, lieb und gescheit«.[8] Mutter und Sohn verbrachten ein paar Tage zusammen in New York, dann fuhren sie gemeinsam im Auto zurück nach Los Angeles.

Schon bald konzentrierte sich Vickis mütterliches Sinnen und Trachten wieder stärker auf Wolfgang, der einer unaufschiebbaren Darmoperation entgegensah. Da der Eingriff im White Memorial Hospital in Los Angeles stattfinden sollte, zogen Wolfgang und Ruth im Sommer 1946 vorübergehend von der Ostküste in Vickis »Kabäuschen«, in die ausgebaute Parterrewohnung ihres Hauses am Canyon Oak Drive. Vicki war froh darüber, Wolfgang in ihrer Nähe zu wissen, aber sie fühlte sich auch in der Verantwortung, denn sie wollte »dem Jungen und seiner Familie ein bescheidenes Maß an Sicherheit geben«[9]. Deshalb musste sie eigentlich so schnell wie möglich Geld verdienen. Was die Dinge noch komplizierter machte: Möglicherweise musste sie bald selbst am Nackenwirbel operiert werden, was einen längeren Krankenhausaufenthalt nach sich gezogen hätte. Doch glücklicherweise gaben die Ärzte ihr kurz vor Wolfgangs Operation Entwarnung – sie musste nicht unters Messer, womöglich aber doch länger im Krankenhaus behandelt werden. An Schreiben war unter diesen Umständen nicht zu denken. Sie machte sich große Sorgen um Wolfgang, wollte dies aber weder ihn noch Richard spüren lassen. Ihrem alten Freund Nelson Doubleday gegenüber war sie offener. Sie fürchte, teilte sie Nelson mit, dass Wolfgang »im besten Falle für ein Jahr invalide sein wird. Wenn die Operation nicht das gewünschte Ergebnis zeigt, wird er sein Leben lang keiner geregelten Arbeit nachgehen können. Ich habe bisher mit niemandem darüber gesprochen, nicht mit dem Jungen, auch nicht mit meinem Mann, ich zähle also auf deine Freundschaft«.[10]

Wolfgangs erste Operation verlief gut, trotzdem lebte Vicki mehr als drei Wochen lang praktisch an seinem Krankenbett und entwickelte sich zu einer »Bettpfannenentleererin und Stirnabtupferin von hohen Graden«, wie sie Nelson Doubleday scherzhaft schrieb, der Tausende von Kilometern entfernt ebenfalls in einem Krankenhaus lag und gerade am Blinddarm operiert worden war.[11]

Nach Wolfgangs Entlassung wurde sie mit neuen Problemen konfrontiert. Vicki schätzte es zwar, sich mit Ruth und Wolfgang austauschen zu können – »ohne die Kinder würde ich mich wie eine Gestrandete fühlen«, erklärte sie Ken McCormick in einem Brief.[12] Aber sie fühlte sich durch deren Gegenwart auch sehr eingeschränkt. Vier Erwachsene mussten sich in einem nach Vickis Geschmack dafür »etwas zu klein geratenen Haus« arrangieren. Anders als 1943 in New York konnte sie ihren Tagesablauf nicht mehr selbst bestimmen. Wie Jahre zuvor kaufte sie täglich frische Sachen auf dem Markt ein und bereitete Wolfgang höchstpersönlich seine Schonkost zu. »Aber wenn's hilft, will ich nicht protestieren«, schrieb sie ihrer ledigen Agentin Sarah Rollitts. »Ich möchte, vielmehr ich muss, wieder mit dem literarischen Straßengeschäft Geld verdienen, um die Arztrechnungen zu bezahlen und Wolfi den Anschein von Sicherheit zu geben, denn er wird wohl für einige Jahre nicht arbeiten können. Dann werde ich mich hinsetzen, um wieder etwas Anständiges zu schreiben. Hört sich für ein allein lebendes, unabhängiges Wesen wie Sie bestimmt ziemlich lustig an.«[13] Das ewige Hin- und Hergerissensein zwischen der Notwendigkeit, Geld verdienen zu müssen, und dem Wunsch, »etwas Anständiges zu schreiben«, begann von neuem, als hätte es den Kollaps, als hätte es die Warnung ihres Körpers nie gegeben. Nur eines schien sich verändert zu haben: Vicki hatte den Spaß daran verloren, Geld für ihre Familie zu verdienen. Zum ersten Mal in ihrem Leben begriff sie es eher als Last denn als Lust. Diese veränderte Einstellung konnte nicht ohne Auswirkungen auf ihr Schreiben bleiben.

Die Unzufriedenheit, die sich in ihren Äußerungen festmachte, hing sicherlich auch mit der niederschmetternden Diagnose zusammen, die sie soeben erhalten hatte. Seit Anfang Oktober hatte sie endlich Klarheit, wusste inzwischen, dass ihre chronischen Nackenschmerzen von einer altersbedingten entzündlichen Arthrose ihrer Halswirbelsäule herrührten. Mit ihrem Nervenzusammenbruch war sie noch recht offen umgegangen, hatte ihre Agenten und ihren Verlag informiert. Doch dieses Leiden, diese unheilbare Krankheit, verschwieg sie ihrer Umwelt lieber. Ihr war klar, wenn bekannt wurde, dass sie an einer Alterskrankheit litt, würde es ihren Geschäften schaden. Und die hatte Vicki, trotz Krankenpflege und eigener Schmerzen, inzwischen wieder aufgenommen. Sie arbeitete für Vanguard Films an einer Filmstory à la *Grand Hotel*, die im Berlin der Nachkriegszeit spielte, und hoffte die Geschichte auch als Fortsetzungsabdruck an *Collier's* verkaufen zu können[14]. Außerdem wollte sie einen neuen kommerziellen Roman schreiben, hatte sich aber noch nicht entschieden, worüber.

Als der Klatschkolumnist Ed Sullivan ihre Krankheit am 7. Oktober 1946 publik machte und in seiner Kolumne in der auflagenstarken *New York Daily News* berichtete, Vicki Baum sei von einer »akuten Arthritis gefällt« worden, wies diese die Meldung empört als bloße Behauptung zurück. Ken McCormick, der ihr sofort nach Bekanntwerden der Nachricht einen besorgten Brief geschrieben hatte, antwortete sie: »Sieh mal, Ken, Sullivan schreibt ganz offensichtlich zu viel und zu spät. Meine Krankheit ist jetzt zwei Jahre her, und obwohl ich immer noch Schmerzen habe, platze ich im Moment geradezu vor Gesundheit«, war ihr abschließender ironischer Kommentar. Sie habe sich nur an der Halswirbelsäule verletzt, »eine Art Unfalltrauma, wie es sich auch Soldaten häufig beim Jeepfahren zuziehen«.[15]

Von New York hielt sich Vicki jedoch erst einmal fern, bis Gras über die Sache gewachsen war. Außerdem hielt sie eine Serie von langwierigen Behandlungen in Los Angeles fest. In den folgenden zweieinhalb Jahren ließ sie nichts unversucht, ihre Arthrose zu therapieren. Sie hielt streng Diät, wog bald wieder mädchenhafte fünfzig Kilogramm, konsultierte Ärzte, als wären sie Losverkäufer, ließ sich mit Kälte, Wärme und Wechselstrom behandeln, machte eine Streck- und eine Strahlentherapie mit Röntgenstrahlen, die ihr allgemeines Befinden bessern sollte. Nichts half dauerhaft. Schließlich stellte Vicki ernüchtert fest: »Ich kehre zu meiner alten Theorie zurück, dass man sich nur halbwegs gesund halten kann, indem man sich von den Doktoren fernhält.«[16] Mit Ausnahme sehr weniger Ärzte misstraute sie diesem Berufsstand gründlich. Ausgenommen waren lediglich ihre Hausärzte in Los Angeles, Dr. Bauer und Dr. Waitzfelder, sowie ihr alter Freund und »großer Bruder« Paul Moses in San Francisco, der inzwischen Klinik-Professor an der Stanford University war und den Vicki immer mal wieder wegen ihres »schlechten« Ohrs konsultierte.

Vor der New-York-Reise hatte Don Elder Vicki über Weihnachten zu Hause in Los Angeles besucht und sie bei dieser Gelegenheit überzeugt, es statt eines rein kommerziellen Romans doch mit dem historischen Roman zu versuchen, den sie seit 1945 im Kopf hatte – *Headless Angel* (*Clarinda*). Er sollte unter anderem in Goethes klassischem Weimar spielen. Im Januar 1947 startete Vicki mit den umfangreichen Recherchen, die sie mit Rosie Waldecks bewährter Hilfe im Frühjahr in New York fortführte. Das Schlusskapitel schrieb sie im Juli 1947 am exotischen Ort der Handlung in Guanajuato, Mexiko, wohin sie wieder einmal in Begleitung ihrer Freundin Gretl Dupont gereist war.

Clarinda ging auf Vickis Aufenthalt im Kurort San José Purua im Jahr 1945 zurück. »Ruth und ich holten Vicki damals ab«, so

Vicki Baum in New York,
Frühjahr 1947

Wolfgang Lert. »Auf der Rückreise nach Kalifornien fuhren wir
durch die Silberminenstadt Guanajuato, ohne wirklich etwas über
die Stadt oder ihre Geschichte zu wissen. Etwas außerhalb kamen
wir zu einem kleinen Bewässerungsteich, um den herum ziemlich
verwitterte Statuen standen. Der Teich verströmte die rätselhafte
Atmosphäre alter Landschaftsmalereien. Vicki war sehr angetan
von diesem Relikt vergangener Zeiten und fing im Geiste bereits
an, den Schauplatz mit Romancharakteren zu besiedeln.«[17]

Baum beschwor in *Clarinda* tatsächlich in opulenten Bildern
die sinnliche barocke Atmosphäre Mexikos um 1800 herauf. Das
Buch hat eigentlich alles, was einen erfolgreichen historischen Roman ausmacht: Es ist akribisch recherchiert, hat einen furiosen
Prolog, atmosphärisch dichte Beschreibungen exotischer Orte,
eine sinnliche Heldin, einen Desperado-Liebhaber, eine Revolution à la Mexiko, eine Heldin mit Doppelleben und nicht zuletzt
einen Johann Wolfgang von Goethe als Nebenfigur. Trotzdem feh-
len dem Roman der erzählerische Schwung und die sanfte Ironie,

die etwa *Marion* auszeichnen. Die Konstruktion – die gealterte Clarinda erzählt die Geschichte aus der Rückschau – wirkt diesmal eher hölzern. *Clarinda* ist auch bei weitem nicht so sexy und so freizügig wie das Historienepos *Forever Amber* (dt. *Amber*), mit dem die Autorin Kathleen Winsor 1944/45 die Bestsellerlisten anführte. Stattdessen spickte Baum ihr Opus mit Lebensweisheiten, die bei einer jüngeren Lesergeneration offenbar nicht mehr ankamen. Auch der Typus, den ihre Hauptfigur Clarinda Driesen darstellt, lag nicht mehr im Trend. »Die Heldin ist nicht wirklich aus dem Stoff, aus dem Abenteuerinnen gemacht werden – Clarinda ist eher eine Hausfrau, die sich nach Heim und Kindern sehnt«[18], monierte ein amerikanischer Kritiker. Es war das erste Mal, dass jemand so offen darauf hinwies, dass Vicki Baum vielleicht nicht mehr auf der Höhe der Zeit sein könnte.

Mit *Headless Angel* war 1948 kein Hit zu landen. Zweieinhalb Monate nach seinem Erscheinen im Februar 1948 hatte sich das Buch nur 22.500 Mal verkauft. Besonders enttäuschend für die Autorin: Die einflussreiche Literary Guild lehnte es als Auswahlband ab. Vicki fühlte sich in die Liga der 20.000- bis 40.000er Auflagen gedrückt. Wie zuletzt bei ihrer Unzufriedenheit mit Hollywood richtete sie ihren Zorn nach außen, gegen ihren Verlag, ihren neuen Lektor Ken McCormick und die amerikanische Gesellschaft, in der sie eine beklagenswerte Entwicklung ausmachte: »In diesem Land zählt der Produzent nichts und der Verkäufer alles.« In Amerika komme es nur noch auf die Verpackung an, wetterte die begnadete Verkäuferin.[19]

Don Elder war stets Vickis Favorit gewesen. Jetzt hielt er sich in Italien auf, um dort einen Doktortitel zu erlangen. Im Verlag war Ken McCormick an seine Stelle gerückt, und Vicki hatte sich mit ihm um Kürzungen und Änderungen gestritten, nahm ihm, dem Angestellten, offensichtlich persönlich übel, dass ihr Doubleday zum ersten Mal einen festen Manuskriptabgabetermin in den Vertrag diktiert hatte. Vicki fand das entwürdigend, sie fühlte sich unnötig unter Druck gesetzt.

Nach der Veröffentlichung von *Headless Angel* ließ sie kein gutes Haar an dem knalligen Umschlag und beschwerte sich nach Don Elders Rückkehr aus Europa bei diesem über die »unsichtbare und unhörbare Publicity, die Doubleday meinem Schaffen angedeihen lässt«.[20] Der Verlag wende sich an ein falsches Zielpublikum, an die »Leihbücherei-Damen«, beklagte sie sich. Man habe sie immer in die Ecke einer »süßlichen Romanzenschreiberin« gestellt. »Ich bin aber keine Autorin süßlicher Romanzen, sondern eine miesepetrige Frau, die die Dinge aus einer grimmigen, unerschrockenen Perspektive so sieht, wie sie sind.« Und weiter: »Ich bin bekanntlich nicht sehr träumerisch veranlagt und möchte natürlich auch, dass sich meine Bücher verkaufen. Dennoch, meine ich, hat Doubleday von Anfang an die falsche Werbestrategie gewählt, das zeigt sich allein schon dadurch, dass meine Bücher sich in allen anderen Ländern besser verkaufen, in denen man mich als Autorin mit mehr Respekt und Verständnis behandelt und in denen man meine literarischen Qualitäten anerkennt – wenn man mir denn solche zugestehen möchte.«[21]

Der Sachverhalt war in Wahrheit sehr viel komplexer, als Baum ihn hier darstellte. *Clarinda* war ein reichlich konstruiertes Melodrama. Zudem hatte sie selbst kräftig an ihrem Image als »Romanzenschreiberin« mitgearbeitet, hatte auf *Marion* und *Cahuchu*, herausragende Werke in ihrem Oeuvre, immer wieder Reißer wie *Hotel Berlin*, *Verpfändetes Leben* oder *Schicksalsflug* folgen lassen. Eingestandenermaßen hatte sich Vicki Baum zum wiederholten Male eindrucksvoll in ein neues Genre eingearbeitet. Aber in einem für den Buchmarkt insgesamt schwierigen Jahr konnte auch ein potenter Verlag wie Doubleday aus einem Durchschnittsprodukt wie *Headless Angel* keinen Bestseller machen.

Baum fühlte es selbst: Seit ihrem Nervenzusammenbruch hatte sie ihr seismographisches Gespür für den Markt verloren. Es war kein Zufall, dass sie seit 1946 keinen Roman mehr an eine Familienillustrierte verkaufen konnte, obwohl sie es immer wieder versuchte. Damit war ihre bisherige Haupteinnahmequelle versiegt. Die autobiographischen Bezüge in *Headless Angel* sind nicht zu übersehen. Der Roman erzählt von einer einsamen alten Frau, die intensiv gelebt hat. Wie ihre Clarinda Driesen im Roman stellte sich Vicki Baum der äußerst verwirrenden Gegenwart, indem sie den Rückzug in eine schillerndere und übersichtlichere Vergangenheit antrat. 1953 gab Baum es freimütig zu: »Es ist ja gerade die Unbeständigkeit und Veränderlichkeit der Lage, die dem Schriftsteller unserer Generation das Leben und Schreiben so sauer macht und ihn zur Flucht in die Vergangenheit treibt, in den romantisch-historischen Roman ... oder auf die Suche nach einem Thema, das immer und überall seine Geltung behält.«[22]

In Vickis Familienleben gab es zugleich sehr viel erfreulichere Entwicklungen. Wolfgang und Ruth übersiedelten im Frühjahr 1947 ganz nach Los Angeles und machten Vicki und Richard ein halbes Jahr später zu Großeltern. Peter Sebastian Lert, von allen »Punz« oder »Little Peter« genannt, kam am 18. November 1947 zur Welt. Er war ein kräftiges, lebhaftes Baby, »der Hemingway-Typ«, wie Vicki fand. Ihr erstes Enkelkind war für sie ein »Born der Freude«. Sie wollte sofort hilfreiche Oma sein, nie Großmutter, versorgte Peter, wenn Ruth und Wolfgang unterwegs waren. Für ihren Enkel stand die notorische Langschläferin sogar um sechs Uhr morgens auf, um Peter zu füttern und ihm die Windeln zu wechseln.

Zu Vickis großer Erleichterung wurde Wolfgang Ende des Jahres Chefredakteur einer kleinen Skizeitschrift namens *Western Skiing*. Der Job war zwar nicht besonders einträglich, machte Wolfgang aber großen Spaß und gab ihm, wie Vicki befriedigt feststellte, »das Gefühl, seinen Platz unter den gesunden Menschen zu beanspruchen«.[23] 1948 wurde das Blatt an das größere *Ski Magazine* verkauft. Wolfgang wurde übernommen und war nun Foto-, Text- und Anzeigenredakteur in Personalunion und sehr viel unterwegs. Zuvor war auch seine dritte und vorläufig letzte Operation erfolgreich verlaufen, und nachdem Vicki jahrelang um ihren ältesten Sohn gebangt hatte, stellte sich eine gewisse Entspannung ein.

Auch für Richard hatten sich neue, aufregende Perspektiven eröffnet. Seit Sommer 1948 leitete er die Musikakademie im 120 Kilometer entfernten Santa Barbara, die er gemeinsam mit der Sängerin Lotte Lehmann gegründet hatte. Ihm oblag nun die Ausbildung junger Dirigenten. Da Richard manchmal die ganze Woche unterwegs war und nur zum Wochenende nach Hause kam, bedeutete das noch häufigere Trennungen von Vicki als bisher. Sie machte bissig-scherzhafte Bemerkungen darüber: »Ich bin froh, dass du diese paar Wochen voller Musikfraß hast, während ich dir hier nur Kalbsgulasch anbieten kann«, schrieb sie ihm im Sommer 1948[24]. Seit 1947 reiste Vicki aber auch wieder allein nach New York und auch nach dreißig Ehejahren schrieb sie ihrem Mann von dort noch immer liebevolle Briefe, in denen sie von ihrem Alltag berichtete und auf Richards zahlreiche Projekte einging. So wie sie stets genau über seine Arbeit im Bilde war, berichtete sie ihm auch von ihren beruflichen Erfolgen. Obwohl es hin und wieder Spannungen gab, herrschte zwischen ihnen im Grunde ein bemerkenswertes Einverständnis, »die tiefe Zuneigung, die eine Ehe erhält, lange nachdem sich der Zauber der Verliebtheit gelegt hat«[24], und eine unbedingte Loyalität. Zuweilen neckten sie einander wie junge Verliebte. Richard war seit Vickis Kollaps rührend ängstlich um ihren Gesundheitszustand besorgt, und deshalb bestand er nun darauf, dass sie ihn bei ihren Soloreisen genau über ihr Befinden und das Ergebnis ihrer ärztlichen Konsultationen unterrichtete.

Vicki reagierte humorvoll und erstattete ihm in aller Ausführlichkeit, sehr freimütig und witzig Bericht über ihre Odyssee durch die Arztpraxen. Nachdem ein Mediziner in New York im Frühjahr 1947 nichts außer einer erhöhten Zahl weißer Blutkörperchen feststellen konnte, was auf eine nicht lokalisierbare Entzündung hindeutete, schrieb Vicki an Richard: »Ich denke ja noch immer, dass die Ärzte sich mit der Diagnose ein bisschen irren und dass diese nicht sehr argen arthritischen Veränderungen irgendetwas zudecken, das tiefer sitzt oder ganz was anderes ist. Das Zeug ist doch zu konstant und hartnäckig.«[26] Ihre Intuition, die ihr im Leben so oft den Weg gewiesen hatte, sollte Vicki Baum auch diesmal nicht täuschen. Die »Entzündung« würde sich drei Jahre später in einer erschreckend realen Krankheit manifestieren.

Im Frühjahr 1948 trat Carl Ostertag in Vickis Leben. Er gab ihr ein Lebensgefühl zurück, das sie die letzten Jahre über vermisst hatte, in denen sie nur »die züchtige Hausfrau, die Mutter der Kinder« und schließlich auch noch krank gewesen war. »In seiner Gesellschaft fühlte sie sich unbeschwert, entspannt, vergnügt und zuweilen beinahe übermütig. Er konnte sie zum Lachen bringen …«[27] Vicki traf den mehr als zwanzig Jahre jüngeren Carl zum ersten Mal in Ruths und Wolfgangs New Yorker Apartment an der Lower West Side, das die beiden während ihrer Abwesenheit an ihren gemeinsamen Freund untervermietet hatten. Zwischen ihr und Ostertag habe es sofort »gefunkt«, meldete Vicki umgehend an Ruth, die das Treffen arrangiert hatte. Es war nicht überraschend, dass ihr der Untermieter so gut gefiel. Carl oder »Carlito«, eigentlich Karlheinz, Ostertag war beinahe mädchenhaft schön – und für gutaussehende Männer hatte Vicki immer eine große Schwäche gehabt. »Sein Gesicht, faltenlos, ungezeichnet vom Leben, erschien merkwürdig leer, wie ein säuberlich dekoriertes Schaufenster. Er hatte hübsche, große braune Augen, die vertrauensselig blickten und von dichten Wimpern umrahmt waren, so wie ich sie bei kleinen italienischen Gassenjungen gesehen hatte, und sein Lachen war so gewinnend«, beschrieb Vicki Carl Ostertag später ebenso schwärmerisch wie ironisch in einem unveröffentlichten Romanfragment.[28] Ostertag stammte aus einer Stuttgarter Industriellenfamilie, war kunstsinnig, belesen, mehrsprachig aufgewachsen und ein wahrer Tausendsassa: In seiner Jugend hatte er sich als Schauspieler in Wien versucht, danach kurzzeitig an der Pariser Sorbonne studiert und war dann als Balletttänzer nach London gegangen, wo er mit Agnes de Mille gearbeitet hatte. In New York angekommen, war er zunächst Mitarbeiter des US-Kriegsministeriums gewesen, schließlich Radio-Produzent bei *Voice of America* geworden. Kurzum, so meinte Vicki einmal scherzhaft, dieser Mann ersetze »die komplette Encyclica Britannica«.[29]

Im Frühjahr 1948 holte sie mit »Carlito« in New York all das nach, was ihr seit ihrer Krankheit fehlte. Er führte sie zum Tanzen aus, lud sie zum Essen ein und begleitete sie zu Ausstellungen, Theateraufführungen und Konzerten, selbst zum Einkaufen. Es war, als hätte sie schon lange auf diesen Mann gewartet, als erfüllte sich mit ihm eine Erfahrung, die sie schon vor Jahren in *Marion* aus der Perspektive ihrer Heldin beschrieben hatte: »Wenn es etwas Ergreifenderes gibt als die erste Liebe, so ist es die letzte. Wenn man sich das erste Mal verliebt, ist man wehrlos – alles ist einmalig, absolut und unvergleichlich … Sich aber zum letzten Mal zu verlieben ist eine bittere Freude. Ich wusste zu viel, ich kannte Anfang, Höhepunkt und Ende – und ich wollte das alles nicht. Leidenschaft … steht einem besonders schlecht, wenn man über vierzig ist. Jeden Morgen, jeden Abend, jede Nacht sagte ich mir: Ich weiß es. Und doch flüsterte und sang das drängende Sehnen: Nur noch ein einziges Mal, zum letzten, allerletzten Mal in diese heiße, schmerzliche, selige Verwirrung hinabtauchen! Und so war ich beinahe dankbar, als ich mich zum letzten Mal verliebte, denn es stimmte mit meinem Lebensstil überein und gab mir das Gefühl, dass ich noch lebte, und übrigens brauchte es ja niemand zu wissen.«[30]

Ihr Leben lang hatte Vicki Baum das Gefühl der Verliebtheit beflügelt, insbesondere künstlerisch, und so war es auch diesmal. Nicht von ungefähr machte sie diese Erfahrung mit einem sanften, anpassungsfähigen Mann, der sich als Projektionsflä-

Carl Ostertag

che für ihr Begehren anbot, wohl auch deshalb, weil er homosexuell war. Vicki war taktvoll genug, über diese Tatsache hinweg-
zugehen, die Carl selbst nicht als erotische Existenzgrundlage zu
akzeptieren schien. Sie versuchte ihm in dieser Beziehung alle
etwaigen Hürden aus dem Weg zu räumen. Bevor sie Carl im
Winter 1948 mit einem Auftrag ins New Yorker Doubleday-
Büro schickte, erklärte sie Don Elder: »Vorsicht, Don, er scheint
etwas zu sein, was er nicht ist, also bitte keine Bemerkungen in
diese Richtung!«[31]

Da Carl Ostertag eigentlich immer auf Jobsuche war, machte
Vicki ihn zu ihrem deutschen Übersetzer und nahm ihn im Spätsommer 1948 sogar bei sich in ihrem »Kabäuschen« auf. Carl
wurde von den Lerts regelrecht »adoptiert«, wie alle in der Familie scherzten. Richard besorgte seinem neuen »Wahlsohn« vorübergehend einen Job als Bühnenbildnerassistent bei einer Produktion des Los-Angeles-Musikfestivals, Wolfgang und Ruth machten ihren »Wahlbruder« aus New York zum »Patenonkel« des

kleinen Peter Sebastian, Vicki arbeitete mit ihm an der Übertragung von *Headless Angel* ins Deutsche. Sie schien in Carls Gesellschaft regelrecht aufzuleben. Abends, wenn Richard in Pasadena war, mixte Carl ihr einen Softdrink, und dann führten sie lange Gespräche über Gott und die Welt, meistens über Literatur. Carl machte sich bald im Haushalt unersetzlich, war Gärtner und Dekorateur in einem, er kochte, reparierte kaputte elektrische Geräte und konnte sogar fein säuberlich Knöpfe annähen (wozu Vicki die Geduld fehlte). Kaum verfremdet, beschrieb Baum dies später alles in *Danger from Deer (Vor Rehen wird gewarnt)*. In diesem Roman verliebt sich eine wieder einmal vierzigjährige Frau in einen literarischen Doppelgänger Carls, einen unwiderstehlichen Junggesellen namens »Larry Grant« (eine Anspielung auf Cary Grant). Später muss sie enttäuscht feststellen, dass dieser Mann nur Männer liebt.

Im Oktober 1948 brach Vicki zu ihrer üblichen Herbstreise nach New York auf. Hatte sie sonst jede Gelegenheit genutzt, aus Los Angeles zu fliehen, fuhr sie diesmal »mit einer heimlichen Träne im Knopfloch« ab, so schrieb sie jedenfalls Carl nach ihrer Abfahrt und fügte hinzu, dass sie ihn schon nach ein paar Stunden »höllisch« vermisst habe. »Sie sind die reinste Droge für mich, Kumpel, wie eine Gewohnheit, in die man sehr schnell verfällt und die verdammt hart zu durchbrechen ist.«[32]

Vicki Baum benahm sich in allen Nuancen wie eine Verliebte. Sie flirtete mit »Carlito«, umschmeichelte, neckte und beschenkte ihn. Sie schrieb ihm mal freundschaftliche, mal leidenschaftliche, zuweilen anzügliche, immer aber ironische Briefe. Dabei ließ sie stets offen, ob sie wirklich verliebt war oder ob sie nur eine Pose einnahm und die Verliebtheit parodierte. Carl schien es anfänglich nichts auszumachen, dass Vicki stets etwas von sich zurückhielt, was sich nicht nur darin äußerte, dass sie ihn (wie die meisten ihrer jüngeren Freunde) siezte, wenn sie Deutsch mit ihm sprach. Sie hielt Carl auch in anderer Weise auf Distanz, setzte ihm ständig Grenzen, erzog ihn regelrecht, wobei sie sich ihm immer auch anpasste. Vicki bestimmte in dieser Beziehung die Regeln, sie beanspruchte die Deutungshoheit für sich – trotz aller »Leidenschaft«. Das ging sogar so weit, dass sie ihrem Freund ironisch auseinandersetzte, weshalb er sich ausgerechnet für sie interessiere. »Es liegt einfach daran, dass Ruinen gewöhnlich viel interessanter sind als Neubeuten und ein alter Schuh bequemer ist als ein neuer. Was ein bisschen Patina ansetzt, hat auch seinen Charme.«[33] War Vickis Koketterie ein Schutz vor Verletzungen? Versuchte sie Carl zum Widerspruch herauszufordern? Er jedenfalls schien solche freimütigen Äußerungen nicht als erotische Anmaßungen zu begreifen, sondern sich Vicki zu fügen.

Mit seiner feinen leisen Art erfasste Carl Ostertag intuitiv Facetten Vicki Baums, die sie in ihrer Familie nicht auslebte. Er begriff das Paradoxon in ihrer Natur, ihre unzerstörbare »Junggesellinnen«-Mentalität, aber auch ihre traurige, melancholische Seite. Bei ihm ließ sie ihre unterdrückte Wut heraus, und ihre Spottlust kannte keine Grenzen. Nichts und niemand war vor ihrem beißenden Sarkasmus sicher – weder Freunde noch Bekannte, noch ihre Familie, ebenso wenig Richard. Sie zog über die gemeinsame Freundin Elisabeth Moses in San Francisco her, die inzwischen Kuratorin am De Young Museum war, und bekräftigte ihrem jugendlichen Freund gegenüber, dass sie sich so viel jünger als die (immerhin sechs Jahre jüngere) Elisabeth und andere »Zeitgenossen« fühle. Selbst Richard rufe ja schon »bei einer Schallplatte von Piaf ›Pfui‹«.[34] Indem sie Carl solche Vertraulichkeiten mitteilte, musste sie ihm das Gefühl geben, dass er einzigartig für sie war.

Vicki hatte schnell bemerkt, dass der anpassungsfähige junge Mann der ideale Reisepartner für sie sein würde. Denn das wünschte sie sich seit ihrem Zusammenbruch mehr als alles andere: wieder zu reisen, am liebsten nach Europa. Und der reiselustige »Carlito« war familiär, kannte sich in Europa bestens aus und sprach zudem noch fließend Französisch.

Europa war im Herbst 1948 in New York wieder enorm präsent. Alle Gespräche drehten sich um Übersee-Geschichten. Freundin Gina Kaus war vor Vickis Abreise gerade aus Wien nach Los Angeles zurückgekehrt, Don Elder eben mit neuem Doktortitel aus Genua eingetroffen. Rosie Gräfin Waldeck schickte begeisterte Briefe aus Rom, und sogar Vickis alte Freundin »Huschi« Hirschbach war dabei, ihre Koffer zu packen. Auch einige von Vickis europäischen Freunden machten Station in Manhattan und entfachten Vickis Fernweh erst recht.

In diesem Herbst traf sie in New York auch Harald Kreutzberg, der gerade mit seinem aktuellen Soloprogramm durch die Staaten tourte. Vicki hatte von sich aus nach dem Krieg wieder Kontakt zu dem alten Freund gesucht, der seine Karriere in Nazideutschland ungebrochen fortgesetzt hatte, was ihm in den USA aber niemand übelnahm – auch Vicki nicht. Jetzt war sie so begeistert von seinem Auftritt im Ziegfeld Theatre, dass sie Ruth bat, Kreutzberg anlässlich seines baldigen Gastspiels in Los Angeles eine von ihren Bali-Masken zu schenken. Er wählte aus »Mama Vickerls« heute musealer Sammlung eine furchterregende Affenmaske aus, die ihn später zu seinem Tanz »Wächter des Schattenreichs« anregte.

Ein anderer Besucher aus Europa war Bengt Wadsted. Ziemlich erkältet aß Vicki mit ihm in einem Restaurant zu Mittag. Bengt war inzwischen fünfzig und »ein sehr lieber, ganz stiller weißhaariger alter Herr« geworden, berichtete sie geflissentlich an Richard.[35] Der Däne lebte jetzt mit seiner Familie in Stockholm, war geschäftsführender Direktor einer schwedischen Firma für Bohrmaschinen und Auftragsbohrungen geworden und besaß inzwischen auch einen schwedischen Pass. Bengt, im Krieg Mitglied der dänischen Resistance, war Vicki zufolge an Uraniumforschungen beteiligt gewesen und erst kürzlich vom englischen König zum »Commander of the Order of the British Empire« ernannt worden. Bengt führte also ein noch genauso abenteuerliches Leben wie früher. Doch für Vicki war er inzwischen nicht mehr als ein guter Freund, beeilte sie sich Richard mitzuteilen. »Es ist hübsch, einen Menschen wiederzusehen, den man gut leiden kann und der sich bewährt hat.«[36]

Wiedersehen feierte Vicki auch mit ihrem deutschen Verleger Fritz Landshoff, der erneut nach Amsterdam gezogen war, um den Querido Verlag wiederzubeleben. Der Verleger besuchte sie in ihrer Suite im St. Moritz und teilte ihr mit, dass ihre Bücher in Europa reißenden Absatz fänden. Sie könne künftig mit einem Erlös von 20.000 bis 25.000 Dollar jährlich rechnen, sei überhaupt die einzige Autorin, die »alle, alle Länder gierig wieder aufgreifen«, berichtete sie hinterher an Richard. Diese Zahlen waren zwar nicht das, was sie tatsächlich verdienen sollte, zeigten aber eine sehr erfreuliche Tendenz an und gaben Vicki das Gefühl, weiterhin gefragt zu sein. »Es scheint also«, schrieb sie ihrem Mann, »ich muss meinen Schwerpunkt wieder hinüberverlegen.«[37]

Richard war nicht eben begeistert von ihrer Idee einer Europareise. Mit Hinweis auf ihren prekären Gesundheitszustand nannte er sie einen »Affen«, der überall »herumturnen« wolle, woraufhin Vicki parierte:

> »Warum denn bin ich ein Affe? Und ich will's ja grad machen, nicht um jung zu bleiben, sondern bevor ich zu alt bin, um herumzukriechen und noch Eindrücke zu kriegen und zu verarbeiten. Dein Pech, dass du eine Zigeunerin und Schreiberin geheiratet hast; aber ich habe großen Respekt für meine Instinkte, und wenn's mich mal so ganz dringend treibt, dann muss ich gehen, das ist nicht nur notwendig, sondern gewöhnlich auch sehr nützlich, das hat sich ja in der Vergangenheit gezeigt. Wäre ich nicht nach Bali gegangen, dann säße ich heute als heruntergekommene, stellungslose Filmschreiberin da; und wäre ich nicht nach Amerika gegangen, dann wären wir alle in die Würscht gekommen. Und wenn sogar die kleine Huschi sich's leisten kann, nach Europa zu fahren, dann kann ich es doch auch tun. Du siehst, dass ich mich meines Egoismus schäme, but, so help me God, ich kann nicht anders.«[38]

Um Carl als Reisebegleiter zu gewinnen, griff sie zu einer anderen, nicht weniger wirkungsvollen Methode: »Es gab viele Jahre, da wusste ich nicht, was ich mir wünschen sollte, außer gute Fahrt für Hans, Gesundheit für Wolfgang und ähnliche häusliche Dinge«, umschmeichelte Vicki ihn. »Jetzt will ich etwas. Ich habe hier und dort in Europa ein bisschen Geld, das sich nicht herauseisen lässt. Ich möchte im nächsten Frühjahr gern reisen und die Dinge sehen, die ich bisher rein zufällig verpasst habe. Ich war schon in Nordafrika, doch noch nicht in Marocco, war in Italien, jedoch noch nicht in Rom – das das Paris der Gegenwart zu sein scheint.«[39] Sie wolle sich einen kleinen Wagen mieten, teilte sie Carl mit, auf dem Schwarzmarkt Benzin besorgen und in ihrem eigenen Tempo über Land fahren. Anhalten, wo sie wolle, und weiterreisen, wann sie mochte. Ob es Carl etwas ausmache, sie auf ihrer »Zigeunerreise« zu begleiten? Sie würden einander bestimmt nicht auf die Nerven gehen. »Ich bin ganz umgänglich, was Reisen anbetrifft, fragen Sie Wolfgang.« Zwar sei sie schon häufig allein gereist, angesichts der Lage in Europa käme sie aber gar nicht auf den Gedanken, alleine herumzuziehen, zumal Richard sie gar nicht lassen würde. »Bitte überlegen Sie es sich. Aber nur, wenn Sie nichts Besseres zu tun haben – und ich wünsche Ihnen natürlich, dass Sie bessere Dinge vorhaben, als eine alte Dame, deren Französisch teils kaum existent, teils abscheulich ist, mit dem Rollstuhl durch Europa zu schieben.«[40] Darüber hinaus bot sie Carl taktvoll an, für einen Teil seiner Auslagen aufzukommen.

Der ließ sich nicht lange bitten und sagte erfreut zu. Mit gleicher Post schickte er ihr ein kleines Dankeschön, eine französische Ausgabe von Beatrix Potters Kinderbuchklassiker: *Die Geschichte von Peter Hase* – es war eine ironische Anspielung auf Vickis angeblich so schlechte Französischkenntnisse. Sie revanchierte sich, indem sie ihm zärtlich dafür dankte, »dass Sie mich wieder mitspielen lassen. Sie haben mehr für mich getan, als Sie wahrscheinlich wissen. Ich war einige Zeit so etwas wie ein lebender

Leichnam, dann haben Sie mich wieder ins Leben zurückgeholt. Wie ist Ihnen das nur gelungen?«[41]

Nun gab auch Richard grünes Licht. Zu Vickis Irritation erwog er zunächst sogar, Carl und sie im Sommer in der Schweiz oder in Italien zu besuchen. Sie hatte Bedenken. »So gern ich ihn zu Hause hab«, vertraute sie Carl an, »so sehr verdirbt er mir auf Reisen den Spaß. Er ist schlecht gelaunt, weil er die Sprache nicht spricht, er geht im Büßergewand eines heiligen Puritaners umher, nimmt alles übel, was mir oder den Kindern Spaß macht, ist nie pünktlich. Kurzum, nie in meinem Leben habe ich dringender Urlaub von all der Häuslichkeit gebraucht.«[42]

Sie konnte bald aufatmen. Richards zahlreiche Verpflichtungen, nicht zuletzt sein Lehrauftrag in Santa Barbara, hielten ihn in Amerika fest, und Vicki sollte ihm aus Europa anrührende, zärtliche Briefe schreiben.

Am 8. März 1949 ließ Vicki »Haus, Heim und Ehe« hinter sich, bestieg mit Carl Ostertag in New York eine TWA Constellation und flog nach Lissabon. Von dort aus ging es, auf ihren ausdrücklichen Wunsch hin, weiter nach Casablanca. Im gemieteten Wagen fuhren sie in die nördlich gelegene Oasenstadt Fès, dann in den Süden nach Marrakesch. Der Orient hatte es Vicki schon bei ihrer Algerienreise 1929 angetan. Sie badete in den fremden Gerüchen und Farben, sog den Geruch von Zwiebeln, verbranntem Öl, scharfem Kameldung und Gewürzen des Bazars von Fès ein und streifte mit Carl durch die labyrinthischen Gassen der Medina. Nach einem Glas Wein fühlte sie sich abends so wunderbar leicht, dass sie auch ohne Schlafmittel »wie ein Sack« schlief, schrieb sie Richard und schwärmte von der »unglaublich verwirrenden, wimmelnden, farbig rauschenden, stinkenden alten Araberstadt, in die nie ein Europäer den Fuß setzt. Da treiben wir uns nun Tag und Nacht herum, und ich fresse Eindrücke in mich auf.«[43] Sie mischte sich mit Carl und ihrem Führer unter die Berber und schrieb stolz an Richard: »Wie immer zeigt es sich, dass die getretenen und gefürchteten Eingeborenen Leute sind wie du und ich, ich glaube, die ganze Medina kennt uns schon, lacht mit uns, ist höflich, zu jeder Auskunft bereit, und wenn ich einen Monat hierbliebe, hätte ich sicher Dutzende von Kindern und Freunden.«[44]

Vicki Baum mochte eine reale Nähe zu den »Eingeborenen« empfinden, aber sie blieb eine Luxusreisende. In Fès logierte sie standesgemäß im Palais Jamai, in Marrakesch im Mamounia, beides Herbergen des internationalen Jet-Set. Die bittere Armut der Menschen auf der Straße nahm sie zwar wahr, aber als ein Phänomen unter vielen. Nach den politischen Ursachen und Hintergründen der Armut fragte sie nicht. Nun war Vicki Baum als Reisende nie eine Analytikerin gewesen. Auf Bali und in Shanghai waren aus ihren gefühlsbetonten Impressionen zwei erstaunlich komplexe Gesellschaftspanoramen entstanden. Aus Marokko brachte sie nicht einmal eine bunte Zeitschriftengeschichte mit. Sie machte diesmal nur Urlaub, und es genügte ihr völlig, ganz im Augenblick zu leben. Sie schien es außerdem zu genießen, wieder einmal als »berühmte Schriftstellerin« unterwegs zu sein. Selbst im entlegenen Marokko hätten ihre Bücher »Riesenauflagen«, verkündete sie Richard stolz.[45] Im südlich gelegenen Marrakesch lud sie ein Teppichhändler zu einem opulenten Acht-Gänge-Mahl ein. Vorausgegangen war Vickis ungewöhnlicher Auftritt in den Souks. Auf dem Teppichmarkt hatte sie am Morgen zuvor einen schwarzen Wollteppich für ihr Wohnzimmer erstanden und ein kleines Vermögen von 500 Dollar dafür ausgegeben. Das Geschäft hatte sich wie ein Lauffeuer auf den Märkten herum gesprochen und ihr schließlich die ehrenvolle Einladung eingetragen.

Wie das Tanzen und das Schreiben bedeutete das Reisen für Vicki Baum immer eine Verheißung von Freiheit. So floh sie vor einer unerträglich gewordenen äußeren Situation und suchte ihre innere Anspannung zu lösen. Sie wurde eine Zeitlang wieder zur »Junggesellin«, war frei von familiären Verpflichtungen, musste nicht auf die Gewohnheiten ihres Ehemannes Rücksicht nehmen und bewegte sich nur nach eigenem oder unbekanntem Rhythmus. In erstaunlich freimütiger Weise sollte sie 1954 in einem literarischen Text das ambivalente Bedürfnis beschreiben, das vielen ihrer Reisen zugrunde gelegen hatte: »In manchen Zeiten unseres Lebens halten wir inne, sehen zurück und fragen uns: Was ist mit mir geschehen, dass ich nicht mehr die bin, die ich mal war? Warum bin ich so unzufrieden, so unruhig, so reizbar, so durcheinander? Wann habe ich die falsche Abzweigung genommen? Was habe ich auf dem Weg verloren? Wo ist es hingegangen? Und dann flüstern oder schreien oder weinen wir: ›Ich will weg von allem, nur weg von allem.‹«[46] Dieser Text aus Vicki Baums eigener »ungefilterter Perspektive« stammt aus ihrer unveröffentlichter Romanbiographie über Walter Spies. In diesem unruhigen Geist, der doch eine solche Ruhe ausstrahlte, sah sie sich selbst gespiegelt.

Ihre eigene Unruhe, verbunden mit einer unbeirrbaren inneren Sicherheit, hatte sie einst von Wien nach Deutschland, von Berlin nach Amerika und von dort aus in die Welt fliehen lassen. Nach jeder großen Reise hatte ihre Karriere neuen Auftrieb bekommen. Als sie im Jahr 1939 das letzte Mal nach Europa gereist war, hatte sie sich gewünscht, dass Wolfgang geheilt werden würde. Jetzt suchte sie Heilung für sich selbst – und Klarheit darüber, wohin es mit ihr als Schriftstellerin noch gehen sollte.

Vicki Baum war überzeugt, dass ihre Karriere zuletzt auch deshalb ins Stocken geraten war, weil sie Amerika nach dem Krieg nur noch ganz »verschwommen« und »wacklig« wahrnahm. Es fiel ihr schwer, »überhaupt einen festen Platz zu finden, von dem aus man die Dinge betrachten kann«.[47] Doch ohne feste Perspektive konnte sie keine Romane schreiben, zumindest keine Gegenwartsromane.

Das kriegserschütterte Europa erschien ihr plötzlich als ein Symbol der Freiheit, während Dwight D. Eisenhowers repressive USA ganz sicher nicht mehr das Land waren, in das sie einst mit Freuden emigriert war. Im Zeitalter des Kommunistenverfolgers Joseph McCarthy, meinte Vicki spöttisch, müsse man in »diesem unserem Vaterland« doch inzwischen Angst haben, rote Pantoffeln vor sein Bett zu stellen.[48]

In Paris angekommen, kaufte sie sich wirklich ein gebrauchtes »reizendes Wägelchen« und startete mit Carl zu einer siebenwöchigen Rundreise nach Rom. Auf ihrer Tour durch Frankreich und Italien durchmaßen sie jeden Tag 200 bis 300 Kilometer des versehrten Europa. Sie folgten der Route, die Vicki zu Hause nach ihrer Baedecker-Lektüre ausgearbeitet hatte. Zunächst besuchten sie das mittelalterliche Carcassone im Languedoc im Südwesten Frankreichs, fuhren von dort ins palmenbewachsene Perpignan am Fuße der Ostpyrenäen, dann weiter nach Avignon und Monaco, schließlich die Riviera entlang nach Genua, Florenz und Siena. Nach zwei Wochen erreichten sie Rom, wo sie ihre Zimmer im besten Hotel am Platze, im Hassler oberhalb der Spanischen Treppe, bezogen. In den nächsten drei Wochen absolvierten sie ein ausgedehntes Programm, besuchten die Sixtinische Kapelle und die Vatikanischen Museen, gingen in Konzerte, Opern und ins Theater. Das meiste entsprach jedoch nicht Vickis hohen Qualitätsvorstellungen und konnte ihrer Meinung nach mit dem kulturellen Leben New Yorks keineswegs mithalten. Vicki war froh, einen so kultivierten Reisebegleiter wie Carl an ihrer Seite zu haben. Aber seine Elastizität beängstigte sie auch ein wenig. »Er weiß alles, kennt alles, spricht alles, und nur, wenn er gefragt wird«, bemerkte sie spitz Richard gegenüber.[49]

Anfang Mai machten sich die beiden auf den Rückweg nach Paris, legten zuvor noch Stopps in Assisi, Perugia, Ravenna und Venedig, später auch in Straßburg und Luxemburg ein. Bald stellten sich Vicki die Dinge tatsächlich aus einer anderen Perspektive dar, und sie fand auch das verlorene Heimatgefühl wieder. Aus Florenz, das sie 1929 schon einmal zusammen mit Richard besucht hatte, schrieb sie diesem jetzt: »Die Stadt herrlicher denn je, denn hier spürt man, wie fest diese Bauten stehen, und dass ein paar Kriege und Ruinen mehr auch nichts ausmachen. Komisch, wie dieser zerschlagene Kontinent einem überall so ein Gefühl von Sicherheit und ›'s kann dir nix geschehen‹ gibt, im Gegensatz zu dem nervösen Amerika, wo sie gleich an Weltuntergang glauben.« Aber schon im nächsten Satz stellte sie klar: »... ich träume eigentlich jede Nacht vom kleinen Peterl. Inzwischen fresse ich mich voll – in jeder Beziehung, Augen, Bauch, Gehirn und Gemüt. Und ich hab's auch schön nötig gehabt und bin dir von Herzen dankbar, dass du mirs vergönnst – or don't you?«[50]

Hier sprach eine Frau, die hin- und hergerissen war zwischen ihrem Drang in die Ferne und ihren Verpflichtungen zu Hause, eine Frau, die Europa zwar etwas wehmütig als »Heimat« empfand, ihre »Wurzeln« in Deutschland und Österreich aber längst gekappt hatte. Die zwar davon träumte, einen Sommer lang eine Mühle im Languedoc zu mieten, um dort einen neuen Roman zu schreiben, die jedoch dauerhaft in Europa weder leben konnte noch wollte.

Das Europa, das Vicki Baum durchquerte und mit allen Sinnen erlebte, war ein Europa ihrer Sehnsucht. Die raue Landschaft, die Wälder, die mittelalterlichen Schlösser und Burgen im südfranzösischen Languedoc faszinierten sie. In solchen vom Krieg fast unberührten Orten und Gegenden fühlte sie sich wohl. Wurde sie, wie in Italien, jedoch mit den unvermeidlichen »zerbombten Städten, Dörfern, Straßen« konfrontiert, schmerzte sie das sehr. Sie vermied es bewusst, durch Österreich oder Deutschland zu fahren, obwohl sie, wie kürzlich ihre Freundin Gina Kaus auch, als Amerikanerin problemlos eine Aufenthaltsgenehmigung für Wien oder Deutschland bekommen hätte. Vicki Baum wollte sich aber offenbar weder mit den verheerenden Kriegszerstörun-

gen noch den inneren Zerrüttungen der deutschen (oder österreichischen) Bevölkerung auseinandersetzen. Sie fürchtete vielleicht auch, dass der Anblick der zerstörten Städte sie zu einem
falschen Mitleid verführt hätte. Denn Mannheim, Kiel und Berlin waren zu Steinwüsten geworden, selbst Darmstadt war nicht
unbeschädigt geblieben, und zumindest der Anblick Berlins hätte
sie wohl tief geschmerzt.

So machte sie mit Carl im idyllischen Zürich Station, wo ihr
die klare Luft und die Berglandschaft so gut gefielen, dass sie
spontan erwog, ein Sommerhaus am Zürichsee zu kaufen. Am
nächsten Tag, einem Sonntag, wanderte sie allein hinauf nach Zollikon, um Max Terpis zu besuchen. Er empfing in seinem Haus
hoch über dem Zürichsee eigentlich kaum noch Gäste. Für Vicki
machte er eine Ausnahme. Für sie war das Treffen, schrieb sie Richard, eine »freudige Freude«. Terpis gab ihr, wie vor kurzem Harald Kreutzberg, das Gefühl, sich gerade erst von ihm verabschiedet zu haben. Dabei lag ihre letzte Begegnung in Berlin schon
mehr als fünfzehn Jahre zurück. Der gelernte Architekt hatte eine
schwierige, von Depressionen, Einsamkeit und Alkoholabstürzen
geprägte Zeit hinter sich. Enttäuscht hatte er seine Laufbahn als
Tänzer, Choreograph und Regisseur aufgegeben und sich zum
Farbpsychologen und Berufsberater ausbilden lassen. Inzwischen
hatte er auch seinen ursprünglichen Namen »Pfister« wieder angenommen.

Wie vor fünfundzwanzig Jahren in Hannover erzählte Vicki
dem Freund von ihren Plänen für einen ambitionierten Roman.
Zwei Jahre zuvor hatten die Medien groß über einen armeni-
schen Wunderheiler berichtet, der angeblich durch Predigen und
bloßes Handauflegen Menschen heilen konnte und damals Tausende von Kaliforniern in Hysterie versetzt hatte. Der Mann war
von einem millionenschweren Weinhändler aus Palm Springs
eingeflogen worden, damit er dessen unter Epilepsie leidenden
Sohn heile. Über die Ankunft des Heilers war in der amerikanischen Presse breit berichtet worden, Tausende Kranke und

Sieche waren aus dem ganzen Bundesstaat herbeigeströmt und kampierten vor dem Anwesen des Weinhändlers. Einige waren angeblich sogar geheilt worden, dem Sohn seines Gastgebers allerdings konnte der »Wunderheiler« nicht helfen. Und so war das Ansehen des Armeniers bei der amerikanischen Bevölkerung rapide gesunken, eines Tages war er verschwunden, in Florida verlor sich seine Spur.

Es war die Mischung aus Komik und Tragik, die Vicki an dieser realen Begebenheit interessierte. Terpis redete ihr zu, die Geschichte als Hintergrund für ihren geplanten Roman (das spätere *The Mustard Seed / Kristall im Lehm*) zu verwenden, und gab ihr wichtige Impulse für Handlung und Figuren.

Nach diesem Tag sollte Vicki den Freund nicht mehr wiedersehen. Terpis eröffnete wenig später eine psychologische Beratungspraxis, die er jedoch schon bald mangels Patienten wieder schließen musste.[51] Seine Dämonen, Selbstzweifel, Alkohol, Einsamkeit und Geldsorgen, besiegten letztlich seine zahlreichen Talente und töteten seinen einst großen Elan. 1959 starb Max Pfister Terpis verarmt und vereinsamt in seinem Haus in Zollikon.

Im Hotel Pont-Royal in Paris erwarteten Vicki bereits Briefe von einem besorgten Richard. Er gab ihr zu verstehen, dass er sie vermisste, zweifelte aber daran, ob es Vicki nach nun vier Monaten unterwegs genauso ging. Sie versuchte Richard zu beruhigen: »Liebes, mach dir doch keine Gedanken über uns zwei alte Maulesel. Du weißt doch, wo ich hingehöre, nur dass ich mich auch von Zeit zu Zeit bisschen ausgaloppieren muss. Nicht einmal eine kleine Ölfunzel kann immer brennen, wenn nicht bisschen nachgefüllt wird, und der Drang nach der Fremde ist nun mal ein Teil von mir ... Du musst mir weder den Garten noch das Peterl als Hauptattraktionen versprechen, du bist ja auch noch da, sehr sogar.«[52] Sie hatte es trotzdem nicht sehr eilig, nach Hause zu kommen. Ohne Carl Ostertag, der noch in Europa blieb, flog sie im Frühsommer 1949, zwei Wochen später als geplant, zurück nach New York.

Hier wollte sie vor allem den Vertrag für ihr geplantes nächstes Buch *Danger from Deer* (*Vor Rehen wird gewarnt*) unter Dach und Fach bringen. Nelson Doubleday, ihr langjähriger Freund und Verleger, war im Januar 1949 kurz vor Vickis einundsechzigstem Geburtstag gestorben. Mit ihm hatte sie ihre neben Don Elder wichtigste Bezugsperson im Verlag verloren. Sie hatte den krebskranken Nelson noch wenige Monate vor seinem Tod auf seinem Anwesen auf Long Island besucht und war schockiert gewesen über seinen körperlichen Verfall. Als Don sie telegraphisch über Nelsons Tod informierte, hatte sie nur ein Beileidstelegramm geschickt. Der Beerdigung in New York war sie ferngeblieben. »In tiefer Trauer über den Verlust eines großartigen und guten Freundes. Mein Mitgefühl gilt der Firma, der ich mich seit vielen Jahren treu verbunden fühle«, lautete ihre Beileidsnote.[53] Darin hatte bereits eine leise Warnung angeklungen, dass sich Vicki der »Firma« nach Nelsons Tod unter Umständen nicht mehr so verbunden fühlen könnte.

Als sie sich im Juni 1949 mit Don Elder traf, wurde sie direkter und erneuerte ihre alte Kritik an Doubleday. Sie warf dem Verlag vor, sich nicht genug für ihre Bücher zu bemühen. Ihre alten Titel zum Beispiel halte man gar nicht mehr vorrätig, klagte sie und bemängelte zum wiederholten Mal, dass man ein falsches Image von ihr und ihren Büchern verbreite. Obendrein spreche man mit den »Frauenclubs« und »Leihbüchereibesuchern« die falsche Zielgruppe an. »Ich hätte gar nicht überleben können«, erklärte Baum Don Elder später, »wenn mich nicht England, Frankreich, Deutschland und Südamerika über Wasser gehalten hätten.«[54] Aus ihrer Sicht war das richtig, weil die ausländischen Buchverkäufe inzwischen tatsächlich einen großen Teil ihres Einkommens ausmachten, während sich die Auflagen ihrer Bücher in den USA seit 1946 zwischen 10.000 und 20.000 Exemplaren pro Titel eingependelt hatten. Aber sie ignorierte auch, dass sich die amerikanische Buchindustrie nach dem Krieg in einer schwierigen Phase befand. Es wurden insgesamt weniger Bücher gedruckt, und Sachbücher und Ratgeber hatten den belletristischen Titeln mittlerweile den Rang als Bestseller streitig gemacht.

Für Vicki wog jedoch am schwersten, dass sie sich von ihrem Verlag nicht als »ernsthafte Autorin« wahrgenommen fühlte. Nelson hatte ihr immer Respekt entgegengebracht und es verstanden, ihr ein Gefühl von Heimat zu vermitteln. Jetzt aber, fand Vicki, bestimmten »Kaufleute« die Geschicke der »Firma«. »Ihr – ich meine damit den Vertrieb und nicht dich«, erklärte sie Don Elder später, »habt mich an das Leihbücherei-Geschäft verkauft, und um das zu tun, musstet ihr meine gesamte Entwicklung als Autorin ausblenden, die vielleicht wichtigere Dinge zu erzählen hatte als ein paar kleine Liebesgeschichten.«[55]

Vicki nahm Don Elder ausdrücklich von ihrer Kritik aus. Er hatte sie stets aufmerksam behandelt und sie nie daran zweifeln lassen, wie hoch er ihre schriftstellerischen Fähigkeiten und ihr Talent schätzte, lesenswerte Geschichten zu erzählen. Auch jetzt verhielt sich Elder sehr professionell. Er balancierte perfekt zwischen Geschäftlichem und Privatem, räumte Versäumnisse ein, vermittelte ihr zugleich geschickt, dass sie weder persönlich noch geschäftlich ein Auslaufmodell sei. Er versprach Vicki ein vernünftiges Werbekonzept für ihr nächstes Buch *Vor Rehen wird gewarnt*, Mitsprache beim Buchumschlag und die sofortige Zahlung eines Vorschusses von 5.000 Dollar. Zudem wollte Doubleday auf Vickis Hauptbedingung eingehen, sie nur noch für das nächste Buch unter Vertrag zu nehmen. Danach wollte sie sich neu entscheiden.

Vicki ließ sich überzeugen. Sie könne ja allein schon deshalb nur »Ja« sagen, weil sie so umworben werde wie eine Braut, antwortete sie Don, als sie wieder in Los Angeles war. Aber sie verhielt sich wie eine Braut, die sich zierte. Den neuen Vertrag unterschrieb sie erst nach einer längeren Bedenkzeit.

In Los Angeles unternahm sie alles, um nur nicht in die Depression zu versinken, die sie meist nach der Rückkehr von einer längeren Reise befiel. Richard wohnte die Sommermonate über in der Akademie in Santa Barbara und kam nur gelegentlich an den Wochenenden nach Hause. Vicki begrüßte es, dass niemand da war, der »meine Zeit monopolisiert«, doch sie verfiel auch ins Grübeln. Sie gönnte es Richard von Herzen, »mit jungen Menschen zu leben, ihnen etwas Wichtiges mitzugeben, sie zu beeinflussen, ihnen eine Richtung zu zeigen«, aber in solchen Stunden wurde ihr auch schmerzhaft bewusst, dass sie selbst keine selbstverständliche Aufgabe mehr hatte, seit ihre Söhne aus dem Haus waren.[56] Wohl auch deshalb liebte sie es so, sich mit ihrem anderthalbjährigen Enkel »Little Pete« zu beschäftigen, den Ruth jetzt öfter bei ihr »parkte«. Zu Vickis Freude war Ruth in diesem Sommer wieder schwanger – im Januar 1950 sollte sie zum zweiten Mal Oma werden.

Trotz der anhaltenden sommerlichen Dürre arbeitete Vicki viel im Garten und stürzte sich schließlich in die Vorarbeiten für *Vor Rehen wird gewarnt*. Der Titel des neuen Buches stand fest, noch bevor sie mit dem Schreiben anfing. Er spielte auf ein Warnschild an, das sie 1939 mit Wolfgang in einem Tierpark in der Nähe von London gesehen hatte: »Vor Rehen wird gewarnt. Es ist gefährlich, zu nahe an die Rehe heranzutreten, besonders während der Brunftzeit.« Sie dachte oft an Carl Ostertag und schrieb ihm lange Briefe nach London, was ihr das Gefühl gab, »lebendig zu sein«: »Ich habe verdammt viel damit zu tun, Sie aus meinem System herauszubekommen ... Ich weiß nicht, was es ist, das ich für Sie empfinde. Für eine Freundschaft ist es ein bisschen zu intensiv, andererseits hat es auch nicht die kannibalistischen Eigenschaften von Liebe. Ich würde aber nicht so weit gehen, zu sagen, dass ich Sie brauche, denn ich habe mir antrainiert, nichts und niemanden zu brauchen.«[57]

Trotzdem war sie bedrückt und fühlte sich einsam. Und so entschloss sie sich im Juli, nach nur vier Wochen daheim, erneut auf Reisen zu gehen. Ihr Ziel hieß San Francisco, das den Hintergrund für den neuen Roman bilden sollte. Baum hatte die Stadt wegen ihres europäischen Charakters und ihres Klimas, »dem Wind, der Luft, dem Regen«, immer geliebt und genoss es nun, hier arbeiten zu können, ohne bloß Touristin zu sein. Sie recherchierte in Zeitungsarchiven die Stadtgeschichte der letzten sechzig Jahre und ließ sich von ihrer ältesten Freundin Elisabeth Moses mit San Franciscos »sogenannter Gesellschaft« bekannt, machen, »ehemaligen Gesellschaftslöwinnen und zahnlosen Löwen«, die das große Erdbeben von 1906 noch persönlich miterlebt hatten. »Ich werde diese Leute wahrscheinlich nicht davon abhalten, mir wirklich ALLES zu erzählen«, berichtete sie Don halb amüsiert, halb enerviert.[58]

In ihren Briefen an ihn schlug sie nun wieder den alten vertraulichen Ton an. Mit Douglas Black, ihrem neuen Verleger, würde sie jedoch niemals warm werden, deutete sie Don gegenüber an. Als Nelsons Nachfolger im November in Los Angeles eine Party für alle Doubleday-Autoren an der Westküste ausrichtete, erstattete Vicki Don höhnisch Bericht. Kritisch wie eine aufmüpfig kluge Debütantin offenbarte sie 1949 ihren Ekel vor der kapitalistischen Wirklichkeit der Buchbranche: »Mr. und Mrs. Black kamen hier heraus und veranstalteten für uns kleine Autoren ein richtiges Remmidemmi. Unter diesen furchtbar netten, rüstigen und ›ehrlichen‹ Vertretern fühlte ich mich schrecklich verloren. Ich gebe ja gern zu, dass es die weitaus größere Kunst ist, ein Buch zu verkaufen als es zu schreiben, aber es ist komisch anzusehen, wie weit entfernt beides voneinander ist, die herzzerreißende Erfahrung, die einen ein Buch schreiben lässt, die in Blut, Schweiß und Tränen getränkte Schreibmaschine, und die Menschen, in deren Händen das Endprodukt liegt.«[59]

Baums Äußerungen haben bis heute nichts an Geltung verloren, aber damals wie heute sind sie auch Ausdruck von weltfremder Ignoranz und eitler Selbstvergessenheit. Baums Verleger und Verfilmer haben sehr viel mehr Geld mit den Produkten der

Marke »Vicki Baum« verdient als die Autorin selbst. Aber ohne die Vermarktung von Ullstein, Doubleday, MGM, ohne den enormen äußeren Aufwand, hätte es die Bestsellerautorin Vicki Baum nie gegeben. Doch mit dieser »Vicki Baum« wollte die Vicki des Jahres 1949 nur noch das Nötigste zu tun haben. Sie wollte sich von ihrem Image als *Grand-Hotel*-Autorin lösen. Deshalb war es für sie so wichtig, den »ernsthaften« Roman über den Wunderheiler zu schreiben. Sie wollte sich und aller Welt beweisen, dass mehr in ihr steckte.

Doch zunächst musste sie wieder Geld verdienen. Im März 1950 schloss sie *Vor Rehen wird gewarnt* ab. Es ist die in Rückblenden erzählte Lebensgeschichte zweier ungleicher Frauen. Das »Reh«, vor dem im Titel gewarnt wird, ist die fünfundsechzigjährige Millionärstochter Ann, »Angelina«, Ambros, äußerlich zierlich, lieblich, sanft, scheinbar hilflos, im Kern jedoch eine rücksichtslose Egoistin »mit einer Haihaut und dem Appetit und der Verdauung eines Hais, der die Menschen um sich herum verschlingt«.[60] Angelinas Gegenspielerin wird von ihrer altjüngferlichen Stieftochter Joy verkörpert, die ihr Leben für Angelina geopfert hat. Zu Beginn des Romans stößt Joy ihre verhasste Stiefmutter aus einem fahrenden Zug. Doch das »zähe alte Luder« Angelina überlebt den Anschlag – und triumphiert erst recht. Denn das Leben der armen Joy liegt nun völlig in der Hand der Teufelin in Engelsgestalt.

Der Roman wird erst dann interessant, wenn man ihn als ironisches Doppelporträt der Autorin liest. Angelina und Joy – das sind zwei Pole von Vicki Baums eigener Persönlichkeit. »Angelina« verkörpert ihre geschäftsmäßig kühle, kalkulierende Seite, »die Egoistin in mir«. »Joy« ist der sanfte, umgängliche und zu jedem Kompromiss bereite Teil ihrer selbst. Nicht zufällig haben »Angelina« und »Joy« im Roman eines gemeinsam: Sie wollen geliebt werden und können doch ihre Einsamkeit nicht überwinden. Für beide gibt es kein wirkliches Happy End.

Vor Rehen wird gewarnt war kaum das, was die Leser von Vicki

Baum erwarteten. Aus dem »kleinen, unterhaltsamen Roman«, den Baum ursprünglich hatte schreiben wollen, war eine bissige Gesellschaftssatire auf das moderne Amerika und seine »rücksichtslosen Verkäufer and verhätschelten Käufer«[61] geworden. Ein Roman voller »bitterer Galle«, der an manchen Stellen unbeabsichtigt zur Farce geraten war. Ihre Europareise hatte sie zwar milde gestimmt, dennoch brachte sie in keinem ihrer Bücher je so sehr ihre Unzufriedenheit mit den Weltgegebenheiten zum Ausdruck.

Vicki Baum hatte eine recht widersprüchliche Einstellung zu diesem Buch. Don Elder gegenüber gab sie freimütig zu, dass es ihr vielleicht etwas zu »pessimistisch« geraten sei, was natürlich ironisch gemeint war. Aber sie erwartete, dass Doubleday es gut verkaufen würde. Tatsächlich war sie sogar ein wenig stolz auf ihr »düsteres« Werk, dessen »Weitschweifigkeit« sie sich auch zugute hielt. Dieses eine Mal hatte sie sich nicht zu Kürzungen hinreißen lassen.

Nach Fertigstellung des Manuskripts flogen Vicki und Richard Anfang Mai 1950 nach Mexiko. Auf Richards ausdrücklichen Wunsch hin schloss Carl Ostertag sich ihnen an. Da er wegen seiner Lehrverpflichtungen bald nach Kalifornien zurückmusste, wollte er sicher sein, dass Vicki in Mexiko einen Begleiter hatte. Nachdem Richard abgereist war, knüpften Vicki und Carl an alte Traditionen an. Sie unternahmen eine ausgedehnte Expedition in den Süden Mexikos, erkundeten mit einem Mietwagen den Dschungel des Isthmus von Tehuantepec und die höher gelegeneren Bergregionen von Chiapas.

Zurück in Los Angeles, fühlte sich Vicki Anfang Juni 1950 schwach und fieberte ein wenig. Sie tat dies als die übliche Erkältung nach einer Auslandsreise ab. Ihre Ärzte waren jedoch von der hohen Anzahl der weißen Blutkörperchen in ihrem Blutbild alarmiert und ordneten weitere Untersuchungen an.

Ende August, Anfang September 1950 erfuhr Vicki von ihrem Hausarzt Dr. Bauer, dass sie eine Leukämie im Anfangsstadium hatte. Ihre Ahnung, dass die Arthrose »irgendetwas zudeckte, was tiefer sitzt oder ganz was anderes ist«, war damit zur Gewissheit geworden.[62] Die Ärzte erklärten ihr, dass sie mit ihrer Form der Krankheit noch Jahre leben, in ihrem derzeitigen Zustand aber auch von heute auf morgen sterben konnte.

Nach allem, was wir wissen, verfiel Vicki Baum zunächst in eine tiefe Depression, die sie offenbar nur mühsam überwand, indem sie ein Prinzip anwendete, das von ihrer Großmutter aus Wien stammte: das »Gar-net-Ignorieren«. Es war eine Fluchtstrategie: Man verbannte eine unangenehme oder unerträgliche Realität einfach so lange ins Unterbewusstsein, dass man sie tatsächlich beinahe »vergaß«, suggerierte sich also selbst, dass es diese Angelegenheit nicht einmal wert sei, ignoriert zu werden. Wenn man Glück hatte, wurde die betreffende Sache wirklich irgendwann so klein und unwichtig, wie man sie haben wollte.

Ungewollt konfrontierte sie die Krankheit mit den Traumata ihrer Kindheit und Jugend, mit dem Schock nach Mathildes Rückkehr aus Inzersdorf und der Pflege der Todkranken. Eine solch traumatische Erfahrung wollte sie ihren Angehörigen, vor allem ihrem Enkel Peter, ersparen. Deshalb »fechte« sie die Sache lieber allein aus, erklärte sie engen Freunden. Sie teilte sich Vertrauten wie Don Elder, Gina Kaus oder Carl Ostertag mit, beschwor diese aber, das Geheimnis für sich zu behalten.

Vor ihrer gesamten Familie hielt sie die Krankheit geheim. Zum einen, weil sie sonst ihre Strategie der Realitätsflucht nicht hätte aufrechterhalten können. Zum anderen, weil sie es nicht ertrug, »wenn besorgte Familienmitglieder um mich herumsitzen und mich bemitleiden würden. Es wäre schlecht fürs Geschäft und schlecht für die Moral. Mein ganzes Leben habe ich meine Stärke aus meiner Einsamkeit bezogen, bisher habe ich mich dabei gut gehalten. Aber in dem Moment, in dem man mich als Invalidin oder Todgeweihte behandelte, würde ich mich zur Wand drehen und aufgeben«, erklärte sie Carl später.[63]

Zwei Wochen nach der Diagnose schien Vicki ihr inneres Gleichgewicht wiedergefunden zu haben. Anfang September berichtete sie Don Elder freimütig und in abgeklärten Worten von ihrer Leukämie, »nichts Alarmierendes, nichts Schmerzliches, die Krankheit schwächt mich nur und wird mich eines Tages töten, wenn das nicht vorher schon mein schwaches Herz oder das Gewächs in meinem Ohr erledigen. Da aber bekanntlich das ganze Leben eine Krankheit ist, die zum Tode führt, ärgert's mich nicht besonders und beschäftigt mich schon gar nicht.«[64] Zum Schluss beschwor sie Don, ihrer Familie bloß nichts zu sagen.

Nach außen hin lebte Vicki Baum mit ihrer Diagnose und Prognose weiter, als wäre nichts geschehen. Anders als damals bei ihrer Arthrose weihte sie Richard diesmal nicht ein. Wenn er etwas geahnt haben sollte, hätte Vicki ihn brillant abblitzen lassen. Kurz vor Weihnachten 1950 fuhren die Lerts zum zweiten Mal in diesem Jahr nach Mexiko in die Ferien. Sechs Wochen später kam *Danger from Deer* (*Vor Rehen wird gewarnt*) in Amerika auf den Markt. Es wurde zwar kein peinlicher Reinfall, aber die Verkäufe entsprachen auch nicht dem, was sich Vicki Baum erhofft hatte. 10.000 bis 20.000 Exemplare wurden in den ersten Monaten abgesetzt, so viel wie von ihrem letzten Buch *Clarinda*. In schwierigen Zeiten war das eigentlich eine ganz ordentliche Zahl, meinte auch Don Elder. Für Vicki war es jedoch indiskutabel. Doch da die amerikanischen Buchgemeinschaften unisono abgewunken hatten, da ihnen das Buch, so vermutete Vicki, wohl zu »böse« war, war eine höhere Auflage nicht zu erreichen. In England und dem Rest von Europa kam ihr bitterer Humor besser an – Foyles Buchklub (London) druckte *Danger from Deer* zwei Jahre später in einer Auflage von 220.000 Exemplaren.

Anfang Februar 1951 erschienen die ersten US-Kritiken. Sie waren niederschmetternd. Die *New York Times* attestierte der Autorin »vom Anfang bis zum Ende einen bemerkenswert schlechten Geschmack«[65]. Der *New Yorker* sprach analog von einer »abgedroschenen kleinen Geschichte«.[66] Baum hatte mit diesem Buch sicherlich keine großen künstlerischen Ambitionen verfolgt, aber die persönlichen Angriffe verletzten sie – entgegen ihrer späteren Behauptung, dass sie gegen Kritiken eine »Elefantenhaut« entwickelt habe. In Wahrheit las sie die Besprechungen ihrer Romane sehr aufmerksam, und ihre spitzen Bemerkungen in Briefen an Don Elder zeigten, wie gekränkt sie war. Nach außen hin gab sie jedoch den Werbestrategen des Verlags Doubleday die Schuld: »Ich habe manchmal den Eindruck, dass ich mein Buch selbst besser verkaufen kann als Eure Vertreter. Andererseits bezweifle ich, dass sie es besser schreiben könnten als ich«, höhnte sie verzweifelt arrogant in einem Brief an Don Elder.[67]

Insgeheim fürchtete sie jedoch, dass ihre Zeit vorbei sei und sie den Bezug zum »breiten Lesepublikum« verloren habe. Während des Krieges hatte sie diesen für ihr Schaffen so wichtigen Einklang zwischen sich und ihrer Zeit noch gespürt. Das war seit 1946 vorbei. Jetzt fiel es ihr schwer, über die gesellschaftliche Wirklichkeit in den USA zu schreiben. Die Leichtigkeit war aus ihren Romanen verschwunden, die subtile Ironie in bitteren Sarkasmus umgeschlagen. Auch die Europareise hatte sich letztendlich nicht so positiv auf ihr Schaffen ausgewirkt, wie sie sich erhofft hatte.

Vicki Baum wusste das alles selbst. Aber sie gab es nur vor Freunden wie Carl Ostertag, nicht aber gegenüber ihrem Verlag zu. Zugleich wurde das Schreiben nach der Leukämie-Diagnose mehr denn je zu einer existenziellen Notwendigkeit. Es hielt sie nun am Leben. Aufgrund ihrer Krankheit konnte sie keine längeren Reisen mehr unternehmen. Aber sie konnte weiter schreiben und weiter Geschichten erfinden und sich so selbst suggerieren, dass alles war wie immer – »gar net ignorieren«. Im Hinblick auf ihre Diagnose war sie entschlossener denn je, nach *Cahuchu* einen weiteren anspruchsvollen Roman folgen zu lassen, der sich mit der aktuellen Gegenwart beschäftigte, also ganz auf der Höhe der Zeit war, aber, wie sie insgeheim hoffte, »allerdings trotzdem den Leuten noch gefallen mag«.[68]

Die Vorarbeiten für *The Mustard Seed* (*Kristall im Lehm*) begannen im Januar 1951 unter anderen Vorzeichen als sonst. Wenn sie früher ein Buch begonnen hatte, hatte Vicki so lange nicht geruht, wenig geschlafen und kaum gegessen, bis das Werk geschrieben war. Seit 1946 konnte sie dieses Tempo körperlich nicht mehr durchhalten, »das Schreiben ist eine Hölle für mich geworden«.[69] Sie quälte sich jetzt regelrecht, war oft müde und fühlte sich ausgelaugt, musste sich zuweilen jede Stunde für zehn Minuten hinlegen. Anfangs kam sogar Carl ins Haus. Er nahm ihr die lästige Geschäftskorrespondenz und die Telefonate ab, übersetzte nebenbei noch *Danger from Deer* ins Deutsche.

Die nächsten anderthalb Jahre entwickelten sich zur reinsten Tortur. Das neue Buch raubte Vicki alle Kräfte. Ständig hatte sie Nacken- und Rückenschmerzen, litt sie unter Erkältungen und Ohrenentzündungen. »Dieser verdammte Roman fällt mir schwerer als irgendetwas, was ich je geschrieben habe. Ich weiß nicht, ob das bedeutet, dass er schlechter oder so viel besser ist als meine anderen Bücher«, erklärte sie im Dezember 1951.[70] Ein halbes Jahr später eröffnete sie Fritz Landshoff stolz: »Also, der scheußliche Roman ist nun endlich fertig, ich habe das Farbband eigenhändig mit meinem Herzblut angestrichen, und so ist ein sehr langes und höchst unliebenswürdiges Buch entstanden.«[71] Sie hatte sich zwar »todmüde« geschrieben, aber sich auch ihre »Verrücktheiten aus dem System getrieben«, fühlte sich daher wie befreit. Und sogar ihre Leukämie »hat wieder bisschen Vernunft angenommen«, berichtete sie Gina Kaus.[72]

Was Vicki Baum selbst für »einen meiner besten Romane« hielt, war sicherlich das merkwürdigste Buch ihrer Karriere. In *The Mustard Seed* (*Kristall im Lehm*) zeigte sich Baum einmal mehr als eine Kunsthandwerkerin von hohen Graden. Gewohnt virtuos mixte sie Stile und Formeln. Was dabei entstand, ist jedoch so widersprüchlich, dass man es kaum verstehen kann. *Kristall im Lehm* ist überfrachtet, überlang, bitterböse und sentimental zugleich. Vicki Baum lässt ihren Roman in der Gegenwart spielen, aber die Realität, die sie zeigt, hat groteske und märchenhafte Züge. Allein wenn man den Roman als Allegorie auf das Innenleben der Autorin liest, macht er Sinn. Vicki Baums innere Zerrissenheit, die ihre Familie und auch ihre engsten Freunde nicht einmal erahnt haben dürften – in diesem Buch gab sie sie preis. Viel stärker noch als in ihrem letzten Buch *Vor Rehen wird gewarnt*, das vor der Leukämiediagnose entstanden war, spiegelt *Kristall im Lehm* Vicki Baums Ringen um ihre innere Balance. Und so ist das herausragende Stilmittel des Romans auch der Kontrast. Baum stellt ihr krankes ihrem gesunden Selbst gegenüber und versöhnt diese beiden gegensätzlichen Hälften in einem überaus ironischen Happy End.

Der kranke, selbstmitleidige und depressive Teil ihrer Persönlichkeit wird im Roman durch »Amerika« symbolisiert. Dieses Land ist eine Hölle auf Erden, eine hektische, oberflächliche, dem Kommerz anheimgefallene Welt. Die Menschen leben in hysterischer Angst vor der »A-Bombe«, dem Weltuntergang. Die Amerikaner sind allesamt Verzweifelte und Verlorene, auf der Flucht vor sich selbst, neurotisch und depressiv geworden. Alle sind süchtig nach Medikamenten, Drogen, Sex und Anerkennung. Die meisten sind so krank, dass sie durch nichts mehr geheilt werden können – nicht einmal durch einen Wunderheiler.

Dieser fast hoffnungslos zerstörten Welt stellt Baum mit dem Schäfer und Heiler Giano Benedetto einen positiven Gegenpol gegenüber. Er verkörpert ihre gesunde Hälfte, das Europa ihrer Erinnerung und Sehnsucht. Benedetto stammt aus einem kleinen Alpendorf in den Dolomiten. Er ist ein Nachfahre des schlauen Bauern Pak in *Liebe und Tod auf Bali*, ein Muster an Gesundheit, Integrität und Frömmigkeit.[73]

Giano passt sich am Anfang chamäleonhaft an die USA an. Seinem Wesen nach offen und neugierig, lernt er die fremde Sprache und das richtige Auftreten und hat bald Erfolg, wird zum Liebling der Medien, sogar zum Hollywoodstar. So unversehens und stürmisch, wie sie den Südtiroler hochgejubelt haben, lassen ihn die Medien aber bald wieder fallen. »Amerika« beginnt an Giano zu zehren. Angesichts der vielen Kranken und Neurotiker, die ihn bestürmen, wird der sonst so ausgeglichene Mann reizbar und nervös. Als man ihn schließlich noch zum »Mörder« abstempelt, ins Gefängnis steckt und seine Unschuld nur durch einen Zufall bewiesen werden kann, verlässt Giano die USA. Er kehrt in sein friedliches, bedürfnisloses Leben zurück. Doch »Amerika« ist überall. In der Ferne kündigen sich Baggergeräusche an. Es ist nur noch eine Frage der Zeit, wann sie die Alm erreichen werden.

Giano Benedettos Geschichte war die Vicki Baums, wie sie sich ihr inzwischen selbst darstellte. Zuerst hatte auch sie die USA wie ein staunendes Kind erlebt, dann war sie tief enttäuscht worden. Während sie sich in all den Jahren treu geblieben war, hatte sich die Welt um sie herum verändert. Bis zum Ende des Krieges war sie ein großer Star gewesen. Dann hatte sich der Wind gedreht, alles hatte sich verändert, und sie selbst war zur Außenseiterin geworden. Baum reagierte wie Giano im Roman, indem sie sich in ihre Innenwelt und in ihre Vergangenheit flüchtete. Trotzig, stolz und in dem Bewusstsein, dass ihr letztendlich niemand ihren »inneren Kompass«, ihre »Wurzeln« nehmen konnte – ihre Willenskraft, ihre Liebes- und Leidensfähigkeit, das Bewusstsein ihrer stoischen Einsamkeit.

Im uneindeutigen Ende von *Kristall im Lehm* formulierte Vicki Baum ihre Hoffnungen und Ängste so eindringlich wie zuletzt in *Marion.* Am Ende rückt die Zivilisation der Alm immer näher. Das bedeutet übersetzt nichts anderes, als dass Baum selbst bewusst war, dass sie ihre Strategie des »Gar-net-Ignorierens« nicht für immer würde durchhalten können. Die Realität (die Krankheit, der Tod) würde sie irgendwann einholen. Aber bis dahin wollte sie sich auf ihrer »Alm« verschanzen. Trotz aller Skepsis, trotz allem Pessimismus beinhaltet der Roman auch eine Hoffnung, eine Botschaft, die Vicki Baum beschwörend an sich selbst und ihre Leser richtet. Es ist die Botschaft Kringeleins aus *Men-*

schen im Hotel: »Wunder« können geschehen, nur in ganz anderer Form, als wir sie erwarten. Selbst wenn man viel Leid erfahren hat, selbst wenn man unheilbar krank ist, kann man sich selbst heilen, indem man sich selbst vertraut.

Bei Michael Joseph, seit ihrem Weggang von Geoffrey Bles im Jahr 1944 Vickis neuer englischer Verlag, fand man den Roman zu lang. Die Geschichte verliere durch statisches Schreiben zu sehr an Spannung, teilte man Vicki mit. Kürzungen wurden vorgeschlagen, denen sich die Autorin stolz widersetzte.

Im November ließ Vicki Baum das Manuskript in Amerika über ihren Agenten unten dem Namen »Thomas Laird« anbieten. Sie war noch immer fasziniert von dem Gedanken, jemand anderes zu sein, ihre Identität zu wechseln, wie zuletzt spielerisch bei *Liebe und Tod auf Bali*. Doch so richtig ernst konnte sie den Identitätswechsel auch diesmal nicht meinen, denn Michael Joseph signalisierte, ihren Roman schon im Mai 1953 in England herausbringen zu wollen – und was hätte es ihr dann genutzt, in Amerika unter einem Pseudonym zu erscheinen?

Anfang Februar 1953 erwarb ein kleiner linker Verlag aus New York die Buchrechte für die USA. Wie sich jetzt herausstellte, hatte der Verleger der Sun Dial Press Vicki Baum hinter dem männlichen Decknamen erkannt – stilistische und strukturelle Ähnlichkeiten zu ihren anderen Romanen waren wohl zu eindeutig. Baum war trotzdem hocherfreut: »Das war alles, was ich wissen wollte, ob ich noch einmal mitspielen kann. Es ist, als ob ich meine Jungfernschaft zurückbekommen hätte«, schrieb sie Ken McCormick, ihrem alten Lektor bei Doubleday[74], und erklärte sich anstandslos bereit, das Buch unter ihrem eigenen Namen zu publizieren und im kommenden Herbst dafür zu werben.

Kurz zuvor war es zu einer ersten ernsten Krise zwischen Carl Ostertag und ihr gekommen. Es ging um einen »Vertrauensbruch« – erklärte Vicki später einer gemeinsamen Freundin. Nach einem Essen bei den Lerts hatte sich Carl von dem bekannten Cellisten Gregor Piatigorsky im Auto mitnehmen lassen und bei dieser Gelegenheit Vickis Geheimnis ausgeplaudert, das er, nach allem, was wir wissen, seit etwa zwei Jahren kannte. So war die Nachricht von Vickis Krankheit schließlich auch ihrem Mann zu Ohren gekommen. Piatigorsky hatte Richard bald nach einer Veranstaltung beiseitegenommen und ihn auf Vickis prekären Gesundheitszustand angesprochen. Aufs höchste alarmiert, hatte Richard daraufhin von ihr eine Erklärung verlangt. Sie habe alle Mühe gehabt, sich aus der Affäre zu ziehen, erklärte sie Carl später, und behauptete gegenüber Richard, Carl verfüge offenbar über zu viel Phantasie und Piatigorsky müsse wohl betrunken gewesen sein. »Keine meiner Sünden hat je ein solch kaltblütiges Lügen erfordert«, wies sie Carl noch am selben Abend brieflich scharf zurecht. »Hören Sie jetzt mal zu, Sie dummer Kindskopf. Das ist eines dieser Dinge, über die ich mich schon immer bei Ihnen geärgert habe. Sie scheinen einfach nicht fähig zu sein, zwischen wichtigen und gänzlich dummen Problemen unterscheiden zu können. Bei dieser Sache will ich um keinen Preis, dass meine Familie erfährt, dass ich nicht gerade ein leichtes Leben habe – das ist sehr, sehr wichtig für mich. Ich habe hundert, zugegebenermaßen egoistische Gründe dafür, die Sache geheim zu halten ... Mit Ihnen bin ich etwas aus meinem Schneckenhaus herausgekommen, bitte lassen Sie mich das nicht bereuen.«[75] Und sie beschwor Carl, nie mehr mit Dritten über sie zu reden und sich vor Richard herauszureden, falls er Carl auf ihre Krankheit ansprechen sollte.

Damit erklärte sie die Sache für erledigt. Carl entschuldigte sich mit seinem Alkoholkonsum, und beide sprachen jahrelang nicht mehr über den Vorfall, setzten – »gar net ignorieren« – ihre Beziehung fort, als sei nichts gewesen. Es schien, als brauchten sie einander zu sehr, um den anderen loslassen zu können. Vicki war auf Carl angewiesen, weil er sie geistig anregte und weil sie bei irgendjemandem Dampf ablassen musste. Carl wiederum schien eine fürsorgliche und strafende »Mutter« zu brauchen, wie Vicki selbst vermutete. Doch offensichtlich konnte keiner von beiden wirklich vergessen. Carl trug schwer an Vickis Zurechtweisung oder hatte (wie Vicki glaubte) einfach nur ein schlechtes Gewissen. Sie schien Carl in geradezu demonstrativer Weise weiter ihr Vertrauen zu schenken, zog vor ihm bald wieder ungeniert über Dritte her, doch letztendlich konnte sie seine Illoyalität nicht verzeihen. Im Grunde ihres Herzens war sie ihren Freunden wie ihrer Familie gegenüber unbedingt loyal. Und deshalb hatte sie kein Verständnis dafür, dass ein Mitglied ihrer Familie – und als solches betrachtete sie Carl – einem weitläufigen Bekannten wie Gregor Piatigorsky eine solch heikle Information anvertrauen konnte.

So ist in Vickis Briefen an Carl seit dem Vorfall eine größere Distanz spürbar. Offensichtlich hatte die unvermeidliche letzte Phase der »Ernüchterung« eingesetzt. Bald würde Vicki Carl Ostertag sehen, wie sie die Amerikaner in *Kristall im Lehm* beschrieben hatte: als kindlichen, verantwortungslosen Charakter, der sein Leben lang auf der Flucht vor sich selbst war. Manchmal schien es, als bestrafe sie ihn geradezu dafür, dass er ihr so wenig ebenbürtig war. »Carl ist ein seltsam amorphes Lebewesen«, schrieb sie sechs Jahre später an die gemeinsame Freundin Elizabeth Lyons. »Er hat kein Zentrum, keine Substanz, und zugleich keine Haut, die seine Gallertmasse überdeckt. Verletzlich ist gar kein Wort dafür. In vielerlei Hinsicht ist er wie ein Fünfjähriger in seinen Tagträumen gefangen, ist willig, liebenswert und begabt wie ein kleines Kind. Aber bei einer Person, die über vierzig ist, ist das irgendwann ermüdend.«[76] Doch wie verhielt sie sich selbst? Vicki konnte mit solch einem »Nichts«, solch einer »Masse« über ihre tödliche Krankheit sprechen, die sie vor Mann und Kindern verbarg. Dass sie sich in puncto Fluchtstrategien selbst gut auskannte, schien sie ebenfalls zu ignorieren.

Im November 1952 bekam Vicki in Los Angeles Besuch von einem »tapferen, aber tief verstörten und unglücklichen« Fritz Landshoff. Er teilte ihr mit, dass er nach nur sechs Monaten

im Streit aus der Geschäftsleitung des Verlages Kiepenheuer &
Witsch in Köln ausgeschieden sei. Vicki war empört, da ihr eigenes Schicksal so eng mit dem des Freundes und langjährigen Verlegers verknüpft war. »Aus einem Gefühl der Verbundenheit, der
gemeinsamen Erfahrungen, der langen reibungslosen Zusammenarbeit«[77] war sie ihm erst zu S. Fischer, dann zu Kiepenheuer &
Witsch gefolgt. Der Verlag hatte die Rechte an vielen ihrer älteren Romane von S. Fischer erworben, und gerade erst hatte sie
bei den Kölnern einen Vertrag unterschrieben. Darüber hinaus
hatte Kiepenheuer & Witsch vor kurzem *Kautschuk (Cahuchu)* herausgebracht, plante eine Neuauflage ihrer alten Novellen und
wollte im nächsten Jahr *Vor Rehen wird gewarnt* sowie eine deutsche
Übersetzung von *The Mustard Seed* veröffentlichen. Nur deshalb
blieb »die Baum«.

Das Ausscheiden Landshoffs empfand sie gleichwohl als Skandal. »Ich vermute«, erklärte sie Carl nach Landshoffs Besuch,
»drüben passiert gerade Folgendes: Vor drei Jahren hat man einen amerikanischen Staatsbürger nichtarischer und unfaschisti-
scher Couleur gebraucht, um einen Verlag aufzubauen, jetzt ist
das Gegenteil der Fall. Zudem ist der Verlag in eine lukrative Beziehung zu unserem State Department eingetreten, was zu einer
verdeckten Veröffentlichung von Pro-US- und Antisowjet-Stoff
führen wird. Das ist für meinen Teil in Ordnung, aber es scheint
nicht gerade, als ob *The Mustard Seed* in diesem Klima gedeihen
würde.«[78]

Laut einem Memorandum des Verlags Kiepenheuer & Witsch
war durch Vermittlung Landshoffs und seines Geschäftspartners
Fred van Eugen eine beträchtliche Summe für die Rechte an Vi-
cki-Baum-Büchern an den S. Fischer Verlag geflossen, die man
dort wiederum zur Tilgung von Verbindlichkeiten gegenüber
Landshoff und van Eugen, den Gläubigern des inzwischen aufgelösten Amsterdamer Bermann-Fischer/Querido-Verlags, verwandte. Vicki Baum hatte von der exorbitanten Einmalzahlung
keinen Pfennig gesehen, obwohl Verleger Joseph Caspar Witsch

bei den Verhandlungen angenommen hatte, dass ein »wesentlicher Teil des Kaufpreises an Frau Baum ginge«.[79]

Aus deren Perspektive stellte es sich anders dar. Für sie war eine ähnliche Situation wie 1931/32 eingetreten, als sie sich im Streit um die amerikanischen Rechte von Ullstein getrennt hatte. Wieder fühlte sie sich »wie eine Ware« behandelt. Als Schuldigen machte sie diesmal den Verlag Kiepenheuer & Witsch aus – auf Fritz Landshoff, dessen Rolle bei dem Geschäft undurchsichtig bleibt, ließ sie nichts kommen. Man hatte einem Freund Unrecht getan, und das verletzte Vicki Baum. Nachdem sich Witsch von Landshoff getrennt hatte, stellte sich Baum nun auf den Standpunkt, dass sie der Übertragung der Rechte an den Verlag zu keiner Zeit ausdrücklich zugestimmt hätte. Sie ging jedoch nicht so weit, den Vertrag mit den Kölnern zu kündigen. Zwar schlief ihr Kontakt zu Landshoff nun – aus welchen Gründen auch immer – völlig ein, aber J. C. Witsch hatte sich in dem Augenblick, in dem er sich von Landshoff getrennt hatte, alle Chancen auf ein harmonisches Auskommen mit ihr verscherzt. Bald sah sich der Verleger mit schier endlosen »freundlichen Auseinandersetzungen« konfrontiert. Nicht mit der Autorin direkt – offenem Streit ging Vicki Baum bekanntlich aus dem Weg. Ihr neuer Vertreter hieß Felix Guggenheim.

In ihm hatte Baum nach vielen Jahren endlich einen Agenten und »Berater« gefunden, der es in Sachen Witz, Schlagfertigkeit und Geschäftssinn mit ihr aufnehmen konnte. Sie vertraute dem ehemaligen Verleger und Vorstand der Deutschen Buchgemeinschaft bald blind und sagte vor Freunden über den Mann, der auch Erich Maria Remarque gegenüber Kiepenheuer & Witsch vertrat, er sei »grundehrlich« und »so effizient und so enthusiastisch wie ein Kampfhahn«.[80] Der gelernte Jurist schloss für seine Klientin nicht nur viele lukrative Verträge mit deutschen, österreichischen und schweizerischen Buchgemeinschaften ab, er handelte für sie auch einen guten Vertrag mit Kiepenheuer & Witsch aus, der ihr ab 1953 eine monatliche Garantie-Vorauszahlung von 400 Dollar auf ihre deutschen und ausländischen Tantiemen zusicherte. Vicki Baum wollte 1953 sicher noch nicht in Rente gehen, aber eine solche Alterssicherung schien ihr sinnvoll.

Der mit allen Wassern gewaschene Guggenheim und die sich erst einmal zierende Autorin ergänzten einander trefflich. Während Baum ihrem deutschen Verleger freundlich unverbindliche, mit Ironie gespickte Briefe schickte und diesem versicherte, sie verstehe wirklich »nicht das Geringste vom Geschäftlichen«, preschte ihr impulsiver Bevollmächtigter vor. Als Baum im Dezember 1952 dringend auf Witschs Reaktion auf *Kristall im Lehm* wartete, war es Guggenheim, der einen mahnenden Brief nach Köln schickte: »Da Landshoff seine Autoren mit pünktlichem und verständnisvollem Reagieren auf neue Manuskripte sehr verwöhnt hat, ist Vicki Baum sehr enttäuscht, von Ihnen nichts [unterstrichen] über das neue Buch gehört zu haben. Ein right letter wäre am Platz. a) enthusiastisch, wenn Sie enthusiastische Eindrücke hatten. b) freundlich, auch wenn Sie Ihre Option nicht ausüben wollen. Das Telegram rate ich aus diplomatischen Gründen, es verpflichtet Sie zu nichts.«[81]

Witsch ließ sich keineswegs unter Druck setzen und schrieb Baum im Februar, es sei ein »großartiges, ein interessantes und ungemein spannendes Buch«, er äußerte aber zugleich die Befürchtung, »der naive deutsche Leser« könne nach der Lektüre den Eindruck haben, dass »eben alle Amerikaner halb verrückt sind«.[82] Deshalb griff er gern auf Baums eigenen Vorschlag zurück, dem Buch ein erklärendes Vorwort vorauszuschicken. Sie erfüllte seine Bitte und schrieb ein Vorwort, ließ aber in ihrem Antwortbrief an den Verleger zwischen den Zeilen erkennen, dass sie es als Zumutung empfand, nach fünfzehn Jahren wieder etwas auf Deutsch zu schreiben und »für etwas, das man aus einem Muss heraus geschrieben hat, abschwächende Entschuldigungsgründe zu finden«.[83]

Vicki Baum war eine schwierige und anspruchsvolle Autorin geworden, der man es kaum noch recht machen konnte. Sie wünschte die totale Kontrolle über die deutschen Übersetzungen ihrer Romane. Darüber hinaus wollte sie bei den Umschlägen, bei der Titelgebung und bei den Werbemaßnahmen mitreden. Vor allem aber erwartete sie, dass man sie hofierte und als Schriftstellerin ernst nahm. J. C. Witsch tat dies durchaus. Er schätzte die »Solidität ihrer Arbeit«, wie er Felix Guggenheim später schrieb, er sei aber »weit davon entfernt, ihre Bücher für Beiträge der großen Literatur zu halten. Ich beklage aber sehr, dass unsere Unterhaltungsliteratur ... so wenig Begabungen hat, die sich mit ihr messen können«.[84]

Obwohl sie anerkennend gemeint waren, mussten Vicki Baum diese direkten und offenen Worte ihres Verlegers kränken, berührten sie doch einen wunden Punkt bei ihr. Sie hatte Witsch gleich zu Beginn ihrer Zusammenarbeit zugestanden, dass er einige ihrer Bücher getrost »in ein bescheidenes Unterhaltungseckchen« stellen könne, andere allerdings wollte sie »in die nicht zu schlechte oder langweilige Kategorie des Zeitromans« oder gar »in etwas bessere Gesellschaft« eingeordnet wissen.[85] Witschs Einschätzung dürfte ihre Meinung bestätigt haben, dass sie in Deutschland nur als »Unterhaltungsautorin« galt. Sie wollte offenbar nicht sehen, dass es vor allem die (mit ihr abgestimmte) Verkaufspolitik Felix Guggenheims war, die diesen noch aus der Ullsteinzeit stammenden Ruf zementierte. Je mehr hoch dotierte Buchgemeinschaftsverträge er für sie abschloss, je mehr billige Vicki-Baum-Ausgaben auf den Markt kamen, desto stärker wurde sie als Autorin entwertet. Baum hingegen schob J. C. Witsch den Schwarzen Peter zu. Ihrer Meinung nach sorgten er und seine Werbeabteilung nicht in ausreichendem Maße dafür, dass sie als »ernsthafte« Autorin wahrgenommen wurde, und sie war bitter enttäuscht darüber, dass sich ihre Neuauflagen und Erstausgaben in Deutschland im Schnitt nur noch zwischen 5.000 und 15.000 Mal verkauften.

Am 24. Januar 1953 wurde Vicki fünfundsechzig Jahre alt. Geburtstagen sah sie grundsätzlich mit gemischten Gefühlen entgegen, diesem Tag ganz besonders. Am liebsten hätte sie ihn »gar net ignoriert«, teilte sie Freunden wie Carl Ostertag mit und erklärte schon im Vorfeld: »Ich habe dieses Jahr keinen Geburtstag, und wer mich auch nur ein bisschen mag, wird diesen Tag komplett ignorieren.«[86] Vickis Freunde und ihre Familie hielten sich natürlich nicht daran, und aus der ganzen Welt gingen Glückwünsche ein.

In den USA war das Echo vergleichsweise gering, da Baum hier ja bekanntlich erst siebenundfünfzig wurde. Doch in Deutschland, wo pünktlich zum Jubiläum *Vor Rehen wird gewarnt* in der Übersetzung Carl Ostertags erschienen war, wurde die Autorin aus Amerika gebührend gefeiert. Joseph Caspar Witsch gratulierte mit einer Kiste Nahewein – die Flaschen gingen leider beim Transport zu Bruch – und ließ Baum Kopien der Geburtstagsartikel zuschicken. Die Sendung löste ambivalente Gefühle bei der Empfängerin aus. Einerseits schien Vicki der Rummel um ihre Person zu schmeicheln. Andererseits hasste sie es, in Verbindung mit ihrem Alter gefeiert zu werden. Viele deutsche Zeitungen hatten ihre Artikel mit alten Fotos bebildert. Sie zeigten die Autorin auf dem Höhepunkt ihrer Karriere in Deutschland mit Mitte vierzig und brachten Vicki Baum auf schmerzliche Weise ihr Alter zu Bewusstsein. »Das geliebte Vaterland hat, Gott behüte, den Geburtstag der betagten Schriftstellerin wieder groß gefeiert, mit Radio-Vorträgen und ganzen Seiten in den Zeitungen, siehe Abbildung, ein Jugendbild der betagten Schriftstellerin, eigentlich gar nicht mehr so jung, ungefähr in Ihrem Alter; da sehen Sie aber, warum es wehtut, alt zu werden«, schrieb sie dem dreiundvierzigjährigen Carl erstaunlich direkt und diesmal auf Deutsch, und legte ihm einen Artikel bei.[87] Wenig später bedankte sie sich freundlich-ironisch bei Witsch für seine Postsendung: »Ohne diese Erinnerung hätte ich gar nicht gemerkt, dass ich wieder ein Jahr älter geworden bin.«[88]

Nur die engsten Freunde wussten, wie sehr Vicki unter ihrem Alter litt. Ihre Familie belastete sie mit solchen Dingen nicht. »Sie beklagte sich nie über Falten und war in dieser Hinsicht alles andere als eitel«, sagt Sohn Wolfgang. Wenn Baum jetzt aber in den Spiegel sah, schaute ihr ein »hässlicher alter Krampen« entgegen. Ihr Äußeres gab mittlerweile einen Eindruck davon, was es sie kosten musste, jeden Tag eine erzwungene Normalität aufrechtzuerhalten. Auf den wenigen erhaltenen privaten Fotos aus der Zeit von 1950 bis 1953 wirkt sie niedergedrückt, müde und verbraucht. Eine Aufnahme aus dem Sommer 1951, von einem Urlaub auf Hawaii, zeigt sie in einem weißen Sommerkleid, ein dunkles Häkelkäppchen auf dem unordentlichen blonden Wuschelkopf. Sie lächelt scheu in Richards Kamera. Ihr Gesicht scheint um Jahre gealtert, ihr Rücken ist gekrümmt.

So wollte sie sich der Welt bei der Präsentation ihres neuen Buches keineswegs zeigen. Und da sie sich inzwischen wieder frischer und gesünder fühlte, krönte sie ihre neu gewonnene Vitalität mit einem Facelifting. Sie verglich es mit einem »neuen Kleid, das etwas mehr aussieht wie ich selbst«.[89] Anfang Juli 1953, als Richard in Santa Barbara und Wolfgang in seinem neuen Job als Vertreter für Skibekleidung unterwegs war und ganz Los Angeles unter einer Hitzewelle ächzte, suchte Vicki eine Klinik in L. A. auf und ließ den Eingriff vornehmen. Ihre Haut wurde gestrafft und die Wangen unterpolstert. Als Bonus, schrieb sie Carl später scherzhaft, hatte ihr der Arzt Löcher in die Ohrläppchen gestochen. Carl hatte inzwischen in San Francisco eine Lehre als Silberschmied absolviert. Nun könne sie, schrieb Vicki ihm, all den Schmuck tragen, den er in den letzten Monaten für sie angefertigt hatte. Seither trug sie auf jedem Foto Ohrringe.

Nach der Operation mied sie zwei Wochen lang die Öffentlichkeit. Schon drei Tage später fand sie, das Ergebnis sei die Mühe wert gewesen. Sie sehe jetzt zwar »keinen Tag älter, aber bestimmt auch nicht schöner als 63« aus, meinte sie brieflich zu Carl und beschwor ihn, bloß niemandem von diesem »überaus vernachlässigenswerten kleinen Eingriff« zu erzählen, »weder betrunken noch nüchtern, schwören Sie es!«.[90]

Obwohl die Schönheitsoperation zu ihrer Zufriedenheit verlaufen war, hatte sie Folgen für Vickis Gesundheit. Am Ende der selbst auferlegten Quarantänezeit kollabierte sie nach dem morgendlichen Bad auf der Treppe ihres Hauses. Mary, ihre bewährte Köchin und Haushälterin aus den Südstaaten, fand Vicki am Treppenabsatz. Sie konnte sich nicht mehr bewegen und verlor in kurzen Abständen immer wieder das Bewusstsein. Sehr wahrscheinlich hatte sie einen Hörsturz erlitten. Da Mary Schwiegertochter Ruth Lert nicht erreichen konnte, rief sie Gretl Dupont an, die sofort einen Krankenwagen alarmierte. Im Krankenhaus verabreichte man Vicki Medikamente, sodass Ruth sie schon am Abend wieder mit nach Hause nehmen konnte. Danach habe sie sich »so gut wie neu, sehr leer und sehr hungrig« gefühlt, berichtete sie Carl später.[91]

The Mustard Seed (Kristall im Lehm) brachte Vicki Baum wie erwartet wieder ins Gespräch. Sie hatte in Los Angeles neue Werbefotos aufnehmen lassen, auf denen sie so jung und frisch wie circa 1943 wirkte, als sie ihre letzten großen Erfolge gehabt hatte. Anfang September 1953 reiste sie in Begleitung Carls zu Publicityauftritten nach New York und gab wie früher Radiostationen und Zeitungen Interviews. Dial Press warb mit einer einseitigen Anzeige in der *New York Times Book Review*. Das Buch kam am 15. September heraus und wurde von allen wichtigen US-Medien besprochen. Insgesamt waren die Kritiken erstaunlich ausgewogen, mit sehr positiver Tendenz. Die meisten lobten Vicki Baum für ihre Kunstfertigkeit. Niemand ritt auf ihrem Image als Autorin von *Grand Hotel* herum oder brachte ihr Buch mit »Unterhaltungsliteratur« in Verbindung. Allerdings las man es auch nicht politisch oder hielt es für hohe Literatur. Die *New York Times* brachte neben einem großen Interview mit der Autorin eine der treffendsten Besprechungen. »Man wird Miss Baums neuen Roman für das seltsamste Buch des Jahres halten, vielleicht auch für das wichtigste. Mit Sicherheit ist es das fesselndste. ›The Mustard Seed‹ ist weniger eine durchgängige Erzählung als eine Anhäufung klinischer Fälle, so überzeugend, so kunstvoll und, in den meisten Fällen, so voller Sympathie dargestellt, dass der Leser sich so unbehaglich wie ein heimlicher Lauscher fühlen mag.«[92] Es war sicherlich nicht das, was Vicki Baum erwartet hatte, aber sie war, gerade auch mit dieser Besprechung, »zufrieden«, sagte sie – und sie meinte es offenbar so, wie sie es sagte. Ihr Buch verkaufte sich in den USA immerhin knapp 20.000 Mal. Auch das nahm Baum mit einer erstaunlichen Gelassenheit. Im November 1953 konstatierte sie sachlich: »*The Mustard Seed* hatte sein kurzes Rennen und geht nun friedlich schlafen, weder ein Flop noch ein Erfolg.«[93] Nur eines bereute sie wirklich: zu Dial Press gewechselt zu sein und so lächerlich viel Energie darauf verschwendet zu haben, »jemand anderes sein zu wollen«.[94]

Wie immer, wenn Vicki Baum längere Zeit als Hausfrau, Mutter und Großmutter in Los Angeles verbracht hatte, meldete sich der andere Teil ihres »schizophrenen Selbst«, und die »Egoistin in mir« verlangte ihr Recht. Im Herbst 1953 war es nicht anders gewesen. Sie hatte es kaum erwarten können, aus Los Angeles herauszukommen und wieder »für eine Weile unterwegs und ich selbst« zu sein. Wenigstens das, denn seit ihrem letzten Schwächeanfall hatten ihr die Ärzte das Fliegen verboten, selbst eine Zugfahrt war jetzt ein Gesundheitsrisiko. Seither bestand Richard darauf, dass sie auf längeren Strecken nicht mehr allein reiste. Deshalb war sie mit dem Auto und in Begleitung Carls nach New York gefahren, auf dem Rückweg holte sie Wolfgang mit dem Wagen aus New York ab.

Das Reisen von Küste zu Küste war nun Vicki Baums maximale Entfaltungsmöglichkeit. Die Einschränkung ihrer Bewegungsfreiheit war nur einer der Tribute, die sie für die zermürbende Arbeit an *Kristall im Lehm* zahlen musste. Nach ihrer Rückkehr aus New York versank sie im Dezember 1953 in eine tiefe Depression, die schlimmer war als die übliche Niedergeschlagenheit nach jeder längeren Reise. Um gerade dies zu verhindern, bloß nicht in den »Abgrund« des Nichtstuns und der Leere zu stürzen, hatte sie sich, noch in New York, dazu entschlossen, eine Romanbiographie über ihren Freund Walter Spies zu beginnen. Doch sie hatte ihre Kräfte überschätzt. Eine Mittelohrentzündung fesselte sie nun für mehrere Wochen ans Bett, sodass sie erst im Februar mit dem ersten Kapitel über Walter Spies' (fiktives) Leben im Berlin der zwanziger Jahre beginnen konnte. Im nächsten Vierteljahr erkämpfte sie sich etwa 150 Seiten. Aber letztlich waren die Hemmnisse zu stark. Sie bekam das Projekt einfach nicht in den Griff.

In Phasen von Traurigkeit hatte sie sich bisher damit getröstet, »es doch alles gehabt zu haben«[95]. Diese hoffnungsvolle Selbstversicherung schien jedoch nur dann zu funktionieren, wenn das Leben ihr noch eine erstrebenswerte Möglichkeit bot, ihr in ihren eigenen Worten: »noch eine Karotte vor die Nase« hielt. Nach *Kristall* hatte sich bei ihr das Gefühl verfestigt, dass es nichts mehr gab, worauf sie sich noch freuen konnte. Die Alltagsrituale, die ihr so lange Halt gegeben hatten, erschienen ihr jetzt nur noch wie ein billiger Trost für die Würze, die ihrem Leben fehlte. Nach dem obligaten Vier-Stunden-Schlaf nahm sie das morgendliche heiße Bad gegen 10 Uhr, um die Steifheit aus ihren Gliedern zu vertreiben, danach stand ein ausgedehnter Brunch mit Richard auf dem Programm, anschließend fuhr sie in die Stadt, um Besorgungen zu machen, erledigte dann die Post und die wichtigsten Telefonate. Später zwei, drei Stunden Gartenarbeit, und nachdem Richard abends nach Pasadena gefahren war, endlich das Schreiben, der erste Teil der Reise in die Einsamkeit. Gegen Mitternacht, wenn Richard zurückkam, plauderten sie gewöhnlich noch über den Tag, nahmen sie vielleicht gemeinsam einen kleinen Imbiss ein. Danach zog sich Vicki wieder in ihr Arbeitszimmer zurück und schrieb bis zum Morgengrauen.

Dieser Alltag erschien ihr auf einmal trister denn je. Sie empfand zwar Freude bei der Pflege ihres 2.000 Quadratmeter großen Gartens und in Gesellschaft ihrer Enkel Peter Sebastian und seiner 1950 geborenen Schwester Valentina, doch ihr war überaus bewusst, dass dies nur Ersatzbefriedigungen für das waren, was ihr früher wichtig gewesen war, Reisen, Tanzen und Erfolg.

Nach außen hin ließ sich Vicki Baum nichts anmerken. Wie zu allen Zeiten ihres Lebens verlangte sie sich ein »fröhliches Kopfhoch« ab. Sie begleitete Richard zu Konzertpremieren, nahm Ruth so oft wie möglich die Kinder ab, fuhr seit Anfang der fünfziger Jahre im Mai oder Juni mit Richard in den Urlaub, richtete zu Ostern wie gewohnt eine große Familienfeier aus. Doch ihre Rolle als fröhliche Matriarchin strengte sie auch an, gestand sie Carl. Sie war gelangweilt, deprimiert, vielleicht überfordert, fühlte sich ob der Familienverpflichtungen »eingemauert«. Hinzu kam die quälende literarische Untüchtigkeit.

Vicki Baum musste sich zu diesem Zeitpunkt eingestehen, dass ihr künstlerischer Ehrgeiz versiegt war. Sie quälte sich inzwischen mit dem Schreiben, brauchte abends mindestens eine Stunde, um sich in Schreibform »zu peitschen«. Bald fürchtete sie, dass die Walter-Spies-Biographie kein kommerzielles Potenzial hatte. Probleme bereitete ihr nicht zuletzt die ungewohnte Ich-Perspektive, in der sie sich selbst als Person in die Geschichte einbringen wollte. »Über einen Menschen zu schreiben, der sich in 1941, als deutscher Zivilgefangener der Holländer, vom Leben empfahl – das hat so etwas Verblasstes an sich. Zumindest von diesem atemlos hastigen Ländchen aus gesehen. Ich lass es also liegen, um vielleicht später einmal drauf zurückzukommen«, schrieb sie Joseph Caspar Witsch im Mai 1954.[96] Das Projekt »Walter Spies« sollte ein Fragment im Anfangsstadium bleiben.

Die stolzen Großeltern mit Peter und Valentina in den frühen 50er Jahren

Rastlos wandte sich Vicki einer erfolgversprechenderen Geschichte über ein Eisenbahnunglück zu, das im Januar 1952 in den USA durch die Nachrichten gegangen war. Ein Zug aus San Francisco mit 300 Passagieren an Bord war damals auf den Gipfeln der Sierra-Nevada-Berge von einer Lawine überrollt worden und konnte erst nach drei Tagen befreit werden. Es war ein typischer Vicki-Baum-Stoff à la *Grand Hotel*, der reichlich Gelegenheit bot, Figuren unterschiedlichster Couleur zusammenzubringen und ihre Konflikte auszuarbeiten. Für die Recherchen reiste Vicki im Sommer 1954 wieder einmal nach San Francisco, ihre Lieblingsstadt an der Westküste. Doch im Herbst fühlte sie sich körperlich wieder schwächer, das Projekt stockte. Zum wiederholten Mal plagten sie ernsthafte Zweifel, ob sie nicht völlig aus der Mode gekommen sei. Doch selbst in dieser fast verzweifelten Situation schrieb sie Nacht für Nacht weiter. Das Schreiben sicherte ihre innere und äußere Unabhängigkeit, gab ihrem Leben eine Struktur. Auch wenn es zum ersten Mal zugleich eine Fron war. »Das Leben wäre so langweilig ohne Schreiben, und man muss ja auch seinen Lebensunterhalt verdienen, Bruder«, schrieb sie Carl im Herbst 1954.[97] Es war sowohl ein Hilferuf als auch ein kleiner boshafter Seitenhieb gegen den Empfänger. Denn Carl hatte soeben eine Erbschaft angetreten, musste sich daher augenblicklich keine Sorgen um seinen Lebensunterhalt machen. Vicki beneidete den Freund darum, zumal er sich entschlossen hatte, mit dem Geld zu reisen. »Carlitos« auslebbares Fernweh brachte ihr schmerzlich zu Bewusstsein, dass sie das ihre nicht mehr stillen konnte – mit oder ohne Geld.

Dabei hätte sie, bei objektiver Betrachtung, inzwischen wohl selbst nicht mehr arbeiten müssen. Von einer monatlichen Privatrente, die sie seit ihrem neunundfünfzigsten Lebensjahr bezog, den Tantiemen aus Deutschland, Europa und Südamerika sowie Richards Einkommen hätte sie sicherlich weiterhin ihren Ansprüchen gemäß leben können. Aber Vicki hatte sich und ihre Familie sehr verwöhnt. Zudem glaubte sie, dass ihr das Geld unter den Fingern zerrinnen würde, wenn sie aufhörte zu arbeiten. Als im Dezember 1954 ein Scheck ungedeckt an sie zurückging, war sie alarmiert: »Das passiert Schriftstellern, wenn sie nicht schreiben.«[98] Sie war überzeugt, wenn sie kein *frisches* Geld verdiente, würde sie sicherlich noch als *Schriftstellerin in Rente* sterben. Beides wollte Vicki nicht, weder Pension noch sterben.

Da ihr letzter Versuch gescheitert war, als Künstlerin Anerkennung zu finden, blieb nur das Geldverdienen als altbekannte Triebfeder ihres Schreibens. Ein New-York-Besuch über Weihnachten 1954 brachte eine unerwartete Wende. Nachdem Don Elder inzwischen bei Doubleday ausgeschieden war, traf sich Vicki mit Ken McCormick, zu dem der Kontakt nie ganz abgerissen war. Das Gespräch vermittelte ihr den entscheidenden Impuls für ein neues Buchprojekt, dem späteren *Written on Water* (*Flut und Flamme*).

Es kam zwar noch kein neuer Vertrag zustande, doch Vicki Baum war wieder im Spiel.

Währenddessen flog Richard nach Mannheim, um zwei Konzerte an seiner alten Wirkungsstätte zu geben. »Es ist ein erschütterndes Wiedersehen«, meinte er angesichts der traurigen Kriegszerstörungen vor Ort in einem Zeitungsinterview. Vom alten Mannheim war wenig übrig geblieben. Die alte Oper, der Rosengarten, fast alles war zerstört. Auf die Frage des Reporters, warum seine berühmte Frau ihn nicht begleitet habe, antwortete Richard: »Vielleicht kommt sie im späten Frühjahr nach Deutschland. Sie hat ein wenig Angst vor'm Wiederseh'n.«[99]

Diese Antwort war ebenso offenherzig wie verhüllend. Offenherzig, weil Vicki ihre »Angst vorm Wiederseh'n« selbst wohl nie zugegeben hätte, verhüllend, weil Richard unbewusst Vickis Strategie der Realitätsflucht und des magischen Denkens folgte. Seit Bali glaubte sie nämlich, dass ein Wunsch in Erfüllung gehen würde, wenn man ihn nur aussprach, in die Welt schickte. Wenn sie also gegenüber Richard und ihren Freunden wiederholt davon sprach, Carl Ostertag »im späten Herbst« in Berlin treffen zu wollen, um »herauszufinden, ob es mich zum Schreiben motiviert, Berlin nach so vielen Jahren wiederzusehen«,[100] war dies eine Beschwörung, kein konkreter Plan. In den nächsten Jahren kündigte sie ihrem Verleger Joseph Caspar Witsch in schöner Regelmäßigkeit ihr Kommen an. Doch sobald es ernst wurde, war sie entweder krank, oder sie hatte, wie sie Freunden wie Carl »anvertraute«, einfach »keine Lust«. In Wahrheit durfte und konnte sie nicht mehr fliegen. Und die Reise per Schiff hätte sie in ihren Augen wohl endgültig zur *Erbtante aus Übersee* gemacht.

Während ihr eigener Bewegungsradius immer eingeschränkter wurde, entwickelte Richard im Alter zunehmend Gefallen am Reisen. Vicki sah es mit Erstaunen. Richard überlege sich sogar, seinen Ruhestand in New York zu verbringen. »Wann immer das sein wird, wahrscheinlich niemals«, bemerkte sie sarkastisch gegenüber Carl.[101] Bei einer anderen Gelegenheit stichelte sie, Richard glaube noch immer, er sei »nicht älter als 25«. Aber sie musste selbst zugeben, was allen auffiel, die Richard »Hans« Lert in diesen Tagen in Mannheim begegneten: Er hatte etwas unzerstörbar Jugendliches an sich, blieb schlank, hielt sich gerade, und seine Augen leuchteten, nicht nur, wenn er von seinen Musikprojekten sprach.

Voller Ehrgeiz begann Vicki im Frühsommer mit dem neuen Roman für Doubleday. Wenig später brach sie erneut zusammen. »Probleme mit den Ohren, Herzprobleme, was auch immer.« Nach diesem Kollaps, versicherte sie Carl wie schon so oft, habe sie sich »wie neugeboren« gefühlt.[102] Tatsächlich schloss sie *Written on Water (Flut und Flamme)* zügig ab, nahm aber später auf Ken McCormicks Rat hin noch umfangreiche Änderungen vor. Mit Hilfe dieses charmanten Lektors spielte Vicki Baum wieder auf ihrer reichen, gewinnbringenden Klaviatur. McCormick war es auch, der ihr im Frühjahr 1956 ein neues Projekt vorschlug – einen Ballettroman. Das Thema war vorbestimmt, darüber hinaus sollte Vicki freie Hand haben. Sie sagte zu.

Anfangs plante sie noch, mit einer Ballettruppe auf Tournee zu gehen, um einen »Hauch von Atmosphäre zu schnuppern«. Wie viele ihrer hochfliegenden Pläne in der letzten Zeit wurde auch dieser nicht in die Tat umgesetzt. Denn Vicki erkrankte an einer Bronchitis und konnte erst im Spätsommer '56 mit dem Schreiben beginnen. Zunächst machte es ihr noch Spaß, dem Geschehen einen sexuellen Unterton zu verleihen. Sie sah ihre Hauptfigur Katja Milenkaja als »eine Art Mae West, eine überstilisierte Striptease-Tänzerin, die sich einen Mann nach dem anderen schnappt, bis sie alle erledigt sind. Nur der erste Tänzer überlebt, um den krönenden Pas-de-deux mit ihr zu tanzen. Danach muss auch er sterben, und die sexy Königin wird von den impotenten Arbeitsbienen im Triumphzug zum Thron geleitet.«[103] Wenn auch niemand anderes Spaß daran habe, sie habe ihn jedenfalls, schrieb sie Carl, der inzwischen wieder in New York lebte.

Doch bald begann sie der Stoff, die alte Geschichte vom Aufstieg eines kleinen ehrgeizigen Mädchens zum Star, zu langweilen. Sie fand es »lächerlich«, eine so beschränkte Welt darzustellen, in der sich alles um das Tanzen drehte. Auch eine erneute Reise nach New York, die sie nun schon gewohnheitsmäßig mit Richard in der Weihnachtszeit unternahm, um der Hitze von Los Angeles zu entfliehen, brachte keine neuen Impulse. Im Februar 1957 litt sie unter einer »Schreibblockade, so groß und so scheußlich wie das Völkerschlacht-Denkmal in Leipzsch«. Sie brauche Carl, schrieb sie ihm, »damit Sie mir Raketen ins Hinterteil stecken«.[104] Aber Carl war seit Monaten im Orient und in Indonesien unterwegs, eine der vielen kleinen Enttäuschungen und Ernüchterungen, die Vicki in letzter Zeit hatte hinnehmen müssen. So quälte sie sich bis in den Herbst hinein allein mit ihrem neuen Opus. Noch bevor sie ein »Finis« daruntergesetzt hatte, schwor sie »nie wieder eine einzige Zeile zu schreiben«.[105] Natürlich meinte sie es nicht ernst, auch wenn ihr die massive Unterstützung eines Lektors wie Ken McCormick nicht gefallen konnte. Nach allem, was wir wissen, war es vor allem ihm zu verdanken, dass aus Vickis »Bandwurmroman« ein flottes, gut lesbares Buch wurde, das weitaus gelungener war als sein Vorgänger *Flut und Flamme.*

Am Abend des 29. September 1957, es fehlten ihr nur noch die letzten paar Seiten, klagte Vicki über tränende Augen, Kopf- und Gliederschmerzen. Es waren die ersten Symptome der Asiatischen Grippe, die sich zur zweitgrößten Pandemie des zwanzigsten Jahrhunderts entwickeln sollte. Der extrem gefährliche Erreger hatte gerade erst die USA erreicht, als Vicki Baum ihn als einen der ersten Wirte willkommen hieß. Sie überlebte, trotz einer Lungenentzündung, zu der noch eine Allergie gegen Antibiotika hinzukam.

Selbst erst halb genesen und noch sehr geschwächt, konzentrierte sich Vicki im November 1957 auf das »Gesundwünschen« von Wolfgang. Er war mit seiner Familie in die Schweiz geflogen und wartete in einem Basler Krankenhaus auf seine, wie Vicki hoffte, »finale« Darmoperation. Ruth informierte Vicki täglich in Briefen und Telegrammen, doch die wäre lieber selbst an Wolfgangs Seite geeilt, was aber, wie Ruth ihr versicherte, gar nicht nötig war. Im Dezember fuhr sie mit Richard nach New York. Wenn sie selbst schon nicht fliegen durfte, sollte wenigstens Richard von New York aus schnell an Wolfgangs Krankenbett reisen können. Die Lerts waren gerade in New York angekommen, da erreichte sie am 21. Dezember die Nachricht, dass Elisabeth Moses in einem Krankenhaus in San Francisco gestorben war. Doch weder der Tod ihrer ältesten Freundin noch die Nachricht von Komplikationen in Basel konnten verhindern, dass Vicki Baum ihren neuesten Roman in New York abschloss. Sie hielt sich an ihrer Schreibmaschine fest, um nicht in Trauer zu ertrinken.

Angeschlagen und von einem neuerlichen Infekt geschwächt, erlebte Vicki im Januar ihren siebzigsten Geburtstag daheim in Los Angeles. Ihre Einstellung zu dem Thema war unverändert. »Ich halte nicht viel von Geburtstagen und habe auch diesen weder betrauert noch celebriert«, schrieb sie später an »Meister« Lion Feuchtwanger, mit dem sie gutnachbarlich verkehrte.[106] Felix Guggenheim hatte Joseph Caspar Witsch allerdings schon im Vorfeld gemahnt, die Autorin »unter keinen Umständen« auf ihren runden Geburtstag anzusprechen, der ihr »ein Alter zu Bewusstsein [bringt], mit dem sie sich mit Recht nicht befreunden kann«. Vicki Baum sei »so aktiv und jung und produktiv …, dass niemand, der sie sieht, auch nur auf die Idee kommt, sie mit diesem Jubiläum zu associieren«.[107] Der höfliche Witsch – Europäer von Welt – ignorierte den Wink und gratulierte seiner Autorin mit einer großen Anzeige im Börsenblatt. Diese bedankte sich artig, aber mit säuerlichem Unterton: »Ich habe Ihnen für so viele Dinge zu danken, dass ich gar nicht weiß, wo ich damit anfangen soll«, schrieb sie ihrem Verleger. »Erstens also für das freundliche Gedenken an meinen Geburtstag, den ich sonst, wie alle andern Jahre, ignoriert und vergessen hätte. Ihr liebes Kabel, das feine Eau de Cologne, die generöse Gratulation mit Bild, die Guggenheim mir überreichte, na und so weiter und so weiter.«[108] Ihrem Freund Carl Ostertag gegenüber äußerte sie sich so: »Ich würde das nicht mal einem Hund wünschen. Im Übrigen würde das einem Hund auch gar nicht widerfahren – weder das hohe Alter noch eine solche Lawine von unerwünschter Post.«[109]

Im darauffolgenden März starb Emmy Lert. Richard, der sich in den drei Jahren nach dem Tod seines Bruders Ernst um seine Schwägerin gekümmert hatte, flog allein nach Baltimore, um Emmy in ihren letzten Tagen und Nächten die Hand zu halten. Vicki konnte nicht mitfliegen. Sie sprach Richard am Morgen der Beerdigung in einem Telegramm aber liebevoll Trost zu: »Liebes, ich bin jede Minute dieses schwierigen Tages bei dir. Garten, Haus, Abendessen und ein kleiner warmer Platz, wo du deinen Kopf ausruhen kannst, warten ungeduldig auf dich. Deine!«[110]

In diesem Monat ergänzte Vicki Baum ihren informellen Letzten Willen. Wieder wählte sie die Form eines Briefes an ihre Söhne (und Schwiegertöchter), der seine Empfänger vor dem Tod der Absenderin erreichen sollte.

»Bevor ich morgen offiziell mein Testament mache, möchte ich meinem Brief vom 5. November 1945 etwas hinzufügen. Meine Gedanken über Tod und Begräbnisse sind noch immer dieselben. Die praktischen Aspekte haben sich jedoch geändert, und deshalb möchte ich einige Ergänzungen machen. Ich habe immer noch keine Ahnung, wie viel oder wenig übrig bleibt, wenn wir gehen müssen. Ich weiß, dass Ihr mir keine Vorwürfe machen werdet, wenn es wenig ist. Macht mich andererseits bitte auch nicht dafür verantwortlich, wenn wir mehr ausgegeben haben, als Ihr angenommen habt. Unser Hauptanliegen war es immer und wird es bis zum Ende bleiben, unseren Kindern nicht zur Last zu fallen, weder finanziell noch auf andere Weise. Wenn wir also das Glück haben, in den Sielen zu sterben, umso besser. Sollte jedoch zuerst eine Phase teurer Altersschwäche und Krankheit eintreten, möchten wir versorgt sein. Deshalb knausern wir weder, noch stapeln wir die Pfennige, werfen das Geld aber auch nicht zum Fenster hinaus. Dies möchte ich Euch, in aller Bescheidenheit, als ziemlich verträglichen und angenehmen Lebensentwurf anempfehlen.

Mein ganzes Leben habe ich Millionen von Fassungen kopiert und neu geschrieben. Deshalb hoffe ich, dass Ihr mir diesen scheußlichen ersten Entwurf durchgehen lasst. Ich bin träge und müde, jedenfalls ist dies ein besseres Selbstporträt als eine fein säuberliche Fassung.«[111]

Literarisch schwach und »müde«, stellte sich Vicki Baum in diesem Dokument erstmals dem Unabänderlichen. Oberflächlich erscheint es so, als hadere sie nicht mehr länger mit ihrem Schicksal, als habe sie, zwar spät, noch zu einer bemerkenswerten Gelassenheit gefunden. Sie sprach geradezu absurd abgeklärt über das Altern, über ihre Erschöpfung und das Sterben, versteckte ihre Verletzbarkeit nun nicht mehr länger, trug sie sogar wie ein Schild nach außen. Das Aufbegehren, der Zorn, die beißende Ironie sind verschwunden, obwohl ihre Fixierung auf Geldangelegenheiten einen bitteren Unterton enthält. Der Ton ist so gedämpft, dass »Vicki« nicht mehr darin zu hören ist. Wenn man aber zwischen den Zeilen liest, wird deutlich, dass dies möglicherweise nur eine neue Maske war.

Die Schreiberin des Briefes ließ zwar die Zügel locker, tat dies aber in dem Bewusstsein, noch die Herrin zu sein. Vicki Baums größte Angst, das offenbart der Brief und bestätigt auch im Nachhinein ihre Familie, war nicht das Sterben, sondern die Möglichkeit der hilflosen Senilität und Pflegebedürftigkeit. Ihr Alptraum war es, die Kontrolle über sich selbst zu verlieren. Und noch bis über diesen Punkt hinaus wollte sie die Zügel in der Hand halten. Finanziell würde für Richard und sie gesorgt sein.

Sie mochte ihren Kindern weder als Pflegefall noch sonst wie zur Last fallen. Aber das Sterben der »Alten«, so deutete Baum an, könnte vielleicht das Erbe der Kinder und Enkel dezimieren.

Die Sorge um das Materielle trieb Vicki Baum noch immer an. Aber sie hatte erkannt, dass sie nicht mehr die Kraft und die Energie zum Schreiben hatte. Sie würde nie aufhören, sich um das Wohlergehen ihrer Kinder zu sorgen. Aber sie hatte in den letzten Wochen und Monaten begriffen, dass sie Wolfgang loslassen konnte. Dieser hatte seine schwere Kolostomie-Operation mit Hilfe seiner Familie gut überstanden, und als Mitinhaber einer Firma für den Import und Vertrieb von hochwertiger Skibekleidung war er auch beruflich auf einem guten Weg. Er würde also in Zukunft auch ohne sie zurecht kommen. Um Peter hatte sich Vicki derlei Sorgen nie gemacht. Ihr Jüngster war als landwirtschaftlicher Berater an der Universität von Berkeley tätig. Anfang der fünfziger Jahre hatte er die junge Amerikanerin Bonnie Randall geheiratet. Das sportliche Paar, das einander bei einem Reitturnier begegnet war, lebte mit seinen beiden Kindern Randall, »Randy« (zur Welt gekommen 1953), und Tracey (geboren 1955) glücklich amerikanisch im kalifornischen Modesto. Vermutlich, weil Peter das Deutschland und Österreich des Krieges als einziges Familienmitglied sehr bewusst gesehen und erlebt hatte, strebte er nach der Heimkehr nach tiefer Verwurzelung in der amerikanischen Gesellschaft. Viele Jahre zuvor hatte Vicki Baum in *Marion* ironisch verfremdet geschildert, wie sich Peter als Junge »mit Höchstgeschwindigkeit« an die neue amerikanische Umgebung angepasst hatte und rasch zu einem »vollkommenen Amerikaner« geworden war: »Mit seiner unbeschwerten, ruhigen, praktischen Veranlagung passte er in die neue Welt wie die Schraube in die Mutter.«[112] Die bewusst US-amerikanische Lebensweise ihres Sohnes konnte Vicki nicht verurteilen, aber wirklich sympathisch war sie ihr nicht. Peter, das war ihr wohl immer bewusst, hatte mehr von ihren Genen geerbt als Wolfgang. Eben diese Ähnlichkeit erforderte – und bewirkte tatsächlich –

eine gewisse Distanziertheit zwischen den so ähnlich Veranlagten. Vicki liebte ihre Söhne nicht auf dieselbe Weise, und ihre Söhne liebten sie nicht auf dieselbe Weise. Trotzdem war die Liebe und das Gefühl von unlösbarer Verbundenheit in der Familie Lert kein frommer Wunsch, sondern gelebte Wirklichkeit.

Mit *Theme for Ballet* (*Die goldenen Schuhe*) trat die »geborene Geschichtenerzählerin« Vicki Baum von der literarischen Bühne ab, und zwar so souverän, wie sie sich ihr Leben lang auf jeder Bühne präsentiert hatte, leise und indirekt, aber um so vernehmbarer. Wie jeder ihrer Romane war auch dieser mit ironischen Verweisen auf Baums Leben und Kunst gespickt:

> »Aber nochmals auf eine Tournee zu gehen, dazu hatte Katja gar keine Lust, und zwar nicht, weil sie jetzt müde und weil es spät war. Mit klaren Augen sah sie zurück auf die Langeweile ihrer vielen Reisen mit dem Flugzeug, Eisenbahn, Autobus, Schiff ... Die Komitees und provinziellen Berühmtheitskletten, die einem Blut und Energie aussaugen, die ewiggleichen langweiligen Reporterfragen, die vertauschten Gepäckstücke, das Wettrennen zum Hotel, zum Theater, zu der Halle oder in wie auch immer beschaffenen stallartigen Lokalitäten man seinen steifen Körper für die nächste unbefriedigende Aufführung anwärmen konnte ... Und nach der Tournee eine neue Saison. Nacht für Nacht auf der Bühne stehen in dem ewiggleichen Repertoire, krank oder gesund, müde oder ausgeruht, ganz gleich, ob man in der Laune ist, zu tanzen oder Selbstmord zu begehen.«[113]

Solche kritischen Gedanken zu ihrem Publikum vermittelte Baum nur innerhalb der Erzählung. Ansonsten gab sie ihrem Verlag, was er bestellt hatte: solide Unterhaltung für die Leser, die zu jung waren, um *Menschen im Hotel* zu kennen, und eine »Zugabe« für diejenigen ihrer treuen Leser, die ihre lebensmüde Ballerina Grusinskaja geliebt hatten. In *Die goldenen Schuhe* führte Baum noch einmal die Formeln und Motive vor, die sie erfolgreich und berühmt gemacht hatten, und verblüfft zugleich wieder einmal mit einer interessanten technischen Variante. Der Aufstieg Katja Milenkajas wird als Abfolge blitzartig erhellter Ereignisse erzählt. Die Technik erinnert an ein japanisches Rollenbild und an das frühe Kino. Das Erstaunlichste ist jedoch die »Leichtigkeit« des Arrangements. Man merkt dem Roman weder die Qualen an, unter denen er zustande gekommen war, noch die Tatsache, dass Vicki Baum schon seit vielen Jahren keinerlei Verbindung mehr zum Tanzmilieu hatte. »Die Realität ist immer irgendwie ein bisschen blah-blah«, wusste sie selbst.[114] Tatsächlich sollten später selbst Experten ihre Darstellung der Ballettwelt als authentisch loben, und *Die goldenen Schuhe* ist bis heute ein zitierfähiges Standardwerk der Theaterliteratur.

Vicki Baums letzter Roman erschien im Juli 1958 ohne großen Publicityrummel. Die Kritik war gespalten. Für die einen wurde das Buch nur noch von *Menschen im Hotel* übertroffen *(Chicago Sunday Tribune)*, andere wie zum Beispiel die *International Herald Tribune,* hielten es für »zu glatt«, »zu oberflächlich«. Kritik dieser Art hatte Baum in ihrem doppelbödigen Roman bereits indirekt vorweggenommen: »Die Gefahr für jeden Tänzer: eine Marionette zu werden. Wenn man alles Technische erst völlig beherrscht, dann kommt eine Zeit der großen Gefahr; zu glatt zu werden, zu geleckt, sich einfach abrutschen zu lassen, mit nichts als Technik und einem guten Gedächtnis«, sagt Katja Milenkajas Lehrer an einer Stelle.[115]

Vicki Baum wusste es selbst, wenn man wie sie siebzehn Romane in siebenundzwanzig Jahren geschrieben hatte, musste das zwangsläufig zu einer Übersättigung führen. »Vicki Baum liefert jedes Jahr ein verlässliches und solides Produkt ab – mit großer emotionaler Wucht. *Theme for Ballet* ist die 1958er Version«, meinte schließlich auch der Kritiker des *San Francisco Californian*

Bulletin.[116] Am 3. August 1958 schaffte das Buch den Sprung in die Bestsellerliste der *New York Times.* Baum war wieder »notiert«, was Vicki hoch erfreute. Im Übrigen machte sie sich keinerlei Illusionen über ihr Werk, nannte es später Carl gegenüber übertrieben selbstkritisch »blutleeres Gefasel« und erklärte ebenso grimmig wie stolz, es sei eine »Staubflocke von Ballett, ich konnte es gerade noch mit, sagen wir einmal, Stil, retten«.[117]

Nach dem Erscheinen des Buches zog sich Vicki Baum völlig aus der Öffentlichkeit zurück. Sie hatte nicht die geringste Lust zu schreiben, es war auch kein neues Projekt in Planung, und so gab sie sich, vielleicht zum ersten Mal in ihrem Leben, dem »schändlichen Faulsein« hin. Ihre Energie und Konzentrationsfähigkeit hatten in den letzten Monaten rapide abgenommen. Sie war permanent auf der Suche nach irgendetwas, vergaß Namen und Daten. Die Arthrose verursachte anhaltend quälende Schmerzen im Nacken und in den Händen. Sie nahm Unmengen von Bufferin dagegen ein, von ihrem täglichen Kampf mit »diesen verdammten Leukozyten« ganz zu schweigen. Tagsüber war sie ständig müde. Nachts konnte sie schon seit Jahren nur noch mit Schlafmitteln eindämmern und fand doch erst gegen Morgengrauen ein wenig wirklichen Schlaf. So schildert sie es in ihren Briefen an ihre zwar engen — aber auch fernen — Freunde. Wer Vicki Baum 1958 erlebte, vernahm andere Töne, begegnete einer Frau, die man kaum für die Verfasserin dieser Briefe halten kann. Denn ihre Familie erlebte sie auch in dieser Zeit so heiter und ausgeglichen wie immer, voller Energie und Neugier auf das Leben. Baums Enkel Peter Sebastian, damals zehn Jahre alt, hochbegabt und sensibel, und Valentina, 1958 eine aufgeweckte Achtjährige, erinnern sich heute an eine »Vicki«, die ihnen jeden Tag vorlebte, jeden Augenblick des Lebens zu genießen, die sie lehrte, in der Gegenwart, nicht in der Zukunft zu leben. Die von Vicki Baum selbst diagnostizierte »Schizophrenie« dürfte also wirklich sehr weit gegangen sein. Auch wenn man ihren Selbstzeugnissen dieser Zeit die trüben Spitzen nimmt und von den Aussagen der verbliebenen Zeitzeugen die übliche positive Sentimentalität abzieht, bleibt weit mehr als eine einfach erklärliche Diskrepanz. Spätestens seit 1958 muss Vicki eine Art Doppelexistenz geführt haben, was umso erstaunlicher anmutet, als Kinder eigentlich nur schwer zu täuschen sind.

Wolfgang wohnte mit seiner Familie nur circa fünfzehn Autominuten entfernt in Downtown Los Angeles, und Vicki sah Peter Sebastian und Tina häufig, im Gegensatz zu den weiter entfernt lebenden Enkeln Randy und Tracey. Ruth lehrte inzwischen als Tanzpädagogin an der Loring-Schule und brachte ihre Kinder – zu Vickis großer Freude – zeitweise täglich zu ihr. Wenn sie und Wolfgang allein in den Urlaub fuhren, waren die Kinder manchmal die ganzen Ferien bei »Vicki«, die so gar nichts Großmütterliches an sich hatte. Allein mit den Enkeln, konnte sie ausgelassen sein wie ein Kind, sie spielte mit ihnen im Garten, grub mit ihnen in der Erde, machte sich wie sie schmutzig. »Vicki scherte sich nicht um Konventionen«, erinnert sich auch Bonnie Lert, die des Öfteren erlebte, wie sich ihre Schwiegermutter nie richtig auf das Sofa setzte, sondern ihre Schuhe auszog, um sich sprungbereit auf die Sofalehne zu schwingen.[118] Valentina, heute Ärztin für Chiropraktik, eine mädchenhafte, schöne Frau mit jugendlichem Elan, erzählt von Vickis Schlachten in der Küche und von Kochduellen mit Köchin Mary, in denen sich die Wienerin Vicki mit der Südstaatlerin Mary maß. »Wenn Vicki Hühnchen machte – und es war für sie eine Art religiöser Akt –, dann sah die Küche hinterher aus wie ein Schlachtfeld. Sie ließ alles stehen und liegen und lebte für den Moment, in dem sie uns das Ergebnis servieren konnte – alles andere war ihr egal.« Diese Kochlust haben Valentina, Peter und auch Randall von Vicki geerbt. Noch heute kocht Peter Sebastian Rezepte aus dem Kochbuch des Erzbischofs von Salzburg, eines der alten Familienerbstücke, die Vicki, »durch alle Zeiten und Länder«, von Wien mit nach Kalifornien gebracht hatte.

Vicki interessierte sich für alles, wofür sich die Kinder interessierten, für Pflanzen und Tiere, aber auch für Motoren, Wissenschaft, Technik und Computer. Sie ließ sich von dem zehnjährigen Peter erklären, wie ein Rechner funktionierte, gab sich nie den Anschein von Überlegenheit, sondern war wirklich lernbegierig. Wenn sie eine Frage der Kinder nicht beantworten konnte, schlug sie vor deren Augen in Büchern nach.

»Sie machte uns klar, dass es Regeln gab, aber behandelte uns nicht wie Kinder«, erzählt Valentina. »Man konnte richtige Unterhaltungen mit ihr führen, sie gab einem das Gefühl, absolut gleichwertig zu sein.«[119] Valentina erinnert sich an die vielen Nachmittage, die sie dösend unter dem Schreibtisch in Vickis Arbeitszimmer lag, während diese auf der Schreibmaschine Briefe schrieb oder Manuskripte tippte, und sie erinnert sich gut an das metallene Schnappen der Schere, die Vicki beim Redigieren benutzte, wenn sie die einzelnen Blätter eines Manuskripts zurechtschnitt.

Mit großem Jubel hatten die Enkel den Swimmingpool aufgenommen, den Vicki 1957 nach eigenen Plänen unterhalb von Richards Musikzimmer hatte bauen lassen. Peter und Valentina schwammen im Sommer täglich darin, ebenso wie Richard und Ruth, und Vicki stellte befriedigt fest, dass die Kinder richtige Wasserratten geworden waren. Valentina und Peter fanden den großen Garten, das Haus mit den Masken und dem geheimnisvollen mexikanischen Begräbnis im Eingangsbereich »unglaublich glamourös, weil keiner unserer Freunde so etwas kannte«.[120] Stets zauberte Vicki eine besondere Atmosphäre um sich herum. Sie servierte den Kindern im Sommer Vanillekipferln und Skiwasser mit Eiswürfeln und frönte mit Valentina ihrer Lust am Verkleiden. Wenn sie »britische Ladys« spielten, zogen sie sich ausrangierte Kleider und Handschuhe an, setzten sich alte Hüte auf und ließen sich draußen auf der Terrasse von Richard (als Butler Jarvis in grauer Weste) den Tee servieren. Richard übernahm anschließend auch den Part des »Lord Cholmondely«. Im Tweedjackett, mit Golfmütze und einer improvisierten Shagpfeife leistete er den beiden Damen bei Tisch Gesellschaft.

Peter Sebastian Lert, heute Berufspilot, ein sehr jung wirkender Mann in den Fünfzigern, sagt über seine Großmutter: »Vicki hat mich mehr beeinflusst als meine Eltern.«[121] Sie zeigte ihm, wie man Pilze sammelt, erzählte von ihren Reisen und erklärte ihm die östliche Gottesvorstellung. Vicki vererbte Peter ihre nichts ausschließende Neugier auf das Leben und ihre mimetische Begabung, Sprachen durch Hören zu erlernen. Peter Sebastian war immer ihr Favorit gewesen, der Kronprinz einer »Jungs-Mutter«, die sich auch in ihrer ungestümen Begeisterung für den »mann-männlichen«, »stämmigen« Randy zeigte. Mit einem »dickschädligen, pfiffigen, erschreckend weiblichen und koketten« Mädchen wie Valentina umzugehen war Vicki am Anfang nicht so leicht gefallen. Carl gegenüber machte sie sich mehr als einmal über Valentinas Neigung lustig, sich in Szene zu setzen und vor Spiegeln zu posieren. Überhaupt schien sie bei ihr kritischer und strenger zu sein. Sie ließ ihr nichts durchgehen, was sie an sich selbst als Mädchen erinnern mochte. »Sie war streng nichtstreng«, erklärt Valentina und erzählt, wie Vicki sie ermahnte, nicht zu heulen und zu jammern und vor allem deutlich zu sprechen.[122]

Valentina fühlte sich Vicki immer auf ganz besondere Weise verbunden. Als ihr zweites Enkelkind war sie an Vickis zweiundsechzigstem Geburtstag am 24. Januar 1950 sieben Minuten vor Mitternacht geboren worden, genau in jenem Jahr, in dem man Baums Leukämie diagnostiziert hatte. »Seit meine kleine Enkeltochter am selben Tag geboren ist wie ich, habe ich ihr alle meine noch ausstehenden Geburtstage zum Geschenk gemacht«, erklärte Vicki gern.[123] In dieser Äußerung spiegelt sich nicht nur ihre bekannte Abneigung gegen Geburtstage. Baum spielte auch auf einen balinesischen Brauch an, den sie auch in *Liebe und Tod auf Bali* beschreibt. Auf Bali trägt der Beschenkte sein Geschenk zuerst zu den Göttern im Tempel. Nach drei Tagen holt er den Gegenstand wieder ab, und alle sind zufrieden – der nun doppelt Beschenkte, und wohl auch die Götter, da sie nun die Essenz des Geschenks besitzen. Vicki war weit davon entfernt, »irgendetwas vor irgendeinem Altar« zu opfern, und sie glaubte auch nicht an Götter und Dämonen. Doch der Gedanke, dass materielle Dinge einen Geist, eine vermittelbare Essenz besaßen, faszinierte sie ebenso wie die Tatsache, dass ein Beschenkter dem Schenkenden gegenüber keine Verpflichtung verspürte. Es gibt in Bali kein Wort für »danke«, man geht davon aus, dass alles im Leben im Fluss, alles ein stetiges Geben und Nehmen ist. Und so lässt sich auch Vickis »Geschenk« an Valentina erklären. Während sie Valentina geschenkt bekommen hatte, schenkte Vicki der Enkelin ihre Geburtstage. Mehr noch: Seit Valentinas Geburt waren Vicki viele Tage, Wochen und Monate geschenkt worden, acht Jahre inzwischen, und sie war nur allzu gern bereit, ihren Enkeln etwas von ihrer Zeit zurückzugeben. In ihren Briefen an Ostertag und andere Adressaten ist von solchen Geschenken allerdings kaum die Rede.

Im November 1958 erlebte Vicki erneut einen »Blackout«, eine länger anhaltende, fast komaartige Ohnmacht. »Ich weiß nicht, wodurch es verursacht wurde, aber es war eine ziemlich angenehme Erfahrung«, schrieb sie ihrer Freundin Elizabeth Lyons.[124] Seither sah Richard es nicht mehr so gern, wenn sie allein weiter als bis nach Beverly Hills fuhr. Vicki war meist vernünftig genug, sich daran zu halten. Manchmal, wenn ihr alter Abenteuergeist erwachte, schlug sie jedoch alle Vernunft in den Wind. Dann fuhr sie mit ihrem weißen Dodge weiter südlich bis ins japanische Viertel von Los Angeles, wo kaum jemand Englisch sprach, und stöberte in Möbel- und Schmuckgeschäften oder in Baumschulen nach ausgefallenen Pflanzen für ihren Garten. Bei einer solchen Expedition nach Little Tokyo erwarb sie eines Tages eine Holztruhe und einen Packen weißes Origami-Papier. Zu Hause bastelte sie zwei Fische daraus, im japanischen Kulturraum Symbole für Jungen und Männer, für Frieden und Zufriedenheit. Sie wäre am liebsten als Fisch zur Welt gekommen, »weil ein Fisch so friedlich ist und immer in seinem Element«, hatte sie Carl einmal erklärt.[125] Sicherlich war sie auch von dem nicht Festlegbaren, sich Entziehenden dieser

Lebewesen fasziniert. Die Origami-Fische aus Little Tokyo klebte sie ans Fenster ihres Arbeitszimmers, für ihre beiden Enkelsöhne Peter und Randy. Ihnen wünschte sie nichts mehr als Zufriedenheit und Gelassenheit.

Sie selbst hatte nie aufgehört, danach zu suchen. Inzwischen musste sie jedoch feststellen, dass die glücklichste Zeit ihres Lebens schon lange zurücklag, während sie in der Gegenwart nur noch selten glücklich war – noch am ehesten, wenn sie mit ihren Enkeln spielte oder in ihrem Garten arbeitete. Dann gelangte sie bisweilen in jenen Zustand der Zufriedenheit, der dem Glück vorausgeht, ein meditatives, bedürfnisloses So-Sein, das die Balinesen »Ada Senang« nennen. In solchen Augenblicken spürte sie keine Schmerzen mehr. Zugleich war ihr jedoch bewusst, dass die Enkel, der Garten, die gelegentlichen Fluchten, nur »kleine Freuden« waren, »die größeren mochte ich lieber, aber was kann man schon gegen das Alter tun?«.[126]

Sie wusste, das »wirkliche Leben« spielte sich nun woanders ab. Vor allem ihr Garten fungierte inzwischen als etwas trauriger Ersatz. Aus »meinem halben Morgen Land« hatte sie sich eine tropische Oase aus Königspalmen, Bambussen, Papyruspflanzen, Orangenbäumen, Farnen, Avocadostauden und großen Blumen geschaffen, mit Azaleen im Januar, Frangipani im Sommer und Orchideen im Herbst. In Los Angeles war sie nie heimisch geworden, in ihrem Gartenrefugium fühlte sie sich jedoch ganz zu Hause. Über die Jahre betraute sie diverse japanische, zuletzt einen aus dem Allgäu stammenden Gärtner mit der Instandhaltung. Sie selbst »schuftete« im Frühjahr und Herbst jeweils drei bis vier Stunden täglich auf ihrem Grund und gab sich erst zufrieden, wenn sie die Flora so getrimmt hatte, dass alles »wild durcheinanderwächst« und »nicht so aussieht, als ob es gepflanzt wäre, sondern als ob es Spaß dabei hätte«.[127] Der Atheistin Vicki Baum war klar, dass jedes Paradies einen Schöpfer braucht. Sie war ständig mit der Veränderung und Verbesserung des prinzipiell nie abgeschlossenen Garten-Projekts beschäftigt. 1955 hatte sie die Terrasse direkt unter ihrem Arbeitszimmer nach der Art eines hawaiianischen Lanai mit Plexiglas überdachen lassen. 1957 war der Swimmingpool hinzugekommen, im März 1958 ließ Vicki einen südländischen Sonnenschutz anfertigen, den sie eigenhändig mit einem Mosaik verzierte. Es stellte eine Pelikan-Mutter dar, die zwei kleine Pelikane fütterte. »Selbstporträt der Künstlerin«, kommentierte die Schöpferin.[128]

Auch nach der Abfassung ihres Letzten Willens war ihre Lebensleidenschaft noch stark. Inzwischen musste sich Vicki aber eingestehen, dass ihr kaum noch Alternativen offenstanden. Selbst eine Reise nach New York war kaum mehr möglich, weil Richard wegen seiner vielen Verpflichtungen keine Zeit hatte und sie ihren aktiven Mann schlecht drängen konnte. In diesen Momenten spendete ihr vor allem ein Gedanke Trost, der immer stärker an Bedeutung gewann. Sie glaubte fest daran, dass sie jenseits aller bloßen Möglichkeiten eine »ultimative Freiheit« erfahren würde. Sie wusste auch, wie sie sie erreichen konnte. Sie musste nur lernen, was ihr am schwersten fiel: loszulassen. Ihr »weiser« Freund Walter Spies hatte es vorgelebt. Er hatte »Liebe und Leidenschaften, Ehrgeiz, Geld, Macht, Ehre, Besitztümer«, auch »den Zorn und den Hass und jede Form von Bitterkeit« aufgegeben.[129] Er war in Vickis Augen »der einzig wirklich unabhängige« und wohl auch glücklichste Mensch gewesen, den sie je getroffen hatte. »Er war frei von der geschwätzigen Welt, in der wir anderen unsere Kinkerlitzchen, unseren Ballast ... unsere Ängste und Illusionen anhäufen.«[130]

Sie hätte es ihm so gern nachgetan. In ihrem Testament hat sie diesen Willen eindrucksvoll bekundet. Die Realität sah jedoch anders aus. Vicki Baum kämpfte um ihre innere Stabilität. Die Diskrepanz zwischen den zwei Seiten ihrer Persönlichkeit – der kontrollierten Selbstdarstellerin, der öffentlichen Vicki Baum, und der Privatperson Vicki mit ihren Depressionen, ihrer Schlaflosigkeit und ihrer Einsamkeit wurde immer größer. Zwar hatte sie Ende der 50er Jahre weiterhin ein reges soziales

Leben, traf sich regelmäßig mit Freunden und Nachbarn wie Fritz Lang und seiner Lebensgefährtin Lily, »Mickey«, Latté, mit dem ehemalige Kölner Museumsdirektor und Bali-Spezialisten Professor Karl With und seiner jungen Frau Gerda. Häufige Gäste waren auch Peter Sebastians reiselustige Patentante Renie Conley, eine bekannte Kostümbildnerin beim Film, und deren Mann Lee, »Papi«, Conley. Vicki gab gelegentlich noch glamouröse Dinnerparties, an die sich ihre Enkel noch heute mit glänzenden Augen erinnern. Doch in ihren Briefen erwähnte sie immer öfter, wie »wenig inspirierend« manche Treffen mit Freunden für sie waren, und selbst ihre treuesten Freundinnen Gretl Dupont und Gina Kaus ertrug sie nur noch dosiert. Die Dinnerparties verabscheute sie gar, veranstaltete sie nur, weil sie anderen eine Einladung schuldete, und oft machte sich »nicht das Geringste« aus ihren Gästen. In ihren Briefen schrie sie ihre Einsamkeit, ihre Verachtung heraus. An Carl schrieb sie im November 1958: »Es erscheint mir alles so protzig, so leer, ein solch ängstliches Vermeiden von Ausdauer und wirklicher Anstrengung. Und noch weniger mag ich die Mitläufer, das hochtrabende Geschwätz und die Blasiertheit angesichts jedes kleinen Fliegenschisses.«[131]

Wie es in ihrem Inneren aussah, darüber gibt vielleicht noch am ehesten ihr Schreiben Auskunft. Nirgendwo sonst konnte sie den Spalt in ihrer Persönlichkeit so gut kitten. Da die Quelle ihrer literarischen Inspiration inzwischen versiegt war, wurden ihre Briefe immer wichtiger für sie. »Es scheint so, als ob ich alles geschrieben und gesagt hätte, was ich zu sagen hatte. Mein Talent ist aufgebraucht, und allein das Maschineschreiben tut mir so weh, dass ich kaum einen klaren Gedanken fassen kann. Ich bin ja so aus der Mode gekommen, das allerletzte Tröpfeln des Stroms der ausladenden epischen Romane des 19. Jahrhunderts«, gestand sie Anfang 1959 Elizabeth Lyons.[132] Sie hatte Elizabeth am 21. Dezember 1957 in New York kennengelernt, genau an jenem Tag, an dem die andere Elisabeth – Elisabeth Moses – ge-

Elizabeth Lyons
in späteren Jahren

storben war. Sie betrachtete die Begegnung seitdem als schicksalhafte Fügung und sprach von einem »Fall sofortigen Erkennens ähnlichen Geschmacks und ähnlicher Neigungen«.[133] Die verständnisvolle, warmherzige Mittvierzigerin, Expertin für fernöstliche Kunst und Kulturgeschichte und Lehrerin am Queens College, wurde die treue Briefpartnerin ihrer letzten Jahre.

Wenn Carl Ostertag, der seinerseits eng mit Elizabeth befreundet war, Vickis platonischer »Liebhaber« war, dann war Lisa Lyons die »schwesterliche Seele«, nach der sie sich schon als Mädchen gesehnt hatte. Vicki tauschte sich mit ihr über ihren Garten aus, und Lisa, ebenfalls eine große Pflanzenliebhaberin, schickte Blumensamen und Küsse. Die Wissenschaftlerin aus New York schien für Vicki das »wirkliche Leben« zu verkörpern. Ihr stand die Welt noch offen. Sie war völlig unabhängig, alleinstehend und uneingeschränkt mobil. Für Vicki bildete sie zudem ein dankbares Publikum. Elizabeth ihrerseits zeigte echtes Interesse an Vicki, wollte alles über deren Vorlieben, Bücher und Reisen wissen. Und

Vicki? Sie durfte sich in ihren Briefen an Lisa noch einmal augenzwinkernd selbst inszenieren. Sie stilisierte sich als ein Relikt aus einer vergangenen Zeit, hatte schon alles gesehen, geprüft, verworfen und schaute mit Ingrimm auf die Gegenwart. Während sie ihre Vergangenheit in den buntesten Farben beschrieb, schien ihre Gegenwart nur aus Krankheiten, Arztbesuchen und Schmerzen zu bestehen, aus Schwäche, dumpfer Langeweile und irgendwie lästigen Verpflichtungen.

Vickis Briefe sind durch und durch selbstironisch und doch von einer tiefen Melancholie und Traurigkeit durchdrungen. Ähnlich wie Carl nahm auch Lisa Lyons Vickis widersprüchliche Signale feinfühlig auf. Wohl um sie aufzumuntern, bot sie Vicki eines Tages an, sie im Frühjahr 1959 durch Europa zu »kutschieren«. Vicki war begeistert von der Idee, die sie trotz besseren Wissens nicht als bloße Phantasie abtat.

Lisa reiste wirklich – jedoch ohne Vicki. 1960 ging sie für mehrere Monate nach Thailand, wo sie schon einmal Mitte der fünfziger Jahre gelebt hatte, und folgte Carl, der zum wiederholten Male in Bangkok war. Seit 1958 unterhielt Vicki zu beiden Briefkontakt. In ihrem »Briefleben« setzte sie ihr literarisches Leben nahtlos fort. Hier lebte noch die Meisterin der Unter- und Mitteltöne, die eigentlich schon Testamente schrieb und die, aller sonstigen Wünsche befreit, ihre Enkel bewunderte. Da sie schon immer einen hoch entwickelten Sinn für das Dramatische besessen hatte, inszenierte Vicki nun ein seltsames Dreiecksverhältnis. Mit Witz und Verve spielte sie in dieser Komödie die Rolle der Intrigantin. Einmal zog sie Carl ins Vertrauen, vermittelte ihm so das Gefühl, bevorzugt zu sein, ein anderes Mal Elizabeth. Sie wusste natürlich, dass beide sich austauschten, hatte aber dennoch keinerlei Hemmungen, bei Elizabeth über Carl zu klagen, und umgekehrt in ihren Briefen an Carl über Lisa zu schreiben. Ein und denselben Sachverhalt schilderte sie dem einen so, dem anderen wieder anders. Sie passte sich an ihren jeweiligen Briefpartner an, schrieb genau das, was jeder ihrer Einschätzung nach hören wollte. Dass ihr das als Heuchelei ausgelegt werden könnte, kümmerte sie offenbar nicht.

Da Vicki wusste, wie sehr sich Elizabeth einen Partner wünschte, malte sie ihren eigenen Ehealltag in den tristesten Farben. Ihr ganzer Tag bestehe aus Warten auf Richard, erklärte Vicki Anfang 1959 der Junggesellin. »Ich bin eine Krankenschwester für einen sehr lieben, wichtigtuerischen alten Mann. Das heißt sehr allein sein und doch nicht allein genug. Das heißt, dass ich mit ihm bin, er aber nicht mit mir. Musiker sind ein sonderbares Volk, genauso wie Ehemänner. Über Brüder weiß ich nichts, da ich nie einen hatte.«[134]

An Carl gewendet, deutete sie ihre Ehe völlig anders: »Seitdem Hans sich von seiner letzten Geliebten getrennt hat, benötigt er mich, meine Zeit, meine Kraft mehr denn je. Andererseits gibt es nichts Besseres, als noch gebraucht zu werden, und das ist in meinem reifen Alter Medizin, Tonik und Kosmetik in einem … Ich kann Ihnen daher leider im Moment nicht mehr so von Nutzen sein.«[135] Diese Einlassung ist in mehrerlei Hinsicht sehr aufschlussreich. Zum ersten und einzigen Mal brachte Vicki Richards Affären direkt zur Sprache. Das Thema war für sie sonst so tabu, dass es nicht einmal in verschlüsselter Form in ihre Romane einging. Warum also sprach sie jetzt darüber? Weil sie Carl mit einer »Intimität« einfangen wollte – und um ihm sogleich seine Grenzen aufzuzeigen. Ihre Bemerkung war nämlich auch eine Erwiderung auf die letzten Entwicklungen in ihrem seit langem schwelenden Konflikt wegen Carls »Vertrauensbruch«.

Als Vicki ihn im Herbst 1958 das letzte Mal gesehen hatte, waren sie im Unfrieden auseinandergegangen. Carl hatte sie auf der Rückreise von einer Ostasientour in Los Angeles besucht. Vor seiner Abreise nach New York hatte Vicki ihm ein Abschiedsessen in einem feinen Fischrestaurant ausgerichtet. Bei gedämpftem Licht, leiser Musik und köstlichem Hummer aus Maine war das Gespräch auf Harald Kreutzberg gekommen, den die ebenfalls anwesende Schwiegertochter Ruth kürzlich in Zürich getroffen hatte. Als Ruth zu einer kritischen Bemerkung über den Lebenswandel des Tänzers ansetzte, griff Vicki energisch ein – damit diese keine »Unwahrheit« über einen gemeinsamen Freund verbreitete, erklärte sie Elizabeth später.[136] Offensichtlich wollte sie aber vor allem verhindern, dass Carl ein Gerücht zu Ohren kam, das er hätte weitererzählen können.

Carl explodierte. Nur, weil er sich einmal verplappert habe, könne Vicki ihn doch nicht ein »Klatschweib« nennen. Sie verletze ihn, tue ihm bitter Unrecht. Vicki, die öffentlich niemals aus der Rolle fiel, war diese Szene entsetzlich peinlich, noch dazu in einer »Umgebung, in der man lieber nicht die Stimme erhebt«.[137] Sie bat Carl eindringlich, sich zu beruhigen. Er verstummte und sagte den ganzen Abend kein Wort mehr. Beim Abschied reichte Vicki ihm mit einer versöhnlichen Geste die Hand. Doch Carl zeigte sich unnachgiebig. So reiste er nach New York ab.

Vicki verhielt sich in den folgenden Wochen nach ihrer bewährten Methode des »Gar-net-Ignorierens«. Sie überging den Konflikt und schrieb Carl wieder freundschaftliche Briefe nach New York. Er blieb stur. Irgendwann schaltete sich Lisa Lyons ein. Sie schilderte Vicki in einem Brief, wie sehr Carl unter der Situation litt, und erkundigte sich besorgt, warum sie ihn denn »ausrangiert« habe. Vicki antwortete, indem sie ein böses Psychogramm ihres Freundes entwarf: »Ich könnte nie jemanden ›ausrangieren‹«, erklärte sie. »Sie müssen nämlich wissen, Carl sammelt Mütter. Sie sind die neueste. Wie bei allen Fünfjährigen fängt es damit an, dass er ›Mutter‹ heiraten will. Des Schmeichelns und Werbens ist kein Ende, bis er beginnt, alle seine Kindheitsängste von seiner Mama auf die Stellvertreter-Mutter zu übertragen.«[138] Offensichtlich sprach aus Vicki enttäuschte Liebe, und Lisa verstand es. Es war wohl vor allem ihr und ihrer Unparteilichkeit zu verdanken, dass die »Ménage à trois« fortgesetzt wurde.

An Vickis einundsiebzigstem Geburtstag nahm Carl den Kontakt wieder auf. Er meldete sich telefonisch, und Vicki bedankte sich brieflich für das »schöne Geschenk« – um ihn dann mit ihrer oben erwähnten Indiskretion über Richard in die Schranken zu weisen. Der Briefkontakt wurde fortgesetzt, gewann jedoch nie mehr die gewohnte Intensität. Vicki und Carl sahen sich nach jenem ebenso peinlichen wie traurigen Abend in Los Angeles nicht mehr wieder. Carl Ostertag zog 1959 ganz nach Bangkok, wurde dort Manager bei einer asiatischen Handelsfirma für Seidenstoffe.

Da sich Vicki Baum 1956 so sehr über die deutsche Übersetzung von *Written on Water (Flut und Flamme)* geärgert hatte, weil der neue Übersetzer ihrer Ansicht nach den Ton des Originals verfehlt hatte, übertrug sie *Theme for Ballet (Die goldenen Schuhe)* kurzerhand selbst ins Deutsche. Sie übersetzte mit Hilfe einer deutschen Sekretärin und auf »eigene Kosten«, wie Guggenheim J. C. Witsch gegenüber betonte. Mit dieser aufwändigen, nervenaufreibenden Tätigkeit war Vicki Baum den ganzen Herbst 1958 bis zum Frühjahr 1959 beschäftigt.

Im Oktober 1958 hatte sie in ihrem Haus in den Hollywood Hills einem deutschen Radiosender eines ihrer seltenen Interviews auf Deutsch gegeben. Anlass war eine Musical-Adaption von *Grand Hotel*, die in Los Angeles und San Francisco gezeigt wurde. Vicki Baum war an dem Musical nur über Tantiemen beteiligt. Sie ärgerte sich darüber, dass ihre geniale Formel inzwischen ein vielfach kopierter Standard geworden war. Trotzdem ließ sie sich interviewen – offenbar, weil sie sich für das Stück verantwortlich fühlte, das untrennbar mit ihrem Namen verbunden war. Sie kleidete ihre Missbilligung in schmeichelnde Worte. »Das hat ja mit mir nichts mehr zu tun; denn das ist eins der vielen, vielen Dinge, deren Urgroßmutter ich inzwischen geworden bin«, sagte sie dem Reporter. Sie habe das Musical erst kürzlich und verspätet gesehen und finde es »recht hübsch. Und die Leute arbeiten noch daran, und es wird vielleicht ganz gut werden.«[139] In der Baum'schen Diktion kam das einem vernichtenden Urteil gleich. Das Stück sollte es wirklich nicht bis zum Broadway schaffen.

Über den anderen »unerwünschten Nachwuchs«, die Neuverfilmung von *Menschen im Hotel*, die im Februar/März 1959 mit großem finanziellen Aufwand in der Produktion von Artur Brauner in Berlin abgedreht wurde, verlor Baum nie ein Wort. An diesem Projekt war sie überhaupt nicht beteiligt (MGM besaß seit 1930 die Weltfilmrechte an dem Stoff). Ihre weltläufige, unsentimentale Komödie wird in diesem deutschen All-Star-Film zu einem Melodrama mit sprödem Sexappeal verunstaltet. Heinz Rühmann (Kringelein), O. W. Fischer (Gaigern), Gerd Fröbe (Preysing) und Michèle Morgan (Grusinskaja) spielen aneinander vorbei. George Marton zufolge war der Film in Deutschland ein »finanzieller Misserfolg«.[140]

Nachdem sie die mühevolle Übersetzung von *Die goldenen Schuhe* im Frühjahr 1959 endlich fertiggestellt hatte, war Vicki zunächst sehr erleichtert. Doch bald tat sich der gefürchtete Abgrund wieder vor ihr auf. »Die Langeweile des Nichtschreibens hat eingesetzt«, berichtete sie Elizabeth.[141] Sie kämpfte mit einer Depression, ihre Konzentrationsfähigkeit nahm nochmals dramatisch ab. Abends, wenn Richard aus dem Haus gegangen war und sie sich normalerweise an den Schreibtisch setzte, hatte sie jetzt immer öfter ein so großes »Energietief«, dass sie sich schlafen legen musste. Nachdem sie an einem Buchbinderkursus teilgenommen hatte, beschäftigte sie sich tagsüber damit, Bücher neu aufzubinden, oder sie bemalte Gipsmasken. Sie wurde zur Dauerdekorateurin ihres Arbeitszimmers und begann sogar damit, Richards umfangreiche Bibliothek aus Noten und Musikbüchern zu katalogisieren. Aber das alles half nicht. Sie musste sich selbst eingestehen, dass sie sich im »Leerlauf« befand. Ihr fehlte eine wirkliche Aufgabe, ein echtes Ziel. Während Richard im Februar 1959 völlig von den Proben zu Beethovens 9. Symphonie absorbiert war, verletzte sie sich bei der Gartenarbeit am Daumen. Die Wunde entzündete sich und wollte nicht mehr heilen. Die anhaltende Müdigkeit, die Konzentrationsschwäche und die offene Wunde deuten darauf hin, dass die Zahl der für die Blutgerinnung zuständigen Blutplättchen vermindert war und ihre Leukämie ein fortgeschrittenes Stadium erreicht hatte.

In dieser Situation entschloss sich Vicki Baum, ihre Autobiographie zu schreiben. Nach *Die goldenen Schuhe* hatte sie zum ersten Mal daran gedacht, eine »Selbstbiographie« zu schreiben, den Gedanken aber wieder verworfen, weil sie befürchtete, dass ihr Leben die Amerikaner »zu Tode langweilen« könnte. Zudem erschienen ihr Autobiographien generell als höchst suspekt. Für »indiskrete« Lebensbeichten hatte sie immer nur Spott übrig gehabt. Doch Elizabeth Lyons kluge briefliche Fragen überzeugten sie offenbar, dass sich jemand – vielleicht sogar aus der jüngeren Generation – für ihr Leben interessieren könnte. Den Drang, sich etwas von der Seele zu schreiben, verspürte sie nicht, aber der Drang nach einer neuen Aufgabe war inzwischen schmerzhaft. Das Schreiben blieb ihre einzig wirksame Methode, das tägliche Leben zu ordnen. Die gewohnte Arbeit gab ihr zudem das gute Gefühl, wieder ihren »Lebensunterhalt« zu verdienen.

Zunächst erwog Vicki, ihre Autobiographie auf Deutsch zu verfassen, doch es erschien ihr letztlich zu mühsam, und sie blieb beim Englischen. So dürfte es ihr auch leichter gefallen sein, eine ironische Distanz zwischen sich und das Dargestellte zu legen. Sie begann im Spätsommer 1959. Als der alte Arbeitsrhythmus wieder hergestellt war, schrieb sie fieberhaft bis zum Morgengrauen, um dann in einen kurzen tiefen Schlaf zu sinken. Um durch nichts abgelenkt zu werden, zog sie sich, wie einst in Berlin, zum Schreiben in eine Ecke eines spartanisch eingerichteten Raums, der »so genannten japanischen« Kammer, neben ihrem Arbeits- und Schlafzimmer zurück. Vor sich nur eine kahle Wand, auf dem Schreibtisch die Reiseschreibmaschine Marke Royal und ein quasi-religiöses Arrangement: eine weiße lasierte Schale in quadratischer Form, die mit kugelrunden weißen und schwarzen Kieseln und Steinen gefüllt war – Symbol des ewigwährenden Prinzips des Yin und Yan. Unter der Schale sahen zwei Symbole für Wiedergeburt und das sich erneuernde Leben hervor: ein Holzfrosch (ebenfalls ein Souvenir aus Japan) und eine aus Eisen gegossene Zikade aus Marokko. Das Ganze schmückte sie mit einem weiteren Unsterblichkeitssymbol: einem Wacholderzweig, den Vicki jede Woche neu im Garten pflückte. »Dieses kleine Stillleben gibt meinem Auge Halt, wenn sich in meinem Hirn mal wieder Löcher auftun, die so groß sind wie die Löcher im Emmentaler Käse«, erklärte sie ihrer Brieffreundin Elizabeth.[142]

Schreibend versicherte sich die »geborene Geschichtenerzählerin«, dass sie noch lebte, dass sie noch etwas zu sagen, noch eine Geschichte zu erzählen hatte – ihre eigene. Während sie ihr Gedächtnis im Alltag jetzt immer öfter im Stich ließ, holte sie selbst kleinste Details aus der Vergangenheit aus ihrer Erinnerung hervor. Sie konzentrierte sich in ihrer Darstellung auf den »märchenhaften« Teil ihrer Lebensgeschichte, auf den Aufstieg des unglücklichen Mädchens aus Wien zur gefeierten Schriftstellerin in Berlin und ihre erste Begegnung mit Amerika. Über ihren zähen und beeindruckenden Kampf, sich mehr als fünfundzwanzig Jahre lang in den USA nahe an der Spitze zu halten, schrieb sie nichts.

Vicki Baum konnte ihre Autobiographie nicht mehr beenden. Die elegante Geschichte ihres Lebens ist nicht eindeutig ihr Werk, obwohl die »Vollendung« vermutlich nach ihrem Geschmack gewesen wäre. Baums tatkräftige Schwiegertochter Ruth Lert überarbeitete das nachgelassene Manuskript und gab es 1962 unter dem Titel *Es war alles ganz anders* heraus. Diese Überschrift hätte Vicki Baum vermutlich gefallen, weil sie auf die fließende Grenze zwischen Fiktion und Realität anspielt, die sie in ihrer Literatur und in ihrem Leben stets ausgelotet hatte. Ihre eigene Präferenz wäre aber »Nicht so wichtig« gewesen, sagt Sohn Wolfgang. Vicki war nämlich zutiefst von der »individuellen und kosmischen Bedeutungslosigkeit« des einzelnen Seins[143] überzeugt. Dennoch war ihre »Selbstbiographie« vor allem eine grandiose Selbstdarstellung von manchmal schockierender Offenheit.

So viel, wie sie in ihrer Autobiographie von sich offenbarte – so viel verschwieg sie auch. Gerade deshalb ist kaum ein Selbstzeugnis Vicki Baums enthüllender. Hinter der Ironie und Selbstironie versteckte sie ihre eigene Verletzlichkeit. Mit ihrem unerschütterlichen Optimismus wappnete sich Baum gegen das Nichts. Doch die Botschaft ist zutiefst ambivalent – zwischen den Zeilen verbirgt sich eine bittere Wahrheit. Sie hatte in ihren Karrieren als Mutter, als Ehefrau und als Schriftstellerin alles erreicht. Der literarische Ruhm jedoch, den sie sich am Ende so sehr gewünscht hatte, war ihr verwehrt geblieben. Trotz aller Ironie und Uneigentlichkeit ist die Autobiographie aber ein Versuch, »Vicki Baum« darzustellen – verfasst von einer Autorin, die sich nichts vorstellen mochte, was einen Roman sprengte.

Im Mai 1960 waren die Erinnerungen fast abgeschlossen. In den Sommermonaten wollte Vicki das Manuskript »auf der hinteren Herdplatte köcheln lassen«, um es danach noch einmal zu überarbeiten, so wie sie es bisher mit allen ihren Büchern gemacht hatte, hatte sie im Februar einer Reporterin erklärt.[144]

Anfang Juni reisten die Lerts in den traditionellen Urlaub vor Richards Sommerverpflichtungen. Sie fuhren entlang der Pazifikküste nach Norden, machten nun schon zum dritten Mal innerhalb von sieben Jahren unweit des malerischen Örtchens Willits in der Nähe der Küste von Mendocino Urlaub. Wie immer wohnten sie mitten in den Redwoods in einer Ranch am Ufer eines kleinen Sees, die den Pionieren circa 1860 als Holzfällerquartier gedient hatte. Vicki und Richard liebten die Natur, die Wildnis, die saftigen grünen Weiden, das milde Klima, das auch im Sommer erträglich war, die Abgeschiedenheit der Wälder. Aber in diesem Jahr fürchtete Vicki die Zurückgezogenheit auch ein wenig. Sie hoffe, »diese Enfin-seul-

Situation« ende nicht mit einer Scheidung, hatte sie Carl kurz vor ihrer Abreise nach Bangkok geschrieben. »Es ist schwierig geworden, mit Hans zusammenzuleben, mit mir wohl auch.«[145] Die Unterordnung unter Richards Bedürfnisse fiel ihr schwerer als früher. Zugleich setzte es ihr zu, dass er nicht mehr nur auf sie, sondern sie auch zunehmend auf ihn angewiesen war. Es schmerzte sie, dass sie beide auf so unterschiedliche Weise alterten. Auch diesen Konflikt verpackte sie in ihren Briefen auf scherzhafte Weise. Richard sei nach einer cholesterinarmen Diät noch schlanker geworden, schrieb sie Carl. Als sie ihn im Februar bei einem Konzert erlebt hatte, war sie überrascht gewesen, »wie viel Kraft und Energie« in dem »alten Jungen« steckten. Für Vicki war das Altern hingegen nie »ein Veilchenfest« gewesen. Anlässlich ihres letzten Geburtstags hatte sie sich sarkastisch mit einer verwitterten Ruine verglichen. »Ich kann's manchmal selbst nicht glauben, dass ich schon 72 bin«, hatte sie Carl erklärt. »Manchmal fühle ich mich allerdings wie eine 99-Jährige, die auf die Hundert zugeht.«[146] Sie hatte in den letzten Wochen an Gewicht zugelegt (»das kommt davon, wenn man Tag und Nacht vor dem Schreibtisch sitzt«). Den Fotos nach zu urteilen, standen ihr die paar zusätzlichen Pfunde sehr gut. Aber sie fühlte sich »fetter als zulässig«.

Ihren vielen Andeutungen zufolge hätte es Vicki wohl lieber gesehen, wenn Richard sich mehr zurückgenommen hätte. Zwanzig Jahre zuvor hatte sie sich ihr Alter ausgemalt. Damals hatte sie sich erträumt, dass sie und »Hansl« in ihrem Garten »einen Spaziergang zwischen den Orangenhainen« machen würden.[147] Doch das schien nicht ganz Richards Vorstellung zu entsprechen. Mit seinen nunmehr vierundsiebzig Jahren arbeitete er unermüdlich weiter, ging noch immer ganz in der Welt der Musik auf. Er war weiterhin Orchester- und Musikschulleiter in Pasadena, gab seit dem Sommer 1956 zusätzlich Sommerworkshops für Dirigenten in Asilomar, Kalifornien, und seit 1958 auch in Orkney Springs, Virginia. Solchem Tatendrang und solcher Leidenschaft konnte Vicki nur ihr eigenes Schreiben entgegensetzen.

Also hatten sich die Lerts, wie immer, Arbeit mit in den Urlaub genommen. Vicki packte ihre Reiseschreibmaschine jedoch schon am ersten Tag wieder ein. Ihr war plötzlich nicht mehr nach Einsamkeit zumute. Sie zog es hinaus in die Natur. Mit Richard oder ohne ihn streifte sie bei sengender Hitze jeden Tag »vier bis fünf Stunden« durch die Wälder. Sie empfand eine kindliche Freude dabei und schrieb Elizabeth einen begeisterten Brief. In der Natur (»Wald über Wald, kein Ende«) wuchsen ihr wieder neue Kräfte zu, und sie fühlte sich so frei wie lange nicht mehr. »Ich liebe es so, alles für mich zu entdecken!«[148] Von der klaren Luft wurde sie schläfrig, brauchte kein Schlafpulver mehr. Nachts waren die Sterne am Himmel sichtbar, »ein ziemlich seltener Anblick für eine Bürgerin von Los Angeles«.[149] Am Ende der drei Wochen Urlaub freute sich Vicki auf die kommende Zeit des »Junggesellinnendaseins und völligen Egoismus ganz ohne schlechtes Gewissen«, wenn Richard seine Workshops leiten und sie allein in Los Angeles sein würde.[150]

Im Juli ging es ihr plötzlich gesundheitlich schlechter, und sie begann in großer Eile damit, ihr Haus zu bestellen. Sie ließ Felix Guggenheim ihre Nachlassangelegenheiten und Rechtefragen in Europa klären, die sie selbst jahrelang hatte schleifen lassen, weil sie sie als so unangenehm empfand, und ließ nun alles Geschäftliche, Telefonate, Korrespondenz, über ihn laufen, damit sie sich ungestört einer anderen Form des Nachlasses widmen konnte: ihrer Autobiographie. Ende Juni arbeitete sie »jeden Morgen, jeden Mittag, jede Nacht« daran, schrieb sie Carl in einem betont nichtssagenden, kurzen Brief.[151] Und da Vicki in den letzten Jahren kaum einen Brief an den Freund verfasst hatte, in dem sie nicht über ihr Schreiben geklagt hatte, schimpfte sie auch diesmal, die »sogenannte Autobiographie« wachse sich zum »Alptraum« aus. »Das Leben könnte so schön sein ohne Arbeit. Warum, ja warum nur musste ich in diesem grenzenlosen Sumpf waten? Aber auch das wird vorübergehen.«[152] Die Wahrheit war jedoch: Ohne Arbeit, ohne Schreiben war es für sie kein Leben mehr, und deshalb schrieb sie bis zuletzt.

Mitte August kehrte Richard aus Virginia zurück. Wenig später kamen die Wolfgang und die Richard Lerts zusammen, um Abschied zu feiern. Wolfgang wollte mit seiner Familie am nächsten Tag zum Wildwasserfahren nach Colorado aufbrechen. An jenem lauen Augustabend herrschte eine feierlich fröhliche Stimmung. Vicki war »in bester Gesundheit«, erinnerte sich Wolfgang später.[153] Nach dem Dinner gingen alle in Richards Arbeitszimmer und betrachteten vom Fenster aus den silbernen Ballon, der weithin sichtbar am Firmament schwebte: der erste amerikanische Nachrichtensatellit »Echo 1«, der ankommende Funksignale auf die Erde zurückschickte. Vicki stand zwar aller Technik skeptisch gegenüber, aber sie interessierte sich grundsätzlich für alles Neue, allein schon, um mit ihrem wissensdurstigen Enkel Peter Sebastian mitzuhalten. Sie hegte sogar eine überraschende Vorliebe für Science-Fiction-Romane. Immer, wenn sie an den gemächlich über ihr Haus kreisenden Satelliten denke, schrieb sie später Lisa Lyons, müsse sie sich vorstellen, »wie die kleinen grünen Marsmännchen und -frauen eine Rede und ein Foto von Präsident Eisenhower empfangen und sagen: ›Oh, nein, nicht das schon wieder! Dreh das aus, George!‹«[154] Wie diese Anspielung auf die damals beliebte Science-Fiction-Satire *Martians, Go Home (Die grünen Teufel vom Mars)* beweist, hatte sie ihren Humor nicht verloren.

Ein paar Tage nach der Abreise der jungen Lerts verschlechterte sich Vickis Gesundheitszustand dramatisch. »Ich bin nicht ganz auf dem Damm. Meine verdammte Gesundheit! Selbst die kleinsten Anstrengungen kosten mich so viel Energie, und ich gehe in einer Art von Nebel umher«, entschuldigte sie sich bei Elizabeth für ihr wochenlanges Schweigen.[155] Es sollte ihr letzter Brief an die treue Briefpartnerin sein. Wie um Elizabeth zu beruhigen, schmiedete sie ein paar Zeilen weiter schon wieder zaghaft Zukunftspläne. »Es gibt da einen kleinen Plan, mit Hans während seines Weihnachtsurlaubs nach New York zu fahren. Allerdings bin ich mir nicht so sicher, ob Onkel Doktor mir das Reisen erlauben wird. Wir werden sehen – *qui vivra verra*.«[156] Ihr letzter Satz an Elizabeth lautete: »Zu Carl keinen Pieps, dass es mir nicht so gut geht, versprochen? Bestimmt ist es nichts anderes als ein vorübergehender Virusinfekt, und ich schäme mich, es überhaupt erwähnt zu haben.«[157]

Es gab in diesen letzten Tagen und Wochen Anzeichen dafür, dass sie bereit war loszulassen. Das beherrschende Thema der Autobiographie war schließlich der Tod. Vicki Baum feierte das Leben, doch der Tod war allgegenwärtig. Im Juli hatte sie Carl beschworen: »Lieber, schicken Sie mir bloß keine Baumwoll- oder Seidenstoffe mehr. Für lange Zeit nicht mehr. Ich kann schon darin baden.«[158] Sie hatte auch die bald aus Bali zurückkehrende Elizabeth inständig gebeten, ihr keine Souvenirs mitzubringen. »Mein Haus ist voll von Kunsthandwerk. Das meiste scheint ohnehin eine Fälschung zu sein.«[159] Vor Ruths Abreise in den Urlaub hatte Vicki, wie nebenbei, zwei Bemerkungen fallengelassen: »Ruthie, ich glaube, die Zeit läuft mir davon«, und sie hatte leise hinzugefügt: »Es fällt mir so furchtbar schwer, durchzuhalten.«[160] Die beiden lakonischen Bemerkungen hatten Ruth aufhorchen lassen, aber sie hatte sie schließlich auf Vickis Arbeit bezogen.

In den folgenden beiden Tagen verschlechterte sich Vickis Zustand erneut. Richard versicherte sie, es handle sich bestimmt nur um eine harmlose Erkältung. Am 25. August, einem Donnerstag, fuhr er sie zur Untersuchung zu Dr. Bauer. »Von den Blutwerten alarmiert und ohne viele Worte zu machen, gab ihr Dr. Bauer eine starke Dosis Medikamente, die Radium enthielten«, berichtete Ruth Lert später.[161] Spätestens als Bauer ihr Krebsmedikamente verabreichte, muss Vicki gewusst haben, wie ernst es um sie stand. Doch nach allem, was wir wissen, erzählte sie Richard noch immer nichts von ihrer Leukämie. Ihm ihr Geheimnis zu offenbaren hätte bedeutet, sich selbst aufzugeben. Und dazu war sie nicht bereit. Am Samstag überarbeitete sie schon wieder ihre Autobiographie.

Der 28. August 1960 war einer dieser heißen, trockenen, windstillen Hochsommertage in Los Angeles. An diesem Sonntag verbrannte sich Vicki morgens in der Küche den Arm. Sie hatte in ihrem Leben schon viele Wunden und Narben davongetragen. Dies war die eine Wunde zu viel. Ihr Körper hatte die Leukämie zehn Jahre lang in Schach gehalten. Mit dieser eigentlich kleinen Brandverletzung aber wurde er nicht mehr fertig. Infolge der Leukämie hatte sich die Zahl der Blutplättchen offenbar so stark vermindert, dass die Blutung nicht mehr zu stillen war. Richard rief den Krankenwagen, der Vicki ins nahegelegene Hollywood Presbyterian Hospital brachte. Er selbst begleitete sie im Ambulanzwagen. Irgendwann an diesem Tag muss er mit der brutalen Wahrheit konfrontiert worden sein, vor der Vicki ihn und sich hatte schützen wollen. Dass sie ihre Leukämie so lange vor ihm verheimlicht hatte, war ein schwerer Schock für ihn.

»Wie schön und amüsiert wird meine Seele sein, wenn sie eines Tages diesen unvernünftigen Körper losgeworden ist«, hatte Vicki Carl einmal geschrieben.[162] Ohnmachten hatte sie stets als »sehr angenehme Erfahrungen« empfunden. In den frühen Morgenstunden des 29. August fiel sie in eine tiefe Bewusstlosigkeit. Ihr Körper löste sich buchstäblich auf. Sie begann »überall zu bluten«. Sie bekam Transfusionen. »Die Milz war stark vergrößert, das Gewebe gab überall nach.«[163] Als Peter Lert am frühen Montagmorgen in der Klinik eintraf, war sie bereits längere Zeit bewusstlos. Wolfgang war im Urlaub in Colorado unerreichbar gewesen, Richard stand unter Schock, »er konnte sie so nicht sehen«.[164] Und so war es Peter, der in diesen Stunden an Vickis letztem Krankenbett verweilte. Als er merkte, dass es zu Ende ging, beschloss er, Richard zu holen. Das Hollywood Presbyterian lag kaum fünfzehn Minuten Autofahrt vom Haus der Lerts entfernt. Als Peter und Richard gemeinsam ins Krankenhaus zurückkehrten, war Vicki gegangen.

Sie war so gestorben, wie sie es sich erhofft hatte, »in den Sielen« und ohne ihrer Familie zur Last zu fallen. Lange Phasen der Bettlägerigkeit oder Altersschwäche waren ihr erspart geblieben. Dem behandelnden Arzt zufolge, so teilte Ruth Lert Carl später mit, hatte sie »vielleicht fünf, sechs Stunden akute Beschwerden« gehabt.[165]

1945 hatte Vicki den Wunsch geäußert, ihre Asche möge »irgendwo im Wald ... an einer kühlen moosigen Stelle« verstreut werden. Richard erfüllte ihren letzten Willen. Ohne jedes Zeremoniell und ohne vorher die übrige Familie und die Freunde zu informieren, ließ er ihre Asche über den kalifornischen Redwoods verstreuen, über der Gegend, in der Vicki noch wenige Wochen zuvor mit ihm gewandert war. Auf einem ihrer Streifzüge hatte sie im Juni auf einer Lichtung Sträucher mit Walderdbeeren entdeckt. Es waren ihre Lieblingsfrüchte, sie hatte sie schon als Mädchen in ihren herrlich freien Sommern in Peigarten in Niederösterreich gesammelt. »Eine Woche Wilderdbeeren!«, hatte sie in einem Brief an Elizabeth jubiliert. »Die ersten, die ich seit ewigen Zeiten selbst gepflückt habe. Wie köstlich! Und der bessere Teil einer ganzen Kindheit in ihrem Aroma.«[166]

ANMERKUNGEN

Motto

[1] Vertraue dir selbst: Jedes Herz vibriert mit dieser eisernen Saite.
(Übers.: Harald Kiczka) Original: Emerson, Ralph Waldo: Essays –
First Series. In: The Collected Works of Ralph Waldo Emerson. Vol. II.
Cambridge, London 1979: 28. Übersetzung: Emerson, Ralph Waldo:
Essays – Erste Reihe. Hrsg. von Harald Kiczka. Zürich 1983: 42

Vorbemerkung

[1] ES 11

Prolog

[1] Werner Fuld: Drehtür als Schicksalsrad. In: *Frankfurter Allgemeine Zeitung.*
15.08.1986
[2] King (1985): 380

Wiener Kind (1888–1913)

[1] ES 19
[2] M 29
[3] ES 54 f.
[4] M 30
[5] ES 51
[6] ES 57
[7] vgl. dazu Brentzel
[8] ES 26
[9] FS 13
[10] ES 29

[11] vgl. Gay (1999): 263–265

[12] ES 84

[13] VB an EL, 5.12.1958, VBA 5

[14] ES 32 f.

[15] VB an EL, 5.12.1958, VBA 5

[16] VB: Meine Mutter: 3

[17] VB an EL, 5.12.1958, VBA 5

[18] VB an EL, 8.2.1958, VBA 5

[19] VB an EL, 5.12.1958, VBA 5

[20] ES 174

[21] ES 82

[22] M 51

[23] ES 143

[24] ES 286

[25] Zeitungsartikel im Archiv der Gesellschaft der Musikfreunde in Wien, zit. n. TV-Dokumentation

[26] Müller-Einigen: 200

[27] Informationen zu Lafite: Österreichisches Biographisches Lexikon 1815–1950: 22, Telefon-Interview mit Prof. Marion Diederichs-Lafite, August 2003, sowie: Degener (1928) und Müller (1929)

[28] ES 191

[29] VB an JCW, 6.3.1952, HAStK

[30] ES 196

[31] Diese Reifeprüfung ist jedoch keineswegs mit der Matura oder dem deutschen Abitur vergleichbar, sondern bildete den Abschluss einer speziellen künstlerischen Ausbildung

[32] M 106

[33] VB: Die langweilige Erotik

[34] VB: Orchestermusiker

[35] ES 206

[36] VB an Hedda Prels, 1926, VBA 145

[37] TIR 165

[38] ES 217

[39] M 106

[40] zit. nach TV-Dokumentation

[41] Dubrovic: 78

[42] ES 254

43 VB: My own little Story: 73

44 zit. n. C. R. Martin

45 ES 235

46 VB: My Own Little Story: 2

47 TIR 207

48 M III

48 VB: Hunger 310

50 TIR 188 f.

51 VB an PvA, 21.3.1931, HGM-014/050c-5, NMI

52 M 87

53 M 89

54 Freud (1908): 14.

In deutschen Provinzen (1914–1925)

1 Interview mit WL, 21.4.2004, San Francisco

2 ES 283

3 Pasa 2

4 zit. n. Fischer (2003): 321

5 ES 275

6 M 123

7 M 124

8 Jacques: 328

9 Interview mit WL, 24.4.2004, SF

10 zit. n. Riess (1960): 143

11 ES 296

12 ES 328 f.

13 M 187

14 VB: Notizen, VBA 79

15 VB: Some Family Favorites: 252

16 M 198

17 *Eingang zur Bühne*, Vertrag 9.12.1919, Ullstein-Archiv

18 zit. n. Schmidt/Weber: 80

19 M 200

20 Thiess: 214 f.

21 Interview mit WL und VL, 24.4.2004, SF

22 Thiess: 216

[23] *Neue Freie Presse*, 19.12.1946: 10

[24] Fritz Carßen: In: *Das literarische Echo*, 23. Jg., Heft 1 (Okt. 1920): 111

[25] ES 66

[26] ES 72

[27] VB an PvA, 21.3.1931, HGM-014-050c-5, NMI

[28] VB: Das Buch und die Ehe

[29] VB: I discover America: 199

[30] ES 314

[31] Vertrag Baum – Ullstein, 1.2.1921, Ullstein-Archiv

[32] ebenda

[33] Auszug aus einem Brief an Frau Vicki Baum-Lert, Hannover, 3.2.1921, Ullstein-Archiv

[34] zit. n. Lach (Bd. 2): 28

[35] zit. n. Kalenhusen: 72

[36] DH 204

[37] ebenda: 201

[38] ES 318

[39] Helene Tuschak: Von neuen Büchern. In: *Neues Wiener Abendblatt*. 20.3.1923: 4

[40] Vertrag VB – Ullstein, 30.9.1922, Ullstein-Archiv

[41] VB: Portrait of an Unknown, VBA 132

[42] VB: Ballettstunde

[43] zit. n. Fritsch-Vivié: 152

[44] Helmich: 3

[45] ES 320, IT 242

[46] VB an DE, 24.8.1950, VBA 133

[47] Kreutzberg

[48] DH 196

[49] Interview mit WL, 21.4.2004, SF

[50] ES 325

[51] Ulle 297

[52] VB an CO, Dez. 1954, VBC

[53] VB an EL, 5.12.1956, VBA 5

[54] HW 222

[55] WL a. d. Verf., 9.4.2003

[56] ES 119

[57] VB an CC, 3.3.1945, CCC

58 VB an CO, 7.7.1951, VBC

59 ZIL 55

60 VB: How I keep well

61 VB an EL, 19.2.59, VBA 5

62 Über Mannheim nach Hollywood. In: *Mannheimer Morgen*. 22.12.1949

63 RL an Wilhelm Bopp, 3.9.1925, NWB

64 ebenda

65 VB: In: *Die Dame*. Die Losen Blätter. Heft 8/1926

66 ES 337

67 ES 328

68 Riess (1987): 216

69 Luft: 10

70 *Life & Letters* 8 (1932): 245

71 Flut 10

72 Flut 18

73 Anonym. a. d. Verf., 11.3.2005, Briefpartner bat mich um
Wahrung seiner Anonymität

74 ebenda

75 Anonym. a. d. Verf., 11.3.2005

76 VB an RL aus Hawaii (1935), VBA 4

77 Anonym. a. d. Verf., 11.3.2005

78 Riess (1987): 216

79 Pasa 17

80 ES 344

81 Krell: 135

82 Pasa 17

83 Interview mit WL, 21.4.2004, SF

84 ES 345

85 VB: Unterhaltungsbücher

86 VB: Walther von Hollander

87 ES 345

88 WL a. d. Verf, 28.4.2003

89 VB: The Lesson of the Old Sock

90 Hell 228

91 ebenda 222

92 ebenda 229

93 Gina Kaus. In: *Die Dame*. Die Losen Blätter, Heft 1, 1927

Losgelassen auf Berlin (1926–1929)

1 Degener (1928)
2 Interview mit WL, 21.4.2004, SF
3 Spalek/Willard: 1758
4 M 298
5 ES 360
6 Kiaulehn, Walther: Vicki Baum. In: *Die Welt*. 31.12.1960
7 Krell 135
8 ES 358
9 Barth: 340
10 Noack-Mosse 188
11 ebenda: 187 f.
12 VB: My own little Story: 73
13 Vilma Frielingsdorf zit. n.: TV-Dokumentation
14 Interview mit WL, 21.04.2004, SF
15 Noack-Mosse: 194
16 VB: PEN-Club-Rede, 2.12.1930, HRHRC
17 VB an CO (1949), VBC
18 VB: Im Schatten junger Mädchen
19 ES 363
20 Luft: 12
21 Verlag Ullstein an VB, 4.10.1926, Ullstein-Archiv. Der Vertrag wurde am 25.1.1929 bis Ende 1932 verlängert
22 Fischer (1966): 240 f.
23 zuvor schon für 10.000 Mark, Vertrag VB – Ullstein, 31.1.1928, Ullstein-Archiv
24 *Berliner Zeitung am Mittag.* 24.8.1927
25 Biographie Richard Oswald. In: Bock
26 VB: O, diese Eltern: 1290
27 Vom Puppengesicht zum Charakterkopf. In: *Die Dame*. Heft 16, Mai 1927: 2–4
28 VB: Welche Frau ist am begehrtesten? 68
29 Emmy Wolff: Studentinnen im Tagesroman von heute. In: *Die Frau* 36 (1928/29): 482
30 Fischer (1966): 242

[31] Wolff: 481

[32] Alfred Arna: Modernes Mädchen. In: *Vorwärts.* 1.2.1929

[33] Reuter, Gabriele: »Stud.chem. Helene Willfüer«. In: *Vossische Zeitung.* 17.3.1929

[34] Lachmann-Mosse: Tagebücher

[35] Glatzer: 283 f.

[36] Hilde Walter: Aufruhr um Helene Willfüer. In: *Frau und Gegenwart* vereinigt mit *Neue Frauenkleidung und Frauenkultur* 25 (1928/29): 656

[37] Lucie Becher: stud. chem. Helene Willfüer. In: *Germania* 3, (Februar 1929)

[38] Walter: 65

[39] VB: Alexander Castell

[40] ES 464

[41] Joe Lederer: So sehe ich Vicki Baum. In: *Welt am Sonntag.* Nr. 3, 19.1.1958

[42] VB an Alice (?), 16.9.1933, VBP

[43] VB an DE, 24.8.1943, VBA 85

[44] zit. n. Zmegac: 20

[45] Weyergraf: 41

[46] Lederer

[47] Kiaulehn

[48] ZIL 191

[49] ebenda: 96

[50] Nadolny: 127

[51] Kiaulehn

[52] Rhein: 157–160. Rhein veröffentlichte den Roman erst 1952 unter dem Pseudonym »Hans-Ulrich Horster« in der *Hörzu*, deren Begründer und Chefredakteur er geworden war. *Der Rote Rausch* wurde 1962 mit Klaus Kinski in der Rolle des Psychopathen verfilmt

[53] Riess (1986): 247

[54] Noack-Mosse: 194

[55] VB: Die langweilige Erotik

[56] VB: Die Mütter von morgen – die Backfische von heute: 53

[57] Lawinenunglück: WL a. d. Verf., 30.6.2003

[58] Kracauer: 67

[59] Worch: 69

[60] vgl. dazu Bachtin: 198

[61] ES 148

[62] Hermon Ould: Experiments in Technique: Vicki Baum and Arnold Zweig. In: *Bookman* 79 (Nov. 1930): 132

[63] VB: PEN-Club-Rede, 2.12.1930, HRHRC

[64] Davenport, Basil: In: *Saturday Review of Literature* 7 (7.2.1931): 579

[65] Thunecke: 138

[66] ES 375

[67] ES 394

[68] Noch 1942 schrieb Baum Don Elder, sie habe einst im Adlon als Zimmermädchen »geschuftet«. VB an DE (Juli 1942), Box 2, VBP

[69] zit. n. Riess (1960): 131

[70] zit. n. Brauner: 30

[71] ES 395

[72] VB: Die Versicherung des Adolf Kringelein. VBC, Folder 4. Es ist sicherlich kein Zufall, dass Hermann Baum Buchhalter in einer Wiener Getreidefabrik war

[73] WL a. d. Verf., 2.3.2003

[74] Kreuger: 99

[75] ES 374

[76] Money: 354

[77] Vorarbeiten einiger Prominenter. In: *Literarische Welt.* 4.1.1929

[78] Kerr, Alfred: »Menschen im Hotel«. In: *Berliner Tageblatt.* 17.1.1930

[79] Rezension des Theaterstückes »Pariser Platz 13« vom 23.1.1931. In: Ihering: 132

[80] Ludwig Marcuse: Vicki Baum: »Menschen im Hotel«. o. A., 7.6.30. Theatersammlung, Schloss Wahn

[81] VB: Angst vor Kitsch: 106

[82] ES 379

[83] Pinthus, Kurt: o. A., Theatersammlung, Schloss Wahn

[84] VB: Ich wundere mich: 9

[85] ebenda: 8

[86] Rudolph Lothar: »Berliner Theater«. In: *Neues Wiener Journal* (22.1.1930): 11, Arbeiterkammer für Dokumentation, Wien

[87] Tuschak, Helene: »Menschen im Hotel«. In: *Neues Wiener Tagblatt* (12.5.1930): 2

[88] WL a. d. Verf., 16.05.2003

[89] ZIL 208

[90] VB: Richard Katz

[91] VB an Else Lasker-Schüler, 20.3.1933. In: Kupper: 203 f.

[92] VB: Ein einfaches Butterbrot in der Sahara sowie
Fischer (1966): 242

[93] ebenda: 243

Erwartet in Amerika (1930–1933)

[1] VB: PEN-Club-Rede, 2.12.1930, HRHRC

[2] Bles an Doubleday, 7.7.1930, Box I, VBP

[3] King (1988): 115

[4] Hugh Walpole an ML, 20.8.1930, Box I, VBP

[5] zit. n. einem Memorandum der Agentur Curtis Brown,
30.10.1930, Box I, VBP

[6] zit. n. King (1988): 159

[7] VB: PEN-Club-Rede, 2.12.1930, HRHRC

[8] ML in einem Memorandum an Mr. Doran, 10.7.1930, Box I, VBP

[9] Marx (1975): 154

[10] Menschen im Hotel. Special Feature. Grand Hotel Check-out. DVD,
Warner Brothers 2004, und übereinstimmend: Harpole: 185

[11] Marx (1987): 36. Informationen zu *Grand Hotel* auch in Marx (1975)

[12] zit. n. *New York Times*, 21.12.1930

[13] VB an »Mr. Swanson«, 4. Nov. (1947 oder 1948), SRP

[14] ES 387

[15] Burns Mantle: 355

[16] *New York Times*, 20.11.1930

[17] Bauland: 111

[18] ES 402 f.

[19] Internes Memorandum, Verlag Doubleday, 13.4.1931, VBA 133

[20] Vicki Baum here. Has eye on Harlem. Woman author of »Grand
Hotel« also is eager to meet some Park Av. notables. In: *New York
Times*. 22.4.1931

[21] M 321

[22] VB: I discover America: 30 f.

[23] ML an ND, 21.2.1931, Box I, VBP

[24] VB an MH, 28.12 1934, Box I, VBP

[25] Lingeman: 312–315

[26] RIP 202

[27] LG an VB, 24.7.1934, Box I, VBP

[28] ebenda und WL a. d. Verf., 19.7.2002

[29] LG an VB, 24.7.1934, Box I, VBP

[30] VB an EL, 21.12.1959, VBA 5

[31] Interview WL, 24.4.2004, SF

[32] RIP 258 f.

[33] ES 425

[34] VB: Ein bisschen New York: 2

[35] zit. n. ES 406

[36] ND an VB, 12.12.1930, Box I, VBP

[37] WL a. d. Verf., 9.4.2003

[38] zit. n. Ziegfeld: 147

[39] Synopsis von Marion Valentine, 25.1.1932, PKA

[40] Alexander Castell über Maurice Chevalier. In: *Die Dame*, Heft 26 (Sept. 1930)

[41] Grun: 83

[42] Spaich: 320

[43] ES 427

[44] VB: Unglücklich in Hollywood: 105

[45] LG 50

[46] zit. n. Schwartz: 20

[47] TV-Dokumentation

[48] ES 440

[49] Marx (1987): 36 ff.

[50] zit. n. Thomas: 215. Weitere Informationen über *Grand Hotel* und Thalberg in Flamin: 136–141

[51] Grand Hotel Check-out, DVD

[52] Zu den neueren Variationen zählen z. B. *Love Boat* (*Das Traumschiff*) im Fernsehen oder zuletzt Emilio Estevez' Kinofilm *Bobby* (2006)

[53] Paris: 834

[54] Grand Hotel Check-out, DVD

[55] Vicki Baum Plans to Live on Coast; In: *New York Times*. 17.11.1931: 27:4

[56] Interview mit WL und PL, 24.4.2004, Los Gatos, Calif.

[57] VB: I discover America: 199

[58] *New York Times.* (17.11.1931): 27:4

[59] VB an RL (1948), VBA 10

[60] zit. n. *Time*, 2.5.1932

[61] VB: Autobiographical Scetch, 1932/33, Box I, VBP

[62] Fischer (1966): 242

[63] Vicki Baum Reviews Thrills in America. In: *New York Times.* 18.1.1932

[64] VB an PK, 14.4.1939, PKA

[65] ES 394

[66] *New York Times.* 17.4.1932

[67] ES 393

[68] VB an MH, 24.7.1932, Box I, VBP

[69] Interview mit WL und PL, 24.4.2004, Los Gatos, Ca.

[70] VB an ELS. In: Kupper: 203

[71] *New York Times.* 13.7.1932

[72] VB an MH, 24.7.1932, Box I, VBP

[73] Interview mit WL, 21.4.2004, SF

[74] Riess (1986): 248 f.

[75] Loos: 119

[76] *New York Times.* 17.4.1932

[77] Viertel: 186

[78] VB an CO, 15. o. 18.11.1952, VBC, über Lilli Palmer, wobei sie es in der Schwebe ließ, ob sie Palmers Schauspielkunst in *The Four Poster* oder die Palmer selbst »unerträglich« fand

[79] VB: Thank Heaven, I'm Average!

[80] VB an MH, 24.7.1932, Box I, VBP

[81] cont. 166, KMcC

[82] ebenda

[83] ebenda

[84] »Menschen im Hotel« im Capitol. In: *Vossische Zeitung.* 15.2.1933

[85] Greta Garbo und Co.: »Menschen im Hotel im Capitol«. In: *Berliner Zeitung am Mittag.* 15.2.1933

[86] Hauptmann: 163

[87] *Abendblatt des Börsen-Courier,* 15.2.1933

[88] Bundesarchiv Berlin. Sign. R (56V/70)

[89] Jeannette Lowe: Translations from the German. (1934): 26–29

[90] VB an ND, 24.8.1934, VBA 135

[91] Nachmittag in Burlingame: Leonora Wood Armsby: 213 ff.

[92] zit. n. ebenda: 214

[93] zit. n. ebenda: 217

[94] Seit Anfang 1931 korrespondierte Vicki Baum mit Peter van Anrooy, dem holländischen Komponisten und damaligen Dirigenten des Residentie Orchesters in Den Haag, und ließ dabei auch Richards Wunsch anklingen, gern einmal als Gast bei van Anrooys Sommerkonzerten in Scheveningen zu dirigieren. VB an Peter van Anrooy, 9.3.1931, HGM 014/050c, NMI

[95] VB an RL, 5.3.1935, VBA 4

[96] cont. 166, KMcC

[97] VB an ND, 24.8.1934, VBA 135

Im Reisefieber (1934–1936)

[1] Laut Schwartz erhielt Garbo 1933 5.000 Dollar pro Drehwoche, Schwartz: 5

[2] TV-Dokumentation

[3] VB an EP, 21.12.1933, VBA 88

[4] ebenda

[5] VB an »Mr. Swanson«, 4. Nov. (1947 o. 1948), SRP

[6] ebenda

[7] VB an EP, 21.12.1933, VBA 88

[8] Spaich: 257

[9] VB an EP, 21.12.1933, VBA 88

[10] VB an EP, 5.1.1934, VBA 88

[11] EP an VB, 16.8.1934, VBA 88

[12] VB an EP, 27.2.1936, VBA 88

[13] EP an VB, 16.8.1934, VBA 88

[14] VB an Adele Schulberg, 30.11.1934, VBA 82

[15] VB an ND, 24.8.1934, VBA 135

[16] ES 435

[17] DH 195

[18] ebenda: 437

[19] ebenda, folgende

[20] New Salary List of $ 50.000 or less. In: *New York Times.* 29.1.1937

[21] Lillian Glaser erkundigte sich im Juli 1934 bei Vicki Baum, wann sie ihren ersten Roman auf Englisch schreiben wolle, Baum musste also

zuvor mit ihr darüber gesprochen haben. LG an VB, 24.7.1934, VBA 135

22 VB an »Mr. Matson«, 11.3.1936, VBA 82

23 Bei dem Probekapitel handelte es sich um *The Big Sale*, einen Roman, der auf Vickis Filmstoff für Paramount aus dem Jahr 1931 basierte. Wegen rechtlicher Probleme erschien das Buch nie in den USA

24 VB an die Familie, 17.1.(1935), VBA 4

25 VB an RL, 29.1.(1935), VBA 4

26 VB an die Familie (1935), VBA 4

27 VB an RL, 29.1.(1935), VBA 4

28 ebenda

29 VB an RL, 9.2.(1935), VBA 4

30 VB an PL (1935), VBA 4

31 VB an RL, 18.2.(1935), VBA 4

32 »Franz«: VB an EL, 8.2.1958, VBA 5

33 Interview mit WL, 21.4.2004, SF

34 Interview mit WL und VL, 25.4.2004, SF

35 VB an RL, 18.2.(1935), VBA 4

36 VB an RL, 24.6.(1943), VBA 2

37 VB: »The Bitter with the Sweet« (Hawaiian sugar story), unveröffentlichtes MS, VBA 55

38 VB an RL, 31.3.(1935), VBA 4

39 VB an RL (1935), VBA 4

40 VB an RL, 5.3.(1935), VBA 4

41 VB an RL (1935), VBA 4

42 VB: Fünf Tage in Japan

43 VB an RL (März 1935), VBA 4

44 VB an WL (1935), VBA 4

45 VB an RL, 31.3.(1935), VBA 4

46 Lederer

47 Mohr: 142 f.

48 SHA 117

49 VB an RL, 31.3.(1935), VBA 4

50 VB an RL, 22.5.(1935), VBA 1

51 VB an Carl Ostertag, 19.11.1948, VBC

52 Entgleisung: Interview mit WL und VL, 29.4.2004, SF, Rum: Interview mit PL, 24.4.2004, Los Gatos

[53] Es gibt keine Belege dafür, dass Vicki Baum 1938 noch einmal nach Shanghai reiste, wie der damalige Generalkonsul der deutschen Botschaft in Shanghai, Walter Fuchs, später behauptete. »Vicky Baum in Shanghai«. In: *Welt am Sonnabend*, 26.1.1958

[54] VB an RL, 3.4.1935, VBA 4

[55] Dreesen

[56] Brief von Walter Spies an seine Mutter, 9.5.1935. In: Rhodius: 345. Fritz Lindner war allerdings nie ständiges Mitglied einer Bühne, und anders als Walter Dreesen ist er nicht in den Berliner Adressbüchern verzeichnet. Auch in Wien, der Stadt, in der er wahrscheinlich gelebt hätte, wenn er Hermann Baums Sohn gewesen wäre, war er nie gemeldet

[57] Die Familie Lert reagierte belustigt auf Recherchen zum Thema und konnte sich keinen Reim auf die Geschichte machen. Die Söhne und Enkel Vicki Baums sollten erst nach Vickis Tod von amerikanischen Freunden, die bei einer Reise nach Bali auf Vickis »sympathischen Bruder« angesprochen wurden, von Fritz Lindners Existenz erfahren

[58] WS an seine Mutter, 12.6.1935. WSA

[59] zit. n. einer E-Mail von John Stowell a. d. Verfasserin, 12.12.2003.

[60] VB an RL, 11 4.35, VBA 4, siehe auch WS an seine Mutter, 9.5.1935. In: Rhodius: 344 f.

[61] W. F. Stutterheim zit. n. Lindsey: 78

[62] Wertz: 51

[63] VB an WL, 11.4.1935, VBA 4

[64] WS an seine Mutter, 9.5.1935. In: Rhodius: 345

[65] VB an RL, 11.4.1935, VBA 4

[66] ebenda

[67] zit. n. VB: Portrait of an Unknown, VBA 132

[68] WS an seine Mutter, 17.4.(1935), WSA

[69] Schwartz: 73

[70] VB an FL, Querido-Verlag, 29.2.1936, VBA 89

[71] Dreesen (1937): 10

[72] Bali 5

[73] VB an RL, 11.4.1935, VBA 4

[74] VB an CG, 18.7.1955, VBA 47

[75] VB an RL, 11.4.1935, VBA 4

[76] ebenda

[77] vgl. dazu: Vickers: 198–207

[78] VB an CO, 31.12.1948, VBC

[79] Interview mit WL, 21.4.2004, SF

[80] Zur Geburt ihrer ersten Enkeltochter Valentina bestellte Vicki ein Horoskop, das Valentina erst an ihrem 18. Geburtstag öffnen durfte, Interview mit VL, 29.4.2004, SF

[81] Interview mit WL, 21.4.2004, SF

[82] Flut: 35

[83] VB: How I keep well

[84] ebenda

[85] Dreesen

[86] VB: Strolling through native markets

[87] Bali 285

[88] Vickers: 184

[89] ebenda: 186

[90] ebenda: 187

[91] Rhodius: 25

[92] VB an CG, 18.7.1955, VBA 47

[93] ebenda

[94] VB: Portrait of an Unknown, VB 132

[95] Claire Holt. In: Rhodius: 312

[96] Bali 13

[97] VB an CG, 6.7.1954, VBA 47

[98] VB an ML, 11.3.1936, VBA 95

[99] Darauf lässt die Bemerkung Baums in einem Brief an Richard Lert schließen, der Doubleday-Werbemann wolle seinen Fehler wiedergutmachen, »den er mit dieser Dr.-Fabius-Geschichte angestellt hat«. Die Korrespondenz VB-Doubleday aus dieser Zeit ist bis auf eine Synopsis vernichtet worden. VB an RL, 22.2.(1938), VBA 8

[100] VB an LG, 31.7.1934, VBA 135

[101] VB an PvA, 14.9.(1937), HGM-014/050c-2, NMI

[102] Vera Craener: Wiedersehen mit Vicki Baum. In: *Aufbau.* 24.4.1942

[103] zit. n. Vickers: 208

[104] ebenda, zit. n. Vickers: 178

[105] Rhodius: 372

[106] VB an RL, 25.10.1936, VBA 8

[107] ebenda

[108] ES 127

[109] VB an RL, 25.10.1936, VBA 8

[110] ebenda

[111] ebenda

[112] ebenda

[113] ebenda

[114] ebenda

[115] VB an ihre Familie (1936), VBA 8

Angekommen in den USA (1937–1945)

[1] TV-Dokumentation

[2] Klaus und Erika Mann: Escape: 307

[3] Women Lecturers Found Unpopular. In: *The New York Times*, Nov. 28, 1937, Sect. 2

[4] Escape: 308

[5] ebenda

[6] ebenda

[7] VB an PvA, 18.2.193?, HGM-014/50c-I, NMI

[8] KM: Tagebücher 1936 bis 1937: 176

[9] Wendepunkt: 381

[10] VB an RL, 19.4.1944, VBA 3

[11] Interview mit WL, 22.4.2004, SF

[12] VB an »Mr. Swanson«, 4.11.(1947 o. 1948), SRP

[13] VB an WL, 3.7.1941, VBA 8

[14] Riva: 68

[15] Interview mit WL, 22.4.2004, SF

[16] Sexshop: Interview mit WL, 22.4.2004, SF

[17] Mr. Moto: ebenda

[18] so lautete die Schlagzeile der *New York Times* am 13.3.1938

[19] Thomas Mann am 6.4.1938. In: Thomas Mann: Tagebücher 1937–1939: 204

[20] ebenda

[21] VB an CO, 30.1.(1953), VBC

[22] zit. n. Landshoff: 103. »Die Aufnahme Vicki Baums hat wohl starken Opportunitäts-Charakter; ich nehme an, dass ›Helene Willfüer‹ zu ihren älteren und frischeren Sachen gehört«, schrieb Thomas Mann am 10. Juli 1938 an seinen Verleger Bermann Fischer, der eine Neuauflage

von *stud. chem. Helene Willfüer* in einer neuen, preiswerten Reihe namens Forum Verlag plante. In: Mann: Briefwechsel: 163

23 Thomas Mann am 23.9.1940. In: Thomas Mann: Tagebücher 1940–1943: 153

24 Nach der Besichtung des Bauplatzes seines neuen Hauses in Pacific Palisades notierte Thomas Mann am 14.7.1941: »Von da zu Vicky Baum. Über die eigentümliche Öde dieses Landesteils, das ermüdende, Energie mindernde und dabei dem östlichen so sehr vorzuziehende Klima.« Ebenda: 294

25 VB an PvA (1939), HGM-104/050c-3, NMI

26 VB an WL, 12.2.(1939), VBA 8

27 ebenda

28 VB an RL, 20.3.1939, VBA 10

29 Roosevelt: Interview mit WL, 21.04 2004, SF

30 VB an DE, 24.8.1948, VBA 134

31 Klaus Mann am 20.8.(1939). In: KM: Tagebücher 1938–1939: 127

32 VB an RL, 20.3.1939, VBA 10

33 VB an RL, Paris (1939), VBA 10

34 VB an RL, Paris, 14.4.(1939), VBA 10

35 VB an RL und PL, 24.3.(1939), VBA 10

36 ebenda

37 ebenda

38 VB an RL, 24.3.(1939), VBA 10

39 ebenda

40 VB an RL, 20.3.(1939), VBA 10

41 VB: Die fleißige Colette

42 VB an RL, Paris, (1939), VBA 10

43 VB an WL, (März 1939), VBA 8

44 VB an WL, 12.2.(1939), VBA 8

45 VB an RL, 14.4.(1939), VBA 10

46 M 219

47 Interview mit WL, 21. und 22.4.2004, SF

48 M 345

49 VB an RL, 14.4.(1939), VBA 10

50 VB an RL, Paris (1939), VBA 10

51 VB an WL, »My dear sprouting Oedipus complex« (März 1939), VBA 8

[52] VB an RL, 2.10.1944, VBA 8

[53] »VB an WL, »My dear sprouting …« (März 1939) VBA 8

[54] VB an RL, Paris, 14.4.(1939), VBA 10

[55] VB an KM, 16.7.1948, NKM, mit freundlicher Genehmigung Prof. Frido Manns

[56] VB an WL (1939), VBA 8

[57] The Play: Vicki Baum and Benjamin Glazer Tell a ›Summer Night‹ Yarn in an Amusement Park. In: *New York Times.* 3.11.1939: 17

[58] VB an PK, 3.11.1939, PKA

[59] ebenda

[60] Lewis Funke: News and Gossip of the Rialto. In: *New York Times.* 10.11.1946

[61] VB an PK, 18.9.1940, PKC

[62] 1940 verkaufte Baum *One out of six girls* an RKO sowie *Between you and me* an 20th Century Fox, 1941 *Powder Town* an RKO, 1943 *Hotel Berlin '43* an Warner, 1940 *Unfinished Business* an Universal. Außerdem arbeitete sie zusammen mit Louis Groveman für MGM an *Grand Central Market*

[63] »The Ship and the Shore«. In: *Times Literary Supplement,* 27.9.1941: 485

[64] VB an GK, 10.12.(1941), NGK, EB 96/82

[65] WL an RL, 18. Juli (1943)

[66] KM an Katia und Erika Mann, 26.12.1941, zit. n. Kroll: 340

[67] Bei Querido erhielt Baum faire Vorschüsse zwischen 1.500 und 2.000 Gulden und Tantiemen von 12,5 Prozent des Ladenpreises bis 5.000 Exemplare, darüber 15 Prozent. Das war weniger als sie von Doubleday und bei ihrem neuen Verlag Michael Joseph in London erhielt, aber im Durchschnitt fünf Prozent mehr als in anderen europäischen Ländern zu bekommen war

[68] Landshoff: 103

[69] Am 25.4.1952 witzelte Landshoff in einem Brief an Vicki Baum, in dem er auf seinen Sohn und seine Tochter mit Rini anspielte: »Wenn Sie nach Europa kommen, müssen Sie die Kinder einmal sehen. Irgendwie sind Sie ja ›verantwortlich‹ für ihre Existenz, da ich ohne Ihre Mithilfe Rini damals gar nicht nach Amerika bekommen hätte« (FL an VB, 25.4.1952, HAStK). Worin Vickis Hilfe bestand, ist unklar, wahrscheinlich war sie finanzieller Art

[70] VB an RL, April 1942, VBA 2

[71] »All in a Lifetime« In: *Time* 39 (16.3.1942): 94

[72] Marianne Hauser: Marion Alive. In: *New York Times.* 25.1.1942: 6

[73] ebenda

[74] VB an ML, 11.3.1936, VBA 95

[75] VB an RL, Frühjahr 1942, VBA 2

[76] VB an RL, »Liebchen«, 1942, VBA 2

[77] Fischer: 241. Der Familie ist diese Unterstützung nicht bekannt

[78] Vera Craener: Ein Abend mit Vicki Baum. In: *Aufbau.* 22.5.1942

[79] VB an RL, 24.5.(1942), VBA 2

[80] Waldeck: 107

[81] MG: »Dumme gesucht …« In: *Aufbau.* 8.10.1943

[82] ebenda

[83] M 207

[84] VB an MG, 18.11.1943, NMG

[85] VB an GR, 20.11.1954, VBA 101

[86] undatierter Brief VBs an HNG, zit. n.: Helmich: 140

[87] VB an RL, »July 1943«, VBA

[88] HB 37

[89] ausführlich beschrieben in Lenschen-Ramos

[90] Dorothy Hillyer. In: *Boston Globe.* 27.10.1943: 17

[91] VB an RL, 14.4.1944, VBA 8

[92] Barndt: 114

[93] 1919 wurden Reichspräsident Ebert, Philipp Scheidemann und andere führende Sozialdemokraten von Parteigenossen beschuldigt, sich während des Krieges an illegalen Lebensmittellieferungen der Gebrüder Sklarz aus dem Ausland persönlich bereichert zu haben. Ein unabhängiger parlamentarischer Untersuchungsausschuss und ein ordentliches Gericht sprachen Georg Sklarz und die prominenten SPD-Politiker von allen Bestechungsvorwürfen frei. Wie sich herausstellte, waren sie Opfer einer Verleumdungskampagne rechter Republikgegner geworden. Siehe Albrecht

[94] VB an RL, 14.4.1944, VBA 8

[95] VB an ND, 19.5.1944, VBA 85

[96] ebenda

[97] ebenda

[98] VB an CO, 11.2.1949, VBC

[99] VB an ND, 8.8.1944, VBA 133

[100] VB an Malcolm Johnson, 21.2.1944, VBP

[101] KM: Von neuen deutschen Werken. In: Auf verlorenem Posten: 455

[102] VB an RL, 29.9.1944, VBA 3

[103] Das Autorenhonorar nach Abzug der Agentenprovision, VB an RL (1944), VBA 3

[104] Rehe 207

[105] VB an EH, 13.12.1944, NEH

[106] VB an RL, 2.10.1944, VBA 3

[107] VB an RL, 9.10.1944, VBA 3

[108] Interview mit WL, 21.04.2004, SF

[109] VB an CO, 16.1.1948, VBC

[110] VB an CC, 3.3.1945, CCC

[111] PL an RL, 19.9.1945, VBA 25

[112] ebenda

[113] VB an DE, »July I don't know which, 1942«, VBC

[114] HB 19 f.

[115] Boon: 216

[116] VB an CO, 10.6.1951, VBC

[117] VB an CO, 31.12.48, VBC

[118] VB an DE, 10.12.1945, VBA 135

[119] VB an RL (April 1945), VBA 10

[120] VB an GK, 1.9.1951, EB 96/82, NGK

[121] VB: Portrait of an Unknown. VBA 132

[122] ES 9 f. und Interviews mit WL in SF, April 2004

[123] ES 453

Es war alles ganz anders (1946–1960)

[1] VB an DE, 10.12.1945, VBA 135

[2] ES 139

[3] HB 7

[4] Landshoff: 334

[5] A-5, KMcC

[6] VB an JCW, 16.5.1953, HAStK

[7] VB an ND, 4.9.1946, VBA 134

[8] VB an RL (April 1946), VBA 80

[9] VB an ND, 4.9.1946, VBA 134

[10] ebenda

[11] VB an ND, 17.9.1946, VBA 135

[12] VB an KMc, 5.10.1946, VBA 135

[13] VB an SR, 23.11.1946, SRP

[14] Der Film erschien ein Jahr später unter dem Titel *Honeymoon* bei RKO/
Vanguard Films und wurde ein Flop. Ein Zeitschriftenabdruck kam
nicht zustande

[15] VB an KMc, 26.10.1946, VBA 135

[16] VB an RL, »Liebchen« (1947), VBA 81

[17] WL a. d. Verf., 29.6.2002

[18] *Kirkus Review,* 1.2.1948, 16:58

[19] Lewis Nichols: Talk with Vicki Baum. In: *New York Times.* 11.10.1953,
33:1

[20] VB an DE, 15.3.1948, VBA 134

[21] VB an DE, 16.5.1950, VBA 133

[22] KIL Einleitung

[23] VB an KMc, 11.11.1947, VBA 134

[24] VB an RL (1948), VBA 10

[25] VB: »The Bitter with the Sweet« (Hawaiian sugar story), unveröffentlichtes MS, VBA 55

[26] VB an RL (Ostern 1947), VBA 81

[27] Rehe 201

[28] VB: Portrait of an Unknown. VBA 132

[29] VB an »Miss Lewis« (bei Gump's), 18.8.1952, VBC

[30] M 458 f.

[31] VB an DE, 31.12.1948, VBA 134

[32] VB an CO (1948), VBC

[33] VB an CO (o. D.), VBC

[34] VB an CO, 15.12.1948, VBC

[35] VB an RL »Liebchen« (1948), VBA 10

[36] ebenda

[37] VB an RL »Liebchen« (1948), VBA 10

[38] ebenda

[39] VB an CO, »Tuesday« (1948), VBC

[40] ebenda

[41] VB an CO »Großmutter« (1948), VBC

[42] VB an CO, 11.2.1949, VBC

[43] VB an RL, 16.3.1949, VBA 10

[44] ebenda

[45] ebenda

[46] VB: Portrait of an Unknown, VBA 132

[47] VB an KMc, 5.10.1946, VBA 135

[48] ebenda

[49] VB an RL, 4.3.1949, VBA 10

[50] VB an RL, 8.4.1949, VBA 10

[51] Der »Farbpyramiden-Test nach Max Pfister«, ein sogenannter psycho-logischer Test, bei dem ein Proband Farbpyramiden aufstellen muss, sorgte laut Terpis' Biograph W. M. Schede in Fachkreisen für einiges Aufsehen

[52] VB an RL, 16.5.1949, VBA 101

[53] VB an DE, 12.1.1949, VBA 135

[54] VB an DE, 14.9.1951, VBA 134

[55] ebenda

[56] VB an EL, 3.2.1960, VBA 5

[57] VB an CO, 30. Juli 1949, VBC

[58] VB an DE, 18.7.1949, VBA 133

[59] VB an DE, 21.11.1949, VBA 133

[60] VB an KMc, 26.10.1946, VBC

[61] VB an KMc, 2.4.1948, VBA 134

[62] VB an RL (1947), VBA 81

[63] VB an CO (1952), VBC

[64] VB an DE, 15.9.1950, VBA 133

[65] Joyce Geary In: *New York Times*. 4.2.1951: 34

[66] In: *New Yorker* 26, 10.2.1951: 103

[67] VB an DE, 1.3.1951, Box 1, VBP

[68] VB an JCW, 23.4.1953, HAStK

[69] »VB an SR, 9.11.(1947 o. 1948), an »Mr. Swanson«, SRP

[70] VB an DE, 15.12.1951, Box 1, VBP

[71] VB an FL, 31.5.1952, HAStK

[72] VB an GK, 1.9.1951, NGK, EB 96/82

[73] Giano Benedetto stammt aus der Gegend, durch die Vicki und Carl 1949 auf dem Weg zu Max Terpis gefahren waren. Vickis Vorbild für diese Figur war erklärtermaßen ein Freund aus Kindertagen, ein »buck-liger, hinkender Ziegenhirt« aus Peigarten namens Seppl, »der beste, klügste, liebste Freund meiner Kindheitssommer!« (ES 21)

[74] VB an KMc, 9.2.1953, Box I, VBP

[75] VB an CO, 12.9.1952, VBC

[76] VB an EL, 5.12.1958, VBA 5

[77] VB an JCW, 20.11.1952, HAStK

[78] VB an CO 15.11.(1952), VBC

[79] JCW an FG, 18.6.1959

[80] VB an CO (1952), VBC

[81] FG an JCW, 26.12.1952, HAStK, mit freundlicher Genehmigung Alfred Kim Guggenheims

[82] JCW an VB, 11.2.1953, HAStK

[83] VB an JCW, 24.2.1953, HAStK

[84] JCW an FG, 18.6.1959, HAStK

[85] VB an JCW, 6.3.1953, HAStK

[86] VB an CO (1953), VBC

[87] VB an CO, 30.1.(1953), VBC

[88] VB an JCW, 24.2.1954, HAStK

[89] VB an CO, 22.7.(1953), VBC

[90] ebenda

[91] ebenda

[92] In: *New York Times*, 27.9.1953: 34

[93] VB an CO, 18.11.1953, VBC

[94] Baums Vorhersage, dass »Mr. McCarthy über mich herfällt, sobald mein Buch auf dem Markt ist« (VB an CO, 6.7.1953, VBC), traf offenbar ein. Sie geriet tatsächlich ins Visier des FBI. Laut Alexander Stephan legte das FBI im Februar 1954, also etwa vier Monate nach der Publikation von *The Mustard Seed*, eine Akte über Vicki Baum an. »Zu mehr als einer Reihe von zum Teil sehr weit hergeholten Assoziationen mit allerlei Organisationen und Personen …, die ihrerseits von den Behörden als unamerikanisch verdächtigt werden, reicht es dabei freilich nicht.« (Stephan: 287) (VB an CO, 18.3.1953, VBC)

[95] VB an CO, 13.2.1955, VBC

[96] VB an JCW, 19.5.1954, HAStK

[97] VB an CO (1954), VBC

[98] VB an CO, 17.12.1954, VBC

[99] Kurt Heinz: Gespräch mit Richard Lert. In: *Mannheimer Morgen*. 5.1.1955

[100] VB an CO, 17.12.1954, VBC

[101] VB an CO, 17.7.1955, VBC

[102] VB an CO, 8.8.(1955), VBC

[103] VB an CO, 3.10.1956, VBC

[104] VB an CO, 4.2.1957, VBC

[105] VB an CO, 9.9.(1957), VBC

[106] VB an LF, 1.2.1958, FML

[107] FG an JCW, 4.10.1957, HAStK

[108] VB an JCW, 26.1.1958, HAStK

[109] VB an CO, 7.2.1958, VBC

[110] VB an RL, 17.3.1958, VBA 81

[111] Privatsammlung WL, San Francisco

[112] M 343

[113] GS 379 f.

[114] VB an CO, 15.6.1956, VBC

[115] GS 39

[116] »Ballarina's Romance With a Star Matador«. In: *San Francisco Californian Bulletin*, 5.7.1958

[117] VB an EL, 15.9.1958, VBA 5

[118] Interview mit BL, 24.4.2004, Los Gatos

[119] Interview mit VL, 29.04.2004, SF

[120] ebenda

[121] Interview mit PL, 27.4.2004, SF

[122] Interview mit VL, 29.4.2004, SF

[123] VB an JCW, 24.2.1953, HAStK

[124] VB an EL, 5.12.1956 (1958), VBA 5

[125] VB an CO (1953), VBC

[126] VB an CO, Nov. 1958, VBC

[127] VB an CO, 21.3.1955, VBC

[128] VB an CO, 17.3.1958, VBC

[129] VB: Portrait of an Unknown, VBA 132

[130] ebenda

[131] VB an CO, Nov. 1958, VBC

[132] VB an EL, 19.2.1959, VBA 5

[133] VB an CO, 17.3.1958, VBC

[134] VB an EL, 28.1.1959, VBA 5

[135] VB an CO, 2.3.1959, VBC

[136] VB an EL, 7.1.1959, VBA 5

[137] ebenda

[138] VB an EL, 5.12.1956 (1958), VBA 5

[139] Interview Frank Gerhard – Vicki Baum, NDR, Sendung: »Die Frau von heute«, 13.10.1958, Archiv des Verlags Kiepenheuer & Witsch

[140] GM an FG, 15.8.1960, VBA 103

[141] VB an EL, 19.2.1959, VBA 5

[142] VB an EL, 15.4.1960, VBA 5

[143] ES 148

[144] Anne Thompson Smith: Writer Tells how to be a Success. In: *Los Angeles Herald & Express.* 4.2.1960: D-4

[145] VB an CO, 15.5.1960, VBC

[146] VB an CO, 15.2.1960, VBC

[147] VB an RL, 31.3.1935, VBA 4

[148] VB an EL, 15.6.1960, VBA 5

[149] ebenda

[150] ebenda

[151] VB an CO, 28.7.1960, VBC

[152] ebenda

[153] ES 9

[154] VB an EL, 23.8.1960, VBA 5

[155] ebenda

[156] ebenda

[157] ebenda

[158] VB an CO, 28.7.1960, VBC

[159] VB an EL, 23.8.1960, VBA 5

[160] RuL an CO, 2.9.1960, VBC

[161] ebenda

[162] VB an CO, 7.7.1951, VBC

[163] RL an CO, 2.9.1960, VBC

[164] Interview mit PL, 24.4.2004, Los Gatos

[165] RuL an CO, 2.9.60, VBC

[163] VB an EL, 15.6.1960, VBA 5

QUELLEN

In den Anmerkungen und Zitaten werden die nachfolgenden Abkürzungen verwendet. Wenn eine deutsche Übersetzung vorhanden ist, wird auf diese zurückgegriffen, falls diese sachlich mit dem englischen Original übereinstimmt. Alle anderen Zitate wurden von mir aus dem Englischen übersetzt. Wenn nicht anders angegeben, wird aus der Originalausgabe zitiert.

Werke Vicki Baums
Romane

Bali	*Liebe und Tod auf Bali.* Erstausgabe: Amsterdam 1937, hier zitierte Ausgabe: Köln 1997
Cahuchu	*Kautschuk. Roman in 15 Erzählungen,* deutsche Erstausgabe: Stockholm 1945, hier zitiert: *Cahuchu. Strom der Tränen.* Köln 1952, Originalausgabe: *The Weeping Wood,* New York 1943
Clarinda	*Clarinda,* deutsche Erstausgabe: Amsterdam 1949, Originalausgabe: *Headless Angel,* New York 1948
ES	*Es war alles ganz anders. Erinnerungen,* deutsche Erstausgabe: Berlin, Frankfurt, Wien: 1962, hier zitierte Ausgabe: Köln 1987, englische Ausgabe: *It was all quite different. The Memoirs of Vicki Baum,* New York 1964 (IT)
ESB	*Es begann an Bord.* Deutsche Ausgabe: München 1963, Originalausgabe: *The Ship and the Shore,* New York 1951
EZB	*(Der) Eingang zur Bühne.* Erstausgabe: Berlin, 1920
DH	*Die Karriere der Doris Hart.* Erstausgabe: Amsterdam 1936, hier zitierte Ausgabe: Köln 1994
Feme	*Feme. Bußfahrt einer verirrten Jugend.* Erstausgabe: Berlin 1926
Flut	*Flut und Flamme,* deutsche Erstausgabe: Köln 1956, Originalausgabe: *Written on Water.* New York 1956
FS	*Frühe Schatten. Das Ende einer Kindheit.* Erstausgabe: Berlin 1914
GA	*Der große Ausverkauf.* Erstausgabe: Amsterdam 1937
GP	*Die große Pause.* Erstausgabe: Stockholm 1941

GS	*Die goldenen Schuhe. Roman einer Primaballerina,* deutsche Erstausgabe: Köln 1958, hier zit. Ausgabe: Berlin 1964, Originalausgabe: *Theme for Ballet,* New York 1958
HB	*Hier stand ein Hotel,* deutsche Erstausgabe: Amsterdam 1947, hier zitierte Ausgabe: *Hotel Berlin,* München 1980, Originalausgabe: *Hotel Berlin '43,* New York 1944
HELL	*Hell in Frauensee. Ein heiterer Roman von Liebe und Hunger.* Erstausgabe: Berlin 1927
HS	*Hotel Shanghai.* Erstausgabe: Amsterdam 1939, hier zitierte Ausgabe: Köln 1997
HW	*stud. chem. Helene Willfüer.* Erstausgabe: Berlin 1928
LG	*Leben ohne Geheimnis.* Erstausgabe: Berlin 1932, hier zitierte Ausgabe: Berlin 1990
KIL	*Kristall im Lehm,* deutsche Erstausgabe: Köln 1953, Originalausgabe: *The Mustard Seed,* New York 1953
M	*Marion,* deutsche Erstausgabe: Stockholm 1942, hier zit. Ausgabe: München 1969, Orginalausgabe: *Marion Alive,* New York 1942
MIH	*Menschen im Hotel.* Erstausgabe: Berlin 1929
RIP	*Das große Einmaleins.* Erstausgabe: Amsterdam 1935, hier zitierte Ausgabe: *Rendezvous in Paris,* Berlin 1990
Rehe	*Vor Rehen wird gewarnt,* deutsche Erstausgabe: Köln 1951, Originalausgabe: *Danger from Deer,* New York 1951 (Berlin 1960) *Schicksalsflug,* deutsche Erstausgabe: Amsterdam 1947, Originalausgabe: *Beyond this Journey,* New York 1944
TIR	*Die Tänze der Ina Raffay. Ein Leben.* Erstausgabe: Berlin 1921, hier zitierte Ausgabe: *Kein Platz für Tränen,* München 1985
Ulle	*Ulle, der Zwerg.* Erstausgabe: Stuttgart, Berlin 1924
VL	*Verpfändetes Leben,* deutsche Erstausgabe: 1958, Originalausgabe: *Mortgage on Life,* New York 1946 *Die Welt ohne Sünde. Roman einer Minute.* Erstausgabe: Stuttgart, Berlin, Leipzig 1923
ZIL	*Zwischenfall in Lohwinckel.* Erstausgabe: Berlin 1930, hier zitierte Ausgabe: Köln 1996

Novellen / Erzählungen

Bubenreise. Eine Erzählung für junge Menschen, Berlin 1923

Die andern Tage (Novellen), Erstausgabe: Stuttgart, Berlin, Leipzig 1922, beinhaltet u. a. *Hunger* (hier zitierte Ausgabe: In: *Die Strandwache.* Köln, Berlin 1953: 263–310)

Jape im Warenhaus (Novelle), Erstausgabe: 1935

Miniaturen (Novellen), Erstausgabe: Berlin 1926

Schlosstheater (Novellen), Erstausgabe: Berlin 1921

Tanzpause (Novelle), Erstausgabe: Berlin 1926

Der Weg (Novelle), Erstausgabe: Stuttgart, Berlin, Leipzig 1925

Zitierte Zeitungsartikel und Magazinbeiträge

VB: Orchestermusiker. In: *Ton und Wort.* 2. Jg. 9. Heft (15. Mai 1912)

VB: Die Göttinger Händel-Festspiele. In: *Vossische Zeitung* (13.7.1922)

VB: Die Ballettstunde. Bilder aus der Schule der Berliner Staatsoper. In: *Berliner Illustrirte Zeitung* (21.11.1926): 1587–89

VB: Alexander Castell: Der Unfug der Liebe. In: *Uhu* 2, Nr. 9 (Juni 1927):
  116 und 118

VB: Das Buch und die Ehe. In: *Die Dame.* Heft 22 (Juli 1927)

VB: O, diese Eltern. Die Kluft zwischen den Generationen. In: *Berliner Illustrirte Zeitung* (28.8.1927): 1289–90

Erfahrungen mit der Verjüngung. Ein Rundgang durch die Laboratorien einer neuen Wissenschaft. In: *Uhu* (Dez. 1927): 32–4

VB: Richard Katz: »Ein Bummel um die Welt«. In: *Die Dame.* Beilage »Die
  losen Blätter«. Heft 6 (Dez. 1927): 92

VB: Neue Bücher für die Dame. Die fleißige Colette. In: *Die Dame.* Heft 10
  (1927/28)

VB: Unterhaltungsbücher. In: *Die Dame.* Beilage »Die losen Blätter«. Heft 12
  (1927/28)

VB: Walther von Hollander: »Auf der Suche«. In: *Die Dame.* Beilage »Die
  losen Blätter«. Heft 17 (Mai 1927)

VB: Im Schatten junger Mädchen. In: *Die Dame.* Beilage »Die losen Blätter«.
  Heft 21 (Juli 1927)

VB: Die langweilige Erotik. In: *Die Dame.* Heft 24 (1928), auch in: *Wiener
  Allgemeine Zeitung* (19.9.1928)

VB: Die Mütter von morgen – die Backfische von heute. In: *Uhu* (Febr.
  1929): 47–53

VB: Welche Frau ist am begehrtesten? In: *Uhu* (Okt. 1930): 65–74

VB: Ich wundere mich. In: *Die Dame*, Heft 10 (Februar 1931): 8–10

VB: Angst vor Kitsch. In: *Uhu*, Jg. 7, Nr. 10 (Juli 1931): 104–106

VB: Ein bisschen New York. Vom guten Aussehen. In: *Die Dame* (August 1931): 2, 28

VB: My Own Little Story. In: *Pictorial Review* (Sept. 1931): 2, 73

VB: Unglücklich in Hollywood. Das Leben der großen und kleinen Sterne. In: *Uhu*. Jg. 8, Nr. 8. (Mai 1932): 105–108

VB: I discover America. In: *Good Housekeeping*. 95.1. (Juli 1932): 30–32, 196–199

VB: Some Family Favorites. Revealed by the author of »Grand Hotel«. In: *American Home* 8 (Oct. 1932): 235, 253

VB: Fünf Tage in Japan. In: *Nippon*. Nr. 3 (1935): 44

VB.: The Lesson of the Old Sock. In: *Reader's Digest* 39.233 (Sept. 1941): 37–39

VB: How I keep well (Feuilleton, ca. 1943), VBA 120

VB: Ein einfaches Butterbrot in der Sahara (Archiv des Verlags Kiepenheuer & Witsch)

VB: Portrait of an Unknown (unveröffentl. MS), VBA 132

VB: Strolling through native markets (Feuilleton, ca. 1946), VBA 10

VB: Thank Heaven, I'm Average! (Feuilleton, ca. 1943), VBA 120

Für Quellenangaben aus noch unveröffentlichen Briefen und Interviews wurden folgende Abkürzungen verwendet:

RL   Richard, »Hans«, Lert (Ehemann, 1885–1980)

WL   Wolfgang Lert (Sohn, geb. 1917)

PL   Peter Lert (Sohn, geb. 1921)

RuL   Ruth Clark Lert, geb. Sklarz (1915–1987, Schwiegertochter, Ehefrau Wolfgang Lerts)

BL   Bonnie Lert, geb. Randall (Schwiegertochter, Ehefrau Peter Lerts)

PSL   Peter Sebastian Lert (Enkel, geb. 1947)

VL   Valentina Lert (Enkelin, geb. 1950)

PvA   Peter van Anrooy (1879–1954, Komponist, Dirigent)

CC   Cheryl Crawford (1902–1986, Broadwayproduzentin)

DE   Donald B. Elder (1913–1965, Lektor)

ND   Nelson Doubleday (1889–1949, Verleger)

LF   Lion Feuchtwanger (1884–1958)

MG	Manfred George (1893–1965, Chefredakteur des *Aufbau*)
LG	Lillian Glaser (Verlagsmitarbeiterin)
CG	Carl Gotsch (Walter Spies' Freund)
FG	Felix Guggenheim (1904–1979, Agent)
EH	Emily, »Mickey«, Hahn (1905–1997, Schriftstellerin und Journalistin)
MH	Max Herzberg (1886–1958, Autor)
GK	Gina Kaus (1894–1985, Schriftstellerin)
PK	Paul Kohner (1903–1988, Agent)
MK	Max Krell (1887–1962, Lektor)
FL	Fritz H. Landshoff (1901–1988, Verleger)
ML	Mary Leonhard – (Doubleday-Verlagsbüro London)
EL	Elizabeth Lyons (1912–1989, Ostasienwissenschaftlerin)
KM	Klaus Mann (1906–1949)
GM	Georg, »George«, Marton (Verleger, Agent)
KMc	Ken McCormick (1906–1997, Lektor)
HNG	Hanns Niedecken-Gebhard (1889–1954, Regisseur)
CO	Carl Ostertag (geb. 1910, Tänzer, Übersetzer, Radioproduzent)
EP	Edmond Pauker (etwa 1887–1962, Theater- und Filmagent)
GR	Georges Robert (Agent für Filmrechte in Frankreich)
SR	Sarah Rollitts (Agentin)
BV	Berthold Viertel (1885–1953)
JCW	Joseph Caspar Witsch (1906–1967, Verleger)

Unveröffentlichte Briefwechsel und Materialien

– Vicki-Baum-Archiv, Archiv der Akademie der Künste, Berlin (VBA)
– Vicki Baum Papers. German and Jewish Intellectual Emigré Collection. M. E. Grenander Department of Special Collections and Archives, University Libraries, University at Albany, State University of New York (VBP)
– Vicki Baum Collection, letters between Vicki Baum and Carl H. Ostertag, Leo Baeck Institute, New York (VBC)
– VB: PEN-Club-Rede, 2.12.1930, London, Copyright Holders: David Higham Associates und Harry Ransom Humanities Research Center, Texas
– Stiftung Deutsche Kinemathek – Sammlung Paul Kohner Agency, Berlin (PKA)

- Sarah Rollitts Papers, Harry Ransom Humanities Research Center, The Universitiy of Texas at Austin (SRP)
- Cheryl Crawford Collection, Special Collections, University of Houston Libraries, Texas (CCC)
- Nachlass Klaus Mann, Monacensia, Literaturarchiv und Bibliothek, München (NKM)
- Nachlass Gina Kaus, Die Deutsche Bibliothek, Deutsches Exilarchiv 1933–1945, Frankfurt a. M. (NGK)
- Nachlass Manfred George, Deutsches Literaturarchiv/Schiller-National-museum Marbach a. N. (NMG)
- Nachlass Emily Hahn, Emily Hahn MSS, The Lilly Library, Blooming-ton, Indiana (NEH)
- Ken McCormick Collection of the Records of Doubleday and Com-pany, Inc., Manuscript Division, Library of Congress, Washington, D. C. (KMcC)
- Nachlass Wilhelm Bopp, Stadtarchiv Mannheim (NWB)
- Tagebücher Hilde Lachmann-Mosses, Leo-Baeck-Institut, Berlin
- Kreutzberg, Harald: Unveröffentl. Autobiographie, Deutsches Tanz-archiv, Köln
- Feuchtwanger Memorial Library, Specialized Libraries and Archival Col-lections, University of Southern California, Los Angeles (FML)
- Walter Spies Archiv, David Sandberg, Berlin (WSA)
- Archiv des Verlags Kiepenheuer & Witsch (Historisches Archiv der Stadt Köln, HaStk)
- Sammlung Peter van Anrooy, Nederlands Muziek Instituut, Den Haag
- Ullstein Archiv, Berlin

Ich danke diesen Institutionen sowie Wolfgang Lert, Prof. Dr. Frido Mann, Alfred Kim Guggenheim und dem Verlag Kiepenheuer & Witsch für die Zi-tatgenehmigungen.

AUSWAHLBIBLIOGRAPHIE

Vicki Baum

(ausführliche Bibliographie in: Nottelmann (2002))

Apropos Vicki Baum. Mit einem Essay von Katharina von Ankum. Frankfurt/M. 1998

Archiv Bibliographica Judaica: Lexikon deutsch-jüdischer Autoren. Rd.ltg. Renate Heuer. München u. a. 1992

Barndt, Kerstin: Sentiment und Sachlichkeit. Der Roman der Neuen Frau in der Weimarer Republik. Köln u. a. 2003

Bell, Robert F.: Vicki Baum. In: Deutsche Exilliteratur seit 1933. Kalifornien, Bd. I. Hrsg. von Spalek, John M. und Strelka, Joseph. Bern, München 1976, Teil 1: 247–258, sowie Teil 2 (Bibliographie): 6–13 und 156 ff.

Bell, Robert F.: Depicting the Host Country: Vicki Baum's »The Mustard Seed«. In: Pfanner, Helmut F. (Hg.): Kulturelle Wechselbeziehungen im Exil. Bonn 1986: 139–150

Dreesen, Walter: Albumblatt für Vicki Baum. In: *Merian* 10 (1978): 70

Dreesen, Walter: Hundert Tage auf Bali. Hamburg 1937

Grieser, Dietmar: Liebe in Wien. Eine amouröse Porträtgalerie. München 1992

King, Lynda J.: Best-Sellers by Design. Vicki Baum and the House of Ullstein. Detroit 1988

King, Lynda J.: Vicki Baum. In: Dictionary of Literary Biography. 85: Austrian Writers after 1914: 40–54

Köpke, Wulf: Der Exilschriftsteller und der amerikanische Buchmarkt. In: Deutsche Exilliteratur, hrsg. von Spalek u. Strelka. München 1976, Bd. I

Krechel, Ursula; Wiesner, Herbert: Ich bin eine erstklassige Schriftstellerin zweiter Güte. Die Karriere der Schriftstellerin Vicki Baum. Fernsehdokumentation. Hessischer Rundfunk, 1985 (TV-Dokumentation)

Lederer, Joe: So sehe ich Vicki Baum. In: *Welt am Sonntag.* 19.1.1958

Lube, Barbara: »Nirgends mehr zu Hause«. Vicki Baums ungestilltes Heimweh. In: Koebner, Thomas; Rotermund, Erwin (Hg.): Rückkehr aus dem Exil. Emigranten aus dem Dritten Reich in Deutschland nach 1945. Essays zu Ehren von Ernst Loewy. Marburg 1990: 43–53

Nadolny, Sten: Über Vicki Baum. In: Janetzki, Ulrich (Hg.): Begegnungen-Konfrontationen. Berliner Autoren über historische Schriftsteller ihrer Stadt. Berlin 1987: 123–136

Nottelmann, Nicole: Strategien des Erfolgs. Narratologische Analysen exemplarischer Romane Vicki Baums. Würzburg 2002

Pasadena Symphony Association (Hg.): In Celebration of the Eightieth Birthday of Richard Lert. Pasadena 1965 (Festschrift) (Pasa)

C. R. Martin (= Curt Riess): »Es könnte jemandem weh tun!« Erinnerungen an Vicki Baum. Sie starb in Hollywood. In: *Welt am Sonntag.* 4.9.1960

Riess, Curt: Vicki Baum schreibt »Menschen im Hotel«. In: Bestseller. Wie Bücher zu Welterfolgen wurden. München 1960: 120–133

Riess, Curt: Meine berühmten Freunde. Freiburg, Basel, Wien 1987

Sloterdijk, Peter: Exkurs 10: Menschen im Hotel. In: ders.: Kritik der zynischen Vernunft. Bd. 2, Frankfurt 1983: 898–900

Thunecke, Jörg: Kolportage ohne Hintergründe. Der Film »Grand Hotel« (1932). Exemplarische Darstellung der Entwicklungsgeschichte von Vicki Baums Roman »Menschen im Hotel (1929). In: Sevin, Dieter (Hg.): Die Resonanz des Exils: gelungene und misslungene Rezeption deutschsprachiger Exilautoren. Amsterdam, Atlanta 1992: 134–153

Worch, Ilse-Lore: Die Geistesart der Zeit von der Jahrhundertwende bis 1944, gespiegelt im Unterhaltungsroman der »Berliner Illustrirten Zeitung«. Berlin 1948 (Diss. masch.)

Ziegfeld, Richard. E.: The exile writer and his publisher: Vicki Baum and Doubleday. In: *Jahrbuch für internationale Germanistik, Bd. 10: Deutsche Exilliteratur 1981:* 144–153

Auswahlbibliographie der verwendeten Werke

Wien

Christian Brandstätter, Franz Hubmann: Damals in Wien: Menschen um die Jahrhundertwende, photographiert von Dr. Emil Mayer. Wien 1995

Brentzel, Marianne: Anna O – Bertha Pappenheim. Biographie. Göttingen 2002

Dubrovic, Milan: Veruntreute Geschichte. Wien, Hamburg 1985

Feldtänzer, Oskar: Joseph II. und die Donauschwäbische Ansiedlung. Dokumentation der Ansiedlung im Batscherland 1784–1787. München 1990

Fischer, Jens-Malte: Gustav Mahler. Der fremde Vertraute. Wien 2003

Freud, Sigmund: Die ›kulturelle‹ Sexualmoral und die moderne Nervosität (1908). In: ders.: Studienausgabe. Bd. 9. Frankfurt/M. 1982: 9–32

Gauss, Adalbert Karl; Weidenheim, Johannes: Die Donauschwaben. Bild eines Kolonistenvolkes. Freilassing 1961

Gay, Peter: Das Zeitalter des Doktor Arthur Schnitzler. Innenansichten des 19. Jahrhunderts. Frankfurt 2002

Gay, Peter: Die zarte Leidenschaft. Liebe im bürgerlichen Zeitalter. München 1999

Göllner, Renate: Kein Puppenheim. Genia Schwarzwald und die Emanzipation. Frankfurt/M. 1999

Harpprecht, Klaus: Thomas Mann. Eine Biographie. Hamburg 1995

Lorenz, Dagmar: Wiener Moderne. Stuttgart, Weimar 1995

Mosler, Bettina: Elisabeth Moses. Kunsthistorikerin der Adenauerzeit in Köln. In: *Kölner Museums-Bulletin* (4/1999): 33–37

Müller, Erich H. (Hg.): Deutsches Musiker-Lexikon. Dresden 1929

Müller-Einigen, Hans: Jugend in Wien. Wien 1948

Österreichisches Biografisches Lexikon 1815–1950. Hrsg. von der Österreichischen Akademie der Wissenschaften. IV. Band, Lexikon der deutschen Dichter und Prosaisten vom Beginn des 19. Jahrhunderts bis zur Gegenwart, Leipzig

Raab, Riki: Biographischer Index des Wiener Opernballetts von 1631 bis zur Gegenwart. Wien 1994

Schorske, Carl E.: Wien. Geist und Gesellschaft im Fin de siècle. Frankfurt/M.: 1982

Slezak, Leo: Mein Lebensmärchen. München 1948

Slezak, Leo: Rückfall. Hamburg 1940

Tenschert, Roland: Ein Wiener Künstler. Erinnerungsblatt an Carl Lafite. Artikel vom 20.11.1955. Österreichisches Biographisches Lexikon. Bd. 4

Weigel, Hans et al.: Das Wiener Kaffeehaus. Wien, München, Zürich 1979

Wolfer, Martin: Peigarten – ein Schloss erzählt. Führer durch die Feste. Wien 1989

Zweig, Stefan: Die Welt von Gestern. Erinnerungen eines Europäers. Frankfurt/M. 1970

Wer ist's? Hrsg. von Hermann A. L. Degener, 9. Ausg. 1928

Deutsches Musiker-Lexikon. Hrsg. von Erich H. Müller 1929

Zeitgeist im Tanz. Leben und Werk von Josef Hassreiter. Tanz-Affiche (Wien) 8. Jg. Nr. 60, Dez. 1995/Jan. 1996

Darmstadt

Zum Tode Vicki Baums. In: *Darmstädter Echo.* 31.8.1960

Jacques, Norbert: Mit Lust gelebt. Roman meines Lebens. Hamburg 1950

Kaiser, Hermann: Modernes Theater in Darmstadt. 1910–1933. Ein Beitrag zur Stilgeschichte des deutschen Theaters zu Beginn des 20. Jahrhunderts. Darmstadt 1955

Kniess, Friedrich Wilhelm: Darmstadt. Gestern und heute – Eine Gegenüberstellung. Gudensberg-Gleichen 1998.

Russell, John: Erich Kleiber. Eine Biographie. München 1958

Timken-Zinkann, Reinhard F.: Als Vicki Baum im Hoftheater Harfe spielte. In: *Darmstädter Echo.* 20.7.1985

Weingartner, Felix: Lebenserinnerungen. Zürich, Leipzig 1928 (2. überarb. Auflage)

Kiel, Hannover, Mannheim, Berlin

Bachtin, Michail M.: Formen der Zeit im Roman. Untersuchungen zur historischen Poetik. Frankfurt 1989

Barth, Heinz: Kein ordentlicher Beruf. In: Freyburg/Wallenberg: Bd. 1: 339–358

Bock, Hans-Michael: CineGraph – Lexikon zum deutschsprachigen Film. München (Loseblattsammlung): Biographie Richard Oswald

Brauner, Artur: Mich gibt's nur einmal. Rückblende eines Lebens. München, Berlin 1976

Dove, Richard: Ernst Toller. Ein Leben in Deutschland. Göttingen 1993

Fischer, Grete: Dienstboten, Brecht und andere Zeitgenossen in Prag, Berlin, London. Olten, Freiburg i. Br. 1966

Freyburg, Joachim W.; Wallenberg, Hans (Hg): Hundert Jahre Ullstein in vier Bänden. Bd. 1 und 2, Berlin 1977

Fritsch-Vivié, Gabriele: Mary Wigman. Reinbek b. Hamburg 1999

Glatzer, Ruth (Hg.): Berlin zur Weimarer Zeit. Panorama einer Metropole. 1919–1933. Berlin 2000

Gläser, Helga; Metzger, Karl-Heinz u. a.: 100 Jahre Villenkolonie Grunewald 1889–1989 (Hrsg. vom Bezirksamt Wilmersdorf – Pressestelle). Berlin 1988

Helmich, Bernhard: Händel-Fest und »Spiel der 10000«. Der Regisseur Hanns Niedecken-Gebhard. Frankfurt/M. u. a. 1989

Herz, Emil: Denk ich an Deutschland in der Nacht. Hrsg. von Kurt Scheideler. Warburg 1994

Ihering, Herbert: Von Reinhardt bis Brecht. Vier Jahrzehnte Theater und Film. 3. Bd. Berlin 1961: 131–133

Jensen, Jürgen; Wulf, Peter (Hg.): Geschichte der Stadt Kiel. Neumünster 1991

Kalenhusen, Ines: Kunst und Politik. Hannovers Auseinandersetzung mit der Moderne in der Weimarer Republik. Hannover 1998

Krell, Max: Das alles gab es einmal. Reinbek b. Hamburg 1965

Kaufhold, Enno: Die Berliner Illustrirte. Synonym des deutschen Bildjournalismus. In: 125 Jahre Ullstein. Presse- und Verlagsgeschichte im Zeichen der Eule. Hrsg. von der Axel Springer AG, Berlin 2002: 40–53

Kracauer, Siegfried: Das Ornament der Masse. Über Erfolgsbücher und ihr Publikum. Frankfurt 1963

Kreuger, Miles (Hg.): Souvenir programs of twelve classic movies. 1927–1941. New York 1977

Kupper, Margarete: »Der Nachlass Else Lasker-Schülers in Jerusalem. Verzeichnis der Briefe an Else Lasker-Schüler«. In: *Literaturwissenschaftliches Jahrbuch d. Görres-Gesellschaft* (10) 1969: 175–230

Lach, Friedhelm (Hg.): Kurt Schwitters. Das literarische Werk. Bde 1–5, Köln 1974, Bd. 2 (1974)

Luft, Friedrich (Hg.): Facsimile-Querschnitt durch die Berliner Illustrirte. München u. a. 1965

Über Mannheim nach Hollywood. In: *Mannheimer Morgen* (22.12.1949)

Mendelssohn, Peter de: Zeitungsstadt Berlin. Berlin 1959, 1982 (überarb. und erw. Auflage)

Money, Keith: Anna Pavlova: Her Life and Art. New York 1982

Müller, Hedwig: Mary Wigman, Leben und Werk der großen Tänzerin. Hrsg. von der Akademie der Künste. Weinheim, Berlin 1986

Noack-Mosse, Eva: Uhu. In: Freyburg, Wallenberg (1977, Bd. 2): 177–207

Presseamt Landeshauptstadt Hannover (Hg.): Leben und Schicksal. Zur

Einweihung der jüdischen Synagoge in Hannover. Hannover 1963. Darin: Rahlfs, Heinz: Richard Lert, S. 166–170

Rhein, Eduard: Ein Jahrhundertmann. Hans-Ulrich Horster erzählt die Geschichte seines Lebens und seiner Zeit. Berlin 1992

Riess, Curt: Furtwängler. Musik und Politik. Bern 1953

Schede, Wolfgang Martin: Farbenspiele des Lebens. Max Pfister Terpis. Architekt, Tänzer, Psychologe. 1889–1958. Zürich 1960

Schmidt, Dörte, Brigitta Weber (Hg.): Keine Experimentierkunst. Musikleben an Städtischen Theatern in der Weimarer Republik. Stuttgart, Weimar 1995

Schwab Felisch, Hans: Bücher bei Ullstein. In: Freyburg, Wallenberg (1997, Bd. 1): 179 ff.

Spalek, John M.; Willard, Penelope D.: Ernst Toller. In: Spalek, John; Strelka, Joseph (Hg.): Deutschsprachige Exilliteratur seit 1933. Bd. 2. New York. Teil 2. München 1989: 1723–1765

Thiess, Frank: Freiheit bis Mitternacht. Wien, Hamburg 1965

Weyergraf, Bernhard (Hg.): Literatur der Weimarer Republik. 1918–1933. München 1995

Zmegac, Viktor (Hg.): Geschichte der deutschen Literatur vom 18. Jahrhundert bis zur Gegenwart. Bd. 3: 1918–1980. Königstein/Ts 1984

USA

Albrecht, Niels: Die Macht einer Verleumdungskampagne. Antidemokratische Agitationen der Presse und Justiz gegen die Weimarer Republik und ihren ersten Reichspräsidenten Friedrich Ebert vom »Badebild« bis zum Magdeburger Prozess. Elektronische Bibliothek, Staats- und Universitätsbibliothek Bremen 2002

Bauland, Peter: The Hooded Eagle. Modern German Drama on the New York Stage. Syracuse, N. Y. 1968

Boon, Marcus: The Road of Excess. A History of Writers on Drugs. Cambridge, London 2002

Burns Mantle (Hg.): The Best Plays of 1930–31 and the Year Book of the Drama in America. New York 1931

Flamin, Roland: Thalberg. The Last Tycoon and the World of MGM. New York 1994

Grun, Bernhard: Prince of Vienna. The Life, Times and Melodies of Oscar Straus. London 1955

Haffner, Sebastian: Geschichte eines Deutschen. Die Erinnerungen 1914–1933. Frankfurt/M. 2002

Hahn, Emily: China to Me. A Partial Autobiography. Garden City, New York 1945

Harpole, Charles (Hg.): History of the American Cinema. Vol. 5, 1930–39, 1993

Hauptmann, Hans: Die Vernichtung der arischen Kulturgüter. In: »Der Jud' ist schuld? Diskussionsbuch zur Judenfrage«. Berlin 1932

Kaus, Gina: Von Wien nach Hollywood. Erinnerungen. Hrsg. und mit einem Nachwort versehen von Sibylle Mulot. Frankfurt/M. 1990

Kroll, Frederik (Hg.): Klaus-Mann-Schriftenreihe. Band 5. 1937–1942. Trauma Amerika. Wiesbaden 1986

Landshoff, Fritz H.: Amsterdam, Keizersgracht 333, Querido Verlag. Erinnerungen eines Verlegers. Berlin 2001

Lenschen-Ramos, Claudia: Aus der Fremde die Heimat beschreiben. Erika Mann und Vicki Baum im amerikanischen Exil. In: Hess-Lüttich, Ernest W. B./Siegrist, Christoph/Würffel, Stefan Bodo (Hg.): *Fremdverstehen in Sprache, Literatur und Medien.* Frankfurt, Berlin 1996: 209–225

Lindsey, Timothy: The Romance of K'tut Tantri and Indonesia. New York 1997

Lingeman, Richard: Sinclair Lewis. Rebel from Main Street. New York 2002

Loos, Anita: Kiss Hollywood Good-Bye, London 1974

Mann, Erika und Klaus: Escape to Life. Deutsche Kultur im Exil. Reinbek b. Hamburg 1996 (Escape)

Mann, Klaus: Tagebücher 1936 bis 1937. Hrsg. von Joachim Heimannsberg, Peter Laemmle und Wilfried F. Schoeller. München 1990

Mann, Klaus: Tagebücher 1938–1939. Hrsg. von Joachim Heimannsberg, Peter Lämmle und Wilfried F. Schoeller. München 1990

Mann, Klaus: Auf verlorenem Posten. Aufsätze, Reden, Kritiken 1942–1949. Hrsg. von Uwe Naumann und Michael Töteberg, Reinbek bei Hamburg 1994

Mann, Klaus: Der Wendepunkt. Ein Lebensbericht. Reinbek b. Hamburg, 1991

Mann, Thomas: Briefwechsel mit seinem Verleger Gottfried Bermann Fischer. 1932–1955. Hrsg. von Peter de Mendelssohn. Frankfurt/M. 1973

Mann, Thomas: Tagebücher 1937–1939. Hrsg. von Peter de Mendelssohn. Frankfurt/M. 1997

Mann, Thomas: Tagebücher 1940–1943. Hrsg. von Peter de Mendelssohn. Frankfurt/M. 1997

Marx, Samuel: A Gaudy Spree. The Literary Life of Hollywood in the 1930s When the West was Fun. New York, Toronto 1987

Marx, Samuel: Mayer and Thalberg. The Make-Believe Saints. New York 1975

Menschen im Hotel. Special Feature. Grand Hotel Check-out. DVD, Warner Brothers 2004

Mohr, Max: Das Einhorn. Romanfragment. Mit Briefen Max Mohrs aus Shanghai, 1934–1937. Hrsg. von Nicolas Humbert. Bonn 1997

Paris, Barry: Garbo. Die Biographie. Berlin 1997

Reinhardt, Gottfried: Der Apfel fiel vom Stamm. Anekdoten und andere Wahrheiten aus meinem Leben. München 1992

Riess, Curt: Das war ein Leben! Erinnerungen. München, Wien 1986

Riva, Maria: Meine Mutter Marlene. München 1992

Rhodius, Hans (Hg.): Schönheit und Reichtum des Lebens. Walter Spies. (Maler und Musiker auf Bali. 1895–1942). Eine Autobiographie in Briefen mit ergänzenden Erinnerungen. Den Haag 1964

Schwartz, Nancy Lynn: The Hollywood Writers' Wars. New York 1983

Slezak, Walter: Wann geht der nächste Schwan? München 1964

Spaich, Herbert: Ernst Lubitsch und seine Filme. München 1992

Stephan, Alexander: Im Visier des FBI. Deutsche Exilschriftsteller in den Akten amerikanischer Geheimdienste. Stuttgart, Weimar 1995

Thomas, Bob: Thalberg. Life and Legend. New York 1984

Vickers, Adrian: Bali. Ein Paradies wird erfunden. Geschichte einer kulturellen Begegnung. Köln 1989

Viertel, Salka: Das unbelehrbare Herz. Ein Leben mit Stars und Dichtern des 20. Jahrhunderts. Reinbek bei Hamburg 1987

Waldeck, R. G.: Meet Mr. Blank, the Leader of Tomorrow's Germans. New York 1943

Walter, Hans-Albert: Bedrohung und Verfolgung bis 1933. Deutsche Exilliteratur 1933–1950, Darmstadt und Neuwied 1972

Walter, Hans-Albert: Fritz H. Landshoff und der Querido Verlag. 1933–1950 (Marbacher Magazin 78/1997, Sonderheft)

Wertz, Armin: Tanzen auf Bali. Der Maler, Musiker, Choreograph und

Naturforscher Walter Spies. In: *Lettre International* 61, Berlin 2003: 50–55

Wilder, Billy: Der Prinz von Wales geht auf Urlaub. Berliner Reportagen, Feuilletons und Kritiken der zwanziger Jahre. Berlin 1996

Wood Armsby, Leonora: Musicians Talk. Freeport, New York 1969 (Erstdruck 1935)

Youngkin, Stephen D.; Bigwood, James; Caban, Raymond G. Jr.: The Films of Peter Lorre. Secaucus 1982

DANKSAGUNG

Ich danke den folgenden Archiven und Personen, die mir bei meinen Recherchen behilflich waren: Archiv der Akademie der Künste (Berlin), Bundesarchiv (Berlin), Archiv des Verlags Ullstein (Berlin), Deutsche Dienststelle (WaSt), Berlin, Landesarchiv Berlin, Filmmuseum Berlin (Werner Sudendorf, Gero Gandert, Gerrit Thies), Staatsoper Berlin, Stadtarchiv und Landesgeschichtliche Bibliothek (Bielefeld), Stadtarchiv Darmstadt (Dr. Friedrich Wilhelm Knieß), Institut für Zeitungsforschung (Dortmund), Artur-Brauner-Archiv, Deutsches Filmmuseum Frankfurt, Institut für Stadtgeschichte (Frankfurt), Historic Emigration Office, Hamburg (Elizabeth Sroka), Institut für Stadtgeschichte (Hamburg), Zentrum für Theaterforschung (Hamburg), Stadtarchiv Hannover (Yvonne Sowa), Bürger- und Ordnungsamt Kiel, Stadtarchiv Kiel (Edelgard Klüver), Deutsches Tanzarchiv Köln, Theaterwissenschaftliche Sammlung der Universität Köln, Schloss Wahn, Historisches Archiv der Stadt Köln, John F. Kennedy Memorial Library, California State University (Los Angeles), University of Pennsylvania Museum Archive, Philadelphia (Alessandro Pezzati), Stadtarchiv Mannheim, Bibliothek des Deutschen Wetterdienstes (Offenbach), Niederösterreichisches Landesarchiv St. Pölten (Dr. Gertrude Langer-Ostrawsky), Institut Österreichisches Biographisches Lexikon (Wien), Magistrat der Stadt Wien, Stadt- und Landesarchiv Wien, (Herbert Koch), Archiv des Volkstheaters Wien, Österreichisches Literaturarchiv (Wien), Österreichische Nationalbibliothek, Bildarchiv (Wien), Archiv der Universität Wien, Stadt- und Landesarchiv Wien, Arbeiterkammer für Dokumentation (Wien), Österreichisches Theatermuseum, Wien (Othmar Barnert), Gesellschaft der Musikfreunde, Wien (Prof. Dr. Otto Biba, Dr. Ingrid Fuchs), Universität für Musik, Wien (Dr. Lynne Heller). Ganz besonders danke ich der Kunststiftung NRW, Düsseldorf, und Christiane Günther für die Unterstützung.

In Wien waren mir in bemerkenswerter Weise behilflich: Prof. Dr. Marion Diederichs-Lafite, Dr. Renate Göllner, Dr. med. Helmut Gröger, Dr.

Ilse Korotin, Dr. Elisabeth Lebensaft, Prof. Dr. Hubert Reitterer, Robert Streibel. In Berlin halfen mir in großzügiger Weise: David Sandberg und Sabine Wolf, in Köln: Thomas Deres, Erhard Klöss, Dr. Hedwig Müller, Dr. Frank-Manuel Peter, Dr. med. Rainer Schiffer. Des Weiteren danke ich für ihre Hilfe: Babette Haag (Göteborg), Dr. Katharina Hadamik (Beuningen), Prof. Dr. Lynda J. King (Oregon), Renate Krappen (Aachen), Dr. Werner Kraus (Passau), Lucille Mazion (San Francisco), Dorothea Rein (Frankfurt), Nicolaj Sadolin (Kopenhagen), Georg P. Salzmann (Gräfeling), Prof. Dr. John Spalek (Albany), Prof. Dr. John Stowell (Merewether, Australien), Angelika Trawöger (Innsbruck) sowie Heidi Walitza (München, Berlin). Mein ganz besonderer Dank gilt der Familie Vicki Baums, Wolfgang Lert (San Francisco), Dr. Valentina Lert (Telluride, Co.), Peter Sebastian Lert (Santa Rosa, Ca.) sowie Peter und Bonnie Lert (Los Gatos, Ca.), die mich so gastfreundlich aufnahmen und geduldig meine Fragen beantworteten. Bedanken möchte ich mich ferner bei allen Mitarbeiterinnen und Mitarbeitern des Verlags Kiepenheuer & Witsch, die das Buch in dieser Form möglich gemacht haben, bei meiner Literaturagentin Erika Stegmann, bei Dr. Renate Matthaei, die mich 1991 mit den Romanen Vicki Baums bekannt machte, bei Regina Schilling, für ihr großartiges Engagement, bei Bärbel Flad, auf die ich mich verlassen konnte, als es darauf ankam, und nicht zuletzt bei Florian Krappen – ohne ihn gäbe es dieses Buch nicht.

BILDNACHWEIS

Bildteil Seite

I	oben:	ullstein bild, Berlin
	unten:	Bildarchiv Österreichische Nationalbibliothek, Wien
2	oben links:	Wolfgang Lert
	oben rechts:	Wolfgang Lert
	unten:	Akademie der Künste/VBA 60/4, Berlin
3	oben:	Akademie der Künste/VBA 60/10, Berlin
	unten:	Akademie der Künste/VBA, Berlin
4	oben:	Akademie der Künste/VBA 79/3, Berlin
	unten:	ullstein bild, Berlin
5		Akademie der Künste/VBA 61/17, Berlin
6		ullstein bild, Berlin
7		ullstein bild, Berlin
8		Akademie der Künste/VBA 74/3, Berlin
9		Akademie der Künste/VBA 60/2, Berlin
10	oben:	Akademie der Künste/VBA 60/8, Berlin
	unten:	Wolfgang Lert
11	oben:	Akademie der Künste/VBA 4, Berlin
	unten:	Walter von Dreesen
12	oben:	Akademie der Künste/VBA 61/8, Berlin
	unten:	Akademie der Künste/VBA 74/6, Berlin
13	oben:	ullstein bild, Berlin
	unten:	Akademie der Künste/VBA 71 # 5/19, Berlin
14	oben:	Akademie der Künste/VBA 71 # 4/6, Berlin
	unten:	Akademie der Künste/VBA 71 # 3/29, Berlin
15		Wolfgang Lert
16		Akademie der Künste/VBA 71 # 3/4

Bilder im Text

PERSONENREGISTER

(nicht aufgenommen wurden die Mitglieder der Familien Baum, Lert und Donath)

btb

Halldór Gudmundsson

Halldór Laxness
Eine Biographie

864 Seiten
ISBN 978-3-442-75142-6

Die große Biographie über den isländischen
Schriftsteller und Nobelpreisträger für Literatur
Halldór Laxness (1902-1998). Eine spannende
Geschichte über einen europäischen Autor in
einem Jahrhundert der Extreme: Von Hollywood
bis Moskau, vom katholischen Kloster bis zum
kommunistischen China – Laxness' bewegtes
Leben steht exemplarisch für die Vielfalt
literarischer Strömungen im 20. Jahrhundert.

**Ausgezeichnet mit dem
Isländischen Literaturpreis.**

»Spannend und kurzweilig wie ein Roman.«
Süddeutsche Zeitung

www.btb-verlag.de

btb

Marion Gräfin Dönhoff

Kindheit in Ostpreußen

224 Seiten
ISBN 978-3-442-72265-5

Zutiefst persönliche Erinnerungen und historische
Fakten vereinen sich in den Kindheitserinnerungen
von Marion Gräfin Dönhoff zu einem ihrer
schönsten und ergreifendsten Bücher. Unsentimental
und ohne Pathos beschreibt Dönhoff den Kosmos
eines großen Adelssitzes inmitten der ostpreußischen
Landschaft und beschwört ihre Heimat als etwas
in der Erinnerung Unverlierbares, in der Realität aber
unwiederbringlich Verlorenes.

»Amüsant ... anschaulich ... eindrucksvoll!
Erinnerungen an eine untergegangene Welt,
von der die Autorin ohne peinlichen Verklärungs-
effekt zu erzählen weiß.«

Der Spiegel

Vicki Baum
wiederentdecken ...

Hotel Shanghai. Roman. KiWi 993

Liebe und Tod auf Bali. Roman.
KiWi 992

Menschen im Hotel. Roman.
KiWi 991